通志略

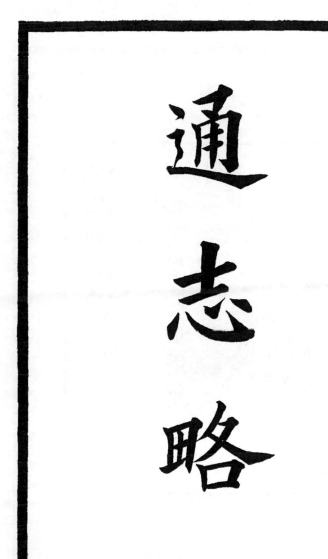

四部備要

史部

中華書局據金壇刻本校刊

桐鄉陸費逵總勘

杭縣高時顯 吳汝霖輯校

杭縣丁輔之監造

都邑略第一　通志卷第四十一

都邑序

建邦設都皆憑險阻山川者天之險阻也城池者人之險阻也城池必依山川以爲固大河自天地之西而極天地之東大江自中國之西而極中國之東天地所以設險之大者莫如大河其次莫如大江故中原依大河以爲固吳越依大江以爲固中原無事則居河之南中原多事則居江之南自開闢以來皆河南建都雖黃帝之都堯舜禹之都於今皆爲河北在昔皆爲河南大河故道自碣石入海碣石今平州也所以幽薊之邦冀都之壤皆爲河南地周定王五年以後河道堙塞漸移南流至漢元光三年徙從頓丘入渤海今濱滄間也自成周以來河南之都惟長安與洛陽或逾河而居鄴者非長久計也自漢晉以來江南之都惟有建業或據上流而居江陵武昌者亦非長久計也是故定都之君惟此三都是定議都之臣亦惟此三都

是議此三都者雖曰金湯之業屢爲車轂之場或歷數百載或禪數十君高城深池壍山堙谷斸土既多地絶其脈積汚復久水化其味此隋人所謂不甚宜人者也而況衝車所攻矢石所集積骸灑血莽爲荆榛斷垣壞壁鬼燐滅没由茲鳩集能必其蕃育乎唐之末年博士朱朴獻遷都之議曰古之帝王不常厥居皆觀天地興衰隨時制事關中周隋所都我實因之凡三百歲文物資貨奢侈僭僞皆極焉廣明巨盜陷覆京闕高祖太宗之制蕩然矣夫襄鄧之西夷漫數百里其東則漢輿鳳林爲之闕南則菊潭環屈而流屬於漢西有上洛重山之險北有白崖聯絡誠形勝之地沃衍之墟若廣浚河渠漕輓天下可使大集自古中興之君去已衰之衰就未王而王今南陽光武雖起而未王也臣視山河壯麗處多故都已盛而衰難可興已江南土薄水淺人心囂浮輕巧不可以都河北固水深土厚而人心彊愎狠戾未即可服襄鄧既爲內地人心質良去秦咫尺而有上洛爲

侵軼之限此建都之極選也疏奏在廷無有是其說者豈以其人無足取故幷廢其言與然其論去已衰之衰就未王而王則前此或未有之及矣臣竊觀自昔帝王之都未有建宸極於汴者雖晉之十六國偏處中州亦未聞有據夷門者何哉蓋其地當四戰之衝無設險之山則國失依馮無流惡之水則民多疾癘七國之魏本都安邑爲秦侵蝕不得已東徙大梁秦人卒決河流以灌其城王假就虜一國爲魚焉自是曠千三四年無有居者朱全忠藉宣武資力以簒唐因而居汴未爲都也不及五六年梟獍殞命昏庸繼位或獻遷都之謀君臣皆謂夷門國家根本不可遽易遂爲京室唐兵之來梁室之禍甚於王假晉遵覆轍邪律長驅取少帝如拾芥視朱氏又酷烈焉宋祖開基大臣無周公宅洛之謀小臣無婁敬入關之請因循前人不易其故逮至九朝遂有靖康之難豈其德之不建哉由地埶然爾六飛南巡駐蹕吳越朝曰行闕陵曰欑寢此豈絶念於卜宅哉咸陽郟

鄏我陵我阿湯湯秦淮一葦可至而臣鄰未聞以定鼎之謀啓陳者毋亦以殘都廢邑土脈絶水泉鹵不足復興而東門之痛況未定也嗚呼江沱不足宴安也毋已則採唐人之議取南陽爲中原新宅且以繫人望云

三皇都

伏犧都陳宛丘城是也今陳州治周武王封舜之後於此神農都魯或云始都陳魯今兗州曲阜縣故又云神農營曲阜黃帝都有熊又遷涿鹿有熊今鄭州新鄭涿鹿卽涿州

五帝都

少昊都窮桑卽魯曲阜也故曰封伯禽於少昊之墟顓帝都高陽澶州濮陽縣以顓帝居之故謂之帝丘其城中有顓帝冢存焉帝嚳都亳亦謂之高辛卽偃師縣今隸西京帝嚳爲高辛氏故都亦謂高辛堯始封于唐後徙晉陽卽帝位都平陽唐今定州唐縣猶有唐城存焉或云唐城在絳州翼城西二里及徙晉陽則以晉陽爲唐今平定軍有古晉陽城是其地及爲天子都平陽則又以平陽爲唐平陽今晉州也舜始封于虞卽帝位都蒲坂虞卽南京虞城縣蒲坂隋改爲河南縣今隸河中府

夏都

禹封於夏受禪之後都平陽又徙安邑夏今陝州夏縣安邑今隸蒲州平陽卽堯都也禹在陽城者避商均之地而非都也按五子之歌曰惟彼陶唐有此冀方言堯舜及禹皆在冀州界少康中興復還舊都故左傳曰復禹之迹不失舊物

商都

契封於商後世遷于亳卽西亳也成湯受命始遷于南亳故命以殷至仲丁遷于亳河亶甲居于相祖乙居于耿及盤庚五遷復都南亳至紂居朝歌商卽上雒今爲商州亳故京兆杜縣有亳亭是也杜城今在長安南故司馬遷云禹興西羌湯起亳也及湯有天下始居宋地復命以亳今南京穀熟是也或云河南偃師是蓋有激水出陽城東至西華汝陽入于潁與潁水合流古人并謂潁爲激故命以激焉此謂之南亳囂亦作敖卽河南之敖倉也相今爲相州耿河中府龍門縣南十二里故耿城是朝歌隋改爲衞縣衞州朝歌故城有縣西二十二里衞縣熙寧中省爲鎮入黎陽

夏商之際諸侯都

昆吾夏之伯國杜預云東郡濮陽縣按唐武德四年析濮州濮陽置昆吾縣復舊名也八年復省入濮陽大彭商之伯國今徐

州彭城是也　豕韋亦商之伯國或謂之韋杜預云東都白馬縣東南有韋城按今滑州韋城是也有豢龍井在韋城古城之內　唐杜唐杜二國名商末豕韋國於唐周成王滅唐而遷之於杜爲杜伯唐今定州唐縣杜在永興軍長安縣南十五里曰于杜城猶有杜伯冢在焉　顧夏之諸侯國濮州范縣東南二十八里有故顧城　六廬州舒城東南六十里有故六城虞夏之際封皋陶於此　蓼壽州霍丘縣六蓼皆虞夏所以封皋陶　扈夏爲扈商爲崇秦改扈爲鄠今鄠縣北二十里有故扈城城周四里亦有甘亭即啓與有扈戰處　鉏故鉏城在澶州衛南縣東十五里此羿本國羿後遷于窮石　寒寒浞之國今濰州東斟二十三里寒亭是也　斟灌夏同姓國杜預云樂安壽光縣東南有灌亭按壽光今隸青州　斟尋夏同姓國按漢北海郡有斟縣其地在今濰州東南五十里尚有斟亭京相璠云斟尋去斟亭七里　過澆之國一名有過萊州掖縣北有過鄉　戈豷之國在宋鄭之間　崇永興鄠縣東在夏爲扈在商爲崇　姺商時國　邳商時國今淮陽治下邳是　密須按今涇州靈臺有密康公墓或云涇州保定有陰密城　甲父單州有甲父城　飂飂叔安之國亦作廖唐州湖陽是　褒褒姒之國疑蔡州褒信是　防風氏湖州武康縣是　厥古厥國鄆州中都有厥陽亭　葛南京寧陵縣有故寧城是北去亳城百里亳即湯始居或云許州郾城北三十里有葛伯城然皆指其處也

周都

周本扶風郡之地名后稷始封於此其所居之地謂之部公劉遷于

豳豳亦作邠大王避狄去豳居岐及文王德業光大作邑于豐而典治南國武王有天下乃居鎬京豐在豐水之西鎬在豐水之東周地西迫戎俗自岐之豐自豐之鎬是西遠戎而東即華也武王克商乃遷九鼎于郟鄏至成王始定鼎于此而城之以爲東都謂之王城及三監導紂子武庚叛成王乃命周公營洛邑遷商之頑民於此謂之成周自武王十一世至幽王爲犬戎所滅太子宜臼徙居王城謂之東周是爲平王東徙之後則以王城爲周而以鎬京爲宗周自平王十三世至敬王有王子朝之難王城隳廢又還成周成周在東河南在西又以王城爲西周成周爲東周故公羊曰王城者西周也由春秋後至赧王時周分爲二而赧王復居王城爲西周考王弟桓公之孫惠公居成周爲東周邰今武功縣來城是也豳班固云栒邑有豳鄉按栒邑故城在今邠州三水縣東北或云三水西南三十里有古豳城是也岐今鳳翔岐山是也豐鎬皆水名豐在今永興鄠縣東南鎬去豐二十里王城今河南縣成周今洛陽縣

周諸侯都

魯都曲阜魯本少昊摯居之謂之少昊之墟又大庭氏居之魯於其上作庫故謂大庭氏之庫至周武王以周公之功而封伯禽於此其地本名魯乃作都于曲阜宋祥符中改曲阜為仙源今隸兗州

齊都薄姑遷于營丘齊本顓帝之墟營丘今臨淄縣薄姑亦謂之蒲姑在其西北或云營丘故城在濰州昌樂而青州博興有蒲姑故城

宋都商丘杜預云梁國睢陽縣按睢陽隋改為宋城今南京治本陶唐氏之火正小伯之墟以其主火故為火辰之墟相土因之武王伐紂封箕子武庚於邶武庚叛成王殺之更封紂兄子微子啓於宋以為商後故謂之商丘

衛都朝歌及懿公為狄所滅宋桓公迎衛之餘民渡河 立戴公以廬于曹後齊桓公城楚丘而居文公焉至成公又遷于帝丘朝歌故城在衛縣西二十二里衛縣宋熙寧省為鎮入黎陽本紂都故謂之商墟曹亦作漕今滑州白馬是也楚丘今單州成武帝丘本顓帝之墟故曰帝邱夏王之世昆吾氏居之故亦謂之昆吾之墟今澶州濮陽縣

鄭都本西周畿內之地周宣王以封母弟桓公友及幽王有犬戎之變鄭武公遂遷于濟洛河潁之間謂之新鄭鄭之始都謂之故鄭今華州鄭縣是也有鄭故城在縣北新鄭今之滎陽

晉都唐謂之夏墟大名也本堯所都謂之平陽成王封母弟叔虞於此初謂之唐其子燮立始改為晉以有晉水出焉其地正名翼

亦名絳而平陽者是其總名及昭侯立封叔父桓叔于曲沃後曲沃盛彊桓叔之孫武公滅翼遂有晉都至景公遷于新田又謂新田爲絳而謂平陽爲故絳唐今定州唐縣猶有唐城或云唐城在絳州翼城西二里平陽今爲絳州縣翼晉之舊都今絳州翼城是也尚有故城在縣東南曲沃今爲絳州縣晉先君祖廟並在此新田一名絳今絳州絳縣是也或云絳故城在曲沃南二里景公以後並都是

楚都丹陽周成王封熊繹以子男之田蓋居於此至熊達始盛彊僭稱王是爲楚武王遷都于郢昭王爲吳所滅又遷于鄀楚本名荊至成王頵始改號楚丹陽今江陵枝江縣郢江陵縣北十餘里有汜南城城東有小城名郢在江之南非今郢州鄀本鄀國楚并之在襄陽宜城縣東梭今襄州南二百二十里廢樂鄉縣是其地今有鄀鄉在鄀水傍又云宜城西南有鄀亭山至考烈王徙都壽春復命曰郢今楚州者懷王孫心所都

秦周孝王封非子居於秦谷至襄公赴幽王之難以兵助送平王故平王與之以岐豐之地列爲諸侯莊公居犬丘文公居汧渭德公遷于雍自德公以下十八世居雍獻公還櫟陽孝公乃還咸陽秦谷故隴西縣秦亭是也隴西唐末爲寨宋熙寧廢爲鎮入汧原今隸隴州故秦城尚在犬丘漢槐里縣今永興軍興平縣雍故扶風雍縣唐改曰天興今鳳翔治櫟陽咸陽今皆爲縣隸永興軍

吳都吳今蘇州城是虞

都虞杜預云河東大陽縣桉今陝州夏縣有大陽故關而平陸縣東北六十里見有故虞城仲雍國於吳其支子別封于此故亦謂
之西吳其虞舜之後居于虞城今爲縣隷南京非此虞也虢都上陽上陽今虢州虢略此虢仲之封也謂之西虢而虢叔之
在鳳翔虢縣謂之南虢復有一虢居於陽縣謂之東虢以其在虢仲國之東南東南二虢皆主於上陽曹都曹今廣濟軍治定
陶是許都許後遷于葉又遷于城父又遷于白羽又遷于容城許今許州白羽
一名析酈州淅川是或云內鄉是容城華容縣是邾都邾今兖州曲阜東南四十里古邾城是或云濟州任城南二十里復有
邾婁城皆即其所也曲阜今爲仙源縣莒都莒後遷鹽官故謂之南莒莒今爲密州縣紀都紀
遷于劇紀本在東海故贛榆縣紀城是劇在青丘臨朐縣東壽光縣西亦名紀音訛爲劇滕都小邾遷于公
丘小邾即蕃縣及遷于公丘則故地爲小邾國隋以其爲滕舊都故改蕃爲滕縣今隷徐州公丘今兖州龔丘薛仲虺之
都本在魯地奚仲遷于邳魯莊公三十一年築臺于薛即薛舊都也以遷于邳又以邳爲薛今徐州滕縣東南
五十里薛城是州都淳于後遷華容淳于今爲密州高密華容今荆南府監利蔡本畿內之地以
爲蔡叔之采邑及蔡叔逆命國除至蔡仲始改封于汝南故以汝南
爲蔡及遷州來則以州來爲下蔡汝南爲上蔡今蔡州上蔡縣西南十里故蔡城即蔡國
也州來即下蔡縣今壽州治徐都臨淮今泗州臨淮有徐城又有偃王廟徐君墓葛都寗南京寧陵縣故寗城是

越都會稽今會稽城亦謂之勾踐城越州城也陳都宛丘宛丘今陳州治本太昊之墟南燕都胙東郡
舊有燕縣隋改曰胙城本胙國也爲燕所幷胙城唐爲縣隸滑州故燕城在胙城東北遂都乘丘乘丘舊爲蛇丘唐省入鉅
野今齊州治譚都譚齊州歷城縣有古譚城管都管鄭州管城是鄶都鄶今鄭州新鄭東北三十五里有
古鄶城戴都戴今開封封丘縣有戴城任都任城今濟州任城宿都無鹽無鹽故城在鄆州須城東
三十六里須句都須朐遷于須昌鄆州壽張縣西北有須朐城須昌今鄆州舒城也顓臾都費沂州
費縣西北八十里有故顓臾城鄫都鄫今沂州承縣東八十里故鄫城向都向今沂州有古向城鄅都開陽
故開陽城在臨沂縣北十五里蕭都蕭徐州蕭縣頓都南頓今陳州南頓縣息都新息今蔡州新息縣沈
都平輿平輿故城在蔡州汝陽縣東項都項城陳州項城縣東北有故項城隨都隨今隨州鄧都
鄧襄陽鄧城鄧縣界也夔都夔今歸州東二十里有故夔子城北燕都薊幽州治邢都襄國襄國隋改
曰龍岡今邢州治梁都新里同州夏陽有新里城或云新里城在澄州韓都韓城故城在今同州韓城縣南十八
里魏都魏地遷于大梁今陝州平陸有魏城大梁卽開封趙都趙城遷于平棘趙城今隸
晉州縣平棘隸趙州郕都郕武王封季載於此今濮州雷澤北三十里有故郕城郜都郜郜有南北今單州成武有二郜
城應都葉汝州葉縣有故應城蔣都期思期思故城在光州固思西北七十里申都申今信陽軍呂都

呂（蔡州城古呂國）蔡　焦都焦（陝州東北百步有焦城）耿都耿（河中府龍門縣南十二里故耿城是）霍都霍（今晉州有霍邑）楊都楊（晉州洪洞縣東南十八里有故揚城）冀都冀（今河中府有冀亭）芮都芮（杜預云馮翊臨晉縣有芮鄉按臨晉故城在今同州朝邑西南二里）賈都賈（同州蒲城縣有賈城）荀都荀（荀城在絳州正平西十五里）黎都黎（今潞州黎城縣有黎侯故城）邘都邘（京相璠云野王縣西北三十里有故邘城野王隋改曰河內今懷州治）

周夷狄都

戎都戎城（杜預云陳留濟陽縣東南有戎城又有戎州是其別邑）夷都夷安（杜預云在城陽莊武縣所治夷安縣是也）介都黔陬（介東邑國今密州諸城縣東北一百一十里有黔陬故城）根牟都安丘（今密州安丘）萊都黃（登州黃縣東南二十五里有故黃城即萊子國）

右東夷

百濮都濮（今江陵建寧縣是）舒都舒（今廬州舒城）羣舒都龍舒（今廬江西有龍舒）允姓之戎本居瓜州秦晉誘而致之伊川（瓜州今在極西瓜沙之地伊川故陸渾縣其地在河南伊陽縣南）伊拒泉皐伊洛之戎（杜預云伊闕縣北有泉亭）蠻氏都麻解（杜預云河南新城縣東南有蠻氏城俗以爲麻解城蠻麻聲近按麻解縣亦謂之蠻王城今在汝州西南近伊闕）庸都上庸（房州竹山縣西二百五十里有上庸城）

盧戎都盧今襄州中盧巴都江州江州故縣名隋改爲江津隸渝州

右南蠻

狄都狄亦謂之翟其別都有箕狄在慈州箕城在遼州榆杜東南三十里白狄都西河白狄與秦同州今坊鄜延綏間皆古白狄之地鮮虞都鮮虞白狄之別種今定州安喜舊鮮虞縣肥都昔陽肥卽白狄遷於昔陽故城在今平定軍樂平縣東五十里鼓都鼓城白狄別種今祁州鼓城縣驪戎都臨潼今永興臨潼縣東二十四里有驪戎故城

右西戎

赤狄都洛今洛州之地潞都潞今潞州是東山皐落氏都皐落今絳州垣縣西北六十里有皐落城服虔云世謂之哥亳城蓋聲相近山戎都薊北狄也號無終子今薊州治漁陽所以蔽北燕之路廧咎如甲氏留吁鐸辰皆赤狄別種散居河北鄋瞞在夏爲防風氏商爲汪芒氏皆長狄國也

右北狄

秦都

秦都已見本卷周諸侯都中

兩漢都

前漢都長安謂之西都後漢都洛陽謂之東都光武又以南陽爲別都謂之南都至建安元年曹操挾獻帝遷許長安宋爲永興軍治南陽鄧州許潁昌府

三國都

魏略云魏以長安譙許昌鄴洛陽爲五都洛陽其京室也吳志云吳都鄂後遷建業故改鄂爲武昌改秣陵爲建業後避晉愍帝諱故又改爲建康蜀志云蜀都成都譙今亳州許昌今潁昌府鄴相州鄂卽鄂州建業今建康府成都益州也

兩晉都

晉都洛陽仍魏舊也東晉都建業本吳都也

十六國都後魏雖共起其後奄有中原故不在十六國之數

張軌都燉煌謂之前涼沙州

呂光都姑臧謂之後涼涼州

李暠都酒泉謂之西涼（肅州）

禿髮烏孤都樂都謂之南涼（蘭州與乞伏國仁分據定樂在其東）

沮渠蒙遜都張掖謂之北涼（甘州）

慕容皝初都和龍後徙薊又徙鄴謂之前燕（和龍唐柳城宋時大遼黃龍府薊幽州鄴相州）

慕容垂都中山謂之後燕（今中山府）

慕容德都廣固謂之南燕（青州）

馮跋都和龍謂之北燕

劉淵都平陽謂之前趙（晉州）

苻堅都長安謂之前秦

姚萇都長安謂之後秦

乞伏國仁都定樂後遷金城謂之西秦（定樂蘭州東境金城河州）

赫連勃勃都統萬謂之夏（朔方）

宋齊梁陳都

宋因晉舊都建業齊因宋梁因齊改號不改都梁有太清之禍建康殘毀元帝興復即位于江陵魏人滅之陳復都建業江陵今荆南府

後魏都

魏拓跋氏甚微至道武帝諱珪始盛彊晉太元間作都于代六世孝文帝改姓元氏遷于洛陽後世微弱孝武帝爲高歡所逼出居長安依宇文泰是爲西魏高歡立孝靜帝遷都于鄴是爲東魏高氏繼東魏居鄴謂之北齊宇文氏繼西魏居長安謂之後周

隋都

文帝繼周即都長安開皇二年帝以長安故城漢來舊邑年代既久凋弊實多又制度狹小不稱皇居乃作新都於龍首山在漢城東南屬杜縣本後周之京兆郡萬年縣界也南直終南山子午谷北據渭水東臨灞滻西枕龍首謂之大興城文帝初封大興公故登極以後其命城縣門殿池及寺皆以大興焉

四夷都

朝鮮都王險（漢樂浪郡）

濊都濊在高句麗之北（漢蒼海郡）

三韓皆都帶方郡之東大海中東西以海為限南與倭接北與樂浪方可四千里有三種曰馬韓辰韓弁韓復有一種曰弁辰其後馬韓悉王三韓之地都目支國

百濟都居拔城亦曰固麻城（晉時據遼東晉平二郡在柳城北平之間）

新羅都新羅在百濟東南五百餘里亦在高句麗東南兼有漢時樂浪郡之地

倭初都帶方東南大海中後都邪馬臺邪馬臺去遼東二千里在百濟新羅東南

夫餘都夫餘城在玄菟北千里南與高句麗東與挹婁西與鮮卑接北有弱水地方二千里

高句麗初都紇升骨城後世遷於丸都山下自東晉以後移都於平

壤城又有別都曰國內城曰漢城號爲三京平壤卽漢樂浪郡王險城亦曰長安城東西六里隨山屈曲南臨浿水在遼東南千餘里城內惟積倉儲器械賊至方入固守王別宅於其側

東沃沮都高句麗西北在蓋馬大山之東蓋馬縣名屬玄菟郡東濱大海北與挹婁扶餘南與濊貊接又有北沃沮一名置溝婁去南沃沮八百餘里亦與挹婁接

挹婁卽古肅愼國都不咸山在夫餘東北千餘里東濱大海南與北沃沮接不知其北所極

勿吉亦曰靺鞨亦古肅愼氏國其都在高句麗之北自和龍北二百餘里有善玉山山北行十三日至祁黎山又北行七日至洛瓌水水廣里餘又北行十五日至大兵魯水又東北行十八日至其都

扶桑都在大漢國東二萬餘里地在中國之東土多扶桑木故以爲名

文身都倭國東北千餘里

流水都海島之中當建安郡東水行五日而至

閩越初都東冶即長樂郡也後都東甌即永嘉郡也或云建州建州今有甌寧縣

右東夷

廩君都夷城其後世散處巴郡南郡謂之南郡巴郡蠻板楯蠻始居巴中其後世僭侯稱王屯據三峽爲後周所滅

獠始出漢中達于邛莋其後侵暴梁益

南平獠居南平其地東距智州南屬渝州西接南州北接涪州

東謝蠻居黔州西三百里南距守宮獠西連夷子地方千里

西趙蠻居東謝之南其地東至夷子西至昆明南至西洱河南北十八日行東西二十三日行

牂柯蠻世爲本土牧守唐以其地爲牂州

兗州蠻與牂柯蠻接唐以其地爲兗州牂柯兗州皆黔中屬州也

西爨蠻晉時據南寧郡其地延袤二千餘里隋以其地置恭州協州

昆州未幾復叛唐兵擊之開置青蛉弄楝爲縣

昆彌蠻在西爨之西以西洱河爲境

尾濮居興古郡西南千五百里徼外興古今雲南郡地又有木綿濮文面濮赤口濮黑僰濮皆在永昌西南與尾濮接松外諸蠻散處夜郎滇池以西凡數十姓

右南蠻

夜郎在蜀徼外近牂柯其江水趨番禺城下

滇在夜郎之西卽漢益州郡也蜀改益州郡爲建寧分建寧永昌爲雲南郡又分建寧牂柯爲興古郡滇卽今之雲南也

邛都卽漢越嶲郡之地

莋都卽漢沈黎郡之地

冉駹卽漢汶山郡之地

哀牢卽永昌郡之地

附國在蜀郡西北二千餘里卽漢之西南夷也

右西南夷

南粤都南海今廣州也

右嶺南夷

黄支在合浦日南之南三萬里

哥羅在槃槃東南亦曰哥羅富沙國

林邑本漢日南郡象林縣古越裳界也在交趾南海行三千里

扶南在日南郡之南海西大島中去日南可七千里在林邑西南三千餘里去海五百里

頓遜去扶南可三千餘里其國之東界通交州其西界接天竺安息其所都在海崎山上地方千里城去海十里羈屬扶南

毗騫居大海洲中去扶南八千里

于陀利在南海洲上史不言道理方向獨稱其俗與林邑扶南略同

當是與扶南林邑近也
狼牙修在南海中其界東西三十日行南北二十日行北去廣州二萬四千里
婆利在廣州東南海中洲上自交趾浮海南過赤土丹丹國乃至其國去廣州二月日行國界東西五十日行南北二十日行
槃槃在南海大洲中北與林邑隔小海自交州船行四十日至其國
赤土扶南之別種也在南海中直崖州之南水行百餘日達其國
眞臘都伊奢那城在林邑西南本扶南之屬國也去日南郡舟行六十日而至
羅剎在婆利之南
投和在眞臘之南自廣州西南水行百日至其國
丹丹在羅摩羅國西北振州東南振州與珠崖同島上
邊斗都昆拘利比嵩自扶南渡金隣大灣南行三千里有此四國

杜薄在扶南東漲海中直渡海數十日至其國

薄剌在拘利南海灣中

勃焚在南海洲中

火山在杜簿東五千里

無論在扶南西二千餘里

右海南夷

羌散處三河之間

月氏胡居湟中

氐散處廣漢之西其後保仇池竊據秦梁之地

葱茈羌自婼羌西至葱嶺數千里皆其地也

吐谷渾在益州西北都伏俟城在青海西十五更其地東西三千里南北千餘里

乙弗敵在吐谷渾北國有屈海海周迴四千餘里乙弗敵之西有契

翰國又有可蘭國可蘭西南一千五百里隔大嶺又度四十里海有女王國

宕昌羌居今宕州其地自仇池以西東西千里𤅢水以南南北八百里

鄧至羌世居白水自亭街以東武平以西汶嶺以北宕昌以南皆其地也

党項羌居古析支之地其地東接臨洮西平西拒葉護南凭春桑迷桑等羌北連吐谷渾南北數千里

白蘭羌居白蘭其地東北接吐谷渾西至叱利模徒南界郱鄂

吐蕃在吐谷渾西南其先居跋布川或居邏娑川後徙都牂柯西疋播城唐初大盛其地東與松茂嶲接南極婆羅門西取四鎮北抵突厥幅員萬里

右西羌

婼羌治婼羌城去長安六千三百里西與且末接
鄯善本名樓蘭王治扜泥城去長安六千一百里西北至車師千八
百九十里
且末王治且末城去長安六千八百二十里北接尉犂丁零東與白
提西與波斯精絶接南至小宛可三日行
小宛王治扜零城去長安七千二百一十里東與婼羌接
精絶王治精絶城去長安八千八百二十里南至戎盧四日行西通
扜彌四百六十里
戎盧王治卑品城去長安八千三百里東與小宛南與婼羌西與渠
勒接
扜彌王治扜彌城去長安九千二百八十里南與渠勒東北與龜茲
西北與姑墨接西通于闐三百九十里
渠勒王治鞬都城去長安九千九百五十里東與戎盧西與婼羌北

與扜彌接
于闐王治西城去長安九千六百七十里南與婼羌接北與姑墨接
西通皮山三百八十里
皮山王治皮山城去長安萬五千里西南至烏秅千三百四十里南
與天竺接北至姑墨千四百五十里西南當罽賓烏弋山離西北通
莎車
烏秅王治烏秅城去長安九千九百五十里北與子合蒲犂西與難
兜接
西夜亦號子合王治呼犍谷去長安萬二百五十里東與皮山西南
與烏秅北與莎車西與蒲犂接
蒲犂王治蒲犂谷去長安九千五百五十里東至莎車五百四十里
北至疏勒五百五十里南與西夜子合接西至無雷五百四十里
依耐王治依耐城去長安萬一百五十里東北至莎車五百四十里

至無雷五百四十里北至疏勒六百五十里南與子合接

無雷王治盧城去長安九千九百五十里南至蒲犁五百四十里南與烏秅北與捐毒接

難兜王治難兜城去長安萬一百五十里西至無雷三百四十里西南至罽賓三百三十里南與婼羌北與休循西與大月氏接

罽賓王治循鮮城去長安萬二千二百里東至烏秅二千二百五十里東北至難兜九日行西北與大月氏西南與烏弋山離接

烏弋山離去長安萬二千二百里東與罽賓北與撲挑西與犂靬條支接行可百餘日乃到

條支去陽關二萬二千一百里在葱嶺之西城居山上周回四十餘里

安息王治番兜城去長安萬一千六百里在葱嶺之西大宛之西可數千里北與康居東與烏弋山離西與條支接

大月氏王治監氏城去長安萬一千六百里西至安息四十九日行
南與罽賓接
小月氏王治富樓城在波路西南去代萬六千六百里
康居王冬治樂越匿地到卑闐城去長安萬二千三百里至越匿地
馬行七日至王夏所居蕃內九千一百四十里
米國都那密水西舊康居之地西北去蘇對那國五百里西南去史
國二百里東去瓜州六千四百里
史國都獨莫水南十里舊康居之地北去康國二百四十里南去吐
火羅五百里西去那色波國二百里北去米國二百里東去瓜州六
千五百里
曹國都那密水南數里舊康居之地東南去康國百里西去何國百
五十里東去瓜州六千六百里
何國都那密水南數里舊康居地東去曹國百五十里西去小安國

三百里東去瓜州六千七百五十里
烏那遏國都烏滸水西舊安息之地東北去安北四百里西北去穆國二百餘里東去瓜州七千五百里穆國都烏滸河之西亦安息之故地與烏那遏鄰
大宛王治貴山城去長安萬二千五百五十里北至康居卑闐城千五百一十里西南至大月氏六百九十里北與康居南與大月氏接
桃槐國去長安萬一千八百里
休循王治飛鳥谷在葱嶺西去長安萬二百一十里東至捐毒衍敦谷二百六十里西北至大宛國九百二十里西至大月氏千六百一十里
天竺卽捐毒也王治衍敦谷去長安九千八百六十里西北至大宛千三百里北與烏孫接
莎車王治莎車城去長安九千九百五十里西至疏勒五百六十里

西南至蒲犂七百四十里
疏勒王治疏勒城去長安九千三百五十里南至莎車五百六十里
西當大月氏大宛康居道
尉頭王治尉頭谷去長安八千六百五十里南與疏勒接西至捐毒
千三百一十四里
烏孫大昆彌治赤谷城去長安八千九百里西至康居蕃內地五千
里
姑墨王治南城去長安八千一百五十里南至于闐馬行十五日北
與烏孫接東通龜茲六百七十里
温宿王治温宿城去長安八千三百五十里西至尉頭三百里北至
烏孫赤谷城六百一十里東通姑墨二百七十里
龜茲王治延城去長安七千四百八十里南與精絶東南與且末西
南與扜彌北與烏孫西與姑墨接

尉犂王治尉犂城去長安六千七百五十里南與鄯善且末接
危須王治危須城去長安七千二百九十里西至焉耆百里
焉耆王治員渠城去長安七千三百里南去尉犂百里北與烏孫接
東去交河城九百里西去龜茲九百里
烏貪訾離王治于婁谷去長安萬三百三十里東與單桓南與且彌
西與烏孫接
卑陸王治天山東接乾當谷去長安八千六百八十里
卑陸後國王治番渠類谷去長安八千七百一十里東與郁立師北
與匈奴西與劫國南與車師接
郁立師王治內咄谷去長安八千八百三十里東與車師後城長西
與卑陸北與匈奴接
單桓王治單桓城去長安八千八百七十里
蒲類王治天山西疏榆谷去長安八千三百六十里

蒲類後國去長安八千六百三十里

移支王居蒲類地

西且彌王治天山東于大谷去長安八千六百七十里

且東彌王治天山東兌虛谷去長安八千二百五十里

劫國王治天山東丹渠谷去長安八千五百七十里

狐胡王治車師柳谷去長安八千二百里西至焉耆七百七十里

山國去長安七千一百七十里西至尉犂二百四十里西北至焉耆

百六十里西至危須二百六十里東南與鄯善且末接

車師前王治交河城去長安八千一百五十里

車師後王治務塗去長安八千九百五十里北與匈奴接又有車師後城長國

滑國與車師鄰接車師之別種也滑旁有小國曰阿跋檀周古何胡密丹等國又有白題國在滑國東去滑六日行西極波斯

車離居沙奇城在天竺東三千餘里

高附居大月氏西南

大秦居大海之西亦云海西國

奄蔡去陽關八千餘里西與大秦東南二千里與康居接後魏時稱爲粟特國

國人云其國見在葱嶺之西故奄蔡地也一名温那沙居於大澤在康居西北去代一萬六千里北距安息五千里

小人居大秦之南

軒渠居三童東北

三童居軒渠西南

澤散治北海中北至驢分水行半歲與安息城郭相近

驢分其治去大秦都二千里

堅昆居康居西

呼得居葱嶺北烏孫西北康居東北丁令在康居北已上三國堅昆居中俱去匈奴單于庭安習水七千里南至車師六國五千里西南去康居界二千里西去康居王治所八千里

短人在康居西北
師子居天竺旁在西海中
嚈噠居于闐西都烏滸水南二百餘里去長安一萬一百里王都號
拔底延蓋王舍城也
波斯居達曷水之西都宿利城去代二萬四千二百二十八里西去
海數百里東南去穆國四千餘里西至拂菻四千五百里卽條支之
故地
伏盧尼都伏盧尼城在波斯國北去代二萬七千三百二十里
悅般在烏孫西北
朱俱波居于闐西千餘里西至渴槃陁南至女國三千里北至疏勒
九百里南至葱嶺二百里
渴槃陁治葱嶺東在朱俱波西西至護密國南至縣度山北至疏勒
國界西北至判汗國

鉢和在渴槃陁西有二道一道西行向嚈噠一道西南趨烏萇
波知在鉢和西南
賒彌在波知之南山
烏萇在賒彌南北至葱嶺南至天竺波羅門
乾陁在烏萇西
阿鉤羌居莎車西南去代一萬三千里
副貨去代一萬七千里東至阿富伏其國西至沒誰國中間相去一千里北至奇沙國相去一千五百里
疊伏羅去代三萬一千里
拔豆去代五萬一千里東至多勿當國西至旃那國中間相去七百五十里南至罽陵迦國北至弗那伏且國中間相去九百里
者至拔都者至拔城在疏勒西去代一萬一千六百二十里
迷密在者至拔西去代一萬二千一百里

悉萬斤都悉萬斤城在迷密西去代一萬二千七百二十里
忸密在悉萬斤西去代二萬二千八百二十八里
石國居於藥殺水都柘折城東與北至西突厥界西至波臘國界西
南康居界南至率都沙那國界南去撥汗六百里東南去瓜州六千
里
女國在葱嶺南
撥汗都葱嶺西五百餘里東去疏勒千里西去蘇對沙那國五百里
北去石國五百里東北去突厥可二千餘里東去瓜州五千里
吐火羅治薄提城去代萬二千里東至范陽國西至悉萬斤中間相
去二千里北至波斯國中間相去一萬里
劫國居葱嶺中西南與賒彌國界接西北至挹怛國去長安萬二千
里
陁羅伊羅居烏茶國北大雪山坡上

越厎延治辛頭河北南至婆羅門國三千里西至賒彌國千餘里北至瓜州五千四百里

大食居波斯之西

右西域

匈奴都單于庭直代雲中後分而爲二北單于居單于庭南單于居西河美稷漢建安末魏武始分其衆爲五部魏立五部都尉以統之其左部都尉居太原故玆氏縣右部都尉居祈南部都尉居蒲子北部都尉居新興中部都尉居太陵至于晉初塞外匈奴盡向化由是與晉人雜處居平陽西河太原新興樂平諸郡靡不有焉

烏桓都烏桓山漢武帝徙於上谷漁陽右北平遼東五郡塞外

鮮卑都鮮卑山在柳城郡界

軻比能小種鮮卑也居遼西右北平漁陽塞外

宇文莫槐居遼東塞外

徙河叚居遼西
蠕蠕都弱落水其常所會庭則燉煌張掖之北
高車都鹿渾海西北百餘里
稽胡散居離石以西安定以東
突厥世居金山後分爲二其一曰沙鉢略可汗居都斤山又南徙于
白道川
西突厥居烏孫之故地南至突厥西至雷翥海南至疏勒北至瀚海
在長安西北七千里
鐵勒種類最多居西海之東依山據谷
庫莫奚亦謂之奚都饒樂水卽鮮卑故地
契丹居松漠之間後徙遼西正北二百里依託紇臣水而居亦鮮卑
故地其後都于和龍卽唐之柳城也紇臣水一作紇臨水
室韋居勿吉北千里去洛陽六千里

地豆于居室韋西千餘里
烏洛侯在地豆于北去代都四千五百餘里
驅度寐在室韋北
霫與蘇韈隣治黃水北亦鮮卑故地
拔悉彌在之庭北海南結骨東南依山散居去燉煌九千餘里
右北狄

都邑略第一

吉禮上

郊天

有虞氏禘黃帝（爾雅釋天云禘大祭也虞氏冬至大祭天於圜丘以黃帝配坐）而郊嚳（夏正之月祭感生帝於南郊以嚳配焉）夏后氏禘黃帝而郊鯀商人禘嚳而郊冥周制大司樂云冬至日祀天於地上之圜丘又大宗伯職曰以禋祀昊天上帝禮神之玉以蒼璧其牲及幣各隨玉色牲用一犢幣用繒長一丈八尺（鄭康成注曾子問云制幣長丈八鄭約逸巡狩禮文也餘用幣長短皆准此）王服大裘其冕無旒尸服亦然乘玉輅錫繁纓十有再就建大常十有二旒以祀鐏及菹醢之器以瓦爵以匏藉神之席以藁秸及蒲蒻而不納（藁秸藉天神蒲越藉配帝）配以帝嚳其樂大司樂云凡樂圜鍾爲宮黃鍾爲角太蔟爲徵姑洗爲羽靁鼓靁鼗孤竹之管雲和之琴瑟雲門之舞冬日至於地上之圜丘奏之其感生帝大傳曰禮不王不禘王者禘其祖之所自出以其祖配之（王者）

（先祖皆感太微五帝之精以生其神名鄭康成據春秋緯說蒼則靈威仰赤則赤熛怒黃則含樞紐白則白招拒黑則叶光紀皆用歲之正月郊祭之蓋特尊焉孝經云郊祀后稷以配天配靈威仰也宗祀文王於明堂以配上帝汎配上帝也）因以祈穀其壇
名太壇在國南五十里禮神之玉用四珪有邸尺有二寸牲用騂犢
青幣配以稷其配帝牲亦用騂犢其樂大司樂云迺奏黃鍾歌大呂
舞雲門以祀天神（天神謂五帝及日月星辰王者又各以夏正月祀其所受命之帝於南郊尊之也）日用辛（按禮記及春秋魯郊於建子月用辛）又王者必五時迎氣者奉承天道從時訓人之義
故月令於四立日及季夏土德王日各迎其王氣之神於其郊（月令云立春之日天子親率公卿諸侯大夫以迎春氣於東郊餘四氣皆然若以祖之所自出郊禘祭靈威仰於南郊一神而已若迎王氣之神郊五神同祀之）其配祭以五人帝春以太皡夏以炎帝季夏以黃帝秋以少
昊冬以顓帝其壇位各於當方之郊去國五十里內曰近郊爲兆位
於中築方壇亦曰太壇而祭之禮神之玉按大宗伯云青珪禮東方
赤璋禮南方黃琮禮地則中央也白琥禮西方玄璜禮北方牲用犢
及幣各隨玉色樂與感帝同秦始皇既即位以昔文公出獵獲黑龍

此其水德之瑞用十月爲歲首色尙黑音尙大呂東游海上禮祀八神二世尊雍四時上帝名其祭處曰時也春歲祠禱因泮凍秋涸凍冬塞祠五月嘗駒及四仲之月祠每時用駒四疋木寓龍一駟木寓車馬一駟各如其帝色黃犢與羔各四珪幣各有數皆生瘞埋無俎豆之具三年一郊常以十月上旬郊見通權火拜於咸陽之旁而衣尙白其用如常漢高帝立二年冬敗項籍還入關問秦時上帝祠何帝也對曰四帝有白青黃赤高帝曰乃待我而具五色遂立黑帝祠名北時有司進祠帝不親往悉召故秦祀官復置太祝太宰皆如其故儀後四年詔御史令九天巫祠九天皆以歲時祠宮中文帝卽位詔有司增雍五時路車各一乘駕被具魯人公孫臣上書曰始秦以水德則漢當土德其應黃龍見宜改正朔易服色尙黃明年黃龍見成紀拜公孫臣爲博士申明土德改歷服色事有司曰古者天子夏親祠上帝於郊故曰郊夏四月詔郊祀上帝始幸雍郊見五時祠衣皆尙赤

趙人新垣平上言長安東北有神氣成五采若人冠冕焉宜祠上帝於是作渭陽五帝廟明年四月帝親郊見五帝廟爟火舉若光屬天於是貴平至上大夫文帝出長門(亭名)若見五人於道北因其直立五帝壇人有告平詐僞遂誅平後渭陽長門五帝使祠官領以時致禮不親往焉武帝卽位初至雍郊見五時後常三歲一郊亳人謬忌曰天神貴者太一太一佐曰五帝古者天子以春秋祭太一於東南郊日一太牢凡七祭爲壇開八通鬼道於是令太祝立太一之祠於長安城東南郊常奉祠如忌方未幾又祠天一自此方士之言興而迂怪之祠紛然起矣或以祀天爲名其實非郊天之事也宣帝神爵元年正月始幸甘泉郊見泰時修武帝故事二年幸雍祠五時明年春幸河東祠后土然未有定制元帝卽位始定舊儀間歲正月一幸甘泉郊泰時又東至河東祠后土西至雍祠五時凡五奉泰時后土之祠亦施恩澤時所過毋出田租賜百戶牛酒或賜爵赦罪人成帝初

卽位丞相匡衡等奏言先王祭天於南郊就陽之義也瘞地於北郊卽陰之象也往者孝武居甘泉宮卽於雲陽立泰畤祭於宮南今常幸長安郊見皇天反北之太陰祠后土反東之少陽未合承天之意於是徙甘泉泰畤置於長安又言今雍鄜密上下畤本秦氏各以其意所立非禮所載不宜復修遂廢雍鄜密上下畤九天太一天一八神之屬幷餘淫祀陳寶等祠所不應禮者四百七十五所皆罷初罷甘泉泰畤作南郊日大風壞甘泉竹宮折拔畤中木十圍以上者百餘天子問劉向向曰家人尚不欲絕種祠況於國乎且甘泉汾陰及雍五畤始立皆有神祇感應然後營之誠未易動帝意恨之後以無繼嗣遂復甘泉泰畤及雍五畤如故天子親郊禮如前又復長安雍祠明著者半後成帝崩皇太后詔復南北郊長安如故以順帝意哀帝立寢疾博召方士復甘泉泰畤祀如故遣有司行事而禮祠焉平帝立王莽奏宜如建始所行丞相匡衡等議復長安南北郊祀如故

莽又頗改其祭禮後漢建武元年光武即位爲壇營於鄗之陽祭告天地采用前漢元始中郊祭故事六宗羣神從祀未以祖配天地共犢餘牲尚約二年正月制郊兆於雒陽城南七里依鄗故事爲圓壇八陛中又爲重壇天地位其上皆南面西上其外壇上爲五帝位青帝位在甲寅赤帝位在丙巳黃帝位在丁未白帝位在庚申黑帝位在壬亥其外爲壝重營皆紫以象紫宮有四通道以爲門日月在中營內南道日在東月在西北斗在北道之西皆別位不在羣神列中八陛陛五十八醊五帝陛郭帝七十二醊中營四門門五十四神外營四門門百八神皆背營內鄉中營四門門封神四外營四門門封神四凡千五百一十四神至七年五月詔三公曰漢當郊堯其與羣臣議時御史杜林等上疏以爲漢起不緣堯與商周異宜從舊制以高帝配從之隴蜀平後乃增廣郊祀高皇帝配食位在中壇上西面北上天地高皇帝黃帝犢各一四方帝共用犢二日月北斗共牛一

四營羣神共牛四樂奏青陽朱明西皓玄冥及雲翹育命舞中營四門門用席十八外營四門門用席三十六皆莞簟率一席三神日月北斗無陛郭醊既送神燎俎實于壇南巳地明帝即位永平二年以月令有五郊迎氣因采元始故事兆五郊于雒陽四方中兆在未壇皆三尺階無等立春日迎春東郊祭青帝句芒立夏日迎夏南郊祭赤帝祝融先立秋十八日迎黃靈于中兆祭黃帝后土立秋日迎秋西郊祭白帝蓐收立冬日迎冬北郊祭黑帝玄冥車旗服飾各從方色魏文帝南巡在潁陰有司爲壇於繁陽故城庚午登壇受紱降壇視燎成禮未有祖配明帝即位太和元年正月丁未郊祀武帝以配天宗祀文帝於明堂以配上帝至景初元年十月乙卯始營洛陽南委粟山爲圓丘詔曰曹氏世系出自有虞今祀圓丘以始祖帝舜配號圓丘曰皇皇帝天郊所祭曰皇天之神以太祖武皇帝配十一月壬子冬至始祀皇皇帝天於圓丘以始祖帝舜配自正始以後終魏

代不復郊祀孫權初稱尊號於武昌祭南郊告天用玄牡後自以居非土中不修設末年南郊追上父堅尊號爲吳始祖以配天後三嗣主終吳代不郊祀劉備章武元年卽位設壇於成都武擔山南用玄牡二年十月詔丞相諸葛亮營南北郊于成都府晉武帝南郊燎告未有祖配泰始二年詔定郊祀南郊宜除五帝之座五郊同稱昊天上帝各設一座而已時羣臣議五帝卽天也隨時王氣而設號耳名雖有五其實一神南郊宜除五帝座五郊同稱昊天從之二月丁丑郊以宣皇帝配十一月有司奏古者丘郊不異宜并圓方二丘更修壇兆二至合祀是月庚寅冬至帝親祀圓丘於南郊是後圓丘方澤不別立太康三年正月帝親郊祀皇太子皇子悉侍祠十年十月詔曰孝經郊祀后稷以配天宗祀文王於明堂以配上帝往者衆議除明堂五帝位考之於禮不正詩序曰文武之功起於后稷故推以配天焉宣帝以神武創業既以配天復以先帝配天可乎遂復南郊五帝位東晉元帝卽位於建康議立南郊於巳地太常賀循定制度多依漢及晉初之儀三月辛卯帝親郊祀饗如泰始故事成帝咸和八年正月郊天則五帝之佐日月五星

二十八宿文昌北斗三台司命軒轅后土太一天一太微句陳北極雨師雷電司空風伯老人凡六十二神從祀康帝建元元年正月辛未南郊帝親奉焉祝文稱嗣天子臣某安帝元興四年應郊帝蒙塵于江陵朝議宜依周禮宗伯攝事尚書右丞王納之曰郊天極尊非天子不祀無使皇輿不得親奉時從納之議郊廟牲幣璧玉之色雖有成文秦世多以騂駒漢則但云犢江左南北郊用玄牲明堂廟社用赤牲宋永初二年正月上辛帝親郊祀三年九月司空羨之等奏高祖武皇宜配天郊詔可孝武大明二年正月有司奏今月六日南郊輿駕親奉至時或雨遂遷日有司行事有司奏按魏代郊天值雨更用後辛晉代顧和亦云更擇吉日南郊自魏已來多使三公行事大明三年移郊兆於秣陵牛頭山西南郊之午地徐爰曰禮記燔柴於泰壇祭天也迎日於南郊就陽位也晉代過江郊兆在北或南出道狹多於巳地宋因而弗改今聖圖重造舊章畢新宜移郊正午以定天位也大明五年九月甲子有司奏郊祭用三牛孝武崩廢帝以郊舊地爲吉祥移置本處齊高帝受禪明年正月上辛有事南郊而無

配犧牲之色因晉宋故事建元四年武帝繼位明年正月祀南郊自茲以後間歲而祀永明元年立春前郊祀郊壇圓兆外內起瓦屋形制宏壯梁武帝即位南郊爲圓壇在國之南壇高二丈七尺上徑十一丈下徑十八丈其外再壝四門常與北郊間歲正月皇帝置齋於萬壽殿上辛行事吳操之云啓蟄而郊郊在立春後何佟之云今之郊祀是報昔歲之功而祈今年之福故取歲首上辛不拘立春前後周之冬至圓丘大報天也夏正又郊以祈農事故有啓蟄之說帝曰圓丘自是祭天先農即是祈穀祭昊天宜在冬至祈穀必須啓蟄用特牛一祀天皇大帝於壇上以皇考太祖文帝配五帝天文從祀禮以蒼璧制幣除鬯祼佟之啓按鬯者盛以六彝覆以畫冪備其文飾施之宗廟今郊祀有祼恐乖尚質宜革之帝依此行香用沈器以陶匏素俎席用藁秸皇帝一獻再拜受福帝以一獻爲質三獻爲文自是天地之祭皆一獻惟皇帝受福明上靈降祚臣下不敢同太尉設燎壇於丙地禮畢器席有司燒埋之五年迎五帝以始祖配十七年帝以威仰魄寶俱是天神於壇則尊於下則卑且南郊所祭天皇其五帝別有明堂之祀不煩重設又郊祀二十八宿而無十二辰於義闕然南郊可除五帝祀加十二辰與二十八

宿各於其方爲壇陳武帝永定元年受禪修圓丘壇高二丈二尺五寸廣十丈柴燎告天明年因以正月上辛有事南郊以皇考德皇帝配除十二辰風師雨師及五帝位間歲而祀文帝天嘉中改以高祖配復二獻之禮宣帝即位以郊壇卑下更增廣之後魏道武帝即位二年正月親祀上帝於南郊以始祖神元皇帝配壇通四陛壝埒三重天位在上南面神元西面五帝以下天文從食席用藁秸玉以四珪幣用束帛牲用黝犢後冬至祭上帝於圓丘牲幣並同天賜二年四月復祀天于西郊爲方壇東爲二陛土陛無等周垣四門門各依方色爲名置木主七於壇上牲用白犢黃駒白羊各一祭之日帝御大駕至郊所立青門內近南西面朝臣及夫人咸位於青門外后率六宮從黑門入列於青門內近北並西面廩犧令掌牲陳於壇前女巫執鼓立於陛東西面選帝七族子弟七人執酒在巫南西面北上女巫陞壇搖鼓帝拜后肅拜內外百官拜祀訖乃殺牲七執酒七人西向以酒灑

天神主復拜如此者三禮畢而反自後歲一祭孝文帝太和十二年
親築圜丘於南郊北齊每三年一祭以正月上辛禘祀昊天上帝於
圜丘以高祖神武帝配五精帝天文等從祀禮以蒼璧束帛蒼牲九
皇帝初獻太尉亞獻光祿卿終獻司徒獻五帝司空獻日月五星二
十八宿太常丞以下薦衆星後諸儒定禮圜丘改以冬至祀之南郊
則歲一祀以正月上辛爲壇於國南祀所感帝靈威仰以高祖神武
皇帝配用四珪幣如方色其上帝及配帝各用騂特牲一燎同圜丘
後周憲章多依周制正月上辛祀昊天上帝於圜丘以其先炎帝神
農氏配昊天上帝於其上五方上帝天文並從祀又祀所感帝靈威
仰於南郊以始祖獻侯莫那配用牲各以方色皇帝乘蒼輅戴玄冕
備大駕而行從祭者皆蒼服隋文帝受命再歲冬至日祀昊天上帝
於圜丘以太祖武元皇帝配五方上帝天文並從祀其牲上帝配帝
用蒼犢各一五帝日月用方色犢各一五星以下羊豕各九孟春上

辛祠感帝赤熛怒於南郊亦以太祖武元帝配其禮四珪有邸牲用騂犢二煬帝大業元年孟春祀感帝改以高祖文帝配餘並仍舊十年冬至祀圜丘帝不齋于次詰朝備法駕至便行禮是日大風帝獨獻上帝三公分獻五帝禮畢御馬疾驅而歸唐武德初定令每歲冬至祀昊天上帝於圜丘以景帝配五方上帝天文皆從祀（日月內官中官外官及衆星皆從祀）上帝及配帝用蒼犢各一五方帝及日月用方色犢各一內官以下加羊豕各九孟春辛日祈穀祀感帝于南郊以元帝配牲用蒼犢二武德貞觀之制大享之外每歲立春立夏季夏立秋立冬郊祀並依周禮其配食及星辰從祀亦然貞觀中奉高祖配圜丘元皇帝配感帝餘依武德制

大雩

周制月令建巳月大雩五方上帝（左氏傳曰龍見而雩角亢見時周之六月陽氣盛常旱故雩為百穀以祈膏雨）其壇名曰雩禜於南郊之傍配以五人帝（太昊配青帝炎帝配赤帝軒帝配黃帝少

昊配白帝顓帝配黑帝命樂正習盛樂月令云仲夏樂師修鞀鞞鼓均琴瑟管簫執干戚戈羽調竽笙篪簧飭鐘磬柷
敔而俱作故曰盛樂也舞皇舞析白羽爲之形如帗也舞師云教皇舞帥而舞旱暵之事月令命有司爲民
祈祀山川百源百辟卿士有益於民者以祈穀實天子雩上帝諸侯雩山川卿士謂古
之上公以下若句龍社稷之類也何休注春秋公羊傳曰旱則君親之南郊以六事謝過自責政不善歟使人失職歟宮室崇歟婦謁盛
歟苞苴行歟讒夫昌歟使童男童女各八人而呼雩也按月令本出於管子卽周時人也至秦呂不韋編爲呂氏春秋漢戴聖又集成禮
記原其根本並周制若國大旱則司巫帥巫而舞雩若旱暵則女巫舞雩漢承
秦滅學雩禮廢旱太常禱天地宗廟雜論曰劉歆致雨具作土龍武帝元封六年
旱女子及巫丈夫不入市成帝五年六月始命諸官止雨朱繩反縈
社擊鼓攻之是後水旱常不和干寶曰朱絲縈社社太陰也朱火色也絲維屬天子伐鼓於社責羣陰也
諸侯用幣於社請上公也伐鼓於朝退自責也此昔人厭勝之術後漢自立春至立夏盡立秋郡國
上雨澤若少郡縣各埽除社稷公卿官長以次行雩禮以求雨春秋繁露
曰大旱雩祭而請雨大水鳴鼓而攻社閉諸陽衣皁興土龍山海經曰大荒東北隅中有山名凶犂土丘應龍處
南極殺蚩尤與夸父不得復上故下數旱而爲應龍之狀乃得大雨郭璞曰今之土龍本此氣應自然冥感非人所能立土人

舞僮二佾七日一變如故事反拘朱索社伐朱鼓禱賽以少牢如禮晉武帝咸寧二年春旱因後漢舊典諸旱處廣加祈請五月祈雨于社稷山川東晉穆帝永和中有議制雩壇於國南郊之旁依郊壇近遠阮諶云壇在巳地按得衛宏漢儀稱魯人爲雩壇在城東南諸儒所說皆云壇而今作墠又論語樊遲從遊于舞雩之下衛宏所說魯人東南舊跡猶在祈上帝百辟旱則祈雨大雩社稷山林川澤舞僮八佾凡六十四人皆皁服持羽翳而歌雲漢之詩齊明帝建武二年旱雩以武帝配饗於雩壇梁武帝天監元年有事雩壇壇於南郊之左高及廣輪四丈周十二丈四陛帝以爲雨既類陰而求之正陽其謬已甚東方既非盛陽而爲生養之始則雩壇應在東方祈晴亦宜此地遂移於東郊十年帝又以雩祭燔柴以火祈水於理爲乖於是停用柴燎從坎瘞典時議曹郎朱异議曰按周宣雲漢之詩毛注有瘞埋之文不見燎柴之說若以五帝必柴則明堂又無其事大同五年又築雩壇於籍田兆內四月後旱則祈雨行七事一理冤獄及失職者二賑鰥寡孤獨三省傜輕賦四舉進賢良五黜退貪邪六命會男女恤怨曠七徹膳羞弛樂天子降法服七日乃祈社稷七日乃祈山

林川澤常興雲雨者七日乃祈羣廟之主于太廟七日乃祈古來百
辟卿士有益於人者七日乃大雩上帝徧祈前祈所有事者大雩禮
於壇用黃牯牛一祈五天帝及五人帝各依其方以太祖配位於青
帝之南五官配食於下七日乃去樂又徧祈社稷山林川澤就故地
處大雩國南除地爲墠舞僮六十四人皆衣皂服爲八列各執羽翳
每列歌雲漢詩一章而畢旱而祈雨則報以太牢皆有司行事唯雩則不
報也若郡國縣旱請雨則五事同時並行五事則謂黜退貪邪以上如前議守令皆齋
潔三日乃祈社稷七日不雨更齋祈如初三變仍不雨復齋祈其界
山林川澤常興雲雨者祈而澍亦各有報陳因梁故事武帝時以德
皇帝配文帝時以武帝配廢帝時以文帝配牲用黃牛而以清酒四
升洗其首其壇墠配饗歌舞皆如梁禮天子不親奉則太宰太常光
祿行三獻禮其法皆採齊建武二年舊典後魏文成帝和平元年四
月旱詔州郡於其界內神無大小悉洒埽薦以酒脯年登之後各隨

本秩祭以牲牢北齊以孟夏龍見而雩祭太微以五精帝於夏郊之東爲圓壇廣四十五尺高九尺四面各一陛爲三壝外營相去深淺幷燎壇一如南郊若建午未申之月不雨則使三公祈五帝於雩壇禮用玉帛有燎不設樂選伎工端絜善謳詠者使歌雲漢之詩於壇南其儀如郊禮隋制雩壇國南十三里啓夏門外道左高一丈周二十丈孟夏龍見則雩五方上帝配以五人帝於上以太祖配饗五官從祀於下牲用犢十各依方色若京師孟夏後旱則祈雨行七事如梁之七事七日祈嶽鎮海瀆及諸山川能興雲雨者又七日祈社稷及古來百辟卿士有益於人者又七日乃祈宗廟及古帝王有神祠者又七日乃修雩祈神州又七日仍不雨復從嶽瀆以下祈禮如初秋分以後不雩但禱而已皆用酒脯祈請後二旬不雨者卽徙市禁屠皇帝御素服避正殿減膳撤樂或露坐聽政百官斷傘扇令家人造土龍雨則命有司報州縣祈則理冤獄存鰥寡孤獨掩骼埋胔絜齋祈

干社稷七日乃祈界內山川能興雲雨者徙市斷屠雨亦有報唐武德初定令每歲孟夏雩祀昊天上帝於圓丘景皇帝配牲用蒼犢二五方上帝五人帝五官並從祀用方色犢十貞觀雩祀於南郊顯慶禮於圓丘開元十一年孟夏後旱則祈雨審理冤獄賑恤窮乏掩骼埋胔先祈嶽鎮海瀆及諸山川能興雲雨者皆於北郊遙祭而告之又祈社稷又祈宗廟每月七日皆一祈不雨還從嶽瀆如初旱甚則大雩秋分後不雩初祈後一旬不雨即徙市禁屠殺斷扇造大土龍雨足則報祀祈用酒脯醢報准常祀皆有司行事

明堂

黃帝拜祀上帝于明堂或謂之合宮其堂之制中有一殿四面無壁以茅蓋通水水圜宮垣爲複道上有樓從西南入名昆侖天子從之入以拜祀唐虞祀五帝於五府蒼曰靈府赤曰文祖黃曰神計白曰明紀黑曰玄矩夏后氏曰世室商人曰重屋周人曰明堂其制度詳

於禮經漢武帝元封五年祠太一五帝於明堂上座高皇帝對之牲以太牢天子從昆侖道入始拜明堂如郊禮禮畢燎堂下其明堂制從公玉帶所上黃帝時圖也後漢光武建武三十年初營明堂明帝永平二年正月辛未初祀五帝於明堂光武帝配五帝座位堂上各處其方黃帝在未皆如南郊之位光武位在青帝之南少退西面牲各一犢奏樂如南郊章帝元和二年二月壬申宗祀五帝於孝武所作汶上明堂光武帝配如洛陽明堂禮癸酉更告祀高祖太宗世宗中宗世祖顯宗於明堂各一太牢安帝延光三年祀汶上明堂如元和故事初建武營明堂其制上圓下方八窗四闥九室十二座三十六戶七十二牖魏明帝太和元年正月丁未宗祀文帝於明堂以配上帝祝稱天子臣某晉武帝泰始二年正月丁丑宗祀文皇帝於明堂以配上帝又議明堂宜除五帝之坐同稱昊天上帝各設一坐而已十年十月詔復明堂五帝位東晉太元十三年孝武帝正月後辛

祀明堂車服之儀率遵漢制出以法駕服以衮冕宋孝武大明五年依漢汶上儀設五帝位太祖文帝對饗祭皇天上帝鼎俎彝簋一依太廟禮堂制但作大殿屋十二間以應一周之數其餘煩雜一皆除之六年正月帝親奉明堂祭五時帝以太祖配齊高帝建元元年七月祭五帝之神於明堂有功德之君配明堂制五室從王儉之議也明帝永泰元年有司奏以武帝配梁祀五帝於明堂服大裘冕罇以瓦俎豆以純漆牲以特牛餚膳准二郊若水土之品蔬菜之屬猶宜以薦郊所無者並從省行禮自東郊而升從青帝始止一獻清酒無黍肉之禮請停灌及授俎十二年毀宋太極殿以其材爲明堂十二間基准太廟以中央六間安六座悉南向東來第一青帝第二赤帝第三黃帝第四白帝第五黑帝配帝總配五人帝在阼階東上北向大殿後爲小殿五間以爲五佐室焉陳祀昊天上帝五帝於明堂牲以太牢粢盛六飯鉶羹蔬備薦焉武帝以德帝配文帝以武帝配廢

帝以文帝配堂制殿屋十二間中央六間依前代安六座四方帝各依其方黄帝居坤維而配饗坐依梁法後魏文帝大和十三年四月經始明堂改營太廟遷洛之後宣武永平延昌中欲建明堂而議者或云五室或云九室至明帝神龜中復議之元乂執政遂營九室值亂不成宗配之禮迄無所設北齊採周官考工記爲五室後周採漢三輔黄圖爲九室並終不立隋文帝開皇中議立明堂時將作大匠宇文愷依月令造明堂木樣以獻帝異之然以衆議不定故不成終隋代祀五方上帝於明堂常以季秋在雩壇上而祀其用幣各依其方人帝各在天帝之左太祖在太昊南西向五官在庭各依其方牲用犢十二皇帝太尉司農行三獻禮于青帝及太祖自餘皆有司助奠五官位於堂下行一獻禮有燎其省牲進熟如南郊儀唐武德初定令每歲季秋祀五方上帝於明堂元帝配五人帝五官並從祀迄于貞觀之末未議立明堂季秋大享則於圜丘行事永徽二年又奉

太宗配祠明堂有司遂以高祖配五天帝太宗配五人帝下詔造明堂內出九室之樣顯慶元年禮官議太宗不當配五人帝太尉長孫無忌等議以高祖躬受天命奄有神州爲國始祖抑有舊章太宗道格上玄功清下黷拯率土之塗炭布大造於生靈請準詔書宗祀於明堂以配上帝從之乾封初復議立明堂或云九室或云五室以議不定又止武后垂拱四年二月毀東都之乾元殿就其地造明堂因下詔曰時既沿革莫或相遵自我作古用適於事今以上堂爲嚴配之所下室爲布政之居來年正月一日可於明堂宗祀三聖以配上帝其月明堂成號爲萬象神宮天授二年正月乙酉日南至親祀明堂合祭天地以周文王及武氏先考妣配百神從祠並於壇位以茅布席而祀武太后又於明堂後造佛舍高百餘尺始造爲大風振倒俄又重營其功未畢證聖元年正月丙申夜佛堂災延燒明堂至明而盡未幾復令依舊規制重造明堂凡高二百九十四尺東西南北

廣三百尺上施寶鳳俄以火珠代之明堂之下圜遶施鐵渠以爲辟雍之象天冊萬歲二年三月造成號爲通天宮四月又行親享之禮大赦改元爲萬歲通天明年九月又享於通天宮開元五年幸東都將行大享之禮以武太后所造明堂有乖典制遂拆依舊造乾元殿每臨御依正殿禮自是駕在東都常以元日冬至於乾元殿受朝賀季秋大享依舊於圓丘行事其大享儀具開元禮

朝日夕月

周制以柴祀日月星辰日壇曰王宮月壇曰夜明牲幣俱赤樂與祭五帝同禮神之玉以珪璧王搢大圭執鎮圭繅籍五采五就以朝日王服玄冕所以尙質自朝至暮行祭之禮先以牲幣於柴上而燔之升煙於天以同五帝之義凡祭日月歲有四焉迎氣之時祭日於東郊祭月於西郊一也二分祭日月二也祭義云郊之祭大報天而主日配以月三也月令十月祭天宗合祭日月四也覲禮禮日於南門

之外禮月於北門之外漢武帝立二十八年始郊太一朝日夕月改周法不俟二分於東西郊常以郊泰時質明出行竹宮東向揖日其夕西向揖月魏文帝譏其煩褻似家人之事乃以黃初二年正月乙亥朝日於東門之外前史又以正月非二分之義秘書監薛靖論云按周禮朝日無常日鄭玄云用二分秋分之時月多東升西向拜之背實遠矣朝日宜用仲春之朔夕月宜用仲秋之朔淳于睿駁之引禮記云祭日於東祭月於西以端其位周禮秋分夕月並行於上代西向拜月雖如背實亦猶月在天而祭之於坎不復言背也猶如天子東西遊幸拜宮猶北向朝拜寧得以背實爲疑明帝太和元年二月丁亥朔朝日于東郊八月己丑夕月于西郊始爲得禮晉因之武帝太康二年有司奏春分朝日寒溫未適不可親出詔曰頃方難未平故每從所奏今戎事已息此禮爲大遂親朝日後周以春分朝日於東門外爲壇如其郊用特牲青幣青圭有邸皇帝乘青輅及祀官

俱青冕執事者青弁司徒亞獻宗伯終獻燔燎如圜丘秋分夕月於國西門外爲壇於坎中方四丈深四尺燔燎禮如朝日隋因之開皇中於國東春明門外爲壇如其郊每以春分朝日又以國西開遠門外爲坎深三尺廣四丈爲壇於坎中高一尺廣四尺每以秋分夕月牲幣與周同唐二分朝日夕月於國城東西各用方色犢

大䄍 臘

䄍者索也自伊耆之代而有其禮古之君子使人必報之是報田之祭也其神神農初爲田事故以報之夏氏曰嘉平商曰清祀周因之後名大䄍以歲十二月合聚萬物而索享之其樂則歈豳頌擊土鼓其服則皮弁素服又云黄衣黄冠而祭息田夫也故既䄍君子不興功秦初因曰臘後復曰嘉平漢復曰臘季冬之月星迴歲終陰陽以交勞農大享臘魏因之高堂隆議臘用日云王者各以其行之盛而祖以其終而臘水始於申盛於子終於辰故水行之君以子祖以辰

臘火始於寅盛於午終於戌故火行之君以午祖以戌臘木始於亥盛於卯終於未故木行之君以卯祖以未臘金始於巳盛於酉終於丑故金行之君以酉祖以丑臘土始於未盛於戌終於辰故土行之君以戌祖以辰臘今魏土德而王宜以戌祖辰臘博士秦靜議曰坤爲土土位西南黄精之君盛德在未故魏以未祖易曰坤利西南得朋東北喪朋丑者土之終故以丑臘終而復始乃終有慶宜如前以未祖丑臘奏可之宋氏以水德王故祖以子臘以辰後周常以十月䄍隋初因周亦以孟冬下亥䄍百神開皇四年詔曰前周歲首今之仲冬建亥之月大䄍可也後周以夏后之時行姬氏之䄍考之前代於義有違其十月行䄍者停可以十二月爲臘始革前制唐貞觀十一年房玄齡等議曰按月令䄍法唯祭天宗近代䄍五天帝五人帝五地極皆非古典今並除之季冬寅日䄍祭百神於南郊大明用犢二籩豆各四簠簋甄俎各一神農及伊耆氏各用少牢一籩豆等與

大明同后稷及五方十二次五官五方田畯五嶽四鎮四海四瀆以下方别各用少牢一其日祭井泉於川澤之下用羊一卯日祭社稷於社宫二十八宿五方之山林川澤邱陵墳衍原隰鱗羽贏毛介水墉坊郵表畷貓虎及龍麟朱鳥白虎玄武方别各用少牢一每座籩豆各二簠簋甑俎各一䄍祭凡百八十七座當方年穀不登則闕其祀䄍之明日又祭社稷于社宫如春秋二仲之禮開元中制儀季冬臘日䄍百神於南郊之壇若其方不登則闕之其儀具開元禮

靈星

周制仲秋之月祭靈星於國之東南漢興八年有言周興而邑立后稷之祠於是高帝命郡國縣邑立靈星祠常以歲時祠以牛言祠后稷而謂之靈星者以后稷又配食星也舊說星謂天田星也一曰龍左角爲天田主穀乃於壬辰位祠之壬爲水辰爲龍就其類也縣邑令長侍祠舞者童男十六人舞象教田初爲芟除次耕種次芸耨驅

爵及稷刈舂簸之形象成功也東晉靈星配饗南郊不特置祀唐開元禮立秋之後祀靈星於國城東南天寶四載勅升爲中祠

風師雨師及諸星等祠

周制大宗伯以實柴祀日月星辰以槱燎祠司中司命風師雨師月令立春後丑日祭風師於國城東北立夏後申日祀雨師於國城西南秋分日享壽星於南郊立冬後亥日祠司中司命司民司祿於國城西北後漢以丙戌日祀風師於戌地以己丑日祀雨師於丑地牲用羊豕又於國都南郊立老人星廟常以仲秋祀之立心星廟于城南常以季秋祀之晉以仲春月祀于國都遠郊老人星廟季秋祀心星于南郊壇心星廟東晉以來配饗南郊不復特立隋令太史局常以二月八日於署廷中以太牢祠老人星兼祀天皇大帝天一太一日月五星句陳北極北斗三台二十八宿丈人星孫星都四十六座凡應合祀享官亦太醫給除穢氣散藥先齋一日服之以自潔唐開

元二十四年七月勅所司特置壽星壇常以千秋節日修其祠典又勅壽星壇宜祭老人星及角亢七宿著之常式其儀具開元禮天寶四載勅風伯雨師並宜升入中祠仍令諸郡各置一壇因春秋祭社之日同申享祀至九月勅諸郡風伯壇置在壇之東雨師壇之西各稍北三數十步其壇卑小於社壇其祭官准祭社例取太守下充

方丘神州后土附

夏以五月祭地祇商以六月周制大司樂云夏日至禮地祇於澤中之方丘其丘在國之北禮神之玉以黃琮牲用黃犢幣用黃繒王及尸同服大裘配以后稷其樂則大司樂云凡樂函鐘爲宮太蔟爲角姑洗爲徵南呂爲羽靈鼓靈鼗孫竹之管空桑之琴瑟咸池之舞夏日至於澤中之方丘奏之若樂八變則地祇皆出可得而禮矣其神州地祇謂王者所卜居吉土五千里之內地名也玉用兩珪五寸有邸牲用黝犢幣用黑繒壇於北郊築土爲壇名曰太折配亦以后稷

其樂奏太簇歌應鍾舞咸池以祭地祇備五齊七獻王每獻酒皆作
樂一終漢高帝定天下百度草創詔御史置祠祀官𡻕巫其梁山巫
主祠天地武帝即位曰朕親郊上帝而后土無配則禮不答也有司
與太史令談祠官寬舒議之於是東幸汾陰男子公孫滂洋等見汾
旁有光如絳遂立后土祠於汾陰脽上澤中爲五壇壇一黃犢以高
帝配牢具已祠盡瘞而從祀者衣尚黃始用樂舞帝親望拜如上帝
禮至宣帝修武帝故事間歲正月一日至河東祠后土成帝建始初
徙河東后土於長安北郊後以帝無繼嗣復汾陰后土如故帝崩皇
太后詔復北郊長安平帝立地與天合祭於南郊壇後漢光武中元
元年營北郊祀地祇在雒陽城北四里爲方壇四陛遷呂太后于園
上薄太后尊號曰高后以配地祇正月辛未別祀地祇於南郊位南
面西上高皇后配西面北上皆在壇上地理羣神從食皆在壇下中
嶽食在未四嶽各在其方海東河西濟北淮東江南山川各在其方

高后用犢各一五嶽共牛一四海四瀆共牛一羣神共牛二樂如南郊既送神瘞俎實于壇北明帝永平二年正月上丁祀南郊畢次郊魏明帝景初元年詔祀方丘所祭曰皇皇后地以舜妃伊耆氏配北郊所祭曰皇地之祇以武宣皇后配晉武帝受禪後泰始二年定郊祀北郊以先后配是年有司奏古者丘郊不異遂并圓方二丘於南郊更修壇兆其二至之祀合於二郊十一月庚寅帝親祠於南郊自後方澤不別立東晉元帝太興二年北郊未立地祇共在天郊明帝太寧三年七月始詔立北郊未及建而帝崩成帝咸和八年於覆舟山南立北郊從祀則五嶽四望四海四瀆五湖五帝之佐沂山嶽山白山霍山醫無閭山蔣山松江會稽山錢塘江先農凡四十四神江南諸小山蓋江左所立如漢西京關中小水皆有祭秩是月辛未祀北郊以宣穆張后配地魏氏故事非晉舊也康帝建元元年正月辛未南郊辛巳北郊帝皆親奉宋武帝永初二年親南北郊孝武帝大

明三年移北郊於鍾山北原與南郊相對後還舊處齊高帝受禪建元二年正月次辛北郊犧牲之色因舊不改而無配武帝永明三年議用次辛車服之儀率遵漢制梁武帝制北郊爲方壇於國之北常與南郊間歲正月上辛以一特牛祀后土於壇上以德后配禮以黃琮五官先農五嶽及國內山川皆從祀其南郊明堂用沈香取天之質陽所宜也北郊用上和香以地於人親宜加雜馥天監十六年有事北郊八座奏省除四望松江浙江五湖等座其鍾山白石山既土地所在並留之如故帝行一獻之禮陳武帝亦以間歲正月上辛用特牛一祀於北郊以皇妣昭后配及文帝天嘉中南郊改以高祖配北郊以德皇帝配宣帝卽位以郊壇卑下更增廣之後魏道武瘞地於北郊以神元竇皇后配壇兆制同南郊五嶽名山在中壝內四瀆大川在外壝內后土神元后共用黑牲一玉用兩珪有邸幣用束帛五嶽等共牛一祭畢瘞牲體於壇北亥地北齊制圓丘方澤並三年

一祭謂之禘祀以夏至之日禘崑崙皇地祇於方澤以武明皇后配其神社稷岱嶽沂鎮會稽鎮云云山亭亭山蒙山羽山嶧山崧嶽霍嶽衡鎮荊山內方山大別山敷淺原山桐柏山陪尾山華嶽大嶽鎮積石山龍門山江山岐山荊山嶓冢山壺口山雷首山底柱山析城山王屋山西傾朱圉山鳥鼠同穴山熊耳山敦物山蔡蒙山梁山崏山武功山太白山恆嶽醫無閭山鎮陰山白登山碣石山太行山狼山封龍山漳山宣務山閼山方山苟山狹龍山淮水東海泗水沂水淄水濰水江水南海漢水穀水洛水伊水漾水沔水河水西海黑水澇水渭水涇水酆水濟水北海松水京水桑乾水漳水呼沲水衞水洹水延水並從祀其神州位青陛之北寅地社位赤陛之西未地稷位白陛之南庚地自餘並內壝之內內向各如其方合用牲十二儀同圓丘後周祭后土地祇於國北郊六里爲壇以神農配后土之祇神州壇在其右以獻侯莫那配焉隋因周制夏至之日祭皇地祇於

宮城北郊十四里方壇之上以太祖配神州迎州兾州戎州拾州柱州營州咸州揚州其九州山林川澤丘陵墳衍原隰皆從祀地祇及配帝等牲用黃犢二神州以下用方色犢一九州山海墳衍等加羊豕各九孟冬祭神州於北郊亦以太祖武元皇帝配牲用犢二凡大祀養牲在滌九旬中祀三旬小祀一旬昊天五帝日月星辰地祇神州宗廟社稷爲大祀星辰五祀四望爲中祀司中司命風師雨師諸星山川爲小祀其牲方色難備者聽以純色代煬帝大業元年孟冬祀神州改以高祖文帝配唐制夏日至祭皇地祇于宮城之北郊十四里爲方丘壇因隋制以景帝配神州五方嶽鎭海瀆山林川澤丘陵墳衍原隰皆從祀地祇及配帝牲用黃犢二神州用黝犢一嶽鎭以下加羊豕各五孟冬祭神州於北郊景帝配牲用黝犢二貞觀中奉高祖配地郊永徽中許敬宗等奏祭地之外別有神州謂之北郊殊無典據遂廢神州之祀乾封初又詔依舊祀神州二年詔以高祖

太武皇帝崇配方丘等祀太極元年正月初將有事于南郊有司議唯祭昊天上帝續議設皇地祇位開元二十一年夏日至祀皇地祇于方丘以高祖配立冬祭神州于北郊以太宗配時房玄齡議以神州者國之所託餘八州則義不相及今請除八州惟祭皇地祇及神州以正祀典開元十一年上自東都將還西京便幸并州至十二年二月二十二日祠后土于汾陰脽上太史奏榮光出河休氣四塞祥風繞壇日揚其光二十年車駕欲幸太原中書令蕭嵩上言去十一年親祠后土爲蒼生祈穀自是神明昭佑累年豐登有祈必報禮之大者且漢武親祠脽上前後數四伏請准舊年事至后土行報賽之禮從之

社稷

顓帝祀共工氏子句龍爲社烈山氏子柱爲稷高辛氏唐虞夏皆因之商湯爲旱遷柱而以周棄代之欲遷句龍無可繼者故止周制天

子立三社祭法云王爲羣姓立社曰太社於庫門內之西立之王自爲立社曰王社於籍田立之亡國之社曰亳社廟門之外立之諸侯立三社祭法云諸侯爲百姓立社曰國社於臯門之西立之自爲立社曰侯社亦於籍田中立之而亦立亳社大夫以下立一社祭法云大夫以下成羣立社曰置社今之里社也但立名雖異其神則同皆以句龍配之稷周棄配之社者五土之神稷者於五土之中特指原隰之祇援神契曰稷者原隰之中能生五穀之祇也社壇在東稷壇在西俱北面壇築牆開四面門天子之社則以五色土各依方色爲壇廣五丈諸侯則但用當方之色爲壇皆植木以表其處又別爲主以象其神大夫以下但各以其地所宜之木而立之漢高帝初起禱豐枌榆社二年東擊項籍還入關因命縣爲公社後四年天下定詔御史令豐謹理枌榆社其後又令縣常以春二月及臘祠后稷平帝時王莽奏建立社稷自高祖除秦社稷立漢社稷時已有官社以夏

禹配而未立官稷至此始立之稷種穀樹徐州牧歲貢五色土一斗後漢光武建武二年立太社稷于洛陽在宗廟之右皆方壇無屋有牆有門而已二月八月及臘一歲三祠皆太牢具使有司祠郡縣皆置社稷太守令長侍祠牲用羊豕唯州所治有社無稷以其使官也魏自漢後但太社有稷官社無稷故常二社一稷也至明帝景初中立帝社明帝祭社但稱皇帝晉武帝太康九年詔曰社實一神其并社之祀東晉元帝建武元年又依洛京立二社一稷宋仍晉舊無所改作梁社稷在太廟西依晉元帝所創有太社帝社太稷凡三壇至大同初又加官社官稷爲五壇陳依梁而帝社以三牲首餘以骨體薦粢盛爲六飯粳以敦稻以牟黄粱以簠白粱以簋黍以瑚粢以璉後魏天興二年置太社太稷帝社於宗廟之右爲方壇四陛以二月八月日用戊皆以太牢句龍配社周棄配稷並有司侍祠北齊立太社帝社太稷三壇於國右每仲春仲秋元辰及臘各以一太牢祭焉

皇帝親祭則司農卿省牲進熟司空亞獻司農終獻後周立社稷於左帝親祠則冢宰亞獻宗伯終獻隋文帝開皇初建社稷並列於含光門內之右仲春仲秋吉戊各以一太牢祭牲色用黑孟冬丁亥又臘祭之州郡縣二仲月並以少牢祭百姓亦各為社唐社稷亦於含光門內之右仲春仲秋二時戊日祭太社太稷社以句龍配稷以后土配武太后天授三年九月為社至長安四年三月制社依舊用八月神龍元年改先農壇為帝社壇於太壇西立帝稷壇禮同太社太稷其壇不備方色異於太社又其年五月詔於東都建置太社天寶三載二月詔社稷列為中祀頗紊大猷自今以後升為大祀

山川

黃帝祭山川為多虞氏秩于山川徧于羣神周制四坎壇祭四方以血祭祭五嶽以埋沈祭山林川澤一歲凡四祭一者謂迎氣時二者郊天時三者大雩時四者大禬時皆因以祭之秦并天下令祠官所

常奉名山大川鬼神可得而序於是自崤以東名山大川祠山曰太室恒山泰山會稽湘山水曰淮濟春以脯酒爲歲禱因泮凍秋涸凍冬塞其牲用牛犢各一牢具圭幣各異自華以西名山七曰華山薄山嶽山岐山吳山鴻冢瀆山蜀之岷山也名川四曰河祠臨晉沔祠漢中湫淵祠朝那江水祠蜀亦春秋泮涸禱塞如東方山川而牲亦牛犢圭幣各異而四大冢鴻岐吳嶽皆有嘗禾其河加有嘗醪此皆在雍州之域近天子都故加車一乘騂駒四灞滻灃澇涇渭長水皆不在大山川數以近咸陽盡得比山川祠而無車乘騂駒之加漢孝文十二年五穀不登詔增修山川羣祀武帝因巡狩禮其名山大川用駒者悉以木偶馬代行過親祠者乃用駒後漢章帝元和二年詔祀山川百神應禮者魏文帝黃初三年禮五岳四瀆咸秩羣祀瘞沈圭璋宋孝武帝大明七年六月有司奏奠祭霍山殿中郎邱景先議宜使太常持節牲以太牢之具羞用酒脯時穀禮以赤璋纁幣器用

陶匏藉用茆席梁令郡國有五嶽者置宰祀三人及有四瀆若海應
祀者皆以孟春仲冬祀之後魏明元帝立五嶽四瀆廟於桑乾水之
陰春秋遣有司祭其餘山川諸神三百二十四所每歲十月遣祠官
詣州鎮徧祠有水旱災厲則牧守各隨其界內而祈謁王畿內諸山
川有水旱則禱之太武帝南征造恆山祀以太牢浮河濟祀以少牢
過岱宗祀以太牢遂臨江登瓜步而還後周大將出征遣太祝以羊
一祭所過名山大川隋制祀四鎮東鎮沂山西鎮吳山南鎮會稽山
北鎮醫無閭山冀州鎮霍山並就山立祠祀四海東海於會稽縣界
南海於南海鎮南並近海立祠及四瀆並取側近巫一人主知洒埽
並令多植松柏唐武德貞觀之制五嶽四鎮四海四瀆年別一祭各
以五郊迎氣日祭之東嶽岱山祭於兗州東鎮沂山祭於沂州東海
祭於萊州東瀆大淮祭於唐州南嶽衡山於衡州南鎮會稽山於越
州南海於廣州南瀆大江於益州中嶽嵩山於洛州西嶽華山於華

州西鎮吳山於隴州西海及西瀆大河於同州北嶽恆山於定州北鎮醫無閭山於營州北海及北瀆大濟於洛州其牲皆用太牢祀官以當界都督刺史充先天二年封華嶽神爲金天王開元十三年封泰山神爲天齊王天寶五載封中嶽神爲中天王南嶽神爲司天王北嶽神爲安天王六載河瀆封爲靈源公濟瀆封爲淸源公江瀆封爲廣源公淮瀆封爲長源公會稽山爲永興公嶽山爲成德公霍山爲應聖公醫無閭山爲廣寧公八載閏六月封太白山爲神應公其九州鎮山除大諸岱外並宜封公十載正月以東海爲廣德王南海爲廣利王西海爲廣潤王北海爲廣澤王分命卿監詣嶽瀆及山取三月十七日一時備禮兼冊祭其祭儀具開元禮

籍田

周制天子孟春之月乃擇元辰親載耒耜置之車右帥公卿諸侯大夫躬耕籍田千畝於南郊冕而朱紘躬秉耒天子三推以事天地山

川社稷先古以爲醴酪粢盛於是乎取之漢文帝制曰農天下之本遂開籍田朕躬耕以給宗廟粢盛漢舊儀云春始東耕於籍田官祠先農以一太牢百官皆從賜三輔二百里內孝悌力田三老帛種百穀萬斛爲立籍田倉置令丞穀皆以給天地宗廟羣神之祀以爲粢盛景帝詔曰朕親耕爲天下先昭帝幼即位耕於鉤盾弄田後漢明帝永平中二月東巡耕於下邳章帝元和中正月北巡耕於懷縣其籍田儀正月始耕常以乙日祠先農及耕於乙地晝漏上水初納執事告祠先農已享耕時有司請行事就耕位天子三公九卿諸侯百官以次耕推數如周法力田種各耰訖有司告事畢是月命郡國守皆勸民始耕魏氏雖天子親耕籍田而藩鎮闕諸侯百畝之禮晉武帝太始四年正月丁亥帝躬耕籍田于東郊詔曰近代以來籍田止於數步之中空有慕古之名曾無供祀訓農之實而有百官車徒之費今循千畝之制當與羣公卿士躬稼穡之艱難以帥先天下於東

郊之南洛水之北乘輿御木輅以耕以太牢祀先農自惠帝之後其禮遂廢東晉元年將修耕籍事終不行宋文帝元嘉二十一年將親耕先立春九日司空大司農京尹令尉度宫之辰地八里之外整制千畝中開阡陌立先農壇於中阡西陌南設御耕壇於中阡東陌北將耕宿青幕于耕壇之上皇后帥六宫之人出穜稑之種付籍田令耕日太祝令以一太牢祀先農如帝社儀孟春上辛後吉亥御乘耕根三蓋車駕蒼駟建青旂著通天冠青幘青袞佩蒼玉蕃王以下至六百石皆衣青唯三臺武衛不耕不改章服駕出如郊廟儀至籍田侍中跪奏至尊降車臨壇大司農跪奏先農已享請皇帝親耕太史贊曰皇帝三推三反於是羣臣以次耕王公及諸侯五推五反孤卿大夫七推七反士九推九反籍令率其屬耕終畝灑種即耰禮畢乃班下州縣悉具其禮焉齊武帝永平中耕籍田用丁亥使御史乘馬車載耒耜從五輅後梁初依宋齊禮以正月用事不齋不祭天監十

二年武帝以啓蟄而耕改用二月乃與百官御事並齋三日沐浴裸饗侍中奉耒耜載於象輅以隨木輅之後普通二年又移籍田於建康北岸築兆域如南北郊別有望耕臺在壇東帝親耕畢登此臺以觀公卿之推反後魏太武帝天興二年春始躬耕籍田祭先農用羊一北齊籍田於帝城東南千畝內種赤粱白穀大豆赤黍小豆黑穄麻子大麥小麥色別一頃自餘一頃地中通阡陌作祠壇於陌南阡西廣輪三十六尺四陛三壝四門又爲大營於外設御耕壇於阡東陌北每歲正月上辛後吉亥祠先農神農氏於壇上無配饗祭訖親耕隋制於國南十四里啓夏門外置地千畝爲壇行籍田之禮播植九穀納于神倉以擬粢盛穰稾以餉犧牲唐貞觀三年正月二十一日太宗親祭先農籍于千畝之甸武后改籍田壇爲先農壇神龍初復改先農壇爲帝社壇開元二十三年二月親祠神農于東郊句芒配禮畢躬御耒耜籍于千畝之甸時有司進儀注天子三推公卿九

推庶人終畝明皇欲重勸耕籍遂進耕五十餘步盡壠乃止耕畢輦還齋宮大赦侍耕執牛官皆加級賜帛其儀備開元禮

先蠶

周制仲春天官內宰詔后帥外內命婦始蠶于北郊以爲祭服天子諸侯必有公桑漢皇后蠶于東郊後漢皇后四月帥公卿列侯夫人蠶祠先蠶禮以少牢魏文帝黃初七年皇后蠶于北郊依周典也晉武帝太康六年蠶於西郊與籍田對其方也先蠶壇高一丈方二丈爲四出陛陛廣五尺在皇后採桑壇東南帷宮外門之外而東南去帷宮蓋十丈在蠶室西南桑林在其東取列侯妻六人爲蠶母蠶將生擇吉日皇后著十二笄步搖依漢魏故事衣青衣乘油畫雲母安車駕六騩音貴馬女尚書著貂蟬佩璽陪乘載筐鉤公主三夫人九嬪世婦諸太妃太夫人及縣鄉君郡公侯特進夫人外世婦命婦皆步搖衣青各載筐鉤從蠶先桑二日蠶宮生蠶著薄上躬桑日皇后未

到太祝令質明以太牢告祠謁者一人監祠祠畢撤饌頒餘胙於從
桑及奉祠者皇后至西郊升壇公主以下陪列壇東皇后東面躬桑
採三條諸妃公主各採五條鄉縣以下各採九條悉以桑授蠶母還
蠶室事訖皇后還便座公主以下乃就位設饗宴賜絹各有差江左
至宋孝武大明四年始於臺城西白石里爲蠶所設北域置大殿又
立蠶觀北齊爲蠶坊於京城北之西去皇宮十八里外有蠶宮方九
十步牆高一丈五尺其中起蠶室二十七口別殿一區置蠶宮令丞
宦者爲之每歲季春穀雨後吉日使公卿以一太牢祠先蠶黃帝於
蠶壇上無配如祀先農禮訖皇后因親桑於壇備法駕服鞠衣乘重
翟帥六宮升桑壇東陛即御座女尚書執筐女主衣執鉤立壇下皇
后降自東陛執筐者處右執鉤者居左蠶母在後乃躬桑三條訖升
壇即御座內命婦以次就桑服鞠衣者採五條展衣七條褖衣九條
以授蠶母還蠶室切之授世婦灑一薄凡應桑者並復本位后乃降

壇還便殿改服設勞酒胙賚而還後周制皇后乘翠輅率六宮三妃三㚤（音弋婦官名）御媛御婉三公夫人三孤內子至蠶所以一少牢親祭進奠先蠶西陵氏神禮畢降壇令二嬪爲亞獻終獻因以躬桑隋制先蠶壇於宮北三里爲壇高四尺季春上巳皇后服鞠衣乘重翟率三夫人九嬪內外命婦以一太牢制幣祭先蠶於壇上用一獻之禮祭訖就桑位於壇東面尚功進金鉤典制奉筐皇后採三條反鉤命婦各依班採五條九條世婦於蠶母受切桑灑訖皇后乃還唐顯慶元年三月辛巳皇后武氏先天二年三月辛卯皇后王氏乾元二年三月己巳皇后張氏並有事於先蠶其儀備開元禮

禮略第一

禮略第二 通志卷第四十三

吉禮下

宗廟

唐虞立五廟其祭尙氣先迎牲殺於庭取血告於室以降神然後奏樂尸入王裸以鬱鬯夏氏因之商制七廟周制小宗伯掌建國之神位宗廟在左王立七廟一壇一墠曰考廟曰王考廟曰皇考廟曰顯考廟曰祖考廟皆月祭之遠廟爲祧有二祧享嘗乃止去祧爲壇去壇爲墠壇墠有禱焉祭之無禱乃止去墠曰鬼天子遷廟之主以昭穆合藏於二祧之中漢高帝令諸侯都皆立上皇廟高帝崩孝惠卽位令奉常叔孫通定宗廟儀法帝東朝太后長樂宮及閒往以數蹕煩民乃作複道武庫南通奏曰陛下何自築複道高帝寢衣冠月出游高廟子孫奈何乘宗廟道上行哉帝懼曰急壞之通曰人主無過舉今已作百姓皆知之矣願陛下爲原廟渭北衣冠月出游之益廣

宗廟大孝之本帝乃立原廟又尊高帝廟爲太祖廟景帝尊孝文廟爲太宗廟所常幸郡國令各立太祖廟至宣帝太始二年復尊孝武廟爲世宗廟凡所巡狩亦立焉凡祖宗廟在郡國者六十八合百六十七所而京師自高祖下至宣帝與太上皇悼皇考各於陵旁立廟并爲百七十六又園中各有寢便殿寢日四上食廟歲二十五祠便殿歲四祠元帝時丞相韋元成等言春秋之義父不祭於支庶之宅元帝罷郡國廟以高皇帝爲太祖孝文皇帝爲太宗孝景皇帝爲昭孝武皇帝爲穆孝昭與孝宣俱爲昭皇考廟親未盡太上孝惠廟皆親盡宜毀太上廟主宜瘞園孝惠帝爲穆主遷於太廟寢園皆罷修後漢光武皇帝建武二年立高廟于雒陽四時祫祀高帝爲太祖文帝爲太宗武帝爲世宗如舊三年正月立親廟雒陽祀父南頓君以上至舂陵節侯時寇賊未平祀儀未設至十九年中郎將張純等議禮人子事大宗降其私親故孝宣帝以孫後祖爲父立廟於奉明曰

皇考廟於是議立平哀成元帝廟代今親廟兄弟以下使有司祠宜爲南頓君立皇考廟祭上至舂陵節侯羣臣奉祠詔以宗廟處所未定且祫祭高廟其成哀平且祠祭長安故高廟其南陽舂陵歲時各且因故園廟祭祀園廟去太守治所遠者在所令長行太守事侍祠惟孝宣帝有功德其上尊號曰中宗於是雒陽高廟四時加祭孝宣孝元凡五帝其西廟成哀平三帝主四時祭於故高廟東廟京兆尹侍祠冠衣車服如太常祠陵廟之禮皇考南頓君以上至節侯皆就園廟所在郡縣侍祠明帝以光武中興更爲起廟尊號曰世祖廟以元帝於光武爲穆故雖非宗不毀也後遂爲常明帝遺詔遵儉無起寢廟藏主於世祖廟更衣孝章初不敢違以更衣有小別上尊號曰顯宗廟閒祠於更衣四時合祭於世祖廟章帝遺詔無起寢廟如先帝故事和帝初不敢違上尊號曰肅宗後帝承遵皆藏主于世祖廟積多無別是後顯宗但爲陵寢之號靈帝時京都四時所祭高廟五

主世祖廟七主少帝三陵追尊后三陵凡牲用十八太牢皆有副倅故高廟三主親毀之後亦但殷祭之歲奉祠獻帝初平中董卓與蔡邕等以和帝以下功德無殊而有過差不應爲宗及餘非宗者追尊三后皆奏毀之四時所祭高廟一祖三宗及近帝四凡七帝魏文帝受禪追尊大父曰大皇帝考曰武皇帝以洛京宗廟未成乃祠武帝於建始殿親執饋奠如家人禮明帝太和三年又追尊高祖大長秋曰高皇夫人吳氏曰高皇后並在鄴廟之所祠則文帝之高祖處士曾祖高皇祖大皇帝共一廟考太祖武皇帝特一廟百代不毀然則所祠止於親廟四室也其年十一月洛京廟成則以親盡遷處士主置園邑使宗正曹恪持節迎高祖以下神主共一廟猶爲四室而已景初元年六月羣公更奏定七廟之制曰武皇帝肇建洪基爲魏太祖文帝繼天革命爲魏高祖上集成大命宜爲魏烈祖於太祖廟北爲二祧其左爲文帝廟號曰高祖昭祧其右擬明帝號曰烈祖穆祧

三祖之廟萬世不毀其餘四廟親盡迭遷一如周后稷文武廟祧之禮晉武帝卽位追尊皇祖宣王爲宣皇帝伯考景王爲景皇帝考文王爲文皇帝權立一廟後用魏廟追祭征西將軍豫章府君潁川府君京兆府君與宣帝景帝文帝爲三昭三穆是時宣皇未升太祖虛位所以祠六代與景帝爲七廟六年因廟陷當改修創羣臣議奏曰古者七廟異所自宜如禮又曰古雖七廟自近代以來皆廟七室於禮無廢於情爲敘亦隨時之宜也東晉元帝上繼武帝於禮爲禰如漢光武上繼元帝故事時西京神主陷於虜庭江左建廟皆更新造尋以登懷帝之主又還潁川府君位雖七室其實五世蓋以兄弟爲世數故也于時百度草創毀主權居別室太興三年將祭愍帝之主乃更定制還復豫章潁川于昭穆之位及元帝崩則豫章復還至明帝崩而潁川又還猶十室也于時續廣太廟故三遷主並還西儲名之曰祧以准遠廟成帝咸康五年始作武悼皇后神主祔廟配饗世

祖成帝崩而康帝承統以兄弟一代故不遷京兆始十一室也康帝崩穆帝立京兆遷入西儲同謂之祧如前三祖遷主之禮故正室猶十一也穆帝崩而哀帝海西並爲兄弟無所登除咸安之初簡文皇帝上繼元皇帝於是頴川京兆二主復還昭穆之位簡文崩頴川又遷孝武帝太元十六年始改作太廟殿正室十四間東西儲各一間合十六間棟高八丈四尺備法駕遷神主于行廟及孝武崩京兆又遷如穆帝之世四祧故事宋武帝卽尊位祠七代爲七廟永初初追尊皇考爲孝皇帝皇妣趙氏爲穆皇后三年孝懿蕭皇后崩又祔廟高祖崩神主升廟猶昭穆之序始魏晉之制虛太祖之位文帝元嘉初追尊所生胡婕妤爲章皇太后立廟於太廟西其後孝武昭太后明帝宣太后並祔章太后廟齊高帝追尊父爲宣皇帝母爲昭皇后七廟梁武帝受禪遷神主於太廟爲三昭三穆凡六廟追尊皇考爲文皇帝皇妣爲德皇后廟號太祖皇祖特進以上皆不追尊擬祖遷

於上而太祖之廟不毀與六親廟爲七皆同一堂共庭而別室陳依梁制七廟如禮初文帝入嗣而皇考始興昭烈王廟在始興國謂之東廟天嘉中徙神主祔于梁之小廟改曰國廟祭用天子儀後魏之先居于漠北鑿石爲祖宗之廟於烏洛侯國西北明元帝永興四年立太祖道武帝廟於白登山歲一祭具太牢帝親奉無常月又於白登西太祖舊遊之處立昭成獻明太祖廟常以九月十月之交帝親祭牲用馬牛羊又親行貙劉之禮孝文太和三年六月親謁七廟十五年四月改營太廟詔曰祖有功宗有德後者不得擅祖宗之名居二祧之廟今述尊先志宜制祖宗之號烈祖有創業之功世祖有開拓之德宜爲祖宗百代不遷而遠祖平文功未多於昭成然廟號爲太祖道武建業之勳高於平文廟號爲烈祖比校似爲未允朕今奉尊道武爲太祖而立二祧餘皆以次而遷十九年遷都洛邑二月詔曰太和廟已就神儀靈主宜時奉寧可尅五月奉遷於廟其出金墉

之儀一准出代都太和之式入新廟之典可依近至金墉之軌其威
儀鹵簿如出代廟百官奉遷宜可省之但令朝官四品以上侍官五
品以上宗室奉迎北齊文宣帝受禪置六廟獻武以下不毀以上則
遞毀並同廟而別室既而遷神主於太廟文襄文宣並太祖之子文
宣初疑其昭穆之次欲別立廟衆議不同至二年秋始祔太廟四時
并臘凡五祭禘祫如梁制後周之制思復古之道乃右宗廟而左社
稷閔帝受禪追尊皇祖爲德皇帝父文王爲文皇帝廟號太祖擬祖
以上三廟遞遷至太祖不毀其下相承置二昭二穆爲五焉明帝崩
廟號世宗武帝崩廟號高祖並爲祧廟不毀隋文帝受命遣兼太保
宇文善等奉策詣同州告皇考桓王廟兼用女巫同家人之禮追尊
桓王爲武元皇帝皇妣爲元明皇后奉迎神主歸于京師改周制左
宗廟而右社稷宗廟未言始祖又無受命之祧自高祖以下置四親
廟同殿異室一皇高祖太原府君廟二皇曾祖康王廟三皇祖獻王

廟四皇考太祖武元皇帝廟擬祖遷於上而太祖之廟不毀至煬帝立七廟太祖各一殿准周文武二祧與始祖而三餘並分室而祭唐武德元年追尊號高祖曰宣簡公曾祖曰懿王祖曰景皇帝考曰元皇帝法駕迎神主祔于太廟始享四室貞觀九年高祖崩詔增脩太廟中書侍郎岑文本議曰祖鄭玄者則陳四廟之制述王肅者則引七廟之文貴賤混而莫辯是非紛而不定春秋穀梁傳及禮記王制祭法禮器孔子家語並云天子七廟諸侯五廟大夫三廟士一廟尚書咸有一德曰七世之廟可以觀德至於孫卿孔安國劉歆班彪父子孔晁虞憙干寶之徒商較今古咸以爲然故其文曰天子三昭三穆與太祖之廟而七是以晉宋齊梁皆依斯義立親廟六若使違羣經之正說從累代之疑議背子雍之篤論遵康成之舊學則天子之禮下逼於人臣諸侯之制上僭於王者非所謂尊卑有序名位不同者也臣等參詳請依晉宋故事立親廟六其祖宗之制式遵舊典制

從之於是增修太廟始崇弘農府君及高祖神主并舊四室爲六室
開元十年加置九廟移中宗神主就正廟仍創立九室其後制獻祖
懿祖太祖世祖高祖太宗高宗中宗睿宗太廟九室也

時享薦新附

有虞氏四時之制春曰禴夏曰禘秋曰嘗冬曰烝其祭尚氣郊特牲
云血腥爓祭用氣也法先迎牲殺之取血告於室以降其神然後用
樂而行祭事其祭貴首夏氏時祭之名因有虞其祭貴心商人禴禘
嘗烝亦因虞夏之制王制云春禴夏禘秋嘗冬烝其祭尚聲郊特牲
云臭味未成滌蕩其聲樂三闋然後出迎牲聲音之號所以昭告於
天地之間也其祭貴肝周祭春曰祠夏曰禴秋曰嘗冬曰烝以禘爲
殷祭之名其祭尚臭郊特牲云周人尚臭灌用鬯臭鬱合鬯臭陰達
於淵泉既灌然後迎牲致陰氣也其祭貴肺行九獻之禮其四時新
物皆先薦寢廟而後食二月獻羔開冰四月以彘嘗麥七月登穀八

月嘗麻九月嘗稻十二月嘗魚漢惠帝時叔孫通曰古者有春嘗果方今櫻桃熟可獻宗廟諸果之獻由此興後漢光武帝建武二年正月立高廟于雒陽四時祫祀高帝爲太祖文帝爲太宗武帝爲世宗如舊餘帝不祀四時春以正月夏以四月秋以七月冬以十月及臘一歲五祀靈帝時京都四時所祭高廟五主世祖廟七主少帝三陵追尊后三陵凡牲用十八太牢古不墓祭漢諸陵皆有園寢承秦所爲也說者以爲古宗廟前廟後寢以象人君之居前有朝後有寢月令有先薦寢廟詩稱寢廟奕奕言相通也廟以藏主以四時祭寢有衣冠几杖象生之具以薦新物秦始出寢起於墓側漢因而弗改故陵上稱寢殿起居衣服象生人之具建武以來關西諸陵以傳久遠但四時特牲祠天子每幸長安謁諸陵乃太牢祠自雒陽諸陵至靈帝皆以晦望二十四氣伏臘及四時祠廟日上飯太官送用物園令食監典省其親陵所宮人隨鼓漏理被枕具盥水陳嚴具魏初高堂

隆云按舊典天子諸侯月有祭祀其孟則四時之祭也三牲黍稷時物咸備其仲月季月皆薦新之祭也大夫以上將之以羔或加以犬不備三牲也士以豚庶人則唯其時宜魚鴈可也皆有黍稷禮器曰羔豚而祭百官皆足太牢而祭不必有餘羔豚則薦新之禮也太牢則時祭之禮也詩云四月其蚤獻羔祭韭周之四月則夏之二月也月令仲春天子乃獻羔開冰季春之月天子始乘舟薦鮪仲夏之月天子乃以雛嘗黍咸薦之寢廟此則仲季月薦新之禮也宋四時祭祀將祭必先夕牲皇帝散齋七日致齋三日百官掌事者亦如之致齋之日御太極殿幄坐著絳紗袍黑介幘通天金博山冠祠之日車駕出百官應齋從駕上水一刻皇帝著平冕龍衮服升金根車到廟北門治禮謁者各引太樂令太常光祿勳三公等皆入在位皇帝降車入廟脫舄盥及洗爵訖升殿初獻奠爵樂奏太祝令跪讀祝文訖進奠神座前皇帝還本位博士引太尉亞獻訖謁者又引光祿勳終

獻皇帝不親祠則三公行事而太尉初獻太常亞獻光祿勳終獻齊
永明元年正月詔太廟四時祭薦宣皇帝麪起餅鴨臛孝皇后筍鴨
卵脯醬炙白肉高皇帝薦肉膾葅羹昭皇后炙魚皆所嗜也梁武帝
宗廟四時及臘一歲五享天監十六年詔曰夫神無常饗饗于克誠
所以西鄰禴祭實受其福宗廟祭祀猶有牲牢無益至誠有累冥道
自今四時烝嘗外可量代八座議以大脯代一元大武八座又奏既
停宰殺無復省牲之事請立省饌儀其衆官陪列並同省牲帝從之
又詔今雖無復用腥猶有脯脩之類卽之幽明義爲未盡更可詳定
悉薦時蔬左丞司馬筠等參議大餅代脯餘悉用蔬菜從之於是至
敬殿景陽臺立七廟座月中再設淨饌自是訖於臺城破諸廟遂不
血食陳制一歲五祠謂春夏秋冬臘也每祭共以一太牢始祖以三
牲首餘唯骨體而已後魏孝文皇帝太和六年十一月將親祀七廟
有司依禮具儀於是羣官議曰昔有虞親虔祖考來格商宗躬謁介

福攸降大魏七廟之祭依先廟舊事多不親謁今陛下孝誠發中思
親執祀稽今古義禮之常典臣等謹按舊章幷採漢魏故事撰祭服
冠屨牲牢之具罍洗簠簋俎豆之器百官助祭位次樂官節奏之引
升降進退之法別集爲親拜之儀制可於是帝乃親祭其後四時常
祀皆親之北齊制春祀夏禴秋嘗冬烝皆以孟月凡四祭每祭室一
太牢武成帝始以皇后亞獻河清中定令四時祭廟及元日廟庭並
設庭燎二所後周之制其四時祭各於其廟亦以皇后亞獻其儀與
北齊同所異者皇后亞獻訖后又薦加豆之籩其實菱芡芹菹兎醢
冢宰終獻訖皇后親徹豆降還版位然後太祝徹焉隋四時之祭各
以太牢四時薦新於太廟有司行事而不出神主祔祭之禮並準時
享唐四時各以其孟月享太廟室各用一太牢若品物時新堪進御
者有司先送太常仍以滋味與新物相宜者配之太常卿及少卿一
人奉薦太廟有司行事不出神主

祫禘

古者天子諸侯三年喪畢皆合先祖之神而享之以生有慶集之懽死亦備合食之禮因天道之成而設禘祫之享皆合先祖之神而享之虞夏先王崩新王元年二年喪畢而祫三年春特禴夏特禘秋特嘗冬特烝四年春特禴夏祫禘秋祫嘗冬祫烝每間歲皆然以終其世商人先王崩新王二年喪畢而祫三年春特禘夏特禴秋特嘗冬特烝四年春特禘夏祫禴秋祫嘗冬祫烝周制天子諸侯三年喪畢禫祭之後乃祫於太祖來年春禘于羣廟爾後五年再殷祭一禘一祫禘以夏祫以秋祫祭之禮大宗伯出高祖以下木主守祧出先王先公祧主皆入太祖后稷廟中於室中之奧西壁下東面布太祖后稷位尸在東北面太祖之子於席前之北南面爲昭次昭之子在南方北面相對爲穆以次而東孫與王父並列直至禰其尸各居木主之左凡七尸用九獻禘祭之禮一如祫祭所異者但祭毀廟以上不

及親廟其神主按鄭康成禘祫志云太王王季以上遷主祭於后稷之廟其坐位與祫祭同文武以下遷主若穆之遷主祭於文王之廟文王居室之奧東面文王孫成王居文王之東而北面以下穆王直至親盡之祖以次繼而東皆北面無昭主若昭之遷主祭於武王之廟武王亦居室之奧東面其昭孫康王亦居武王之東北南面以次亦繼而東直至親盡之祖無穆主也其尸位后稷廟中后稷尸一昭穆尸各一文王廟中文王尸一穆尸共一武王廟中武王尸一昭尸共一後漢光武建武二十六年詔問張純禘祫之禮不行幾年純奏舊制三年一祫毀廟之主合食高廟存廟主未嘗合元始五年始行禘禮父爲昭南向子爲穆北向父子不並坐而孫從王父禘以夏四月陽氣在上陰氣在下故以正尊卑祫以冬十月五穀成熟物備禮成故骨肉合飲食今祖宗廟未定且合祭高廟遂以爲常後以三年冬祫五年夏禘之時但就陳祭毀廟主而已謂之殷祭太祖東面惠

文武元四帝爲昭景宣二帝爲穆惠景昭三帝非殷祭時不祭也魏明帝太和四年六月武宣皇后崩至六年三月有司以今年四月禘告王肅議曰按春秋魯閔公二年夏禘于莊公是時縗絰之中至二十五月大祥便禘不復禫故譏其速也去四年六月武宣皇后崩二十六日晚葬除服卽吉四時之祭皆親行事今當計始除服日數當如禮須至禫月乃禘東晉升平五年五月穆帝崩十月殷祭興寧三年二月哀皇帝崩明年太和元年五月皇后庾氏崩十月殷祭太元二十一年十月應殷祭其九月孝武崩至隆安三年國家大吉乃殷祭元興三年夏應殷祭太常博士徐乾等議應用孟秋進用孟冬時安帝義熙三年當殷祭御史中丞范泰議以章后喪未一周不應殷祠時從太常劉瑾議小君之喪不以廢大禮往元興三年四月不得殷祀進用十月若計常限今當用冬若更起端則應四月時尙書奏從領司徒王謐議反初四月爲殷祠之始徐邈議祫三時皆可者蓋

喪終則吉而祫服終無常故祫隨所遇唯春不祫故曰特礿非殷祀
常也宋制殷祭皆即吉乃行文帝元嘉六年祠部定十月三日殷祀
十三烝禮孝武大明七年二月有司奏四月應殷祠若事中未得用
孟秋詔從之梁武帝初用謝廣議三年一禘五年一祫謂之殷祭禘
以夏祫以冬後魏孝武帝太和十三年詔曰鄭康成云天子祭圓丘
曰禘祭宗廟大祭亦曰禘三年一祫五年一禘祫則毀廟羣廟之主
於太祖廟合而祭之禘則增及百官配食者審諦而祭之魯禮三年
喪畢而祫明年而禘圓丘宗廟大祭俱稱禘祭有兩禘明也王肅又
云天子諸侯皆禘於宗廟非祭天之祭郊祀后稷不稱禘宗廟稱禘
禘祫一名也合祭故稱祫禘而審諦之故稱禘非兩祭之名三年一
祫五年一禘總而互舉故稱五年再殷祭不言一禘一祫斷可知矣
然以祫爲一祭王義爲長以圓丘爲禘與宗廟大祭同名鄭義亦爲
當今互取鄭王二義禘祫并爲一名從王禘是祭圓丘大祭之名上

下同用從鄭玄爲定式北齊延昌四年正月宣武帝崩孝明即位三月時議來秋七月應祫祭于太祖太常卿崔亮上言曰今宣武皇帝主雖入廟然烝嘗時祭猶別寢室至於祫祭宜存古典按禮三年喪畢祫於太祖明年春禘於羣廟又按杜元凱云卒哭而除三年喪畢而禘愚謂來秋七月祫祭應停宜待年終乃後祫禘從之唐前上元三年有司祫享于太祖廟時議者以禮緯三年一祫五年一禘公羊傳云五年而再殷祭兩義互文莫能斷太學博士史玄璨議曰按禮記正義列鄭康成禘祫志云春秋僖公三十三年十二月薨文公二年八月丁卯大事于太廟公羊傳云大事者何祫也是三年喪畢新君二年當祫明年春禘于羣廟僖公宣公八年皆有禘則後禘去前禘五年以此定之則新君二年祫三年禘自爾之後五年而再殷祭則六年當祫八年當禘又昭公十年齊歸薨至十三年喪畢當祫爲平丘之會冬公如齊至十四年祫十五年禘傳云有事武宮是也至

十八年祫二十年禘二十三年祫二十五年禘昭公二十五年有事于襄宮是也如上所云則禘後隔三年祫以後隔二年禘此則有合禮經不違傳義自此禘祫之祭依璨議

臣謹按杜佑議曰聖人制禮合諸天道使不數不怠故有四時之制焉而又設殷祭者因天道之成以申孝順之心用盡事終之理禘祫二禮俱是大祭先賢所釋義各有殊馬融王肅皆云禘大祫小鄭康成注二禮以祫大禘小賈逵劉歆則云一祭二名禮無差降數家之說非無典據至於宣通經訓鄭義爲長誠以禮經及春秋所書皆祫大於禘按春秋公羊傳云大事于太廟大事者祫也祫者毀廟之主陳於太祖未毀廟之主皆升合食於太祖至於禘則云禘于莊公禘于僖公既不於太祖則小於祫也又逸禮記禘于太廟之禮云毀廟之主皆升合食而立二尸又按韓詩內傳云禘取毀廟之主皆升合食於太祖則禘小於祫也祫則羣廟之主

悉升於太祖廟禘者各於其廟而行祭禮二祭俱及毀主禘之時文王以上毀主自在后稷廟而祭文王以下毀主自在二祧之廟而祭禘則小於祫而大於四時也曾子問主夫子云自非祫祭七廟五廟無虛主而不言禘小於祫明矣其祫備五齊三酒禘唯四齊三酒祫則備六代之樂禘則四代而下又無降神之樂以示其闕也

功臣配享

盤庚云茲予大享于先王爾祖其從與享之周制凡有功者銘書於王之太常祭于太烝司勳詔之漢制祭功臣於庭生時侍燕於堂死則降在庭位與士庶爲例魏高堂隆議曰按先典祭祀之禮皆依生前尊卑之序以爲位次功臣配食於先王像生時侍讌燕禮大夫以上皆升堂以下則位於庭其餘則與君同牢至於俎豆薦羞唯君備公降於君卿大夫降於公士降於大夫使功臣配食於烝祭所以尊

崇其德明其勳以勸嗣臣也議者欲從漢氏祭之於庭此為貶損非
寵異之位也貴者取貴骨賤者取賤骨今使配食者因君之牢以貴
賤為俎庶合事宜周志曰勇則害上不登於明堂共用謂之勇言有
勇而無義死不登堂而配食此則配食之義位在堂之明審也下為
北面三公朝立之位耳燕則脫屨升堂不在庭也晉散騎常侍任茂
議按魏功臣配食禮敘六功之勳祭陳五祀之品或祀之於一代或
傳之於百代蓋社稷五祀所謂傳之於百代者古之王臣有明德大
功若句龍之能平水土柱之能樹百穀則祀社稷異代不廢也昔湯
既勝夏欲遷其社不可乃遷稷周棄德可代柱而句龍莫廢也若四
敘之屬分主五方則祀為貴神傳之異代載之春秋非此之類則雖
明如咎繇勳如伊尹功如呂尙各於當代祀之不祭於異代也然則
伊尹於商雖有王功之茂不配食於周之清廟以今之功臣論其勳
續比咎繇伊尹呂尙猶或未及凡云配食各配食於主也今主遷廟

臣宜從饗大司馬石苞等議魏代功臣宜歸之陳留國使修常祀允合事理唐貞觀十六年有司言禮功臣配享於廟庭禘享則不配依令禘祫之日功臣並得配享請集禮官學士等議太常卿韋挺等議曰古者臣有大功享祿其後子孫率禮潔粢豐盛礿祠烝嘗四時不輟國家大祫又得配享焉所以昭明其勳尊崇其德以勸嗣息也其禘及時享功臣皆不應享故周禮六功之官皆配大烝而已先儒皆以大烝爲祫祭梁初誤禘功臣左丞何佟之駁議武帝允而依行降暨周齊俱遵此義禮禘無配功臣理不可易從之其儀具開元禮

天子七祀 諸侯附

商制天子祭五祀戶一竈二中霤三門四行五也歲徧凡祭五祀於廟門戶主出入竈主飲食中霤主堂室居處行主道路諸侯大夫與天子同周制王爲羣姓立七祀曰司命曰中霤曰國門曰國行曰泰厲曰戶曰竈諸侯爲國立五祀曰司命曰中霤曰國門曰國行曰公厲大夫立三祀曰族厲曰門曰行

嫡士立二祀曰門曰行庶人立一祀或立竈或立戶漢立五祀白虎通云戶一祀春祭竈二祀夏祭門三祀秋祭井四祀冬祭中霤五祀六月祭歲一徧有司行事禮頗輕於社稷祭祀天子諸侯以牛因四時祭牲也祀戶以羊竈以雞中霤以牛門以犬井以豕或曰中霤用牛不得用牛者用豕井用魚也後漢建武初有五祀之祭門戶井竈中霤也有司掌之其祀簡於社稷矣人家祀山神門戶山即厲也鬼有歸所乃不爲厲魏武王始定天下興復舊祀而造祭五祀門戶井竈中霤也晉傅玄云帝之都城宜祭一門正宮亦祭一門正室祭一戶井竈及中霤各擇其正者祭之以後諸祀無聞唯司命配享于南郊壇隋制其司命戶以春竈以夏門以秋行以冬各於享廟日中霤則以季夏祀黃郊日各命有司祭於廟西門道南牲以少牢唐初廢七祀唯季夏祀祭中霤開元中制禮祭七祀各因時享祭之於廟庭司命戶以春竈以夏門厲以秋行以冬中霤以季夏其儀具開元禮

上陵拜掃及諸節上食附

三代以前無墓祭至秦始出寢起於墓側漢因秦上陵皆有園寢故
稱寢殿起居衣服象生人之具古寢之意也後漢都雒陽以關西諸
陵久遠但四時特牲祀每帝西幸即親謁其雒陽陵每正月上丁郊
廟畢以次上陵百官四姓親家婦女公主諸王大夫袁宏漢紀曰明帝永平元年爲
外戚樊氏郭氏陰氏馬氏諸子弟立學號曰四姓小侯獨斷曰凡與先后有瓜葛者外國朝者侍子郡國計吏
會陵晝漏上水大鴻臚設九賓隨立寢殿前薛琮曰九賓謂王侯公卿二千石六百石下及
郎吏匈奴侍子共九等也鐘鳴謁者引客羣臣就位如儀乘輿自東廂下太常導
出西向拜止旋升阼階拜神座退後公卿羣臣謁神座太官上食太
常樂奏食舉舞文始五行之舞文始舞者本舜韶舞也高祖更名文始以示不相襲也五行舞者本周舞
也秦始皇更名五行之舞也禮樂闋羣臣受賜食畢郡國上計吏以次前當神軒
告其郡穀價民所疾苦欲神知其動靜孝子事親盡敬愛之心也最
後親陵遺計吏賜之帶珮八月飲酎上陵禮亦如之靈帝以晦朔二
十四氣伏臘及四時祠廟日於陵所上飯宮人隨鼓漏理被枕盥水

陳嚴具魏文帝詔曰先帝躬履節儉遺詔省約子以述父爲孝臣以繫事爲忠古不墓祭皆設於廟先帝高平陵上殿皆毀壞車馬還廐衣服藏府以從先帝儉德之志遂革上陵之禮文帝自作終制又曰壽陵無立寢殿造園邑自後園邑寢殿遂絕及齊王在位九載始一謁高平陵晉宣王遺令子弟羣官皆不得謁陵景文遵旨至武帝猶再謁崇陽陵（景帝陵）一謁峻平陵（文帝陵）然遂不敢謁高原陵（宣帝陵）至惠帝復止也東晉元帝崩後諸公始有謁陵之事蓋由眷同友執率情而舉也成帝時中宮亦年年拜陵議者以爲非禮遂止以爲定制穆帝幼沖褚太后臨朝又拜陵至孝武崩驃騎將軍會稽王道子曰今雖權制釋服至於朔望諸節自應展情陵所以一周爲斷於是至陵變服單衣煩瀆無准非禮也及安帝元興元年左僕射桓謙奏百僚拜陵起於中興非晉舊典積習生常遂爲近法尋武帝詔乃不使人主諸王拜陵及義熙初又復江左之舊宋文帝每歲正月謁初寧陵

武帝陵孝武明帝亦每歲拜初寧長寧陵文武陵後魏太和十六年九月辛未孝文帝哭於文明太后陵左終日不絕聲素幕越音活席爲次侍臣侍哭壬申孝文又哭如昨帝二日不御食癸酉朝中夕三時哭拜於陵前夜宿鑒玄殿甲戌帝拜哭辭陵還永樂宮唐貞觀十三年太宗朝于獻陵先設黃麾仗周衞陵寢至質明七廟子孫及諸侯百僚蕃夷君長皆陪列于司馬門內太宗至小次降輿納履哭入闕門西再拜慟絕不能興禮畢改服入于寢躬親執饌閱視高祖先后服御之物悲慟左右侍御者莫不歔欷禮畢太宗出自寢宮步過司馬門泥行二百餘步上入寢哭踊絕于地進至東階西面再拜號慟久之乃進太牢之饌加珍羞具品引太尉無忌司空績越王貞趙王福曹王明及左屯衞將軍程知節並入執爵進俎上至神座前拜哭奠饌閱先帝先后衣服拜辭訖行哭出寢北門乃御小輦還宮高宗永徽二年有司言謹按獻陵三年之後每朔及月半上食其冬夏至伏臘

清明社等節日亦上食其昭陵請依獻陵故事上從之六年正月謁
于昭陵有司先設儀衛於陵寢賀明七廟子孫二王後百僚州鎮蕃
牧四夷君長等並陪列于位皇帝降輦入次易服出次行哭就位再
拜擗踊慟絶禮畢又改服奉謁寢宮其妃嬪公主先於神座左右侍
列如平生帝入寢門卽哭瞻視幄座踊絶于地進至東階西面再拜
號哭乃進牢饌珍羞引三公諸王並入執爵進俎帝至神座前再拜
哭自奠饌閲先帝先后衣服更增感絶拜擗訖行哭出寢北門中宗
景龍中每日奠祭太常博士彭景直上疏曰謹按三禮無諸陵日祭
之事又按禮論譙周祭志云天子之廟始祖及高祖祖考皆每月朔
加薦新以象平生朔食也謂之月祭二祧之廟時祭無日祭之文又
鄭氏注儀禮云月朔月半猶平常之朝夕也大祥之後卽四時焉此
則古者祭皆在廟近代以來始分月朔月半及諸節日祭於陵寢至
後漢陵寢致祭無明文自魏三祖以下不於陵寢致祭並附於古禮

至江左亦不崇園寢及齊梁陳其祭無聞今參詳以爲三禮者不刊之書外傳所記不與經合不可依憑其諸陵請準禮停日祭不從詔乾陵宜依舊朝晡進奠昭獻二陵每日一進以爲常式舊制每年四季之月常遣使往諸陵起居太常博士唐紹上疏曰自安宅兆禮不祭墓當謂送形而往山陵爲幽靜之宮迎精而返宗廟爲享薦之室但以仲月命使巡陵鹵簿衣冠禮容必備自天授以後時有起居因循至今乃爲常事起者以起動爲稱居者以居止爲名敢辭命使勞繁但恐不安靈域又降誕之日穿針之辰皆以續命爲名時人多有進奉今聖靈日遠仙駕難攀進止起居恐乖先典請停四季及降誕幷節日起居陵使但準式二時巡陵庶合禮經不從開元二十年四月制曰寒食上墓禮經無文近代相傳浸以成俗士庶有不合廟享何以用展孝思宜許上墓同拜掃禮不得作樂仍編入五禮永爲定式二十三年四月勑獻昭乾定橋恭六陵朔望上食歲冬至寒食日

各設一祭如節祭共朔望日相逢依節祭料橋陵除此日外仍每日
進半口羊食天寶二年七月勅詩著授衣令存休澣在於臣子猶及
恩私恭事園陵未標令式自今以後每至九月一日薦衣于陵寢貽
範千載庶展孝思
臣謹按上陵之禮謝承漢書曰靈帝建寧五年正月車駕上原陵
蔡邕爲司徒掾從上行到陵見其儀愾然謂同座者曰聞古不墓
祭朝廷有上陵之禮始爲可損今見其儀察其本意乃知孝明帝
至孝惻隱不可易舊或曰本意云何昔京師在長安時其禮不可
盡得聞也光武即世始葬于此明帝嗣位踰年羣臣朝正感先帝
不復聞見此禮乃率公卿百僚就園陵而創焉尚書階西設神座
天子事亡如事存之意也苟先帝有瓜葛之屬男女畢會王侯大
夫郡國計吏各向神座而言庶幾先帝神魂聞之以明帝聖孝之
心親服三年久在園陵初興此儀仰察几筵下顧羣臣悲切之心

必不可堪邕見太傅胡廣曰國家禮有煩而不省者不知先帝之用心周密之至於此也廣曰然子宜載之以示學者邕退而記焉

又按飲酎之禮丁孚漢儀曰酎金律文帝所加以正月旦作酒八月成名曰酎酒因令諸侯助祭貢金漢律金布令諸侯列侯各以民口數率千口奉金四兩奇不滿千口至五百口亦四兩皆會酎少府受又九真交趾日南者用犀角二長九寸以上若玳瑁甲一鬱林用象牙長三尺以上若翡翠各二十准以當金漢舊儀曰皇帝於八月酎車駕夕視牲以鑑燧取水於月取火於日爲明水火左祖以水沃牛右肩手執鸞刀以切牛毛薦之而卽更衣侍中上熟乃祀

釋奠

周制凡始立學必釋奠于先聖先師及行事必以幣凡學春官釋奠于先師秋冬亦如之官謂禮樂詩書之官也周禮凡有道者有德者使教焉死則以爲樂祖祭於瞽宗此謂先師之

類不言夏從春可知釋奠者設薦饌酌奠而已無迎尸以下之事始立學者既釁器用幣禮樂之器成則釁之
又用幣告先聖先師以器成也然後釋菜祭菜示敬道也鄭康成曰禮先聖先師也菜芹藻之屬也天子視學大
昕鼓以警衆也衆至然後天子至乃命有司行事祭先師先聖焉有
司卒事反命天子乃命將出征受命於祖告祖也受成於學定兵謀也出征
執有罪反釋奠于學以訊馘告釋菜奠幣禮先師也詩云在頖獻馘魏齊王正始中有
講經徧輒使太常釋奠於辟雍以太牢祠孔子以顏回配晉武帝泰
始七年惠帝元康三年二釋奠皆於太學泰始六年元康五年二行
鄉事皆於辟雍鄉事鄉飲酒禮也惠帝愍懷之爲太子皆講經竟並親釋奠
於太學東晉明帝之爲太子亦行釋奠禮成穆孝武三帝皆親釋奠
唯成帝在辟雍自是一時制也孝武以太學在水南懸遠有司議依
穆帝升平元年於中堂權立行太學釋奠禮畢會百官六品以上有司
奏應須二學生百二十人太學生取見人六十而無國子生權銓大臣子孫六十人事訖罷之宋文帝元嘉二十二
年太子釋奠採晉故事裴松之議應舞六佾宜設軒懸之樂牲牢器用悉依上公祭畢臨學宴會

太子以下悉在齊武帝永明三年有司奏宋元嘉舊事學生到先釋奠先聖先師禮又有釋菜未詳今當行何禮用何樂及禮器時從喻希議用元嘉故事設軒懸之樂六佾之舞牲牢器用悉依上公梁武帝天監八年皇太子釋奠周捨議既唯大禮請依東宮元會太子著絳紗襮音博衣領也樂用軒懸合升殿坐者皆服朱衣帝從之又有司以為禮云凡為人子者升降不由阼階吏部郎中徐勉議鄭玄云由命士以上父子異宮宮室既異無不由阼階之禮請釋奠及宴會太子升堂並宜由東階若輿駕幸學自然中階其會賓客依舊西階大同七年皇太子表其子寧國臨城公入學時議者以與太子有齒冑之議疑之臣纘等以為參點回路並事宣父鄒魯稱盛洙泗無譏制可北齊將講於天子先定經於孔子廟講畢以一太牢釋奠孔宣父配以顏回列軒懸樂六佾舞皇太子每通一經及新立學必釋奠禮先聖先師每歲春秋二仲常行其禮每月朔祭酒領博士以下及國子

諸學生以上太學四門博士升堂助教以下太學諸生階下拜孔子揖顏回日出行事其郡學則於坊內立孔顏廟博士以下亦每月朝

隋制國子寺每歲四仲月上丁釋奠於先聖先師年別一行鄉飲酒禮州縣學則以春秋仲月釋奠亦每年於學一行鄉飲酒禮唐武德二年於國子學立周公孔子廟各一所四時致祭貞觀二十一年制左邱明以下二十二人同享初以儒官自爲祭主直云博士姓名昭告于先聖又州縣釋奠亦博士爲主許敬宗奏曰秦漢釋奠無文魏氏則太常行事自晉宋以降時有親行而學官爲主全無典實在於臣下理不合專今請國學釋奠令國子祭酒爲初獻詞稱皇帝謹遣仍令司業爲亞獻博士爲終獻其州學刺史爲初獻上佐爲亞獻博士爲終獻縣學令爲初獻丞爲亞獻主簿及尉通爲終獻循附禮令以爲永制景龍二年七月皇太子將親釋奠於國學有司草儀注令從臣皆乘馬著衣冠太子左庶子劉知幾進議曰古者自大夫以上皆乘車而以馬爲騑服魏晉以降迄于隋氏朝士又

駕牛車至如李廣北征解鞍憩息馬援南征據鞍顧盼斯則鞍馬之設行於軍旅戎服所乘貴於便習者也按江左官至尚書郎而輒輕乘馬則爲御史所彈又顏延年罷官後好騎馬出入閭里當時稱其放誕此則專車憑軾可擐朝衣單馬御鞍宜從褻服求之近古灼然之明驗也褒衣博帶方履高冠本非馬上所施自是車中之服且長裙廣袖襜如翼如鳴佩紆組鏘鏘弈弈馳驟於風塵之內出入於旌棨之間儻馬有驚逸人從顛墜遂使屬車之右遺履不收清道之傍維驂相續因以受嗤行路有損威儀其乘馬衣冠竊謂宜從廢改皇太子令付外宣行仍編入令以爲常式開元十一年詔春秋釋奠用牲牢其屬縣用酒脯而已二十七年八月因釋奠文宣王始用宮懸之樂二十八年二月勅文宣王廟春秋釋奠宜令攝三公行禮著之常式國子祭酒劉瑗奏准故事釋奠之日羣官道俗等皆合赴監觀禮請依故事著之常式制可其儀具開元禮

祀先代帝王名臣附

漢武帝時有人言古者天子以春解祠祠黃帝用一梟破鏡方士云以歲始祓除凶災令神仙之帝食惡逆之物使天下爲逆者破滅梟名食母破鏡名食父如貙而虎眼黃帝欲絕其類使百吏祠皆用焉漢使東郡送梟五月五日作羹以賜百官解祠者解罪求福也後漢章帝元和春東巡狩使使者奉一太牢祠帝堯於濟陰魏武帝少時漢太尉橋玄獨先禮異焉故建安中遣使祠以太牢東晉孝武帝寧康三年七月故事祀皐陶於庭尉寺新禮移祀於律署以同祭先聖於太學舊祀以社日新改用孟秋以應秋政後魏文成帝東巡歷橋山祀黃帝孝文太和十六年詔曰法施於人祀有明典立功垂惠祭有常式其孟春應祀者頊以事殷遂及今日可令以仲月而饗祀焉凡在祀令者有五帝堯樹則天之功興巍巍之治可祀於平陽舜播太平之風致無爲之化可祀於廣甯禹禦洪水之災建天下之利可祀於安邑周文公制禮作樂垂範萬葉可祀於洛陽其宣尼廟已於中省別勅有司行事自文公以上

可令當界牧守各隨所近攝行祀事皆用清酌尹祭也曲禮曰脯曰尹祭隋制使祀先代王公帝堯於平陽以契配帝舜於河東咎繇配夏禹於安邑伯益配商湯於汾陰伊尹配文王武王於灃渭之郊周公召公配漢帝於長陵蕭何配各以一太牢而無樂配者饗於廟庭唐前脩禮令無祭先代帝王之文禮部尙書許敬宗等奏謹按禮記祭法云聖王之制祭祀也法施於人以死勤事以勞定國能禦大災能捍大患則祀之始皇無道所以棄之漢祖典章法垂於後自隋以上亦在祠列今請聿遵故實三年一祭以仲春之月天寶六載正月制三皇置一廟五帝置一廟有司以時祭享至七載五月詔三皇以前帝王宜於京城內共置一廟仍與三皇五帝廟相近以時致祭天皇氏地皇氏人皇氏有巢氏燧人氏其祭料及樂請准三皇五帝廟以春秋二時享祭歷代帝王肇跡之處未有祠宇者所由郡置一廟享祭仍取當時將相德業可稱者二人配享

老君祠先賢附

後漢延熹八年使中常侍之陳國苦縣祠老子九年親祠老子於濯龍中文罽爲壇飾純金釦器設華蓋座用郊天樂唐乾封元年追號老君爲太上玄元皇帝文明元年九月冊老君妻爲先天太后立尊像於老君廟所開元二年三月親祠玄元皇帝廟追尊玄元皇帝父周上御史大夫敬爲先天太皇仍於譙郡置廟餘一事以上准先天太后廟例二十九年兩京及諸州各置廟一所并置崇玄館天寶元年親祠玄元廟又於古今人表升玄元皇帝爲上聖其時同制莊子號南華真人文子號通玄真人列子號沖虛真人庚桑子號洞靈真人又以其所著之書並爲經其年九月改兩京玄元廟爲太上玄元皇帝宮二載西京改爲太清宮東京改爲太微宮天下諸郡爲紫極宮祝版改爲清詞於紙上十三載正月令有司每至孟月則修薦獻上香之禮仍爲常式七載五月詔修漢張天師冊贈太師梁貞白陶先生冊贈太保貞元元年正月勅薦享太清宮亞獻太常卿充終獻光祿卿充仍永爲

常式

孔子祠 先儒附

漢元帝時孔霸以帝師賜爵號褒成君奉孔子後平帝元始初追諡孔子曰褒成宣尼公追封孔均爲褒成侯後漢光武建武十三年封均子志爲褒成侯章帝元和二年二月東巡狩因幸魯祠孔子七十二弟子漢晉春秋曰闕里者仲尼之故宅也在魯城中帝升廟西面羣臣中庭北面皆再拜帝進爵而後坐東觀書曰祀禮畢命儒者論難也和帝永元四年徙封爲褒尊侯相傳至獻帝初國絕魏文帝黄初二年以孔子二十一代孫議郎羨爲宗聖侯邑百戶奉孔子祠令魯郡修舊廟置百戶吏卒守衛晉武帝泰始三年改封孔子二十三代孫宗聖侯震爲奉聖亭侯又詔太學及魯國四時備三牲以祀孔子明帝太寧三年詔給奉聖亭侯四時祀孔子祭宜如泰始故事宋文帝元嘉八年奉聖侯有罪奪爵至十九年又授孔隱之隱之兄子熙先謀逆又失爵二十八年更以孔惠雲爲奉聖侯後有重疾失

爵孝武大明二年以孔邁爲奉聖侯邁卒子莘詡俱反嗣有罪失爵後
魏封孔子二十七葉孫乘爲崇聖大夫孝文帝太和十九年改封二
十八葉孫珍爲崇聖侯文成帝詔其宣尼之廟當別敕有司行薦饗
之禮北齊改封三十一葉孫爲恭聖侯後周武帝平齊改封鄒國公
隋文帝仍舊封鄒國公煬帝改爲紹聖侯唐貞觀十一年封孔子裔
德倫爲褒聖侯二十一年制曰左邱明卜子夏公羊高穀梁赤伏勝
高堂生戴聖毛萇孔安國劉向鄭衆杜子春馬融盧植鄭康成服虔
何休王肅王弼杜預范甯賈逵總二十二人並爲先師永徽中制令
改周公爲先聖黜夫子爲先師顏回左邱明從祀顯慶二年禮部尚書許敬宗等奏曰
準貞觀二十一年詔以孔子爲先聖更添左邱明等二十二人與顏子俱配宣父於太學並爲先師今據永徽令改周公爲先聖黜孔子
爲先師顏回左邱明並爲從祀按禮記凡學春官釋奠于先師鄭康成注曰官謂詩書禮樂之官也先師者若禮有高堂生樂有制氏詩
有毛公書有伏生可以爲之又曰始立學釋奠于先聖鄭注曰若周公孔子也聖則非周即孔師則偏善一經漢魏以來取捨各異顏回
夫子互作先師宣父周公更爲先聖求其節文互有得失所以貞觀之制正夫子爲先聖加衆儒爲先師而今新令輒事刊改但周公攝

政制禮作樂功比王者祀之儒館實賤其功仲尼生衰周之末拯文喪之弊祖述堯舜憲章文武宏聖教於六經闡儒風於千載故孟軻稱生民以來一人而已自漢以降弈葉繼侯崇奉其聖迄于今日胡可降茲先哲俯入先師且又邱明之徒見行其學賤爲從祀亦無故事今請改令從詔於義爲允其周公仍依舊禮配享武王也高宗乾封元年正月東巡次兗州鄒縣頓祭宣父廟贈太師總章元年二月皇太子詣學贈顏回太子少師曾參太子少保神龍初詔以鄒魯百戶封崇道公宣尼采邑用供薦享又授裔孫褒聖侯崇階朝散大夫仍許子孫以相傳襲開元八年勑改顏子等十哲爲坐像悉應從祀曾參大孝德冠同列特爲塑像坐於十哲之次圖畫七十子及二十二賢於廟壁上以顏子亞聖親爲之贊以書于后閔損以下令當朝文士分爲之贊時國子司業李元瓘奏稱先聖孔宣父廟先師顏子配坐今其像立侍配享合坐十哲弟子雖復列像廟堂不應享祀謹檢祠令何休范寧等二十二賢猶霑從祀其十哲請春秋釋奠列享在二十二賢之上七十子請圖形於壁二兼爲立贊又曾參孝道可崇獨受經於夫子請准二十二賢應饗二十七年八月制夫子追贈謚爲文宣王宜令三公持節冊命並撰儀注昔緣周公南面夫子西坐今位既有別坐豈仍舊宜補其墜典永

作常式自今以後夫子南面而坐內出王者衮冕之服以衣之十哲
等東西列侍顏淵既云亞聖須優其秩

顏子淵贈兗國公　閔子騫贈費侯
冉伯牛贈鄆侯　冉仲弓贈薛侯
宰子我贈齊侯　端木子貢贈黎侯
冉子有贈徐侯　仲子路贈衛侯
言子游贈吳侯　卜子夏贈魏侯

又夫子格言參也稱魯雖居七十之數不載四科之目頃雖參於十
哲終未殊於等倫久稽先旨俾修舊位庶乎禮得其序人焉式瞻命
尙書右丞相裴耀卿攝太尉持節就國子廟冊冊畢所司奠祭亦如
釋奠之禮又遣太子少保崔琳往東都就廟行冊禮又勑兩京及兗
州舊宅廟像宜改服衮冕其諸郡及縣廟宇既小但移南面不須改
衣服兩京樂用宮懸春秋二仲上丁令三公攝行事七十子並宜追

贈

曾參贈郕伯　顓孫師贈陳伯

澹臺滅明贈江伯　宓子賤贈單伯

原憲贈原伯　公冶長贈莒伯

南宮子容贈郯伯　公晳哀贈郳伯

曾點贈宿伯　顏路贈杞伯

商瞿贈蒙伯　高柴贈共伯

漆雕開贈滕伯　公伯寮贈任伯

司馬牛贈向伯　樊遲贈樊伯

有若贈卞伯　公西赤贈郜伯

巫馬期贈鄫伯　梁鱣贈梁伯

顏柳贈蕭伯　冉孺贈紀伯

曹卹贈曹伯　伯虔贈聊伯

公孫龍贈黃伯　冉季贈東平伯
秦子南贈少梁伯　漆雕子斂贈武城伯
顏子驕贈瑯邪伯　漆雕徒父贈須句伯
壤駟赤贈北徵伯　商澤贈睢陽伯
石作蜀贈石邑伯　任不齊贈任城伯
公夏首贈亢父伯　公良孺贈東牟伯
后處贈營邱伯　秦子開贈彭衙伯
奚容箴贈下邳伯　公肩定贈新田伯
顏襄贈臨沂伯　鄡單贈銅鞮伯
句井疆贈淇陽伯　罕父黑贈乘邱伯
秦商贈上洛伯　申黨贈邵陵伯
公祖子之贈期思伯　榮子祺贈雩婁伯
縣成贈鉅野伯　左人郢贈臨淄伯

燕伋贈漁陽伯　鄭子徒贈滎陽伯
顏之僕贈東武伯　原亢籍贈萊蕪伯
樂欬贈昌平伯　廉絜贈莒父伯
顏何贈開陽伯　叔仲會贈瑕邱伯
狄黑贈臨濟伯　邽巽贈平陸伯
公西輿如贈重邱伯　公西箴贈祝阿伯
孔忠贈汶陽伯　蘧瑗贈衞伯
施恆贈乘氏伯　林放贈清河伯
秦非贈汧陽伯　陳亢贈頴伯
申棖贈魯伯　琴牢贈南陵伯
顏噲贈朱虛伯　琴張贈南陵伯今考琴牢即琴張疑重出
步叔乘贈淳于伯

太公廟

唐開元十九年四月兩京及天下諸州各置太公廟一所以張良配
享春秋取仲月上戊日祭每出師命將就廟引辭仍簡取自古名將
功成業著宏濟生人者十人准十哲例焉享至乾元元年九月十二
日太常少卿于休烈奏臣昨因秋享漢高祖廟見旁無侍臣享太公
廟有張良在側良實漢佐命請移配享於漢祖廟從之上元元年追
封太公望爲武成王依文宣王置廟乃擇古今名將准文宣王置亞
聖及十哲等享祭之典一同文宣王

巡狩

唐虞五載一巡狩歲二月東巡狩至于岱宗柴望秩于山川羣后四
朝肆覲東后協時月正日同律度量衡修五禮五玉三帛二生一死
贄五月南巡狩至于南嶽八月西巡狩至于西嶽十有一月北巡狩
至于北嶽皆如岱宗之禮歸格于藝祖用特夏后氏因之周制十二
年一巡狩天子將巡狩類于上帝宜乎社造乎禰乘金輅建大旂歲

二月東巡狩至于岱宗柴望祀于山川而覲諸侯其方之諸侯先於境首待之所過山川則使祀宗先以三等璋瓚皆以黃金爲勺酌鬱鬯以禮神次乃校人殺黃駒以祭之既至方嶽先問百年就見之若八十九十者路經其門則見之不然則不天子乃令太師採民之歌謠以樂播而陳之以觀風俗以審善惡令典市之官陳百物之貴賤以觀民之好惡又命典禮之官考校四時節氣月之晦朔甲乙等日及候氣之律呂所用禮樂宮室車旗等制度君臣上下之衣服皆以王者所頒制度考校之諸侯封內有名山大川不舉而祭之者爲不敬削其地有祭宗廟不順昭穆者爲不孝絀其爵變禮易樂者爲不從其君流革制度衣服者爲畔其君討有功德於民者加地進律其諸侯待王之牢禮以一犢既黜陟諸侯乃與之相見方嶽之下築壇與覲禮壇制同其壇外爲土埒方三百步謂之宮開四門壇方九丈六尺高四尺上爲堂下爲三等謂之三成成每等高一尺其堂上置

司盟之神位謂之方明諸侯之上介各以其君之旂置於宮內以表立位之處詔王升壇訖諸侯皆就其旂而立其位鄭氏按明堂位云諸公中階之前北面東上諸侯阼階之東西面北上諸伯西階之西東面北上諸子門東北面西上諸男門西北面東上王乃於壇上揖之以定其位諸侯乃進升壇奠玉公於上等奠桓圭侯伯於中等奠信圭躬圭子男於下等奠穀璧蒲璧諸侯各奠玉訖降拜又升成拜訖擯者乃延諸侯升堂授王玉訖乃以璧琮行享禮謂之將幣玉人云璧琮九寸諸侯以享天子是也諸侯既朝見王訖乃退而自相與盟王宮之伯臨之其五月南巡狩至于南嶽如東巡狩之禮八月西巡狩至于西嶽如南巡狩之禮十有一月北巡狩至于北嶽如西巡狩之禮巡狩訖卻歸每廟用一牛以告至謂之歸格于祖禰用特秦始皇二年東巡狩郡縣祠騶嶧山頌功業其年復遊海上三年遊碣石從上郡歸五年始南至湘山遂登會稽並海到沙邱崩此求神仙奇藥之術無復觀民風問百年也並步浪反下同二世元年東巡碣石並海南歷泰山至

會稽皆禮祠之而勒始皇所立石書旁以彰始皇之功德漢武帝元狩四年始巡郡縣寖尋於泰山元封初復至海上又北至碣石又自遼西歷北邊至九原五月乃至甘泉周萬八千里武帝亦如秦始皇之事後漢光武建武三十年三月幸魯漢祀令曰天子行有所之至河沈白馬珪璧各一衣以繒緹五尺祠用脯二束酒六升鹽一升涉渭灞涇洛他名水如此者沈圭璧各一律在所給祠具及行沈祠他川水先驅投石少府給璧珪不滿百里者不沈過泰山祭泰山及梁父章帝元和二年二月東巡狩使使者奉一太牢祠帝堯於濟陰成陽靈臺至泰山辛未柴祭天地羣臣如故事壬申宗祀五帝於孝武所作汶上明堂光武配卒事遂覲東后饗賜王侯羣臣因行郡國幸魯祠東海恭王孔子七十二弟子四月還京師庚申告至祠高祖光武廟各一特牛安帝延光三年東巡狩至泰山柴祭及祠汶上明堂如元和中故事魏明帝凡三東巡狩所過存問高年恤疾苦或賜穀帛有古巡幸之風焉齊王正始中巡洛陽縣賜高年力田各有等差晉初新禮巡狩方嶽柴望告至設壝宮如禮諸

侯之覲者擯及執贄皆如朝儀而不建旂摯虞以覲禮諸侯各建其旂章所以殊爵命示等威詩稱君子至止言觀其旂宜定新禮建旂如舊禮詔可其議然終晉代其禮不行武帝泰始四年詔使使持節侍中黃門侍郎銜命四出周行天下其萬民之利害爲一書禮俗政事教理刑禁逆順爲一書悖逆暴亂作慝犯令爲一書札喪荒凶厄貧爲一書康樂和親安平爲一書每國辨異之以反命于王宋文帝元嘉四年二月東巡狩至于丹徒告覲園陵三月饗會父老舊勳于行宮加賜衣裳幣帛蠲租原刑戰亡之家及單孤隨宜隱卹二十六年二月東巡幸至京城幷謁二陵會舊京故老萬餘人饗勞賚發赦蠲徭役後魏文成帝和平元年正月東巡狩歷橋山祀黃帝遼西遙祀醫無閭山遂緣海幸冀州北至中山過恆嶽禮其神而返明年南巡過石門遣使者用玉璧牲牢禮恆嶽隋煬帝自文帝山陵纔畢卽事巡遊乃慕始皇漢武之事西征東幸無時暫息六宮與文武吏士常十餘萬人然非省方展義之行也唐皇帝將巡狩所司承制先頒告于東方諸州曰皇帝二月東巡狩各修平乃守考乃職事駕將發告圜丘宗廟社稷皆如開元禮高宗調露元年九月

幸并州令度支郎中狄仁傑爲知頓使并州長使李知玄以道出妒女祠俗云盛衣服過者必致風雨之變遂發數萬人別開御道仁傑曰天子之行千乘萬騎風伯清塵雨師灑道何妒女之害遽令罷之上聞之歎曰眞大丈夫也

封禪

古者帝王之興每易姓而起以致太平必封乎泰山所以告成功也

禮云因名山升中于天（封禪必於泰山者萬物交代之處封增其高順其類也升上也中成也刻石紀號著功績）封訖而禪梁父亦以告太平也（封禪者高厚之道也封土於山而禪祭于地天以高爲尊地以厚爲德增泰山之高以報天厚梁父之階以報地梁父者泰山之支山卑下者也能以其道配成高德故禪梁父亦以告太平也）

無懷氏封泰山禪云云（管仲對齊桓公曰古者封泰山禪梁父者七十二家而夷吾所記者十有二焉韓詩外傳曰孔子升泰山觀易姓而王可得而數者七十餘氏不可得而數者萬數袁准正論曰惟周官有王大封之文按成王封禪而文武皆不在七十二君而無一言見于經傳學者疑焉晉灼曰云云山在蒙陰縣故城北東下有云云亭）伏羲神農並因之黃帝禪亭亭（晉灼曰漢地理志鉅平有亭亭山）顓帝帝嚳堯舜復禪云云禹禪會稽湯依禪云云其所封皆於泰山也周成王封泰山禪社首（社首山晉灼曰在鉅平十二里）其儀（不存襄王時齊桓公既霸會諸侯於葵邱而欲封禪謂管仲曰寡人兵車之會三而乘車之會六九合諸侯一匡天下諸侯莫違我

昔三代受命亦何以異於是管仲覩桓公不可窮以辭因設之以事曰古之封禪必鄗上之黍北里之禾所以為盛江淮之間一茅三脊所以為藉也東海致比目之魚西海致比翼之鳥然後物有不召而自至者十有五焉今鳳皇麒麟不至嘉禾不生而欲封禪無乃不可乎於是桓公乃止 秦始皇平天下三年東巡郡縣祠鄒嶧山紀秦功業於是
召齊魯儒生七十人至于泰山下諸儒或議曰古者封禪為蒲車惡
傷山之土石草木埽地祭席用葅稭音戞禾藁也去其皮以為席 言其易遵也始
皇聞此議各乖異難施用由此黜儒生而遂除車道上自泰山陽至
巔立石頌德文曰事天以禮立身以義事父以孝成人以仁四守之
內莫不郡縣四屬八蠻咸來貢職民庶蕃息天祿永得刻石改號文出晉太康郡國志有金冊石函金泥玉檢之事焉從陰道下禪梁父其禮頗采
泰祝之祀雍上帝所用封藏而皆祕之固不得而記之封禪之後十一歲秦亡諸生疾秦焚詩書戮文學皆僞曰始皇上太山為風雨所擊不得封禪漢武帝立二十八年元鼎中汾得
寶鼎遂議封禪而羣儒不能知其儀又牽拘於詩書古文於是帝盡
罷諸儒用方士言以三月東上泰山立石泰山之巔石高三丈一尺

方博皆三尺壇及壝皆廣長十二丈增高三尺帝因東至海上四月還至奉高（晉太康郡國志曰奉高戶千五百六戶此爲奉高者以祀東嶽帝王禪代之處是以殊之也故有明堂在縣西南四里又有奉高宮）又至梁父禮祠地主乙卯令侍中儒者皮弁薦紳射牛行事封泰山下東方如郊祀太一之禮封廣丈二尺高九尺其下則有玉牒書書祕禮畢天子獨與侍中奉車子侯（霍去病子也）上泰山亦有封其事皆禁明日下陰道丙辰禪泰山下阯東北肅然山（晉太康郡國志曰漢武封泰山禪梁父參諸家所說宜肅然爲定也）如祭后土禮天子皆親拜見衣尙黃而盡用樂焉江淮間一茅三脊爲神藉五色土益雜封縱遠方奇獸蜚禽及白雉諸物頗以加禮兕牛犀象之屬不用皆至泰山然後去封禪祠其夜若有光晝有白雲起封中天子從禪還坐明堂羣臣更上壽改元爲元封（時作明堂汶上太史公曰其封禪之禮則有司存而漢史不得其制）後漢光武建武三十年羣臣上言宜封禪泰山詔書曰卽位三十年百姓怨氣滿腹吾誰欺欺天乎三月帝幸魯祭泰山及梁父三十二年詔梁松按索河雒讖文言

九世封禪事者松等列奏乃許焉東觀書曰羣臣奏言登封告成爲民報德百王所同陛下輒拒絕不許臣下不敢頌功述德業求元封時故事議封禪所施用有司奏當用方石再累置壇中皆方五尺厚一尺用玉牒書藏方石牒厚五寸長尺三寸廣五寸有玉檢又用石檢十枚列於石傍東西各三南北各二皆長三尺廣一尺厚七寸檢中刻三處深四寸方五寸有蓋檢用金縷五周以水銀和金以爲泥玉璽二其一方一寸二分其一方三寸方石四角又有距石皆再累枚長一丈厚一尺廣二尺皆在圓壇上其下用距石十八枚皆高三尺厚一尺廣二尺如小碑環壇立之去壇三步距石下皆有石跗入地四尺又用石碑高九尺廣三尺五寸厚尺二寸立壇之丙地去壇三丈以上以刻書帝以用石功難又欲及二月封禪故詔梁松欲因故封石空檢更加封而已欲及二月者書歲二月東巡狩至于岱宗柴祭山曰燔柴積柴加牲於其上而燔之也松上疏爭之以爲登封之禮告功皇天垂後無窮以爲萬民也承天之敬猶宜章明奉圖書之瑞尤宜顯著今因

舊封竄寄玉牒故石下恐非重命之義受命中興宜當特異以明天意遂使泰山郡及魯趣音促石工宜取完青石無必五色令印工刻玉牒書書祕刻方石中命容玉牒二月帝至奉高遣侍御史與蘭臺令史將工先上山刻石二十二日辛卯晨燎祭天於泰山下南方羣神皆從祀用樂如南郊諸王王者後二公孔子後褒成君皆助祭位事也事畢將升封或曰泰山雖已從食於柴祭今親升告功宜有禮祭於是使謁者以一特牲於常祠泰山處告祠泰山如親耕貙劉先祠先農先虞故事至食時帝御輦升山日中後到山上更衣早晡時即位于壇北面羣臣以次陳後西上畢位升壇尚書令奉玉牒檢皇帝以寸二分璽親封之訖太常命人發壇上石尚書令藏玉牒已復石覆訖尚書令以五寸印封石檢封禪儀曰以金爲繩以石爲檢東方西方各三檢檢中石泥及壇土各如其方色也事畢皇帝再拜羣臣稱萬歲命人立所刻石碑乃復道下二十五日甲午禪祭地于梁父陰以高后配山川羣神從祀如元始中北

郊故事（項威曰除地曰墠後改墠曰禪神之也）四月己卯大赦天下以建武三十二年爲建武中元元年復博奉高嬴勿出元年租芻稾以吉日刻玉牒書函藏金匱璽印封之乙酉使太尉行事以特牲告至高廟太尉奉匱以告高廟藏于廟室西壁石室高主室之下（崔靈恩曰自周以前封者皆封土爲壇至秦始皇漢武帝始用石檢）魏明帝時中護軍蔣濟請封禪帝雖拒濟議而實使高堂隆草封禪儀以天下未一不欲便行大禮會高堂隆卒不行晉武帝平吳太康元年九月衛瓘議封禪帝曰此威德事所未議也瓘等又奏至于再三詔報絶之宋文帝在位長久有意封禪詔學士山謙之草其儀注屬後魏師南逼其意乃息孝武大明元年十一月戊申太宰江夏王義恭表三請帝以文軌未一不從北齊有巡狩之禮并登封之儀終不行隋開皇十四年羣臣請封禪文帝命牛弘等創定其禮帝曰此事體大朕何德以堪之但當東巡因拜岱山耳十五年春行幸兗州遂次岱嶽爲壇如南郊又壝外爲柴壇飾神廟展宮懸之

樂於庭爲埋埳二一於南門外又陳樂設位於青帝壇如南郊帝服袞冕乘金輅備法駕而行禮畢遂詣青帝壇而祭焉唐貞觀十一年左僕射房玄齡等議封禪儀注至高宗麟德三年正月戊辰朔有事于泰山皇帝親祀昊天上帝於封祀之壇己巳登于泰山行封禪之禮庚午降禪于社首山壬申大赦天下改元爲乾封武后天冊萬歲二年臘月甲申登封于嵩山大赦天下改元爲萬歲登封丁亥禪于少室山明皇開元十三年十月封祀于泰山去山趾五里西去社首山十里丁亥服袞冕於行宮致齋於供帳前殿己丑大備法駕至山下乃御馬而登侍臣從帝以靈山清潔不欲多人上乃召禮官學士賀知章等入講儀注以三獻悉於山上而在一處行其事五方帝及諸神座於山下壇行事儀注之詳具開元禮

歷代所尚

高陽氏尚赤以十一月爲正薦玉以赤繒高辛氏尚黑以十月爲正薦玉以黑繒

陶唐氏尚白以十二月爲正薦玉以白繒有虞氏尚赤以十一月爲正並出尚書中候夏后氏尚黑以建寅月爲正大事斂用昏戎事乘驪馬黑色曰驪牲用玄以黑爲徽號徽謂旌旂斿也朝燕服收冠而黑衣宮室之制屋十寸爲尺商人尚白以建丑月爲正大事斂用日中戎事乘翰白馬也牲用白以白爲徽號朝燕服冔冠而縞衣宮室之制屋十二寸爲尺周人尚赤以建子月爲正大事斂用日出戎事乘騵音元馬腹赤牲用騂以赤爲徽號朝燕服冕冠而玄衣宮室之制屋八寸爲尺秦水德漢書律歷志秦自以水德故十月爲歲首漢火德初亦以十月爲歲首及文帝立公孫臣言漢當土德其應黃龍見丞相張蒼以爲漢乃水德河決金堤是其符也年始冬十月以外黑內赤十月陰氣在外故黑陽氣尚伏在內故赤明年黃龍果見於成紀帝於是令博士諸生申明土德草改歷服色事至武帝元封七年用倪寬等議改用夏正以建寅月爲歲首劉向以爲赤帝斬蛇之符爲火德後漢並同前漢魏土德文帝以建寅月爲正服尚黃臘以丑牲以白節毛當赤

節幡當黄郊祀朝會四時之服如漢制宗廟所服如周禮明帝青龍五年三月用博士秦靜等議改爲景初元年以建丑月爲正三年正月帝崩齊王立以明帝建丑月崩若以其月正朝會設樂不合於禮於是改以建寅之月爲歲首袁准正論曰自非繼亂不宜改正也晉金德武帝泰始二年散騎常侍傅玄上議帝王受命應歷禪代則不改正朔遭變征伐則改之舜正月上日受終于文祖無改正之文唐虞正朔皆同明矣至商周革命乃改魏受漢禪亦已不改至於服色皆從其本唯節幡用黄大晉以金德王天下順五行三統之序矣詔從之由是正朔服色並依前代東晉並同西晉宋水德亦如魏晉故事齊木德餘一依前代梁火德餘一依前代陳木德餘一依前代後魏初爲土德言繼黄帝之後也故數用五服尙黄犧牲用白至孝文太和十四年用祕書丞李彪等議承晉後改爲水德祖辰臘申北齊木德正朔服色皆如後魏後周承西魏用水德以文帝誕有玄氣之祥又有黑水讖故

也建寅月爲正服色尚黑隋火德以赤雀降祥之故衣服旗幟犧牲尚赤戎服以黃七月帝始服黃唐土德建寅月爲歲首武太后永昌元年十一月一日依周制以建子之月爲正改元爲載初元年改十一月爲正月十二月爲臘月來年正月爲一月十月建亥爲年終載初元年九月九日改元天授稱周改皇帝爲皇嗣二年正月旗幟尚赤也天寶九年制應緣隊仗所用緋色幡等並改爲赤黃色天下皆然納崔昌議以土德承漢火德

享司寒藏冰開冰附

周制凌人掌冰正歲十有二月令斬冰三其凌正歲季冬火星中大寒冰方盛之時也凌冰室也三其凌三倍其冰備消釋也春始治鑑鑑如甄大口以盛冰置食物于中以禦溫氣春而始治之爲二月將獻羔而開冰鑑胡暫反甄音直僞反祭祀供冰鑑賓客供冰大喪供夷槃冰尸之槃曰夷槃夏頒冰掌事暑氣盛王以冰頒賜則主爲之秋刷月令仲春天子乃獻羔開冰先薦寢廟謂立春藏冰至春分方溫故獻羔以祭司寒而後開冰先薦寢廟而後食之左傳魯大夫申豐曰古者日在北陸而藏冰陸道也夏十二月日在虛危冰堅而藏之西陸朝覿而出之夏三月日在昴畢蟄蟲出而用冰春分之中奎婁在東方其藏冰也深山窮谷固陰沍寒用黑牡秬黍以享司寒

於是取而藏之也周其出之也桃弧棘矢以除其災於是以風出而用之（順春風而散用之）朝之祿位賓客喪祭自命夫命婦至于老疾冰皆與焉宋孝武帝大明六年立凌室藏冰有司奏季冬之月冰壯之時凌室長率山虞及輿隸取冰於深山窮谷固陰沍寒之處以納于凌陰務令周密無泄其氣先以黑牡秬黍祭司寒於凌室之北仲春之月春分之日以黑羔秬黍祭司寒啓冰室先薦寢廟凌室在樂遊苑內置長一人吏一人保舉吏二人隋以季冬藏冰仲春開冰並因用黑牡秬黍於冰室祭司寒神開冰依以桃弧棘矢唐制先立春三日因用黑牡秬黍祭司寒之神於冰室祭訖鑿冰千段方三尺厚尺五寸而藏之仲春開冰祭如藏禮依以桃弧棘矢設於冰室戶內之右禮畢遂留之餘具開元禮

禜

周制春官大祝掌六祈其四曰禜祭法云幽禜祭星也雩禜祭水旱

也漢制謂禜爲請晴服赤幘朱衣晉武帝咸寧及太康中時雨多則禜祭赤幘朱衣閉諸陰朱絲禜社伐朱鼓焉梁制霖雨祈晴亦如雩禮隋制霖雨則禜京城諸門三禜不止則祈山川嶽鎮海瀆社稷又不止則祈宗廟神州報以太牢州郡縣苦雨亦各禜其城門不止則祈界山川社稷報用羊豕唐因之禜門不止乃祈山川嶽鎮海瀆三日不止祈社稷宗廟並用酒脯國城門用少牢

葦茭桃梗禳祠

夏后氏金行初作葦茭言氣所交也呂氏春秋曰始得伊尹祓之於廟薰以萑葦茭者交易陰陽代興之義也商人水德以螺首慎其閉塞使如螺也周人木德以桃爲梗漢制厲殃祀天地日月星辰四時陰陽之神以師曠配之其壇常祀以禳災兼用三代之儀以葦茭桃梗五月五日朱索五色印爲門戶飾以儺止惡氣後漢仲夏之月萬物方盛日夏至陰氣萌作恐物不楙其禮以朱索連葷菜彌牟朴蠱鍾以桃印長六寸方三寸五色書文

如法以施門戶魏明帝大脩禳禮故何晏禳祭儀雞特牲供禳釁之事磔雞起於魏末詳改仲夏在歲旦之所起耳晉依魏制每歲朝設葦茭桃梗磔雞於宮及百寺之門以辟惡氣泰始二年有司奏春分祀厲殃及禳祠詔曰不在祀典除之宋皆省其禮而郡縣往往猶存

高禖

周制月令仲春玄鳥至之日以太牢祠于高禖（高辛氏之世玄鳥遺卵娀簡吞之生契後王以爲禖官嘉祥而立其祠）天子親往后妃帥九嬪御乃禮天子所御帶弓韣授以弓矢于高禖之前（天子所御謂今有娠者禮謂酌飲於高禖之庭帶以弓韣求男之祥）漢武帝年二十九乃得太子甚喜始立爲高禖之祠於城南祭以特牲（晉博士束皙云漢武帝晚得太子始爲立高禖之祠立石爲主祀以太牢也）後漢因之祀于仲春之月晉以仲春之月高禖祀于城南祀以特牲惠帝元康六年高禖壇上石中破博士議禮無高禖置石之文未知設造所由既已毀破可無改造束皙議以爲石在壇上蓋主道也禮制器幣則埋而置新今宜埋而更造不

宜遂廢後得高堂隆故事詔更鐫石令如舊置高禖壇上埋破石入地一丈按江東太廟北門內道西有石文如竹葉小屋覆之宋文帝元嘉中修廟所得石陛澄以爲晉孝武時郊禖石然則江左亦有此禮矣或曰百姓祀其旁或謂之落星也北齊制高禖壇於南郊旁廣輪二十六尺高九尺四陛三壝每歲元鳥至之日皇帝親帥六宮祀青帝於壇以太昊配而祀高禖之神以祈子其儀青帝北方南向配帝東方西向禖神壇下東陛之南西向禮用青珪束帛牲共以一太牢祀日皇帝袞冕乘玉輅皇后褘衣乘重翟皇帝初獻降自東陛皇后亞獻降自西陛並詣便座夫人終獻上嬪獻于禖神訖帝及后並詣攅位乃送神皇帝皇后及羣臣皆拜乃撤就燎禮畢而還隋亦以玄鳥至日祀高禖於南郊壇牲用一太牢唐月令亦以仲春玄鳥至之日以太牢祀于高禖天子親往月令經文及注不言有壇廟也

祓禊

周制春官女巫掌歲時祓除釁浴漢高后八月祓於灞上後漢三月

上巳官民皆絜於東流水上曰洗濯祓除去宿垢疢爲大絜魏氏以來但用三月三日不用上巳也晉公卿以下至于庶人皆禊洛水之側趙王倫篡位三日會天泉池誅張林懷帝亦會天泉池賦詩陸機云天泉池南石溝引御溝水池西積石爲禊堂跨水流杯飲酒不言曲水韓詩曰鄭國之俗三月上巳之日溱洧水上招魂續魄秉蘭草祓除不祥蔡邕曰今三月上巳祓於水濱蓋出此也一說三月三日清明之節將修事於水側以祈豐年也一說郭虞三月上辰日上巳日二日産三女並不育俗以爲大忌至此月巳日諱止家皆於東流水上爲祈禳自潔濯謂之禊祠引流行觴遂成曲水梁劉昭曰郭虞之說良爲虛誕假有庶人旬內夭其三女何足警彼風俗乎杜篤賦乃稱王侯公主暨于富商用事伊洛帷幔玄黃本傳大將軍梁商亦歌泣於洛禊也劉禎魯都賦曰素秋二七天漢指隅人胥祓禳國子水嬉此用七月十四日也東晉元帝詔罷三日弄具海西公於鍾山立流杯曲水延百僚

皆其事也齊以三月三日曲水會古禊祭也今相承為百戲之具雕弄巧飾增損無常

諸雜祠

周立壽星祠於下杜亳徐廣云京兆杜縣有亳亭也時奉焉又立杜主祠因宣王殺右將軍杜伯不以罪後宣王田於圃田見杜伯執弓矢射王王伏弓而死故周人尊其鬼而以歲時奉祠秦立陳寶祠因文公獲若石于陳倉北阪城祠之蘇林曰寶如石如肝其神或歲不至或歲數來其來常以夜光輝若流星色赤黃長五丈從東方來集于祠城若雄野雞其聲殷殷云野雞夜鳴以應之祠以一牢名曰陳寶臣瓚曰陳倉縣有寶夫人祠或一歲二歲與葉君合葉君神來時天為之雷鳴二世時若陳寶節來一祠春夏用騂秋冬用駵德公立卜居雍雍之諸祠自此興用三百牢於鄜時作伏祠孟康曰六月伏日也周時無至此乃有之師古曰立秋之後以金代火金長於火故至金日必伏庚金也磔徇邑四門以禦蠱災始皇東游海上祠八神求仙人其祀莫知起時八神一曰天主祠天齊天齊淵水居臨菑南郊

山下者二曰地主祠泰山梁父蓋天好陰祠之必於高山之下小山之上命曰時地貴陽祭之必於澤中圜丘三曰兵主祠蚩尤蚩尤在東平陸監鄉齊之西境也四曰陰主祠三山三山即蓬萊方丈瀛州三神山五曰陽主祠之罘山在東萊六曰月主祠萊山山在東萊長廣皆在齊北並渤海七曰日主祠成山山在東萊不夜縣斗入海最居齊東北隅以迎日出八曰四時主祠琅邪琅邪在齊東北蓋歲之所始也皆用一牢具祀而巫祝所損益珪幣雜異焉漢高帝天下已定令祝立蚩尤之祠於長安又置祠祀官女巫其梁巫祀天地天社天水房中堂上之屬晉巫祠五帝東君雲中君巫社巫祠族人炊之屬師古曰東君日也雲中君謂雲神也族人炊古主炊母之神也秦巫祠社主巫保族纍之屬社主即周之杜伯也巫保荊巫族纍二神名纍音力追反祠堂下巫先司命施糜之屬堂下在堂之下巫先巫之最先者也司命說者云文昌第四星也施糜其先常施設糜鬻者也九天巫祀九天師古曰九天者謂中央四方四維也皆以歲時祠宮中武帝即位厚禮置祠神君於內中聞其言不見其人神君者長陵女子產乳而死見神於先後宛若宛若祠於其室人多往祠平原君往祠其後子孫尊崇按平原君武帝外祖母也先後妯娌也宛若字也又帝師少君求仙始親祠竈少翁言於帝曰祠竈皆可致物物鬼也致物而丹沙可化為金又立粵祠雞卜自此用持雞而卜如鼠卜也是時既滅兩粵粵人勇之乃言粵人俗鬼師古曰勇之言其土俗尚鬼神

之事而其祠皆見鬼數有効昔東甌王敬鬼壽百六十歲後世怠慢故衰耗迺命粵巫立粵祠祝文安臺無壇亦祠天神帝百鬼宣帝時南郡獲白虎獻其皮牙爪帝為立祠又方士言隋侯劍寶玉寶璧周康寶鼎立四祠於未央宮又祠天封苑火井於鴻門西河鴻門有天封苑火井祠火從地中出也又立歲星辰星太白熒惑南斗祠於長安城旁又祠三山八神於曲成東萊縣也蓬山石社石鼓於臨朐又有月祠蚩尤勞谷五牀山五帝仙人玉女金馬碧雞等神遣諫議大夫王褒使持節而求焉後魏道武帝初有兩彗星見劉后使日者占曰祈之則掃定天下后從之故立其祠又立歲神十二歲一祭以十月用牛一雞三又立土神四歲二祭常八月十月用羊又立獻明以上天神四十所歲祭其神尊以馬次以牛小以羊皆女巫行事

嘉禮

天子加元服

周制文王年十二而冠（文王十三生伯邑考左傳曰冠而生子禮也）成王十五而冠（譙周五經然否論云古文尚書武王崩成王年十三推武王庚辰歲崩周公以壬午歲出居東癸未歲反禮公冠記周公冠成王命史作祝辭告是除喪冠也周公未反成王冠弁開金縢之書時十六矣是成王十五周公冠之而後出也按禮傳天子之年近則十二遠則十五必冠矣）將冠筮日筮賓行之於廟冠委貌於阼三加彌尊（冠義曰冠於阼以著代也或曰三加彌尊士禮也大戴禮公冠篇曰公冠四加後加玄冕天子亦有四加後加袞冕）祼享樂于廟（左傳曰晉侯問魯大夫季武子襄公年曰君可冠矣武子對曰君冠必以祼享之禮行之以金石之樂節之以先君之祧處之）周公冠成王命史雍頌曰近於民遠於年遠於佞近於義嗇於時惠於財祿賢使能漢改皇帝冠爲加元服惠帝加元服用正月甲子若丙子爲吉後漢遵前制皆以正月甲子若丙子爲吉日可加元服儀從冠禮乘輿初加緇布進賢次爵弁次武弁次通天冠冠訖皆於高祖廟如禮謁見和帝

冠以正月甲子乘金根車駕六玄虯至廟成禮乃迴軫反宮朝服以饗宴撞太簇之鐘咸獻壽焉順帝以初月丙子加元服於高廟獻帝興平元年正月甲子加元服司徒淳于嘉爲賓加賜元纁駟馬賜貴人公主卿司隸校尉城門五校及侍中尚書給事黃門侍郎各一人爲太子舍人魏氏天子冠一加其說曰古之士禮服必三加彌尊所以喻其志至於天子諸侯無加數之文者將以踐阼臨人尊極德成不復與士以加喻勉爲義禮冠於廟自魏不復在廟矣東晉諸帝冠儀一加幘冕將冠金石宿設百僚陪位又先於殿上鋪大牀御府令奉冕幘簪導袞服以授侍中常侍太尉加幘太保加冕太尉讀祝文曰令月吉日始加元服皇帝穆穆思弘袞職欽若昊天六合是式率遵祖考永永無極眉壽惟祺介茲景服加冕訖侍中繫元紞脫帝絳紗服加袞服冠事畢太祝率羣臣奉觴上壽王公以下三稱萬歲乃退成帝用三元吉日既加元服拜于太廟穆帝孝武將冠皆先以幣告廟訖事又廟見臺符問脩服未畢吉凶不相干爲可加元服與不太常王彪

之議禮雖有喪冠當是應冠之年服制未終若須服終便失應冠之年故也今便准喪冠闕饗樂而行事不須脩服畢按晉故事及兩漢亦不必三元當任時事之宜耳後魏正光元年秋孝明帝年十一加元服訖拜太廟大赦改元北齊制皇帝加元服以玉帛告圜丘方澤以幣告廟擇日臨軒皇帝著空頂介幘以出太尉盥訖升脫空頂幘以黑介幘奉加訖太尉進太保之右北面讀祝訖太保加冕侍中繫元紞脫絳紗袍加袞服事畢太保上壽羣官三稱萬歲皇帝入温室移御座而不上壽後日文武羣官朝服上禮酒十二鐘米十二囊牛十二頭又擇日親拜圜丘方澤謁廟唐制具開元儀

皇太子冠皇子皇孫附

周制天子元子猶士也天下無生而貴者也家語冠頌曰天子之元子之冠擬諸侯之冠四加漢宣帝冠太子以正月冠諸王遣使行事魏氏冠太子再加皇子王公嗣子乃三孫毓以爲一加再加皆非禮也冠諸王因漢遣使行事晉惠帝之爲

太子將冠武帝臨軒使兼司徒高陽王珪加冠兼光祿大夫屯騎校尉華廙贊冠泰始六年南宮王承年十五依舊應冠有司奏議禮十五成童國君十五而生子以明可冠之儀又漢魏遣使冠諸王非古典於是制儀王十五而冠遂革使命咸寧二年閏九月遣使冠汝南王柬惠帝以正月丙午冠太子訖乃廟見懷帝亦以正月冠皇太子宋冠皇太子及藩王以一加齊武帝孫南郡王昭業冠從尚書令王儉議使太常持節一加冠大鴻臚爲贊醮酒之儀國官陪位拜賀如常其日內外二品清官以上詣公車門集賀并詣東宮南門通牋別日上禮宮臣亦詣門稱慶如上臺之儀既冠之後尅日謁廟祝辭曰皇帝使給事中太常武安侯蕭惠本加南郡王冠筮日戒賓肇加元服棄爾幼志從厥成德親賢使能克崇景福醮酒辭曰旨酒既清嘉薦既盈兄弟具在淑慎儀刑永永眉壽於穆斯寧明帝冠太子用正月梁武帝天監十三年正月冠太子於太極殿修前代之儀後魏孝

文帝冠皇太子恂於廟詔曰司馬彪漢志漢帝有四加冠一緇布二進賢三武弁四通天朕見家語冠頌篇四加冠公也家語夫子之言與正經何異諸儒惑司馬彪志致使天子之子而行士冠朕以爲有賓諸儒皆以爲無賓孔氏所云斐然成章其斯之謂矣北齊制皇太子冠則太尉以制幣告七廟擇日臨軒有司供帳於崇正殿中嚴皇太子空頂幘公服出立東階之南西面使者入立西階之南東面太子受詔訖入室盥櫛出南面使者進揖詣冠席西面坐光祿卿盥訖詣太子前跪櫛使者又盥奉進賢三梁冠至太子前東面祝脫空頂幘加冠太子興入室更衣出又南就冠席光祿卿盥櫛使者又盥祝脫三梁冠再加遠遊冠太子入室更衣設席中楹之西使者揖就席南面光祿卿洗爵酌醴使者詣席前北面祝太子拜受醴卽席坐祭之啐之奠爵降階復位西面三師三少及在位羣官拜事訖又擇日會宮臣又擇日謁廟隋制皇太子將冠前一日帝齋於大興殿太子

與賓贊及預從官齋於正寢其日質明有司告廟各設筵於阼帝衮冕即御座賓揖太子進升筵西向坐贊冠者坐櫛設纚賓盥訖初加緇布冠贊進設頍（邱癸切）纓賓揖太子適東序衣元衣素裳以出贊者又坐櫛賓進加遠遊冠改服訖賓又授冕太子適東序改服以出賓揖太子南面立賓受醴進筵前北面立祝（之又切）太子拜受觶賓復位東面答拜贊者奉饌於筵前太子祭奠禮畢降筵進當御東面拜納言承詔詣太子戒訖太子拜贊者引太子降自西階賓少進字之贊者引太子進立於庭東面諸親拜訖贊者拜太子皆答拜與賓贊俱復位納言承詔降命令有司致禮賓贊又拜帝復降阼階下拜太子以下皆拜帝出更衣還宮太子從至闕因入見皇后而還唐貞觀五年正月有司上言皇太子將冠禮宜用二月爲吉請追兵以備儀注太宗曰今東作方興恐妨農事令改用十月太子少保蕭瑀奏稱准陰陽家用二月爲勝上曰陰陽拘忌朕所不行若動靜必依陰陽不

顧禮義欲求福祐其可得乎若所行皆遵正道自然當與吉會且吉凶在人豈假陰陽拘忌農時甚要不可暫失開元六年侍中宋璟上表曰臣伏以太常狀准東宮典記有上禮之儀謹按上禮非古從南齊後魏方始有此事而垂拱神龍更扇其道羣臣斂錢獻食君上厚賜答之姑息施恩方便求利皇太子冠乃盛禮自然合有賜賚上臺東宮兩處宴會非不優厚其上禮宜停其儀具開元禮

諸侯大夫士冠

夏小正記二月冠子之時也周制繼世以立諸侯象賢也冠禮筮日筮賓冠於阼醮於客位三加彌尊已冠而字之見於母母拜之見於兄弟兄弟拜之(成人而與為禮)晉王堪冠禮儀云永平元年(惠帝時)正月戊子冠中外四孫立于步廣里舍之阼階設一席于東廂引冠者以長幼次于席南東上賓宗人立于西廂東面南上堪立于東軒西南面西上陳元服于席上宗人執儀以次呼冠者各應曰諾宗人申誡之曰

以歲之正以月之令兄弟具來咸加爾服棄爾幼志順爾成德克愼威儀惟民之則壽考惟祺永受景福冠者高跪而冠各自著布興再拜從立于賓南上酌四杯酒各拜醮而飲事訖上堂向御史府君再拜訖冠者皆東面坐如常燕禮時賓宗人東平王隆叔祚王循道安王業建始此皆古禮也但以意斟酌從其簡者耳唐制具開元禮

天子納妃后 冊后附

伏羲氏制嫁娶以儷皮爲禮夏氏親迎於庭殷迎於堂周制限男女之歲定婚姻之時（媒氏云令男三十而娶女二十而嫁婚姻之時卽仲春之月）親迎於戶六禮之儀始備（一曰納采二曰問名三曰納吉四曰納徵五曰請期六曰親迎惟納徵用束帛他皆用鴈）天子聘女納徵加穀珪漢惠帝納后納采鴈璧乘馬束帛聘黃金二百斤馬十二匹（呂氏爲惠帝娶魯元公主女故特優其禮）平帝立王莽納女爲后以固權及莽所聘杜陵氏女皆侈大其事不足爲法後漢桓帝立明年有司奏太后曰春秋迎皇后于紀在塗則稱后今大將軍冀女弟應紹聖善結婚之際有

命既集宜備禮幣於是悉依孝惠皇帝納后故事聘黃金二百斤納采鴈璧乘馬束帛一如舊典靈帝冊宋貴人爲皇后天子御章德殿軒百官陪位太尉襲使持節奉璽紱皇后北面帝南面太尉立階下東向宗正大長秋西向宗正讀冊畢皇后拜稱臣妾就位太尉授璽紱中常侍長樂太僕高鄉侯覽長跪受璽紱奏於殿前女史以次受之至于昭儀受而長跪以帶皇后皇后伏起拜稱臣妾畢黃門鼓吹三通鳴鼓畢羣臣以次出后卽位大赦天下魏制天子冊后以皮馬庭實加穀珪齊王正始四年立后甄氏其儀不存晉武帝咸寧二年臨軒遣太尉賈充策立皇后楊氏因大赦賜王公已下各有差百僚上禮納悼后太康八年有司奏大婚納徵用元纁束帛加穀珪馬二駟羊鴈酒米如故（尚書朱整議按魏婚故事天子以皮馬爲庭實加以穀珪）東晉成帝咸康二年臨軒遣使持節兼太保領軍諸葛恢兼太尉護軍孔愉六禮備物拜皇后杜氏卽日入宮帝御太極殿羣臣畢賀康帝建元元年納后褚氏

而儀注陛者不設旄頭殿中御史奏令迎皇后依昔成恭皇后入宮
御物而儀注至尊袞冕升殿旄頭不設又按昔迎成恭皇后唯作青
龍旂其餘皆卽御物今當臨軒遣使而五牛旂旗旄頭畢罕並出卽
用舊置今闕詔曰今所以正法服升太極者以謹其始故備禮也今
云何闕所重而撤法物邪又恭后神主入廟先帝詔后禮宜有降不
宜建五牛旗既不設五旗則旄頭畢罕之物易具也又詔舊制既難
準且於今而備法服儀飾粗舉其兼副雜器停之穆帝永和十年臺
符問六禮版文舊稱皇帝今太后臨朝當何稱博士曹耽云公羊傳
婚禮不稱主人母命諸父爲主太常王彪之云三傳異義不可全據
今皇后臨朝稱制文告所達國之大典皆仰稟成命非無外事也豈
婚聘獨不通乎六禮版文應稱皇太后詔符又問今太后還政不復
臨朝當何稱彪之云當稱皇帝詔升平元年將納皇后何氏彪之正
禮曰王者之於四海無不臣妾雖復父兄之親師友之賢皆純臣也

夫崇三綱之始定乾坤之儀安有天父之尊而稱臣下之命以納伉
儷安有臣下之卑而稱天父之名以行大禮遠尋古禮於義不通按
咸寧二年納悼皇后時弘訓太后臨天下而無命戚屬之臣爲武皇
父兄主婚之文考咸寧故事不稱父兄師友則當時華恆所上合於
舊也謂今納后儀制一依咸寧故事從之華恆定六禮宜依舊唯娶婦之家三日不舉樂而咸
康羣臣賀爲失禮故但依咸寧上禮不復賀其告廟六禮版文等皆彪之所定博士荀納云凡六禮
版長尺二寸以應十二月博四寸以象四時厚八分以象八節皆真書后家答鮫腳書之納采問名納吉請期親
迎皆用鴈白羊各一酒米各十二斛唯納徵用白羊一元纁帛三疋
絳二疋絹二百疋獸皮二枚錢二百萬玉璧一枚酒米各十二斛馬
六匹鄭康成所謂五鴈六禮也六禮之文皆稱皇帝咨后家稱糞土
臣某頓首稽首再拜以答其策皇后之文曰惟升平元年八月皇帝
使使持節兼太保侍中太宰武陵王晞冊命故散騎侍郎女何氏爲
皇后咨爾易本乾坤詩首關雎王化之本實由內輔是故皇英嬪虞

帝道以光妊姒母周胤嗣克崇皇后其祗勗厥德以肅承宗廟虔恭
中饋盡其婦道帥導六宮作軌儀于四海皇天無親惟德是依可不
愼歟北齊皇帝納后之禮納采問名納徵訖告圜丘方澤及廟是日
皇帝臨軒命太尉爲使司徒副之持節詣后行宮東向奉璽綬冊以
授中常侍皇后受冊於行殿使者與公卿以下皆拜有司備迎禮太
尉太保受詔而行主人公服迎拜於門使者入升自賓階東面主人
升自阼階西面禮物陳於庭設席於兩楹閒童子以璽書版升主人
跪受送使者拜于大門外有司先於昭陽殿兩楹閒供帳爲同牢之
具皇后服大嚴繡衣帶綬珮加幜音景女長御引出升畫輪四望車女
侍中負璽陪乘鹵簿如大駕皇帝服衮冕出升御座皇后入門大鹵
簿住門外小鹵簿入到東上閤施步障降車席道以入昭陽殿前至
席位姆去幜皇后先拜後起皇帝後拜先起升自西階詣同牢座與
皇后俱坐各三飲訖又各酳二爵一卺奏禮畢后興南向立皇帝御

太極殿王公以下拜表謝又明日以榛栗棗脩見皇太后於昭陽殿擇日羣臣上禮又擇日謁廟皇帝使太尉先以太牢告而後遍見羣廟唐皇帝納后卜日告天地臨軒命太尉爲使宗正卿爲副並如開元禮

天子冊妃嬪夫人

周制天子后立六宮三夫人九嬪二十七世婦八十一御女以聽天下之內治後漢獻帝建安十八年曹操進三女憲節華爲夫人聘以束帛元纁五萬疋小者待年於國二十年並拜貴人晉武帝泰始十年將聘三夫人九嬪有司奏禮皇后聘以穀珪無妾媵禮贄之制詔曰拜授可依魏氏故事於是臨軒使使持節兼太常拜三夫人兼御史中丞拜九嬪

皇太子納妃皇子諸王婚公主嫁附

漢制皇太子納妃奉常迎時叔孫通定禮以天子無親迎之義皇太子以奉常迎也晉太康中有

司奏太子婚納徵用元纁束帛加璧羊馬二駟東晉太子婚納徵禮用玉璧一獸皮二漢魏之禮公主居第尙公主者來第成婚司空王朗以爲不可其後乃革魏公主嫁用絹百九十疋晉故事用絹三百疋太元中公主納徵以獸豹皮一宋文帝元嘉十五年四月皇太子納妃六禮文與納后不異百官上禮其月壬戌於太極殿西堂敘宴二宮隊主副司徒侍郎以上諸二千石在都邑者並在會又詔令小會可停伎樂（時有臨川曹太妃喪）明帝太始五年有司奏按晉江左以來太子婚納徵用璧一獸皮二未詳合用獐豹皮及熊羆皮與不若應用者爲各用一爲用兩博士裴昭明按周禮納徵元纁束帛儷皮（鄭康成曰束帛以致命兩皮庭實皮鹿皮）晉納妃以虎皮二虎豹雖文禮所不用熊羆吉祥婚典不及珪璋之美爲用各異今儲皇聘納宜准經誥兼太常丞孫詵議以爲聘幣之典損益惟我禮稱束帛儷皮則珪璋數同璧熊羆文豹各應用二博士虞龢議按儀禮直云元纁束帛儷皮禮記郊特牲云

虎豹皮與玉璧非虛作也虎豹皮居然用兩璋宜仍舊各一參議詵
餘二議不異今加珪璋各一豹熊羆皮各二以餘議爲允詔可齊武
帝永明中以婚禮奢費勅諸王納妃上御及六宮依禮上棗栗腶脩
加以香澤花粉其餘衣物皆停唯公主降嫁則上遺舅姑北齊皇太
子納妃禮皇帝遣使納采其次問名納吉並如納采禮納徵則使司
徒及尚書令爲使備禮物而行請期則以太常宗正卿爲使如納采
親迎以太尉爲使三日妃朝皇帝於昭陽殿又朝皇后於宣光殿擇
日羣臣上禮他日妃還又他日皇太子拜閤皇太子及王聘禮納采
問名納吉請期親迎皆用羔一鴈一酒黍稷米麪各一斛納徵用元
三疋纁二疋束帛十疋大璋一虎皮二錦綵六十疋絹二百疋羔一
羊四犢二酒黍稷米麪各十斛從車百乘隋皇太子納妃禮皇帝臨
軒使者受詔而行主人候於廟門使者執鴈主人迎拜於大門之東
使者入升自西階立於兩楹間南面納采訖乃行問名儀事畢主人

請致禮於從者禮有幣馬其次擇日納吉又擇日以玉帛乘馬納徵又擇日告期又擇日命有司以特牲告廟册妃皇太子將親迎皇帝臨軒醮而誡曰往迎爾相承我宗事勗帥以敬對曰謹奉詔既命羽儀而行主人几筵於廟妃服褕翟立於東房主人迎於門外西面拜皇太子答拜主人揖皇太子先入主人升立於阼階西面皇太子升進當房戶前北面跪奠鴈俛伏興拜降出妃父少進西面戒之母於西階上施衿結帨及門內施鞶申之出門妃升輅乘以几姆加幜皇太子乃馭輪三周馭者代之皇太子出大門乘輅羽儀還宮妃三日雞鳴夙興以朝奠笲於皇帝皇帝撫之又奠笲於皇后皇后撫之席於戶牖閒妃立於席西祭奠而出唐皇太子納妃禮臨軒命使行納采問名納吉納徵請期告廟臨軒醮戒親迎同牢朝見並如開元禮

開元十九年四月勑於京城置禮會院屬司農寺其什物各令所司供院在崇仁坊南街 建中元年十一月禮儀使顏真卿等奏郡縣主見舅姑

請於禮會院過事明日早舅姑坐堂行執笲之禮其觀華燭非宜並請停障車下壻卻扇等行禮之夕可以感思至於聲樂尤須禁斷初貞觀中侍中王珪之子尙太宗女南平公主珪請於帝乞存舅姑之義於是夫妻西向坐公主親行盥饋之禮自是公主有舅姑者皆備婦禮其後此禮陵遲故眞卿建明之

公侯大夫士婚禮

周制婚禮其詳見於禮經漢平帝詔光祿大夫劉歆等雜定婚禮四輔公卿大夫博士郎吏家屬皆以禮娶迎立軺倂馬立乘小車也倂馬驪駕也新定此制也倂音步幸切後漢鄭衆百官六禮辭大略因於周制而禮物凡二十種各內有謁文外有贊文魏制諸侯娶妃以皮馬爲庭實加以大璋王娶妃公主嫁用絹百九十疋晉太康八年有司奏王侯婚禮元纁束帛加璧乘馬大夫用元纁束帛加羊奏曰古者以皮馬庭實天子加穀珪諸侯加大璋可依周禮改璧用璋其羊雁酒米元纁如故諸侯婚禮加納采告期親迎各帛五疋及納徵馬四

匹皆令夫家自備唯璋官爲具足尚書朱整議按魏氏故事王娶妃公主嫁之禮天子諸侯以皮馬爲庭實天子加以穀珪諸侯加以大璋漢高后制聘后黃金二百斤馬十二匹聘夫人金五十斤馬四匹魏志娶妃公主嫁之禮用絹一百九十疋晉故事用絹三百疋北齊聘禮第一品以下至三品用元三疋纁二疋束帛十疋璧一四品以下皆無璧豹皮二六品以下至從九品用鹿皮錦綵四十疋二品三十疋三品二十疋四品雜綵十六疋五品十疋六品七品五疋絹百四十疋二品百二十疋三品百疋六品以下至九品遞降二十疋羔一羊二犢二酒黍稷稻米麪各四斛四品五品犢一酒黍以下各二斛六品以下無犢酒黍以下各一斛唐顯慶四年十月詔天子嫁女受財三品以上之家不得過絹三百疋四品五品不得過二百疋六品七品不得過一百疋八品以下不得過五十疋皆充所嫁女資裝等用其夫家不得受陪門之財李義府奏太極元年十一月左司郎中唐紹上表曰士庶親迎之禮備諸六禮所以承宗廟事舅姑當須昏以爲期詰朝謁見往者下俚庸鄙時有障車邀其酒食以爲戲樂近日此風轉盛上及王公乃廣奏音樂多集徒侶遮擁道路留滯淹時邀致

財物動踰萬計遂使障車禮貺過於聘財歌舞喧譁殊非助感旣虧
名教又蠹風猷請一切禁斷從之
臣謹按後漢之俗聘禮三十物者以元纁羊鴈清酒白酒粳米稷
米蒲葦卷栢嘉禾長命縷膠漆五色絲合歡鈴九子墨金錢祿得
香草鳳凰舍利獸鴛鴦受福獸魚鹿烏九子婦腸燧鑽凡二十八
物又有丹爲五色之榮青爲東方之始共三十物皆有俗儀不足
書臣又按杜佑之議曰上古人食禽獸之肉而衣其皮毛周氏尙
文去質玄衣纁裳猶用皮爲韠所以制婚禮納徵用元纁儷皮充
當時之所服耳秦漢以降衣服制度與三代殊乃不合更以元纁
及皮爲禮物也又有用虎皮豹皮者王彪之云取威猛有斑彩尤
臆說也人之常情非今是古不詳古今之異制禮數之從宜今時
俗用五色信頗得禮之變也或曰近代所以尙循元纁儷皮之制
男女配合教化大倫示存古儀務重其禮安可捨棄有類去羊答

曰元纁及皮當時之要詳觀三代制度或沿或革不同皆貴適時並無虛事豈今百王之末畢循往古之儀如三代制天子諸侯至庶人祭則立尸秦漢廢之又天下列國唯事征伐志存於射建侯擇士皆主於斯秦漢以降改制郡縣戰爭既息射藝自輕唯祀與戎國之大事今並豈要復舊制乎其朝宗覲遇行朝享禮畢諸侯皆右肉袒于廟門之東乃入門右北面立告聽事今豈須行此禮乎賓禮甚重兩楹閒有反爵之坫築土爲之今會客豈須置坫乎又並安能復古道邪略舉數事其可知也易曰隨時之義其大矣哉先聖之言不可誣也

元正冬至受朝賀

漢高帝十月定秦遂爲歲首七年長樂宮成叔孫通制諸侯羣臣朝賀儀先平明謁者治禮引以次入殿門庭中陳車騎設兵張旗幟功臣列侯諸將軍軍吏以下陳西方東向文官丞相以下陳東方西向

於是皇帝輦出房諸侯王以下至吏六百石以次奉賀禮畢復置法酒諸侍坐殿上者皆伏抑首尊卑以次起上壽壽觴九行謁者言罷酒御史執法舉不如儀者輒引去羣臣莫不振肅武帝雖用夏正然每月朔朝至於十月朔猶常享會以高祖定秦之月元年歲首也其儀夜漏未盡七刻鐘鳴受賀及贄公侯璧二千石羔千石六百石鴈四百石以下雉百官賀正月決疑要注云古者朝會皆執贄侯伯執珪子男執璧孤執皮帛卿執羔大夫執鴈士執雉漢魏俱依其制正朝大會諸侯執玉璧薦以鹿皮公卿以下所執如古禮古者衣皮故用皮帛爲幣玉以象德璧以稱事二千石以上上殿稱萬歲舉觴御坐前司空奉羹大司農奉飯奏食舉樂百官受賜宴饗大作樂蔡質漢儀曰正月旦天子幸德陽殿臨軒公卿百官各陪位朝賀百蠻朝貢畢屬郡計吏皆覲庭燎宗室諸劉雜會萬人以上立西面位既定上壽計吏中庭北面立太官賜酒食西入東出御史四人執法陛下虎賁羽林弧弓撮矢陛戟左右戎頭偪脛陪前向後左右中郎將位東南羽林虎賁將位東北五官將位中央悉坐就賜作九賓徹樂合利獸從西方來戲於庭極乃畢入殿前激水化成比目魚跳躍嗽水作霧障日畢化爲黃龍長八丈出水遨遊炫耀日光又以絲繩係兩柱間相去數丈兩倡女對舞行於繩上相逢切肩不傾又蹋局出身藏形斗中鐘磬倡樂畢作魚龍曼延小黃門鼓吹三通謁者引公卿以次拜徹

行出卑官在前尊官在後其德陽殿周旋容萬餘人陛高一丈文石作壇畫屋朱梁玉陛金柱刻鏤魏文帝受禪後修
洛陽宮室權都許昌宮殿狹小元日於城南立氈殿青帷以爲門設
樂饗會後還洛陽依漢舊事其藩王不得朝覲明帝時有朝者皆由
特恩不得爲常晉氏受命武帝更定元會儀咸寧注云先正旦一日
有司各宿設夜漏未盡十刻羣臣集庭燎起火上賀謁報又賀皇后
還從雲龍東中華門入詣東閤下便坐漏未盡七刻百官及受贄郎
官已下至計吏皆入立其次其陛衞者如臨軒儀漏未盡五刻謁者
僕射大鴻臚各奏羣臣就位定漏盡侍中奏外辦皇帝出鐘鼓作百
官皆拜伏太常導皇帝升御座鐘鼓止百官起大鴻臚跪奏請朝賀
掌禮郎贊皇帝延王登大鴻臚跪贊藩王臣某等奉白璧各一再拜
賀太常報王悉登謁者引上殿當御座皇帝興王再拜皇帝坐復再
拜跪置璧御座前復再拜成禮訖謁者引下殿還故位掌禮郎贊皇
帝延太尉等於是公特進匈奴南單于金紫將軍當大鴻臚西中二

千石千石六百石當大行令西階北面伏鴻臚跪贊太尉中二千石等奉璧皮帛羔鴈雉再拜賀太常贊皇帝延公等登掌禮郎引公至金紫將軍上殿皇帝興皆再拜皇帝坐又再拜跪置璧皮帛御座前復再拜成禮訖謁者引下殿還故位公置璧成禮時大行令並贊殿下中二千石以下同成禮訖以贄授贄郎郎以璧帛付諸謁者羔鴈雉付太官太樂令跪奏雅樂樂以次作乘黃令乃出車皇帝罷入百官皆坐晝漏上水六刻諸蠻夷胡客以次入皆再拜訖坐御入後三刻又出鐘鼓作謁者僕射跪奏請羣臣上謁者引王公二千石上殿千石六百石停本位謁者引王詣樽酌壽酒跪授侍中侍中跪置御座前王還自酌置位前謁者跪奏藩王臣某等奉觴再拜上千萬歲壽四廂樂作百官再拜已飲又再拜謁者引王等還本位陛者傳就席羣臣皆跪諸侍中中書令尚書令各於殿上上壽酒登歌樂升太官又行御酒御酒升階太官令跪授侍郎侍郎跪進御座前乃行百

官酒太樂令跪奏登歌三終乃降太官令跪請具御飯到階羣臣皆
起太官令持羹跪授司徒持飯跪授大司農尚食持案並授持節持
節跪進御座前羣臣就席太樂令跪奏食舉樂太官行百官飯按遍
食畢太樂令跪奏請進樂樂以次作鼓吹令又前跪奏請以次進衆
妓乃召諸郡計吏前受敕戒於階下宴樂畢謁者一人跪奏請罷退
鐘鼓作羣臣北面再拜出然則夜漏未盡七刻謂之晨賀晝漏上三
刻更出百官奉壽酒謂之晝會別置女樂三十人於黃帳外奏房中
之歌江左多虞不復晨賀夜漏未盡十刻開宣陽門至平旦始開殿
門晝漏上水五刻皇帝乃出受賀皇太子出會者則在三恪下王公
上正旦元會設白虎樽於殿庭樽蓋上施白虎若有能獻直言者則
發此樽飲酒案禮白虎樽乃杜舉之遺式也宋因晉制升皇太子在
三恪上齊因之梁元會之禮雖有更革亦損益晉制也皇帝服通天
冠王公上壽上食既畢之後二品以上尚書騶騎引計吏郡國各一

人皆跪受詔侍中讀五條詔計吏更應諾訖令陳便宜者聽詣白虎樽皇太子朝則遠遊冠乘金輅鹵簿以行與會則劍履升座天監六年詔曰頃代以來元日朝畢次會羣臣則移就西壁下東向坐求之古義王者讌萬國唯應南面何更居東面於是御座南向以西方爲上皇太子以下在北壁坐者悉西邊東向尙書令以下在南方坐者悉東邊西向陳制先元會十日百官並習儀注令僕以下悉公服監之設庭燎街闕城上殿前皆嚴兵百官各設部伍而朝宮人皆於東堂隔綺疏而觀宮門旣無籍外人但絳衣者亦得入觀是日上事人發白虎樽自餘亦多依梁禮云隋制正朝及冬至文物充庭皇帝出西房即御座皇太子鹵簿至明陽門外入賀復詣皇后殿拜賀訖還宮皇太子朝訖羣官客使入就位再拜上公一人詣西階解劍升賀降階帶劍復位而拜有司奏諸州表羣臣在位者又拜而出皇帝入東房有司奏行事訖乃出西房坐定羣官入就位上壽訖上下俱拜

皇帝舉酒上下舞蹈三稱萬歲皇太子與會則設座於御東南西向羣臣上壽畢入位解劍以升會訖先興唐開元八年十一月中書門下奏曰伏以冬至一陽始生萬物潛動所以自古聖帝明王皆此日朝萬國觀雲物禮之大者莫逾是時其日亦祀圜丘皆令攝官行事質明既畢日出視朝國家以來更無改易緣修新格將畢其日祀圜丘還改用小冬日受朝伏請改正從之因勅自今以後冬至日受朝永爲常式至天寶三載十一月五日甲子冬至勅伏以昊天上帝義在尊嚴恭惟祀典每用冬至既於是日有事圜丘更受朝賀實深兢惕自今以後冬至宜取以次日受朝仍永爲常式

讀時令

後漢制太史每歲上其年歷先立春立夏大暑立秋立冬常讀五時令皇帝所服各隨五時之色帝升御座尙書令以下就席位尙書三公郎中以令置案上奉以先入就席伏讀訖賜酒一巵魏明帝景初

元年通事奏曰前後但見讀四時令至於服黃之時獨闕太史令高堂隆以爲黃屬土也土王四季各十八日土生於火故於火用事之末服黃三季則不其令則隨四時不以五行爲令也是以服黃無令斯則魏代不讀大暑令也東晉成帝咸和五年有司奏讀秋令時侍中荀弈上議云武皇帝時光祿大夫華恆議以秋夏盛暑常闕不讀令在春冬則不廢也夫先王所以順時讀令者蓋後天而奉天時正時服尊嚴之所重今比熱炎赫服章多闕請如恆議詔可六年有司奏立夏日正服漸備祇逆天和宜讀夏令奏可宋文帝元嘉六年讀時令三公郎中每讀皇帝臨軒百僚備位多震悚失常儀唯孝武帝時劉勰明帝時謝緯善於其事人主公卿並屬目稱歎北齊制立春日皇帝服通天冠青介幘青紗袍佩蒼玉青帶青袴青韈舄而受朝於太極殿西廂東向尚書令等坐定三公郎中詣席跪讀時令訖典御酌卮酒置郎中前郎中拜還席伏飲禮成而出至立夏立秋則施御座於中楹

南向立冬如春東向各以其時之色服儀並如春禮唐貞觀十一年復修四時讀令武太后聖曆元年臘月制每月一日於明堂行告朔之禮開元十六年命太常少卿韋縚每月進月令一篇是後孟月朔日御宣政殿側置一榻東西置案令韋縚坐而讀之諸司官長亦升殿列坐聽焉歲除罷之餘並具開元禮

冊拜諸王侯

後漢制拜諸王侯三公之儀百官會位定謁者引光祿勳前謁者引當拜者前當坐伏殿下光祿勳前一拜舉手曰制詔其以某為某（按丁孚儀安帝策夏勤文曰維元初六年三月甲子制詔以大鴻臚勤為司徒曰朕承天序維稽古建爾于位為漢輔往率舊職慎敷五教在寬允左右朕躬宣力四表保乂皇家於戲秉國之鈞旁祗厥序時亮天工可不慎歟勤其戒之此其例也）讀策書畢拜者稱臣再拜尚書郎以璽印綬付侍御史侍御史前東面立授璽印綬當受策者再拜頓首三贊謁者曰某王臣某新封某公某初謝中謁者報謹謝贊者立曰皇帝為公興皆冠謝起就位供賜禮畢罷北齊

策諸王以臨軒日上水一刻吏部令史乘馬齎召版詣王第王乘高車鹵簿至東掖門止乘軺車旣入至席尙書讀策訖以授王又授章綬事畢出乘軺車入鹵簿乘高車詣閶闔門伏闕表謝報訖拜廟還第則鴻臚卿持節吏部尙書授冊侍御史授節使者受而出乘軺持節詣王第入就西階東面王入立於東階西面使者讀冊博士讀版王俛伏興進受策章綬茅土俛伏三稽首還本位謝如上儀在州鎭則使者授節冊乘軺車至州如王第諸王三公儀同尙書令五等開國太妃公主恭拜冊軸一枚長二尺以白練衣之用竹簡十二枚六枚與軸等六枚長尺二寸文出集書書皆篆字哀冊贈冊亦同諸王五等開國及鄉男恭拜以其封國所在取社壇西面土苞以白茅內青箱中函方五寸以靑塗飾封授之以爲社隋臨軒冊命三師諸王三公並陳車輅餘則不百司定列內史令讀冊訖受冊者拜受出又引次受冊者如上儀若冊開國郊社令奉茅土立於仗南西面每受

冊訖授茅土焉唐之制如開元禮

三老五更

有虞氏深衣而養老夏后氏燕衣而養老商人縞衣而養老周人元衣而養老天子父事三老兄事五更親袒割牲執醬而饋執爵而酳三公設几九卿正履祝鯁在前祝饐在後使者安車輭輪送迎至家天子獨拜于屏其明日三老詣闕謝以其禮遇太尊故也後漢明帝以李躬爲三老桓榮爲五更安帝以鲁丕李充爲三老靈帝又以袁逢爲三老賜以玉杖魏高貴鄉公即位幸太學命王祥爲三老鄭小同爲五更祥南面几杖以師道自居天子北面乞言祥陳明王聖帝君臣政化之要以訓之聞者莫不砥礪後魏孝文養老於明堂以尉元爲三老游明根爲五更帝再拜三老肅拜五更鄭衆云但俯下手今時撎拜是也撎音於志反今之揖也即給三老上公之祿五更元卿之祿後周武帝保定三年詔以太傅燕國公謹于謹爲三老賜延年杖帝幸太學以食之三老入

門皇帝迎拜門屏之間三老答拜有司設三老席於中楹南向太師晉國公護升階設几於席三老升席南面憑几而坐大司寇楚國公寧升階正舄皇帝升立於斧扆之前西面有司進饌皇帝跪授醬豆親自袒割三老食訖皇帝又親跪授爵以酳有司撤訖皇帝北面立訪道三老乃起立於席後皇帝曰猥當天下重任自惟不才不知政治之要公其誨之三老答曰木受繩則正后從諫則聖自古明王聖主皆虛心納諫以知得失天下用安惟陛下念之云云三老言畢皇帝再拜受之三老答拜禮成而出唐制仲秋吉辰皇帝親養三老五更於太學其儀具開元禮

臣謹按五更蔡邕云五叟是也叟字或作更今人於嫂字之叟亦或作更而為嫂其實一也

鄉飲酒

臣謹按鄉飲酒者王道之始也尚齒尊賢莫尚乎此自漢歷唐未

嘗廢也惟宋家以濇化中講究未備遂爾因循近日緣明州舉行
其事朝廷遂下明州會例而頒之天下未幾而廢以明州之士不
識禮意不可以行也何哉鄉飲禮者惟儀禮詳明所以唐太宗但
錄其一卷而頒之明州之行不知本儀禮但取禮記鄉飲義不本
全經何以行事臣爲是作鄉飲禮三種書蓋本儀禮於古而參開
元禮於今復取於歷代而損益之今此篇但記前代所行云
後漢永平二年郡縣行鄉飲酒于學校祀先聖先師周公孔子牲以
犬晉武帝泰始六年十二月帝臨辟雍行鄉飲酒之禮詔曰禮儀之
廢久矣乃令復講肄舊典賜太常絹百疋丞博士及學生牛酒咸寧
三年及惠帝元康九年復行其禮唐貞觀六年詔曰比年豐稔閭里
無事乃有墮業之人不顧家產朋遊無度酣宴是躭危身敗德咸由
於此自非澄源正本何以革兹弊俗可先錄鄉飲酒禮一卷頒於天
下每年令州縣長官親率長幼依禮行之庶乎時識廉恥人知禮節

開元十八年宣州刺史裴耀卿上疏曰州牧縣宰所主者宣揚禮樂典校經籍所教者返古還淳上奉君親下安鄉族外州遠郡俗習未知徒聞禮樂之名不知禮樂之實竊見以鄉飲酒禮頒於天下比來唯貢舉之日略用其儀閭里之間未通其事臣在州之日率當州所管一一與父老百姓勸遵行禮奏樂歌至白華華黍南陔由庚等章言孝子養親及物遂性之義或有泣者則人心有感不可盡誣但以州縣久絕雅聲不識古樂伏計太常具有樂器太常久備和聲請令天下三五十大州簡有性識人於太常調習雅聲仍付笙竽琴瑟之類各三兩事令比州轉次造習每年各備禮儀准令式行稍加勸獎以示風俗其儀具開元禮

賓禮

三恪二王後

虞舜以堯子丹朱爲賓曰虞賓而不臣之夏禹封丹朱於唐舜子商

均於虞皆有疆土以奉先祀服其車服用其禮樂加之以客禮不臣
也周武王克商而封夏後於杞殷後於宋皆公爵封舜後於陳侯爵
以備三恪周得天下封夏商二王後又封舜後謂之恪恪恭也義取王之所恭禮司几筵延國賓于牖
前左彤几王者立三恪二王之後者欲通師法之義以其前代之後
使之郊天以天子禮祭其始祖受命之王自行正朔服色以此得通
三正也魏文帝封後漢帝協爲山陽縣公邑萬戶位在諸侯王上奏
事不稱臣受詔不拜以天子車服郊祀天地宗廟臘如漢制都山陽
濁鹿城青龍二年薨謚曰孝獻皇帝以漢天子禮儀葬于禪陵晉武
帝泰始元年十二月遣太僕劉原告太廟封魏帝奐爲陳留王詔曰
明德昭融遠鑒天命欽象歷數用禪厥位敢咨詢故訓恭授青土于
東國永爲晉賓載天子旌旗乘五時副車行魏正朔郊祀天地禮樂
制度皆如魏舊以承王顯祖之禋祀又詔王上書不稱臣答報不爲
詔一如賓禮二年詔陳留王操尙謙沖每事輒表非所以優崇之也

主者諭意非大事皆使王官表上之三年博士祭酒劉喜等議漢魏爲二王後衞公署於前代爲二王後於大晉在三恪之數應降稱侯祭祀制度宜與五等公侯同有司奏陳留王山陽公爲二代之後衞公備三恪之禮易稱有不速之客三人來此則以三爲斷不及五代也東晉明帝太寧二年詔曰三恪二王世之所重興滅繼絶政之所先禋祀不傳甚用傷悼主者詳議立後以聞時曹勱爲嗣陳留王以主魏祀升平元年陳留王勱表稱廢疾積年不可以奉祭祀求放罷太學博士曹耽議勱爲祭主而無執祭之期宜與穆子孟縶事同太常王彪之云二王之後不宜輕廢立記傳未見有已爲君而以疾罷者孟縶穆子是方應爲君非陳留之比孝武帝太元十二年博士庾弘之等議陳留王前代之後遇以上賓之禮皇太子雖國之儲副在人臣之位今班次宜在王下宋武帝永初元年封晉恭帝爲零陵王居于秣陵行晉正朔車旗服色一如其舊有其文而不備其禮文帝

元嘉五年散騎常侍荀伯子上疏曰伏見百官位次陳留王在零陵王上按春秋次序諸侯宋居杞陳之上臣以零陵王位宜在陳留王上陳留王宜降爵爲公十一年升在三恪隋封後周靜帝爲介國公唐武德元年五月詔曰革命創制禮樂變於三正脩廢繼絕德澤崇於二代其以莒之酅邑奉隋帝爲酅公行隋正朔車旗服色一依舊章

軍禮

天子諸侯將出征類宜造禡並祭所過山川

周制天子將出征類于上帝宜于社造于禰肆師爲帝位（帝位五德之帝所祭於南郊者類宜造皆祭名）禡于所征之地（禡師祭也）受命於祖以還廟主載于齋車以行無遷主以幣帛皮珪告于祖禰遂奉以出載于齋車以行每舍奠焉而後就舍（以脯醢禮神乃敢即安也）受成於學過大山川則用事焉（令祝用祭事告之凡出必用牲幣反亦如之）出征執有罪反釋奠于學以訊馘告諸侯將出征宜社

造禰及無遷主以主命並如天子之制梁天監初陸璉定軍禮依古制類造等用牲幣帝曰宜者請征討之宜造者稟謀於廟類者奉天時以明伐並明不敢自專陳幣承命可也璉不能對嚴植之又爭之於是告用牲幣反亦如之北齊天子親征纂嚴則服通天冠文物充庭有司奏更衣乃入冠武弁左貂附蟬以出誓訖擇日備法駕乘木輅以造于廟載遷廟主於齋車以俟行次宜于社有司以毛血釁軍鼓載帝社石主於車以俟行次擇日陳六軍備大駕類于上帝次擇日祈后土神州嶽鎮海瀆川源等乃爲坎盟督將列牲於坎南北首有司於坎前讀盟文割牲耳承血皇帝受牲耳徧授大將乃寘于坎又歃血歃徧又以寘坎禮畢埋牲及盟書又卜日建牙旗於墠祭以太牢及所過名山大川使有司致祭將屆戰所卜剛日備元牲列軍容設柴於辰地爲禪而禡祭大司馬奠矢有司奠毛血樂奏大濩之音禮畢徹牲柴燎戰前一日皇帝禱祖司空禱社戰勝則各報以太

牢又用太牢賞用命於祖引功臣入旌門即神庭而授版焉又罰不用命于社即神庭行戮訖振旅而還格廟詣社訖擇日行飲至之禮文物充庭有司執簡紀年號月朔陳六師凱入格廟之事飲至策勳之美用述其功不替賞典焉隋制天子行幸有司祭所過嶽瀆以太牢山川以少牢若親征及巡狩則類上帝宜造社廟還禮亦如之唐制車駕行幸及親征有司類宜造禡如開元禮

軷祭

周制天子將出師太馭掌馭玉輅以祀及犯軷王自左馭馭下祝登受轡犯軷遂驅之行山曰軷犯之者封土為山象以菩芻棘柏為神主既祭之以車轢之而去喻無險難也後周迎太白出國門而軷祭隋制皇帝行幸親巡狩則軷祭其禮有司於國門外委土為山象設埋埳有司刳羊陳俎豆駕將至委奠幣薦脯加羊饌埋於埳駕至太僕祭兩軹及軌乃飲授爵遂轢軷上而行唐車駕親征如開元禮

田獵

周制天子諸侯無事則歲行蒐苗獮狩之禮漢晉以來有閱兵之制而史闕田獵之儀宋元嘉二十五年二月大蒐於宣武場其法置行軍殿於幕府山南岡幷設王公百官幕先獵一日遣馬騎布圍右領軍將軍督右左領軍將軍督左大司馬董正諸軍獵日侍中三奏一奏搥一鼓爲一嚴三嚴訖引仗爲小駕鹵簿皇帝乘馬戎服從者悉絳衫幘黄麾警蹕鼓吹如常儀獵訖宴會享勞比校多少戮一人以懲亂法會畢還宮梁陳因之北齊春蒐禮有司規大防建獲旗以表獲車前一日命布圍領軍將軍一人督左甄護軍將軍一人督右甄大司馬一人居中節制諸軍天子陳小駕服通天冠乘木輅詣行宮將親禽服戎服鈒戟者皆嚴武衛張甄圍旗鼓相望銜枚而進甄常開一方以令三驅圍合吏奔騎令曰鳥獸之肉不登於俎者不射皮革齒牙骨角毛羽不登於器者不射甄合大司馬鳴鼓促圍衆軍鼓

譟鳴角至期處而止大司馬屯北旌門二甄帥屯左右旌門天子乘馬從南旌門外親射禽謁者以獲車收禽載還陳於獲旗之北王公以下以次射禽皆送旗下事畢大司馬鳴鼓解圍復屯殿中郎中率其屬收禽以實獲車天子還行宮命有司每禽擇取三十一曰乾豆二曰賓客三曰充君之庖其餘卽於圍下量犒將士禮畢改服鈒者韜刃而還夏苗秋獮冬狩禮皆同後周仲春教振旅大司馬建大麾於萊田之所鄉稍之官以旗物鼓鐸鉦鐃各帥其人而致誅其後至者建麾於後表之軍中集衆庶質明偃麾誅其不及者乃陳徒騎如戰之陣大司馬北面誓之軍中皆聽鼓角以爲進止之節田之日於萊之北建旗爲和門諸將帥徒騎序入其門有司居門以平其人既入而分其地險野則徒前而騎後易野則騎前而徒後既陣皆坐乃設驅逆騎有司奏禡於陣前以太牢祭黃帝於狩地爲壝建二旗列五兵於坐側行三獻禮遂蒐田致禽以祭社仲夏教茇舍遂苗田仲

秋練兵遂獮田仲冬大閱遂狩田其致禽礿祀享烝教習之儀並如古周法隋大業三年煬帝在榆林突厥啓民及西域東胡君長並來朝貢帝欲示以甲兵之盛乃命有司陳冬狩之禮詔虞部量拔延山南北周二百里並立表記唐高祖武德五年十二月幸涇陽之華池校獵謂羣臣曰今日畋樂乎諫議大夫蘇世長進曰陛下遊獵薄廢萬機不滿十旬未爲大樂高祖色變既而笑曰狂態發邪世長曰爲臣私計卽狂爲陛下國計卽忠貞觀十六年十二月狩于驪山時陰寒晦冥圍兵斷絶上乘高遙見之欲捨其罰恐虧軍令乃迴轡入谷以避之永徽元年冬出獵在路遇雨因問諫議大夫谷那律曰油衣若爲得不漏對曰能以瓦爲之必不漏矣上大悅因此不復出獵先天元年十一月獵於驪山之下開元三年十月大蒐于岐州鳳泉場屬夜雪天寒其圍兵並放散各賜布一端綿一屯蒐狩之制具開元禮

講武

漢興設南北軍之備外命天下郡國選能引彊蹶張材力武猛者以爲輕車騎士材官樓船常以立秋後郊禮畢斬牲於東門以薦陵廟肄孫吳兵法六十四陣每十月都課試金革騎士各有員數如有寇警平地用車騎山阻用材官水泉用樓船孝文納鼂錯之策以爲軍之勝負定於內有事則可以應於外頗祖周司馬法齊寓政之制管子寓軍令徙人於邊以起軍伍元帝用貢禹議始罷角觝戲後漢初立秋之日自郊禮畢始揚威武斬牲於郊東門以薦陵廟其儀乘輿御戎輅白馬朱鬣躬執弩射牲太宰令謁者各一人載以獲車馳駟送陵廟還宮遣使者齎束帛以賜武官武官肄兵習戰陣之儀斬牲之禮名曰貙劉兵官皆肄孫吳兵法六十四陣既還公卿以下陣雒陽前街乘輿到公卿已下拜天子下車公卿親識顏色然後還宮古語曰在車下車則唯此時施行漢代以爲常靈帝中平五年以天下黃巾賊起大發四方兵講武

耀兵於平樂觀以小黃門蹇碩爲上軍校尉凡八校尉皆統於碩起大壇上十二重五采華蓋高十丈壇東北爲小壇復建九重華蓋高九丈列步騎兵士數萬人結營爲陣天子親出臨軍駐大華蓋下大將軍何進駐小華蓋下禮畢帝躬擐甲介馬稱無上將軍行陣三匝還獻帝建安二十一年有司奏古四時講武按漢西京承制三時不講唯十月都試金革今兵戈未偃士衆素習可無四時講武但以立秋擇吉日大朝車騎號曰閱兵上合禮名下承漢制是冬閱兵魏王曹操親執金鼓以令進退延康元年曹丕嗣魏王其年秋閱兵于郊公卿相儀王御華蓋親執金鼓之節魏明帝太和二年十月閱兵於東郊晉武帝泰始四年九月咸寧元年太康四年六年冬皆自臨宣武大閱衆軍然不自令進退自惠帝以後其禮遂廢東晉太興元年詔左右衞及諸營教習依大習儀作雁羽仗成帝咸平中詔內外諸軍戲兵於南郊之場其地因名閱場（晉志作鬭）自後藩鎮桓庾諸方伯往

往閱習然朝廷無事焉宋文帝依故事肄習衆軍兼用漢魏之禮其
後以時講武於講武堂後魏明元帝永興五年以九月十月之交親
行貙劉之禮文成帝和平三年因歲除大儺遂耀兵示武更爲制令
步兵陳於南騎士陳於北各擊鐘鼓以爲節度其步兵所衣青赤黑
黄別爲部隊楯矟矛戟相次周迴轉易以相赴就有飛龍騰蛇之變
爲函箱魚鱗四門之陣凡十餘法跪起前却莫不應節陣畢南北二
軍皆鳴鼓角衆盡大譟各令騎將六千人去來挑戰步兵更進退以
相拒擊南敗北捷以爲威觀自後以爲常北齊常以季秋皇帝講武
於都外有司先芟萊野爲場作二軍進止之節輿駕停觀遂命將教
衆爲戰場之法凡爲陣少者在前長者在後其還則長者在前少者
在後長者持弓矢短者持旌旗勇者持鉦鼓刀楯爲前行戰士持槊
者次之弓箭爲後行將帥先教士目使習見旌旗指麾之蹤發起之
意旗臥則跪次教士耳使習聽金鼓動止之節聲鼓則進鳴金則止

次教士心使知刑罰之苦賞賜之利次教士手使習持五兵之便戰鬬之備次教士足使習跪起及行列嶮泥之塗前五日皆請兵嚴於場所依方色建旗爲和門都墠之中及四角建五綵牙旗應講武者各集於其軍戒鼓一通軍士皆嚴備二通將士擐甲三通步軍各爲直陣以相俟大將各處軍中立旗鼓下有司陳小駕鹵簿皇帝武弁乘革輅大司馬介冑乘馬奉引入行殿百司陪列位定二軍迭爲客主先舉爲客後舉爲主從五行相勝法爲陣以應之唐顯慶二年十一月講武於滍水之南行三驅之禮上設次於尙書臺以觀之時許州長史封道弘奏言後漢南郡太守馬融講尙書於此因以爲名今請改爲講武臺從之五年三月八日又講武於幷州城北上御飛閣羣臣臨觀之左衞大將軍張延師爲左軍左右驍武等六衞左羽林騎士屬焉左武候大將軍梁建方爲右軍左右威領武候等六衞右羽林騎士屬焉一鼓而誓衆再鼓而整列三鼓而交前左爲曲直圓銳之陣右爲方銳直圓之陣三挑而五變步退

而騎進五合而各復位許敬宗奏曰延師整而堅建方敢而銳皆良將也上曰講閱者安不忘危之道也梁朝衣冠甚盛人物亦多侯景以數千人渡江一朝瓦解武不可黷人不可棄此之謂也武太后聖曆二年欲以季冬講武有司延入孟春時王方慶上疏曰孟春之月不可講兵者兵金也金性剋木春盛德在木孟春行冬令則水潦爲敗雪霜大摯首種不入請至明年孟秋教習以順天道從之開元元年十月十二日講武於驪山之下調兵二十萬戈鋋金甲照耀天地列大陣於長川坐作進退以金鼓之聲節之明皇親擐戎服持大鎗立於陣前兵部尚書郭元振以虧失軍容坐于纛下將斬之宰臣劉幽求張說跪于馬前諫曰元振翊戴上皇有大功於國雖違軍令不可加刑伏願寬宥乃捨之配流新州給事中知禮儀唐紹以草軍儀有失斬之薛訥爲左軍節度衆以元帥及禮官得罪諸節部頗亦失序唯訥及解琬軍不動上令輕騎召訥等至軍門不得入禮畢特加

命將出征

漢高帝初爲漢王都漢中將還定三秦擇良日齋戒設壇場具禮拜韓信爲大將軍部署諸將東出陳倉收秦地魏故事遣將出征符節郎授節鉞跪而推轂北齊命將出征則太卜詣廟灼龜授鼓旗於廟皇帝陳法駕服袞冕至廟拜於太祖徧告訖降就中階引上將操鉞授柯曰從上至天將軍制之又操斧授柯曰從下至泉將軍制之將軍既授斧鉞對曰國不可從外理軍不可從中制臣既受命有鼓旗斧鉞之威願假一言之命於臣帝曰苟利社稷將軍裁之將軍就車載斧鉞而出皇帝推轂度閫曰從此以外將軍制之後周制大將出征遣太祝以羊一祭所過名山大川明帝武成元年吐谷渾寇邊帝戎服乘馬遣大司馬賀蘭祥討之告於太祖之廟司憲奉鉞進授大將大將拜受以授從者禮畢出受甲兵隋制皇太子親戎及將軍出

師則以猳肫一釁鼓皆告社廟授斧鉞訖不得反宿於家開皇八年晉王廣將伐陳內史令李德林攝太尉告于太廟禮畢又命有司宜于社二十年太尉晉王廣又北伐突厥次河上禡祭軒轅黃帝以太牢制幣陳甲兵行三獻之禮唐之制如開元禮

宣露布

後魏每攻戰尅捷欲天下聞知乃書帛建於漆竿上名爲露布自此始也其後相因施行隋文帝開皇中詔太常卿牛弘撰宣露布禮及九年平陳元帥晉王以驛上露布兵部奏請依新禮集百官四方客使等並赴廣陽門外服朝衣各依其列內史令稱有詔在位者皆拜宣訖蹈舞者三又拜而罷唐每平蕩寇賊宣露布其日守宮量設羣臣次露布至兵部侍郎奉以奏聞仍集文武羣官客使於東朝堂中書令宣布具如開元禮

大射鄉射

周制天子之大射天官司裘供虎侯熊侯豹侯設其鵠夏官射人以射法治射儀王以六耦射三侯三獲三容樂以騶虞九節五正諸侯以四耦射二侯二獲二容樂以貍首七節三正孤卿大夫以三耦射一侯一獲一容樂以采蘋五節二正士以三耦射豻侯一獲一容樂以采蘩五節二正若王大射則以貍步張三侯鄉射之禮地官鄉大夫各掌其鄉之政正月之吉受法于司徒退而以鄉射之禮五物詢其衆庶一曰和二曰容三曰主皮四曰和容五曰興舞漢宣帝甘露三年三月黄門侍郎臨失其姓奏經曰鄉射合樂大射不何也韋元成曰鄉射所以合樂者鄉人本無樂故合樂歲時所以合和百姓以同其意也至諸侯當有樂傳曰諸侯不釋懸明用無時也故不云合樂晉咸康五年春征西庾亮行鄉射之禮依古周制親執其事洋洋然有洙泗之風宋武帝爲宋公在彭城九月九日出項羽戲馬臺射其後相承以爲舊準北齊三月三日皇帝常服乘輿詣射所升堂卽座

皇太子及羣官坐定登歌進酒行爵皇帝入便殿更衣以出肆騶令進御馬有司進弓矢皇帝射訖還御座射懸侯又畢羣官乃射五垺一品三十發一發調馬十發射下十發射上三發射麞三發射帖三發射獸頭三品二十五發一發調馬五發射下十發射上三發射麞三發射帖二發射獸頭四品二十發一發調馬五發射下八發射上二發射麞二發射帖一發射獸頭五品十五發一發調馬四發射下五發射上二發射麞二發射帖一發射獸頭侍官御仗以上十發一發調馬四發射下五發射上季秋大射皇帝御七寶輦射七垺正三品已上第一垺一品五十發一發調馬十五發射下二十五發射上三發射麞三發射帖三發射獸頭二品三品四十五發一發調馬十五發射下二十二發射上二發射麞餘與三品以下同也從三品四品第二垺三品四十二發一發調馬十二發射下二十二發射上二發射麞二發射帖三發射獸頭四品三十七發一發調馬十一發射下十九發射上一發射麞二發射帖三發射獸頭五品第三垺三十二發一發調馬九發射下十七發射上一發射麞二發射帖二發射獸頭六品第四垺二十七發一發調馬八發射下十六發射上一發射麞一發射帖七品第五垺二十一發一發調馬六發射下十二發射上餘與六品同八品第六垺十六發一發調馬四發射下九發射上餘同七品九品第七垺十發一發調馬三發射下四發射上

餘與八品同也大將爲之太尉公射司馬各一人錄事二人七埒各置埒將射正參軍各一人埒士四人威儀一人乘白馬以導的別參軍一人懸侯下府參軍一人又各置令史將士等員以司其事唐之制皇帝射于射宮則張熊侯觀于射宮則張麋侯皆去殿九十步太樂令設宮懸之樂鼓吹令設十二案於殿之庭若遊宴射則不陳樂懸三月三日九月九日賜百僚射自貞觀至麟德七年行三月之射行九月之射其禮遂至景雲二年諫議大夫源乾曜上表請行射禮直至先天元年二年開元八年九月賜百官九日射給事中許景先駁奏曰近三九之辰頻賜宴射以著格令猶降綸言但古制雖在禮章多闕官員累倍帑藏未充水旱相仍繼之師旅既不以觀德又未足威邊耗國損民且爲不急夫古天子以射選諸侯以射飾禮樂以射觀容志故有騶虞貍首之奏采蘋采蘩之樂天子則以備官爲節諸侯以時會爲節卿大夫以循法爲節士以不失職爲節皆審志固行德美事成陰陽克和暴亂不作故諸侯貢士亦試於射宮容體有虧則

黜其地是以諸侯君臣皆盡志於射射之禮也其大矣哉今則不然衆官既多鳴鏑亂下以苟獲爲利以偶中爲能素無五善之容頗失三侯之禮凡令一箭偶中是費一丁租調用之既無惻隱獲之固無慙色疏奏罷之至二十二年八月勑下大射展禮先王創儀雖沿革或殊而遵習無曠往有陳奏遂從廢寢永鑒大典無忘舊章將射侯以觀德豈愛羊而去禮緬惟古訓罔不率由自我而闕何以示後其三元射禮卽宜依舊遵行以今年九月九日賜於安福樓下自此以後其禮又息其射侯儀具開元禮

臣謹按貞觀元年太宗謂蕭瑀曰朕少好弓矢自謂能盡其妙近得良弓十數以示弓工乃曰皆非良材也朕問其故曰木心不正則脈理皆邪弓雖剛勁而遣箭不直非良弓也朕始悟焉朕以弧矢定天下四方用弓多矣而有天下之日淺得爲治之意固未及乎弓弓猶失之何況于治自是遂延耆老問以政術

合朔伐鼓

夏書曰乃季秋月朔辰弗集于房瞽奏鼓嗇夫馳庶人走周制日有蝕之天子不舉樂素服置五麾陳五鼓五兵及救日之弓矢又以朱絲縈社而伐鼓責之漢制天子救日蝕素服避正殿陳五鼓五兵以朱絲縈社內外嚴警太史登靈臺候日月有變便伐鼓祝史陳辭以責之聞鼓音侍臣皆著赤幘帶劍入侍三臺令史以上皆持劍立其戶前衛尉驅馳繞宮伺察守備日復常皆罷後漢建安中將元會而太史上言正朝當日蝕朝臣議應會不共洛尚書令荀彧時博平計吏劉劭在坐曰梓愼禆竈古之良史猶占水火錯失天時禮諸侯旅見天子入門不得終禮者四日蝕在一然則聖人垂制不爲變異預廢朝禮或災消異伏或推術謬誤也時尚書令荀彧及衆人咸善而從之遂朝如舊日亦不蝕劭由此著名晉武帝咸寧三年四年並以正朝合朔却元會東晉元帝大興元年四月合朔有司奏議按春秋

日有蝕之天子伐鼓于社攻諸陰也諸侯伐鼓於朝臣自攻也按尚書符若日有變便擊鼓於諸門有違舊典詔曰所陳有正義輒勅外改之至康帝建元元年太史上元日合朔後復疑應却會與不庾冰輔政寫劉劭議以示八座蔡謨著議非之曰劭論災消異伏又以竈愼猶有錯失太史上言亦不必審其理誠然也而云聖人垂制不爲變異先廢朝禮此則謬矣災祥之發所以譴告人君王者之所重誡故素服廢樂退避正寢百官降物用幣伐鼓躬親救之夫警誡之事與其疑而廢之寧愼而行之禮記云諸侯入門不得終禮者謂日官不先言諸侯既入見蝕乃知耳非先聞當蝕而朝會不廢也劭引此文失其義旨於是衆議從之穆帝永和中殷浩輔政又欲從劉劭議不即會王彪之曰禮云諸侯旅見天子不得終禮而廢者四自謂卒暴有之非謂先存其事而僥倖史官推術錯謬故不豫廢朝禮又從彪之議宋因晉制齊武帝永明元年十二月有司奏今月三日臘祠

太社稷一日合朔日蝕既在致齋內未審於社祠無疑不尙書令王儉議禮記曾子問天子嘗禘郊社五祀之祭簠簋既陳唯大喪乃廢至於當祭之日火及日蝕則停尋伐鼓用牲由來尙矣而簠簋初陳問所不及據此而言致齋初日乃值薄蝕則不廢祭按漢初平中博士孫瑞議以日蝕廢冠而不廢郊朝議從之王者父天親地郊社不殊此則前准謂不宜廢詔可北齊制日蝕則太極殿西廂東向東堂東廂西向各設御座羣官公服晝漏上水一刻內外皆嚴三門者閉中門單門者掩之蝕前三刻皇帝服通天冠卽御座直衞如常不省事有變聞鼓音則避正殿就東堂服白袷單衣侍臣皆赤幘帶劍升殿侍諸司各於其所赤幘持劍出戶向日立有司各率官屬並行宮內諸門掖門屯衞太社鄴令以官屬圍社守四門以朱絲繩繞繫社壇三匝太祝令陳辭責社太史令二人走馬露版上尙書門司疾上之又告清都尹鳴鼓如嚴鼓法日光復乃止奏解嚴唐合朔伐鼓具

祭馬祖

周制春祭馬祖夏祭先牧秋祭馬社冬祭馬步隋制常以仲春用少牢祭馬祖於大澤諸合祭官皆於祭所致齋一日積柴於燎壇禮畢就燎仲夏祭先牧仲秋祭馬社仲冬祭馬步並於大澤皆以剛日牲用少牢如祭馬祖埋而不燎唐馬祭因隋之制其儀如開元禮

時儺

周制夏官方相氏掌蒙熊皮黃金四目玄衣朱裳執戈揚盾帥百隸而時儺以索室毆疫月令季春命國儺九門磔禳以畢春氣仲秋天子乃儺以達秋氣季冬命有司大儺旁磔以送寒氣後漢季冬先臘一日大儺謂之逐疫漢舊儀曰顓帝有三子生而亡去爲疫鬼一居江水爲虎一居若水爲罔兩蜮鬼一居人宮室區隅漚庾善驚人小兒月令章句曰日行北方之宿北方太陰恐爲所抑故命有司作大儺所以扶陽抑陰也盧植禮記注云所以逐衰而迎新其儀選中黃門子弟年十歲以上十二以下百二十人爲侲子

皆赤幘皁裳執大鼗振音侲方相氏黃金四目蒙熊皮元衣朱裳執戈揚盾十二獸有衣毛角中黃門行之冗從僕射將之以逐惡鬼于禁中夜漏上水朝臣會侍中尚書御史謁者虎賁羽林郎將執事皆赤幘陛衛乘輿御前殿黃門令奏曰侲子備請逐疫於是中黃門倡侲子和曰甲作食殃胇胃食虎雄伯食魅騰簡食不祥攬諸食咎伯奇食夢彊梁祖明共食磔死寄生委隨食觀錯斷食巨窮奇騰根共食蠱凡使十二神追惡凶赫汝軀拉汝幹節解汝肉抽汝肺腸汝不急去後者爲糧東京賦曰捎魑魅斮獝狂斬委蛇腦方良囚耕父於清泠溺女魃於神潢殘夔魖與罔象殪野仲而殲游光注曰魑魅山澤之神獝狂惡鬼委蛇大如車轂方良草澤神耕父女魃皆旱鬼惡水故囚溺於水中使不能爲害夔魖與罔象木石之怪野仲游光兄弟八人在人間作怪害也孔子曰木石之怪夔罔兩水之怪龍罔象劉昭曰木石山怪也夔一足越人謂山獠罔兩山精好學人聲而迷惑人龍神物也非所常見故曰怪罔象食人一名沐腫埤蒼曰獝狂無頭鬼因作方相與十二獸舞讙呼周徧前後省三過持炬火送疫出端門東京賦曰煌火馳而星流逐赤疫於四裔注曰煌火光煌如星馳逐驚走赤疫鬼惡者也侲子合三行從東序上西序下門外騶騎傳炬出宮司馬闕門

門外五營騎士傳火棄雒水中東京賦注曰衞士千人在端門外五營千騎在衞士外爲三部更送至雒水中凡三輩逐疫鬼投雒水中仍上天池絕其橋梁使不復渡還百官官府各以木面獸能爲儺人師訖設桃梗鬱壘葦茭畢執事陛者罷山海經曰東海中有度朔山上有大桃樹蟠屈三千里其卑枝門曰東北鬼門萬鬼出入也上有二神人一曰神荼一曰鬱壘主閱領衆鬼之惡害人也執以葦索而用食虎於是黃帝法而象之毆除畢因立桃梗於門戶上畫鬱壘持葦索以御凶鬼畫虎於門當食鬼葦戟桃杖以賜公卿將軍諸侯云是月也立土牛六頭於國都郡縣城外丑地以送大寒月令章句曰是月之會建丑丑爲牛寒將極是故出其物類形象以示送達之且以升陽也北齊制季冬晦選樂人子弟爲侲子如漢法合二百四十人百二十人赤幘皂衣執鼗百二十人赤布袴褶執鞞角方相氏執戈揚盾又作窮奇祖明等十二獸皆有毛角鼓吹令率之中黃門行之冗從僕射將之以逐惡鬼于禁中其日戊夜三唱開諸里門儺者各集被服器仗以待事戊夜四唱開諸城門二衞皆嚴上水一刻皇帝常服即御座王公執事官一品以下六品以上陪列觀儺者鼓譟入殿西門偏於禁內分出二上閤作方相

與十二人舞戲喧呼周徧前後鼓譟出殿南門分爲六道出於郭外
隋制季春晦儺磔牲於宮門及城四門以禳陰氣秋分前一日禳陽
氣季冬旁磔大儺亦如之其牲每門各用羝羊及雄雞一選侲子如
北齊法令八隊二時儺則四隊問事十二人赤幘褠衣執皮鞭工人
二十人其一人方相氏如周禮一人爲唱師著皮衣執棒鼓角各十
人有司預備雄雞羝羊及酒於宮門爲次未明呼鼓譟以入方相氏
執戈揚盾周呼鼓譟而出合趨明陽門分詣諸城門將出諸祝師執
事與疈牲胸磔之於門酌酒禳祝舉牲幷酒埋之唐制季冬大儺及
州縣儺禮並如開元禮

禮略第三

凶禮

大喪及山陵制（升爲周以下親哭及不親事附）

周制始崩太僕戒鼓傳達于四方內宗掌序哭者外宗敘外內朝暮哭者世婦掌比外內命婦之朝暮哭不敬者而呵罰之小宗伯縣縗冠之式于路門之外太僕掌縣喪首服之法于宮門（首服之法謂免髽笄總廣狹長短之數）三日祝先服五日官長服（官長大夫士）七日國中男女服（庶人）三月天下服（諸侯之大夫也）宮正掌授廬舍辨其親疏貴賤之居（廬倚廬也舍堊室也親者貴者居倚廬疏者賤者居堊室）漢舊儀曰高帝崩三日小斂室中牖下作栗木主長八寸前方後圓圍一尺置牖中望外內張緜絮以鄣外以皓木大如指長三尺四枚纏以皓皮四方置牖中主居其中央七日大斂棺以黍飯羊舌祭之牖中已葬收主爲木函藏廟太室中西牆壁埳中帝初登遐朝臣稱曰大行皇帝風俗通云俗說易稱四海爲家雖都二京巡

有方岳又曰行在所由以行爲辭天命有終往而不返故曰大行天
子新崩梓宮在殯太子已卽位存亡有別不可但稱皇帝未及定謚
故曰大行皇帝宮車晏駕周康王一朝晏起詩人深刺如今崩殯則
爲晏駕其喪葬儀無聞文帝遺詔其令天下吏民令到出臨三日皆
釋除無禁取婦嫁女祠祀飲酒食肉自當給喪事服臨者皆無踐經
帶無過三寸無布車及兵器無發民哭臨宮殿中霸陵山川因其故
無有所改歸夫人以下至少使中尉亞夫爲車騎將軍屬國悍爲將
屯將軍郎中令張武爲復土將軍師古曰穿壙出土下棺也已而實土爲墳故云復土發近縣
卒萬六千人發內史卒萬三千人藏郭穿復土屬將軍武卽張武賜諸
侯王已下至孝悌力田金帛各有差每天子卽位明年將作大匠營
陵地用地七頃方中用地一頃深十三丈堂壇高三丈墳高十二丈
武帝墳高二十丈明中高一丈七尺四周二丈內梓棺栢黃腸題湊
以次百官藏畢其設四通羨門容大車六馬皆藏之內方外陟車石

外方立先閉劍戶戶設夜龍莫邪劍伏弩設伏火已營陵餘地為西
園后陵餘地為婕妤以下次賜親屬功臣題頭也湊以頭向內所以為固也後漢制
皇帝不豫太醫令丞將醫入就進所宜藥嘗藥監近臣中常侍小黃
門皆先嘗藥過量十二公卿朝臣問起居無間太尉告請南郊司徒
司空告請宗廟告五嶽四瀆羣祀並禱求福登遐皇后詔三公典喪
事百官皆衣白單衣白幘不冠閉城門宮門近臣中黃門持兵虎賁
羽林中署皆嚴宿衞宮府各警北軍五校繞宮屯兵黃門令尚書御
史謁者晝夜行陳三公啓手足色膚如禮皇后皇太子皇子哭踊如
禮沐浴如禮守宮令兼東園匠將女執事黃綿緹繒金縷玉柙如故
事漢舊儀曰帝崩唅以珠纏以緹繒十二重以玉為襦如鎧狀連縫之以黃金為縷腰以下以玉為札長一尺廣二寸半為柙下至足亦縫以黃金縷請諸衣衾斂之凡乘輿衣服已御藏之崩皆以斂飯唅珠如禮天子飯以珠唅以玉盤冰如禮
大盤廣八尺長一丈三尺深三尺漆赤中百官哭臨殿下是日夜下竹使符告郡國二千
石諸侯王應劭曰凡與郡國守相竹使符皆以竹箭五枚長五寸鐫刻篆書第一至第五張晏曰符以代古之珪璋從簡易也

竹使符到皆伏哭盡哀（舊漢制發兵皆以銅虎符其餘竹使而已符第合會爲大信）小斂如禮東園匠考工令奏東園秘器表裏洞赤虡文畫日月鳥龜龍虎連璧偃月牙檜梓宮如故事大斂于兩楹之間五官左右虎賁羽林五將各將所部執虎賁戟屯殿端門陛左右廂中黃門持兵陛殿上夜漏羣臣入晝漏上水大鴻臚設九賓隨立殿下謁者引諸侯王立殿下西面北上宗室諸侯四姓小侯在後西面北上治禮引三公就位殿下北面特進次中二千石列侯次二千石六百石博士在後羣臣陪位者皆重行西上位定大鴻臚言具謁者以聞皇后東向貴人公主宗室婦女以次立後皇太子皇子在東西向皇子少退在南北面皆伏哭大鴻臚傳哭羣臣皆哭三公升自阼階安梓宮內珪璋諸物近臣佐如故事嗣子哭踊如禮東園匠武士下釘衽截去牙（喪大記曰君蓋用漆三衽三束鄭注曰衽小腰）太常上太牢奠太官食監中黃門尚食次奠執事者如禮太常大鴻臚傳哭如儀三公奏尚書顧命太子即日即天子位于柩

前請太子卽皇帝位皇后爲皇太后奏可羣臣皆出吉服入會如儀
太尉升自阼階當柩御座北面稽首讀册畢以傳國玉璽綬東面跪
授皇太子卽皇帝位中黃門掌兵以玉貝隋侯珠斬蛇寶劍授太尉
告令羣臣羣臣皆伏稱萬歲或大赦天下遣使者詔開城門宮門罷
屯衞兵羣臣百僚罷入成喪服如禮三公太常如禮故事百官五日
一會臨故吏二千石刺史在京都郡國上計掾史皆五日一會天下
吏民發喪臨三日先葬二日皆旦晡臨既葬釋服無禁嫁娶祠祀佐
史以下布衣冠幘經帶無過三寸臨庭中武吏布幘大冠大司農出
見錢穀給六丈布直以葬喪期依前漢制部刺史二千石列侯在國
者及關內侯宗室長吏及因郵奉奏諸侯王遣大夫一人奉奏弔臣
請驛馬露布奏可以木爲重高九尺廣容八歷裹以葦席巾門喪帳
皆以簟車皆去輔幡疏布惡輪走卒皆布褠幘太僕四輪輈爲賓車
大練爲屋幕中黃門虎賁各二十人執紼司空擇土造穿太史卜日

謁者二人中謁者僕射中謁者副將作油緹帳以覆坑方石治黃腸
題湊便房如禮大駕太僕御方相氏黃金四目蒙熊皮玄衣朱裳執
戈揚盾立乘四馬先驅旂之制長三刃十有二斿曳地畫日月升龍
書旐曰天子之柩謁者二人立乘六馬爲次大駕甘泉鹵簿金根容
車蘭臺法駕喪服大行載飾如金根車皇帝從送如禮太常上啓奠
夜漏二十刻太尉冠長冠衣齋衣乘高車詣殿止車門外使者到南
向立太尉進伏拜受詔太尉詣南郊未盡九刻大鴻臚設九賓隨立
羣臣入位太尉行禮執事皆冠長冠衣齋衣太祝令跪讀謚策太尉
再拜稽首治禮告事畢太尉奉謚策還詣殿端門太常上祖奠中黃
門尚衣奉衣登容根車東園武士載大行司徒卻行道立車前治禮
引太尉入就位大行車西少南東面奉策太史令奉哀策立後太常
跪曰進皇帝進太尉讀謚策藏金匱皇帝次科藏于廟太史奉哀策
葦篋詣陵太尉旋復公位再拜立哭太常跪曰哭大鴻臚傳哭十五

舉音止哭太常行遣奠皆如禮請哭上哭如儀晝漏上水請發司徒河南尹先引車轉太常跪曰請拜送載車著白系參繆（音糾）紼長三十丈大七寸爲輓六行行五十人公卿以下子弟凡三百人皆素幘委貌冠衣素裳校尉三人皆赤幘不冠絳科單衣持幢幡候司馬丞爲行首皆銜枚羽林孤兒巴渝櫂歌者六十人爲六列鐸司馬八人執鐸先大鴻臚設九賓隨立陵南羨門道東北面諸侯王公特進道西北面東上中二千石二千石列侯宜九賓東北面西上皇帝白布幕素裏夾羨道東西向如禮容車幄坐羨道西南向車當坐南向中黄門尚衣奉衣就幄坐車少前太祝進醴獻如禮司徒跪曰大駕請舍太史令自車南北面讀哀策掌故在後已哀哭太常跪曰哭大鴻臚傳哭如儀司徒跪曰請就下位東園武士奉下車司徒跪曰請就下房都導東園武士奉車入房司徒太史令奉謚哀策東園武士執事下明器（明器神明之也孔子謂爲明器知喪道矣備物而不可用也）筲八盛容三升黍一稷一麥

一梁一稻一麻一菽一小豆一甕三容三升醯一醢一屑一屑薑桂之屑
黍飴載以木桁桁所以庪苞筲甖甒也覆以疏布甒二容三升醴一酒一載以
木桁覆以功布瓦鐙一彤矢四軒輖中亦短衛彤矢四骨短衛既夕曰翭
矢一乘骨鏃短衛鄭注云翭猶侯也侯物而射之矢也四矢曰乘骨鏃短衛亦行不用生時翭矢金鏃凡爲矢五分笴長而羽其一彤
弓八巵八弁八豆八籩八形方酒壺八盤匜一具鄭注既夕曰杖几槃匜盥器也
各一蓋一鐘十六無虡鎛四無虡磬十六無虡壎一簫四笙一篪一
柷一敔一瑟六琴一竽一筑一坎侯一干戈各一笮一甲一胄一輓
車九乘芻靈三十六匹鄭注禮記曰芻靈束茅爲人馬謂之芻靈神之類瓦竈二瓦釜二瓦
甑一瓦鼎十二容五升匏勺一容一升瓦案九瓦大杯十六容三升
瓦小杯二十容二升瓦飯槃十瓦酒罇二容五升匏勺二容一升祭
服衣送皆畢東園匠曰可哭在房中者皆哭太常大鴻臚請哭止如
儀司徒曰百官事畢臣請罷從入房者皆再拜出就位太常導皇帝
就贈位司徒跪曰請進贈侍中奉持鴻洞贈玉珪長尺四寸薦以紫

巾廣袤各三寸緹裏赤纁周緣贈幣玄三纁二各長尺二寸廣充幅
皇帝進跪臨羨道房戶西向手下贈投鴻洞中三東園匠奉封入藏
房中太常跪曰皇帝敬再拜請哭大鴻臚傳哭如儀太常跪曰贈事
畢皇帝促就位續漢書曰明帝崩司徒鮑昱典喪事葬日三公入安梓宮還至羨道半途上欲下昱前叩頭言禮天子鴻洞以贈所以重郊廟也陛下奈何冒危嶮不以義割哀上即還容根車游載容衣司徒至便殿並鼙苦耕切騎皆從容車玉帳下司徒跪曰請就幄導登尙衣奉衣以次奉
器衣物藏於便殿太祝進醴獻凡下用漏十刻禮畢司空將校復土
皇帝皇后以下皆去麤服服大紅還宮反廬立主如禮桑木主尺二
寸不書諡虞禮畢祔於廟如禮先大駕日游冠衣于諸宮諸殿羣臣
皆吉服從會如儀皇帝近臣喪服如禮醳大紅服小紅十一升都布
練冠醳小紅服纖醳纖服留黃冠常冠近臣及二千石以下皆服留
黃冠百官衣皁每變服從哭詣陵會如儀祭以特牲不進毛血首司
徒光祿勳備三爵如禮太皇太后皇太后崩司空以特牲告諡于祖

廟如儀長樂太僕少府太長秋長樂宮太后所居在西京後漢都洛陽無長樂宮或是當時便循舊名爲
耳太后典喪事三公奉制度他皆如禮儀合葬羨道開通皇帝謁便房
太常導至羨道去杖中常侍受至柩前謁伏哭止如儀辭太常導出
中常侍受杖升車還宮以下反虞立主如禮諸郊廟祭服皆下便房
五時朝服各一襲在陵寢其餘及宴服皆封以篋笥藏宮殿後閣室
永平七年陰太后崩晏駕詔曰柩將發於殿羣臣百官陪位黃門鼓
吹通鳴鐘鼓天子舉哀女侍史官三百人皆著素參以白素引棺挽
歌下殿就車黃門宦者引以出宮省太后魂車鑾輅青羽蓋駟馬龍
旂九旒前有方相鳳凰車大將軍妻參乘太僕妻御悉導公卿百官
如天子郊鹵簿儀後和熹鄧后葬按以爲儀自此皆降損於前事也
魏武帝以禮送終之制襲稱之數繁而無益俗又過之先自制送終
衣服四篋題識其上春秋冬夏日有不諱隨時以斂金珥珠玉銅鐵
之物一不得送黃初三年文帝又作終制曰禮國君即位爲椑存不

忘亡也壽陵因山爲體無封樹無立寢殿無造園邑此詔藏之宗廟明帝時毛皇后崩未葬詔宜稱大行議者謂漢天子稱行在所言不常居崩曰大行者不反之謂也未葬未有諡而言大行者爲嫌與嗣天子同號至於后崩未葬禮未立后宜無所嫌故漢氏諸后不稱大行謂未葬宜直稱皇后詔曰稱大行者所以別存亡之號故事已然今當稱大行晉尚書問今大行崩含章殿安梓宮宜在何殿博士卞搉楊雍議曰臣子尊其君父必居之以正今太極殿古之路寢梓宮宜在太極殿依周人殯于西階既殯之後別奠下室之饌朝夕轉易諸所應設祭朔望牲用宜所施行按禮具答搉雍議按禮天子日食少牢月朔太牢喪禮下室之饌如他日宜隨御膳朝夕所常用也朔望則奠用太牢備物又按漢景帝故事施倚廬於九龍殿上東廂今御倚廬爲當在太極殿不諸王廬復應何所搉琳議按尚書顧命成王崩康王居于翼室先儒云翼室於路寢今宜在太極殿上諸王宜

各於其所居爲廬朝夕則就位哭臨東晉成帝咸康七年皇后杜氏崩詔外官五日一入臨內官朝一入而已過葬虞祭禮畢止有司奏大行皇后陵所作凶門栢歷門號顯陽端門詔曰門如所處凶門栢歷大爲繁費停之按蔡謨說以二瓦器始死之祭繫於木裹以葦席置庭中近南名爲重今之凶門是其象也禮既虞而作主今未葬未有主故以重當之禮稱爲主道此其義也范堅又曰凶門非禮禮有懸重形似凶門後人出門外以表喪俗遂行之簿帳卽古弔幕之類也是時又詔曰重壤之下豈宜崇飾陵中唯絜掃而已有司又奏依舊選公卿以下六品子弟六十人爲挽郎詔又停之宋崔元凱喪儀云銘旌今之旐也天子丈二尺皆施跗樹於廣中遣車九乘謂結草爲馬以泥爲車疏布輤四面有障置壙四角以載遣奠牢肉斬取骨脛車各載一枚陳永定三年七月武帝崩尚書左丞庾特云晉宋以來皇帝大行儀注未祖一日告南郊太廟奏策奉謚梓宮將登轀輬

侍中版奏已稱其謚皇帝遣奠出於阼階下方以此時乃讀哀策而前代策文猶稱大行皇帝請明加詳正國子博士知禮儀沈文珂等謂應劭風俗通前帝謚未定臣子稱大行以別嗣主近檢梁儀自梓宮將登轀輬版奏皆稱某謚皇帝登轀輬伏尋今祖祭已奉策謚哀策既在廷遣祭不應猶稱大行且哀策篆書藏於玄宮請依梁儀以傳無窮詔可唐貞觀九年高祖崩詔定山陵制度令依漢長陵故事務在崇厚時限既促功役勞弊祕書監虞世南上封事曰臣聞古之聖帝明王所以薄葬者非不欲崇高光明珍寶異物以厚其親然審而言之高墳厚壟珍物必備此適所以爲親之累也非曰孝也是以深思遠慮安於菲薄以爲長久萬代之計割其常情以定之耳昔漢成帝造延昌二陵制度甚厚功費甚多諫議大夫劉向上書曰孝文居霸陵悽愴悲懷顧謂羣臣曰嗟乎以北山石爲槨用紵絮斮陳漆其間豈可動哉張釋之進曰使其中有可欲雖錮南山猶有隙使其

無可欲雖無石椁又何戚焉夫死者無終極而國家有廢興釋之所言爲無窮計也孝文寤焉遂以薄葬又漢氏之法人君在位三分天下貢賦以一分入山陵武帝歷年長久比葬陵中不得容物霍光暗於大體奢侈過度其後至更始之敗赤眉入長安破茂陵取物猶不能盡無故聚斂百姓爲盜之用甚無謂也魏文帝於首陽東爲壽陵作終制可謂達於事矣今爲丘壟如此其內不藏珍寶亦無益也萬代之後人但見高墳大冢豈謂無金玉也臣之愚計以爲漢文霸陵既因山勢雖不起墳自然高敞今之所卜地勢卽平不可不起宜依白虎通所陳周制爲三仞之墳其方中制度事事減少且臣下除服用三十六日已依霸陵今爲墳壟又以長陵爲法非所依也伏願深覽古今爲長久之慮書奏不報虞世南又上疏曰漢家卽位之初便營陵墓近者十餘歲遠者十五年方始成就今以數月之間而造數十年事其於人力亦以勞矣漢家大郡五十萬戶卽目人衆未及往

時而工役與之一等此臣所致疑也又公卿上奏請遵遺詔務從節儉於是山陵制度頗有減省

喪期

易云古者喪期無數賈公彥曰此黃帝時也是其心喪終身也虞書稱三載四海遏密八音按唐虞雖行心喪更三年爲限三王乃制喪服商高宗諒闇三年不言檀弓云子張問曰書云高宗三年不言言乃讙有諸仲尼曰胡爲其不然也古者天子崩王世子聽於冢宰周武王崩成王十三而嗣立周公居冢宰攝政明年六月既葬周公冠成王而朝于祖以見諸侯漢文帝遺制革三年之喪其令天下吏民令到出臨三日皆釋服殿中當臨者皆以旦夕各十五舉音禮畢而罷非旦夕臨時禁無得擅哭臨服大紅十五日小紅十四日纖七日釋服此喪制者文帝自率己意創而爲之非有取於周禮也他不在令中者皆以此令比類從事布告天下使明知朕意喪期之制自後遵之不改成帝時丞相翟方進母終既葬三十六日除服視事自以爲

身備漢相不敢踰國典然而原涉行父喪三年名彰天下河間惠王行母喪三年詔書褒稱以爲宗室儀表是則喪制三年能行者貴之矣及平帝崩王莽欲眩惑天下示忠孝使吏六百石已上皆服喪三年莽母死但服天子弔諸侯之服一弔再會而已令子新都侯宗服喪三年及元后崩莽返自服三年顛倒姦謬若此後漢安帝初長吏多避事棄官乃令自非父母服不得去職是後吏又守職居官不行三年喪服矣建光元年尚書孟布奏宜復如建元永平故事絶刺史二千石告寧及父母喪服又從之至桓帝永興二年復令刺史二千石行三年服永壽二年又使中常侍已下行三年服至延熹元年又皆絶之魏武帝遺令葬畢便除服文帝崩國內服三日蜀劉備臣下發喪滿三日除服至葬復如禮此則魏蜀又異於漢也吳孫權令諸有居任者遭三年之喪皆須交代犯者定大辟之科又使代未至不得告告者抵罪其後吳令孟仁聞喪輒去陸遜陳其素行得減死一等自此遂減晉武帝泰始元年詔諸將吏二千石以下遭三年喪者聽歸終寧庶人復除徭役二年帝遵漢魏改葬除服按文帝以魏公咸熙二年八月辛卯崩九月癸酉葬武帝以十二月丙寅受魏禪改元泰始猶深

衣素冠服降席撤膳遂以此禮終三年後居太后之喪亦如文帝之崩也東晉康帝建元元年正月晦成恭杜皇后周忌有司奏至尊周年應改服詔曰君親名教之重也權制出於近代耳於是素服如舊興寧元年章皇太妃薨哀帝欲服重江虨啓先王制禮應在緦麻服詔降周虨又啓厭屈私情所以上嚴祖考於是制緦麻三月孝武寧康中崇德太后褚氏崩后於帝爲從嫂或疑其服博士徐藻議以禮其夫屬父道者妻皆母道則夫屬君道妻亦后道矣服后宜以資母之義於是帝制周服安帝隆安四年太后李氏崩帝服齊縗三年百僚疑所制服尚書左僕射何澄等議太皇太后名位允正體同皇極理制備盡情禮合仲春秋之義母以子貴既稱夫人禮服宜從正故成風著夫人之號僖公服之三年子於父之所生體尊義重且禮祖不厭孫固宜遂服無屈而緣情立制嫌文不明則宜從重應同爲祖母後齊縗周永安皇后無服但一舉哀百官亦一周詔可於西堂設

菰廬神武門施凶門栢歷宋永初二年武帝崩蕭太后制三年之服
文帝元嘉十七年七月元皇后崩兼司徒給事中劉温持節監喪神
武門設凶門栢歷至西上閤皇太子於東宮崇正殿及永福省並設
廬諸皇子未有府第者於西廨設廬太子心喪三年心喪有禫無禫
禮無成文世或兩行皇太子心喪畢詔使博議有司奏喪禮有禫以
祥變有漸不宜便除心喪已經十三月大祥十五月宣下以爲永制
詔可後魏自道武及諸帝悉依漢魏既葬公除後周武帝母叱奴太
后崩帝居倚廬朝夕供一溢米羣臣表請累旬乃止及葬帝袒跣陵
所行三年之制五服內並依禮隋制皇帝本服大功以上親及外祖
父母皇后父母諸官正一品喪帝不視事三日本服五服內親百官
正二品已上喪並一舉哀太陽虧國忌日本服小功緦麻親百官三
品已上舉哀不視事一日皇太后皇后爲本服五服內親一舉哀皇
太子爲本服五服內親及東宮三師三少宮臣三品已上一舉哀唐

元陵遺制其喪儀及山陵制度務從儉約並不以金銀錦綵飾天下節度觀察團練使刺史等並不須赴哀祀祭之禮亦從節儉其天下人吏敕到後出臨三日皆釋服無禁婚娶祠祀酒肉其宮殿中當臨者朝夕各十五舉音禮固從宜喪不可久皇帝宜三日聽政十三日小祥二十五日大祥二十七日而釋服皇帝本服周者凡三朝哭而止本服大功者晡哭而止本服小功以下一舉哀而止

天子弔大臣服

周制司服職掌王之吉凶衣服王爲三公六卿錫縗爲諸侯緦縗爲大夫士疑縗其首服皆弁絰魏蔣濟奏會喪不宜去冠奏事者上言前會故鎮軍朱鑠喪自卿以下皆去冠以布巾帕額使者侍中散騎則不皆非舊法夫冠成德之表於服爲尊唯君親之喪小斂之前與服罪之人去冠其餘禮儀雖齊縗之痛有變無廢今爲弔去冠其違禮意下博士杜布議以爲論語曰羔裘玄冠不以弔故周人玄冠代

以素弁漢去玄冠代以布巾亦王者相變之儀未必獨非也古禮野夫施巾古者軍禮韋弁冠今者赤幘此明轉相變易不可悉還及古今宜因漢氏故事又按漢儀注諸侯王薨天子遣使者往皆言使者亦服又禮自天子下達于士臨殯斂之事去玄冠以素弁君子臨喪必有哀素之心是以去玄冠代之以素是以漢中興臨喪之事與禮合自是之後或言臨喪使者常吉服布巾以爲使者亦宜去玄冠代以布巾示不純吉服侍中散騎諸會喪亦宜去玄冠代以布巾詔從布議蜀謝慈喪服圖天子弔三公弁絰錫縗弔大夫士皆弁絰疑縗弔畿內諸侯弁絰緦縗服晉摯虞云凡使弔祭同姓者素冠幘白練深衣器用皆素異姓者服色器用皆不變唐之制如開元禮

天子爲大臣及諸親舉哀

後漢明帝時東海恭王薨帝出幸津門亭發哀魏大司馬曹真薨王肅爲舉哀表云在禮大臣之喪天子臨弔諸侯之薨又庭哭焉同姓

之臣崇於異姓自秦逮漢多闕不修曁光武頗遵其禮于時羣臣莫不競勸博士范升上疏稱揚以爲美可依舊禮臣位而哭之敦睦宗族於是帝幸城東張帳而哭之及鍾太傅薨又臨弔焉晉武帝咸寧二年詔諸王公大臣薨應三朝發哀者踰月舉樂其一朝發哀者三日不舉樂按摯虞決疑注云國家爲同姓王公妃主發哀於東堂爲異姓公侯都督發哀於朝堂東晉元帝姨廣昌君喪未葬中丞熊遠表云按禮君於卿大夫比葬不食肉比卒哭不舉樂惻隱之心未忍行吉事故也被尚書符冬至二日小會臣以爲廣昌君喪未殯聖恩垂悼禮大夫死廢一時之祭祭猶可廢而況餘事冬至唯可奉賀而已未便小會詔以遠表示賀循循答云按古者君臣義重雖以至尊之義降而無服三月之內猶錫縗以居不接吉事故春秋晉大夫智悼子未葬平公作樂杜蕢譏之咸寧詔書宜爲定制唐之制如開元儀

諸侯及公卿大夫爲天子服

周制喪服斬縗章諸侯爲天子天子至尊也漢戴德喪服變除云臣爲君猝纚不徒跣始死深衣素冠其餘與子爲父同鄭玄變除云臣爲君不猝纚不徒跣張祖高問士服天王云何要記唯道大夫服君及家臣服大夫耳不說士恐有脫誤鄭云士服君亦斬縗無明文而雜記云士居堊室此則士制周制士下吏服士恐亦應同謝沈荅曰朝廷之士服天王斬縗禮之明文也邑宰外任之士居堊室周制要記非脫誤是簡略耳晉尚書問天子崩于今臺書令史以上爲皆服斬縗之服不博士卞摧應琳議禮命士以上皆服斬臺書令史列職天朝皆應服斬又問天子崩今司州及河南郡吏出入導從應易服制不卞摧荅禮庶人在官者服齊衰三月又近臣服斬導從出入皆應從服又問服隨君輕重今司隸服斬下吏服齊爲合禮意不摧荅凡臣從君皆降一等今之牧守皆古諸侯以禮相況輕重宜矣又問

禮義服不從今司隸爲君輕縗義服也下吏爲從不每降一等當爲君喪其親者耳古今行事復云何摧荅禮庶人爲國君齊今則不服然吏若都官從士有職司於喪庭者故宜依庶人在官義耳義服不從謂近臣服君斬服之衰依降一等者之差耳前稱導從指謂近臣魏晉故事云又問諸二千石長吏見在京城皆應制服不博士卞摧楊雍應琳等上云禮臣爲君斬衰自士以上見在官者皆應制服唐元陵遺詔天下人吏敕到後三日釋服伏以公卿百僚不同人吏準禮臣爲君服斬衰三年按高宗實錄昭陵臣下喪服皆準漢文帝故事三十六日又按高宗崩服紀輕重亦依太宗故事中宗睿宗時臣下喪制並所遵守據禮及故事今百官並合準遺詔二十七日釋服其小祥內百官並無假日每日平明詣延英門進名起居不入正衙至臨時赴西內哭訖各歸至小祥日去首絰著巾冠其日早集於西內哭望日及大祥又赴西內哭大祥日除衰冠杖等服慘公服至山

陵時却服本褏服事畢除之

皇太后長公主及三夫人已下爲天子服杖

魏晉故事問皇太后三夫人已下皆服斬諸長公主及諸居崇陽園循容服制之宜卞摧等議按禮與諸侯爲兄弟者服斬依禮則公主宜服斬而不杖禮君夫人爲長子三年妾爲君之嫡子與夫人同則崇陽園循容宜三年又問太后及公主應杖不卞摧應琳議禮爲夫杖自天子達皇太后應杖明矣婦爲舅姑禮無杖文皇后不應杖也君之喪夫人世婦在次則杖即位則使人執之如禮三夫人已下皆杖東晉太元二十一年孝武帝崩李太后制三年之服宋永初三年武帝崩蕭太后制三年之服至唐天寶七載五月宗正卿褒信王璆奏皇妹及女準禮出嫁後各降本親一等今並降爲第二等臣以爲執禮故親有虧常典伏請一切依服屬等第爲定不在降服限乃請永爲常式奉勑依

挽歌

魯哀公十一年吳子伐齊將戰齊將公孫夏命其徒歌虞殯孔穎達曰虞殯者謂啓殯將虞之歌也今人謂之挽歌漢高帝時齊王田橫自殺其故吏不敢哭泣但隨柩敘哀而後代相承以爲挽歌蓋因於古也晉成帝咸康七年有司聞奏依舊選公卿以下六品子弟六十人爲挽郎詔又停之摯虞云漢魏故事大喪及大臣之喪執紼者挽歌新禮以爲挽歌出於漢武帝役人之勞歌聲哀切遂以爲送終之禮雖音曲悽愴非經典所制不宜以歌爲名按挽歌傳稱君子作歌惟以告哀以歌爲名亦無所嫌宜定新禮如舊宋文帝元嘉十七年元皇后崩詔停選挽郎唐元陵之制屬三繆練紼於轀輬車爲挽凡六紼各長三十丈圍七寸執紼挽士虎賁千人皆白布袴褶白布介幘分爲兩番挽郎二百人皆服白布深衣白布介幘助之挽兩邊各一紼挽歌二部各六十四人八人爲列執翣品官左右各六人皆服白布褠衣白布介幘左右

司馬各八人皆戴白布武弁服白襹布襹音屬謂襦長無領緣並執鐸代哭
百五十人衣幘與挽歌同至時有司引列於轀輬車之前後其百官
制鴻臚寺司儀署令掌挽歌三品以上六行三十人六品以上四行
十六人皆白練褠衣皆執紼帗

秀孝爲舉將服

魏景元元年傅玄舉將僕射陳公薨以諮時賢光祿鄭小同云宜準
禮而以情義斷之服弔服加麻可也三月除之司徒鄭公云昔王司
徒爲諫議大夫遭舉將喪雖有不反服今不同古便制齊衰三月漢
代名臣皆然宋庾蔚之謂白衣舉秀孝旣未爲吏故不宜有舊君之
服尊卑不同則無正服弔服加麻可也今人爲守相刺史又無服但
身蒙舉達恩深於常謂宜如鄭小同弔服加麻爲允今已違適爲異
與舊君不同議論不奔弔故郡將喪

郡縣吏爲守令服

魏令曰官長卒官者吏皆齊衰葬訖而除之蜀譙周云大夫受畿內采邑有家臣雖入別典鄉遂之事其下屬皆上相屬其吏非臣也秦漢無服采邑之家臣郡縣吏權假斬衰代至則除之晉喪葬令曰長吏卒官吏皆齊衰以喪服理事若代者至皆除之武昌太守徐彥與征西桓溫牋云蔡徐州薨主簿服斬王征北薨於京都王丞相時在喪庭徐州主簿以服事諮公公謂輕重可依蔡侯時北中郎劉公薨於淮陰州主簿相承持重至郄太宰薨州主簿改服齊衰中興以來江南皆從之公卿以下至邑宰吏服其君齊衰吏服其君齊衰則無從服之文而由來多有從服者陶大司馬遭兄子喪府州主簿從服時卞光祿經過自說爲太傅主簿太傅喪母己不從服此是用晉令也郄太宰遭姊喪吏服惟疑郄問譙秀言不應從服諸主簿仍便從服既服君旁親則服君便應重矣及二公之薨府州主簿服齊衰宋庾蔚之謂晉令云代至而除施之州郡縣員吏宜用齊周之制禮代殊事異理有大斷今州府之君既不久居其位暫來之吏不得以爲純

臣則齊周之制不爲輕也君齊矣豈有從乎母妻其猶不從本無義
於傍親卞光祿所行是也二公使吏從服姪姊可謂疏罔其乖遠矣

師弟子相爲服

魏王肅曰禮師弟子無服以弔服加麻臨之哭之於寢凡弔服加麻者三月除之
晉賀循謂如朋友之禮異者雖出行猶絰所以尊師也按禮記夫子之喪門人疑所服子貢曰昔夫子喪顏回若喪子而無服請喪夫子若喪父而無服於是門人廬于墓所心喪三年蓋師徒之恩重也無服者謂無正喪之服也孔子之喪二三子皆絰而出注曰爲師也然則凡弔服加麻者出則變服矣新禮弟子爲師齊衰三月摯虞駮曰仲尼聖師止弔服加麻心喪三年淺教之師暨學之徒不可皆爲之服或有廢興悔吝生焉宜定新禮無服如舊范甯問曰奔喪禮師哭於廟門外孔子曰師吾哭之寢何邪徐邈答曰蓋殷周禮異也宋庾蔚之謂今受業於先生者皆不執弟子之禮惟師氏之官王命所置

故諸王之敬師國子生之服祭酒猶粗依古禮弔服加麻既葬除之但不心喪三年耳

朋友相爲服

周制檀弓云曾子曰朋友之墓有宿草而不哭焉又曰朋友吾哭寢門之外漢戴德云以朋友有同道之恩加麻三月魏劉德議問曰小記云朋友虞祔而已此謂主幼而爲虞祔也若都無主族神不歆非類當爲虞祔不田瓊答曰虞安神也祔以死者祔於祖也既朋友恩舊歡愛固當安之祔之然後義備也但後日不當祭之耳又問朋友無所歸於我殯若此者當迎彼還己館皆當停柩於何所答曰朋友無所歸故呼而殯之不謂已殯迎之也於己館而殯之者殯之而已不於西階也晉曹述初問有仁人義士矜幼攜養積年爲之制服當無疑耳徐邈答曰禮緣情耳同爨緦又朋友麻

禮略第四

謚略第一　通志卷第四十六

謚上

臣謹按字有不可避諱者謚法是也故此三篇並從本字

序論第一

古無謚謚起於周人羲皇之前名是氏亦是號亦是至神農氏則有炎帝之號軒轅氏則有黄帝之號二帝之號雖殊名氏則一焉堯曰陶唐舜曰有虞禹曰夏后湯曰殷商則氏已異於名堯曰放勳舜曰重華禹曰文命湯曰武王則號已異於氏然是時有名號之别者不過開基之祖耳夏自啓商自太甲皆一名而生死通稱若其曰祖曰宗爲中爲高則又不可常也以諱事神者周道也周人卒哭而諱將葬而謚有諱則有謚無諱則謚不立蓋名不可名已則後王之語前王後代之及前代所以爲昭穆之次者將何以别哉生有名死有謚名乃生者之辨謚乃死者之辨初不爲善惡也以謚易名名尙不敢

稱況可加之以惡乎非臣子之所安也嗚呼春秋紀實事而褒貶之說行謚法別昭穆而美刺之說行當其時已紛紜矣後之人何獨不然臣恐褒貶之說不已則春秋或幾乎息矣於是作春秋考春秋傳又恐美刺之說不已則周公之意其亡矣夫於是作謚法使百代之下爲人臣爲人子者知尊君嚴父奉亡如存不敢以輕重之意行乎其間以傷名教者也

序論第二

天下有難行之道雖曰古有是道而後世終不可行者非古有是道也後之人設是道以實之耳豈有可行於古而不可行於今之道乎若曰臣子可以議君父之得失使有德則謚善無德則謚惡大行受大名細行受細名行生於己名生於人此真不可行之道也自非伐無道誅有罪收其鯨鯢以爲京觀則安得有惡謚之稱乎臣以爲立謚之意本爲昭穆命謚之義取於尊隆且生有惡死無惡者人之情

也生可簡死不可簡者禮之事也生雖侯伯死必稱公生不踰等死必加等先王之通制也豈有稱生之號有隆而命死之名有虧乎謚亦有惡惡謚非所以加君父也子曰父在觀其志父沒觀其行三年無改於父之道可謂孝矣不若是是不當於人心子議父臣議君秦人之所厭而削之也今先儒之所爲謚者正秦人之論耳不合乎古道

序論第三

按謚法惡謚莫如桀紂其次莫如桓靈其次莫如幽厲此古今之所聞也以臣所見皆不然桀紂是名耳非謚也名者生之所命而非死之所加也當夏之季當殷之興則未有謚桀非謚也當殷之季當周之興雖有謚法然得謚爲榮不得謚爲辱名之以紂辱莫大焉桀之所名者取於木猶高柴公孫枝之所取云耳豈有賤人多殺之名而可以爲名乎紂之所名者取於絲猶臧紇南宮紹之所取云耳豈有

殘義損善之名而可以爲名乎是名也非己之所更即父兄之所命也安得有是義乎桓於經典並無惡義如公執桓圭桓乃珪璋之首稱如桓桓武王桓乃果毅之威德齊之桓公用能霸業周之桓王元無累行安得桓爲惡名乎靈者神聖之異名周之東也王綱不振四方解體迨乎靈王周道始昌諸侯服從故傳曰惟有髭王甚神聖以其生有神聖之德死則謚之以靈是爲名實允當其曰請爲靈若厲者荆蠻不根之論也安得靈爲惡名乎幽者隱之並名也周幽王喪於犬戎之禍魯隱公卒於羽父之難皆臣子所不忍言故以幽隱命之痛惻之甚也豈有擁遏不通之義乎語曰子温而厲威而不猛恭而安厲與安並德故於厲言而猛則異於是故於猛言不厲非惡也豈有暴虐無親之義乎厲王過矣使厲王而有暴虐無親之名則宣王不得爲孝子幽王過矣使幽王而受擁遏不通之責則晉文侯鄭武公不得爲良臣成周之法初無惡謚謚之有惡者後人之所立也

由有美刺之說行然後人立惡謚

序論第四

謚之有善惡者卽文而見不卽說而見且曰戾曰刺豈不見其有凶德何必以不悔前過然後爲戾暴慢無親然後爲刺乎一戾不足其說又益之以戾一刺不足其說又益之以刺非古之道也曰蕩曰荒豈不見其有淫行何必好內遠禮然後爲蕩縱樂無度然後爲荒乎一蕩不足其說又益之以蕩一荒不足其說又益之以荒非古之道也謚之善惡可卽一文以見義一文不得而盡者卽複文以見義複文不足以盡者又從而加之如衞之公孫枝是爲惠貞文子亦古之道何必爲之說以釋之乎釋之之言既多又非載籍之常義學者而盡欲以善惡之義通之其有名實相違而義不可通者則必迂其說曲而通之也桀紂初非惡名桓靈亦非惡謚由其君而衆惡所集使名與謚不能主也人聞其名見其謚則翕然以爲惡矣且愛人愛其

人之爲惡人惡其人之狗爲狗何與於善惡但隨人好惡所生矣是以君子惡居下流故名之曰幽厲

序論第五

法之爲謚者取一文耳非有說也謚法行而其說紛紛其書見於世者有周公謚法有春秋謚法有廣謚有今文尚書有大戴記有世本有獨斷有劉熙之書有來奧之書有沈約之書有賀琛之書有王彥威之書有蘇冕之書有扈蒙之書有蘇洵之書其實皆由漢魏以來儒生取古人之謚而釋以己說集而爲法也故蘇氏曰周公之法反取賀琛之新法而載之書是知世之謚法其名尤古者益非古法也今考周公之書所用後人之語甚多是皆爲謚法者展轉相因言文雜揉無足取也惟沈約之書博採古今詮次有紀然亦無所建明至蘇氏承詔編定六家謚法乃取周公春秋廣謚沈約賀琛扈蒙之書斷然有所去取其善惡有一成之論實前人所不及也皇也帝也王

也公也侯也君也師也長也胥也實尊卑之號上下之稱且生有爵死有謚以是爲謚未之敢聞也若帝王可以爲謚則天子亦可以爲謚矣若公侯可以爲謚則卿大夫亦可以爲謚矣若師長可以爲謚則父兄亦可以爲謚矣無義之談莫此爲甚經幾百年間而後蘇子闢之堯取累土以命名舜取濃華以命名禹取於獸湯取於水桀以喬木紂以繹絲是非己之所更必父兄之所命也且生有爵死有謚以是爲謚未之敢聞也蘇氏未暇及臣不敢後焉謹條其可用者二百十謚分爲三類只以一文見義無事乎文之廣無事乎說之繁庶乎表裏蘇氏之學是亦典禮之大者

謚中

上謚法

神　聖　賢　文　武　成　康　獻　懿　元　章　釐

景　宣　明　昭　正　敬　恭　莊　肅　穆　戴　翼

襄烈桓威勇毅克壯圉(或作禦)魏安
定簡貞節白匡質靖真順思考
翼顯和玄高光大英睿博憲堅
孝忠惠德仁智愼禮義周敏信
達寬理凱清直欽益良度類基
慈齊深溫讓密厚純勤謙友祁
廣淑儉靈榮厲比絜舒賁遜退
訥偲述懋宜哲察通儀經庇協
端休悅綽容確恆熙洽紹世果

右百三十一謚用之君親焉用之君子焉

中謚法

懷悼愍(亦作閔)哀隱幽沖夷懼息攜
鄰愿徹

右十四謚用之閔傷焉用之無後者焉

下謚法

野　夸　躁　伐　荒　煬　戾　刺　虛　蕩　墨　慠

亢　千　褊　專　輕　苛　介　暴　虐　愎　悖　凶

慢　忍　毒　惡　殘　嬰　攘　頑　昏　驕　酗　湎

僥　狃　侈　惑　靡　溺　僞　妄　讟　諂　誣　詐

譎　訩　詭　奸　邪　慝　蠱　危　圮　懦　撓　覆

敗　數　疵　饕　費

右六十五謚用之殲夷焉用之小人焉

凡上中下謚共二百十言以備典禮之用

謚下

後論第一

凡蘇氏所取一百六十八謚三百十一條臣今只即一文以見義即

文可以見文不必曰施而中理曰文經緯天地曰文卽武可以見武不必曰克定禍亂曰武保大定功曰武卽孝可以見孝不必曰慈惠愛親曰孝能養能恭曰孝卽忠可以見忠不必曰盛衰純固曰忠臨患不忘曰忠且卽文以見義則文簡而義顯舍文而從說則說多而義惑蘇氏所削爲多矣臣今復削去三百十一條之說只從百六十八諡而增損焉實得二百十諡分而爲三上諡百三十用於君親用於君子下諡六十五用於殲夷用於非君子中諡十四用於閔傷用於無後者其有堯舜禹湯桀紂六文乃人名非諡法所宜去也陳胡公滿者言其老也有胡耇之稱焉胡非諡義齊有丁公名也漢有丁公姓也丁非諡義故去胡去丁曰商曰使曰軍曰趯曰鼎曰莫曰敵曰震曰攝曰革曰易曰素曰頃凡十三文雖有其諡於辭義未安所宜去也曰原曰愛曰聲曰闡曰要曰強曰平凡七文文雖可用於義不專亦宜去蘇氏所取者百六十八諡今去其二十八凡蘇氏所去

者百九十八今取其七十二謚披沙得金甄金去土非相違也而相從也

後論第二

蘇氏去其歷代所以爲尊卑之號者九皇帝王公侯君師長胥是也予曰左邱明恥之丘亦恥之蘇氏去其義之不安者八今取其賁取其逸所以待邱園也蘇氏去其子孫不忍稱者九十四今取其暴取其虐取其愎取其凶取其悖取其慢取其忍取其毒取其惡取其舋取其攘取其頑所以待暴戾取其昏取其驕取其酗取其湎取其僥取其狃取其侈取其惑取其靡取其溺所以待淫侈取其諂取其僞取其讟取其妄取其誣取其詐取其譎取其訕取其詭取其奸取其邪取其慝取其蠱所以待姦回取其危取其圮取其撓取其覆取其敗取其斁所以待覆亡取其懦取其疵取其饕所以待貪鄙蘇氏去其名之不能舉其人之要者八今取其退取其訥所以待恬退之士

取其修取其訓所以待禮法之人蘇氏去其鄙陋不足以訓者十有一今取其偲取其逑爲靖專者備也蘇氏去其泛濫不可指明善惡之狀者七今取其懋爲黽勉者備也取其宜爲中庸者備也蘇氏去其重複而無益於用者五十七今取其哲有異於智也取其察有異於明也取其通有異於敏也取其儀有異於穆也取其經有異於憲也取其庇有異於禮也取其協有異於順也取其端有異於直也取其賚有異於夸也取其休取其悅有異於凱也取其綽取其容有異於寬也取其確取其恆有異於介也取其熙取其洽有異於和也

後論第三

蘇氏於百六十八謚之外有七去三百十一條之中有六類七去者削其文六類者易其義臣今此書只以文顯不用義說故於六類亦無所用但第四類中比儉二義於文未安不得不爲之說儉乃恭儉之儉比乃協比之比儉也比也古之美謚也蘇氏引儉則固之義而

更之曰非濵廢禮曰儉引君子周而不比之義而更之曰事君有黨曰比以比儉二謚內於惡德此臣之所不取也儉若爲惡德則夫子温良恭儉之儉其將何處比若爲惡德則協比其鄰婚姻孔云之比其將何爲若之何以不中禮之儉爲儉朋比之比爲比乎臣今易置從古道也

後論第四

語曰孔文子何以謂之文也子曰敏而好學不恥下問是以謂之文也然則文子之謚初無謚法仲尼則因問而卽其人之行事以釋之奈何先立其法必使人之曲中也規矩本爲方圓設而非豫爲小大劑量使制器者範圍於此況所作之法只採經傳之言其間有大不通理處子曰敏而好學不恥下問是以謂之文而云敏而好學曰文可也孟子曰陳善閉邪謂之敬而云陳善閉邪曰敬可也易之益曰君子見善則遷有過則改而云遷善改過曰益可也左氏曰共用之

謂勇而云率義共用曰勇可也奈何詩曰咎矣能言巧言如流曰咎
可乎書曰賓于四門四門穆穆而云闢于四門曰穆可乎傳曰季子
生而有文在其手曰友遂命之而云有文在手曰友何義也書曰乃
聖乃神乃武乃文而云乃聖乃神曰武何義也詩序曰太平之君子
能持盈守成而云持盈守滿曰成何義也至於終始如一者則謂之
終爲人所渴望者則謂之渴於義安乎取並后匹嫡之義而爲並取
牝雞之晨惟家之索義而爲索是可用乎千百年間學者見之禮官
博士行之而斷無以爲非者

謚略第一

器服略第一　通志卷第四十七

尊彝爵觶之制

臣舊嘗觀釋奠之儀而見祭器焉可以觀翫可以說義而不可以適用也夫祭器者古人適用之器若內圓而外方內方而外圓若之何飲食若臺而安器若器而安臺或盛多而受少或質輕而任重若之何持執以此事神其不得於古之道明矣原其制作蓋本於禮圖禮圖者初不見形器但聚先儒之說而爲之是器也姑可以說義云耳由是疑焉因疑而思思而得古人不徒爲器也而皆有所取象故曰制器尚象器之大者莫如罍物之大者莫如山故象山以制罍或爲大器而刻雲雷之象焉其次莫如尊又其次莫如彝最小莫如爵故受升爲爵受二斗爲彝受五斗爲尊受一石爲罍按獸之大者莫如牛象其次莫如虎蜼禽之大者則有雞鳳小則有雀故制爵象雀制彝象雞鳳差大則象虎蜼制尊象牛極

大則象象尊罍以盛酒醴彝以盛明水鬱鬯爵以爲飲器皆量其
器所盛之多寡而象禽獸賦形之大小焉臣謹按沈約與劉杳論
宗廟犧尊約云鄭康成答張逸謂爲畫鳳凰尾婆娑然今無復此
器則不依古杳曰此言未必可按古者尊彝皆刻木爲鳥獸鑿頂
及背以出內酒魏時魯郡地中得齊大夫子尾送女器有犧尊作
犧牛形又晉永嘉中曹嶷於青州發齊景公冢得二尊形亦爲牛
象此古之尊彝爲可據也又按王肅注禮以犧象二尊並全刻牛
象之形鑿背爲尊其說益可據也又按陸佃禮象所記章惇家有
古銅象尊三足象其鼻形望而視之真象也此又見象尊之制出
於近代矣又按爵與觶皆飲器觶大而爵小陸佃禮象云今秘閣
及文彥博李公麟家皆有古銅爵有首有尾有柱有足有柄祭統
曰尸酢夫人執柄夫人授尸執足先儒謂柄爲尾蓋不見此制焉
然古銅爵今之士大夫家亦多有之臣見者屢矣謂其口似雀之

狀如今之荷葉杯葵花盞皆取其口之象而非謂通體爲雀也今祭器之爵徒設雀形而妨於飲者按禮器云卑者舉角注云四升曰角角之類則有觚有觶有散有觥觶與爵同爲飲器而爵爲小角與觚觶散觥同爲一類而觥爲大故觥則取兕角而以爲罰器兕之爲獸獸之大者也按舊圖匏爵用匏片爲之則知角爵刳角爲之所謂觚謂觶謂散謂觥者名號不同大小異制耳

君臣冠冕巾幘等制度

歷代冕弁

黄帝作冕垂旒目不邪視也充纊耳不聽讒言也唐虞以上冠布無緌夏后以牟追以收商制章甫或以哻形制並無文周制弁師掌王之五冕皆玄冕朱裏綖紐五采繅十有二就皆五采玉十有二玉笄朱紘諸侯及孤卿大夫之冕各以其等爲之秦滅禮學郊社服用皆以袀玄漢興草創仍秦之舊蔡邕獨斷云袀紺繒也班固東都賦注云袀皂也袀音鈞及光武踐

阼郊祀天地明堂皆冠旒冕前後邃綖孝明帝永平初詔有司采周官禮記尚書夏侯氏說公卿以下冕皆廣七寸長尺二寸前圓後方朱綠裏玄上前垂四寸後垂三寸係白玉珠爲十二旒以其綬采色爲組纓（禮記曰玄冠朱組纓天子之服是也其旒珠用眞白玉）三公諸侯七旒青玉珠卿大夫五旒黑玉珠皆有前無後各以其色綬爲組纓旁垂黈纊助天子郊祀天地明堂則冠之魏因漢故事明帝好婦人之飾冕旒改用珊瑚珠晉因之東晉元帝初過江服章多闕而冕飾以翡翠珊瑚雜珠侍中顧和奏舊禮冕旒用白玉珠今美玉難得可用白璇珠從之後帝郊祀天地明堂宗廟及元會臨軒改服黑介幘通天冠平冕皂表朱綠裏廣七寸長一尺二寸加於通天冠上前圓後方垂白玉珠十二旒以朱組爲纓無緌王公卿助祭郊廟冠平冕王公八旒卿七旒組爲纓色如綬也宋因之更名曰平天冕天子郊祀及宗廟服之王公並用舊法齊因之梁因之其制前垂四寸後垂三寸旒長齊肩以組

爲纓色如其綬旁垂黈纊充耳珠以玉瑱乘輿郊祀天地明堂享宗
廟元會臨軒則服之五等諸侯助祭平冕九旒青玉爲珠有前無後
各以其綬色爲組纓旁垂黈纊陳因之以爲冕旒皇太子朝冠遠遊
冠侍祭則平冕九旒五等諸侯助祭郊廟皆平冕九旒青玉爲珠有
前無後各以其綬色爲組纓旁垂黈纊北齊採陳之制旒玉用五采
以組爲纓色如其綬其四時郊祀封禪大事皆服衮冕皇太子平冕
黑介幘白珠九旒飾以三采玉以組爲纓色如其綬未加玄服則空
頂黑介幘雙童髻雙玉導後周設司服之官掌皇帝十二冕祀昊天
則蒼冕五帝各隨方色朝日同青冕夕月同素冕地祇同黃冕神州
社稷同元冕享先皇加玄服等以象冕享先帝食三老耕籍等以衮
冕視朔大射等以山冕視朝臨法門適宴等以鷩冕皆十有二旒諸
公之冕九一曰方冕二曰衮冕三曰山冕四曰鷩冕五曰火冕六曰
毳冕皆九旒七曰韋弁八曰皮弁九曰玄冠諸侯八無衮冕諸伯七

又無山冕諸子六又無鷩冕諸男五又無火冕冕五旒三公之冕九
一曰祀冕二曰火冕三曰毳冕四曰藻冕五曰絺冕六曰爵弁七曰
韋弁八曰皮弁九曰玄冠三孤自祀冕而下八無火冕公卿七又無
毳冕上大夫六又無藻冕中大夫五又無皮弁下大夫四又無爵弁
士之服三一曰祀弁二曰爵弁三曰玄冠庶士玄冠而已隋採北齊
之法袞冕垂白珠十二旒以組爲纓色如其綬黈纊充耳玉笄太子
庶子裴二奏色並用玄旒齊於膊纊齊於耳唯應著幘者依漢晉法皇太子袞
冕垂白珠九旒青纊充耳犀笄國公冕青珠九旒初受冊命執贄入
朝祭祀親迎三公助祭並服之侯伯則鷩冕子男則毳冕五品以上
絺冕九品以上爵弁唐依周禮制天子之六冕有大裘冕袞冕鷩冕
毳冕絺冕玄冕大裘冕無旒廣八寸長一尺六寸玄表纁裏以金飾下廣狹准此
玉簪導簪亦謂之笄所以拘冠使不墜也導以掠髮使入巾幘之中以組爲纓色如其綬祀天地
神祇服之袞冕加金飾垂白珠十有二旒以組爲纓色如其綬黈纊充

耳玉簪導諸祭祀及享廟遣上將征還飲至加玄服元日受朝等服之鷩冕有事遠主服之按周禮遠主謂先公毳冕祭海嶽服之絺冕祭社稷帝社服之玄冕蜡百神朝日夕月服之自衮冕而下旒數並依周禮皇太子衮冕白珠九旒諸臣衮冕青珠九旒青纊充耳簪導鷩冕七旒第二品服之毳冕五旒第三品服之絺冕四旒第四品服之玄冕三旒第五品服之龍朔以後改更不同

緇布冠一曰進賢冠周制士冠禮云緇布冠以爲始冠之冠冠而敝棄之後漢制進賢冠爲儒者之服前高七寸後高三寸長八寸公侯三梁中二千石以下至博士兩梁小吏私學弟子皆一梁蔡邕云千石以下一梁晉因之天子玄服始加則冠五梁進賢冠三公及封郡公縣侯鄉亭侯則三梁卿大夫下至千石則兩梁中書門下至門郎小吏並一梁宋因之爲儒冠齊因之爲開國公侯下至小吏之服其以梁數爲降殺則依晉制梁因之以爲乘輿宴會之服則五梁進賢冠陳因之爲文散內外百官所服以梁數爲高卑天子所服則五梁北齊進賢五梁冠不通于下隋因陳制內外文官通服之降殺一如舊法唐因之若親王則加金附蟬爲飾復依古制緇布冠爲始冠之冠進賢緇布二制存焉

牟追冠夏后氏牟追冠長七寸高四寸廣五寸後廣二寸制如覆杯前高廣後卑銳商因之制章甫冠高四寸半後廣四寸前櫛

首周因之制委貌冠司服云凡甸冠弁服甸田獵也漢制委貌以皁繒爲之形如委穀之貌上小下大長七寸高四寸前高廣後卑銳無笄有纓行大射禮於辟雍諸公卿大夫行禮者冠之宋依漢制

通天冠通天冠本秦制其狀不傳漢因秦名制高九寸正豎頂少斜卻乃直下爲鐵卷梁前有山展筩爲述筩駮犀簪導乘輿所常服晉依漢制前加金博山述注云述即鷸也鷸知天雨故冠像焉前有展筩宋因之又加黑介幘舊有冠無幘齊因之東昏侯改用玉簪導梁因之復加冕於其上爲平天冕陳因之北齊依之乘輿釋奠所服隋因之加金博山附蟬十二首施珠翠黑介幘玉簪導朔日元會冬朝會諸祭還則服之唐因之其纓改以翠緌

長冠漢高帝採楚制長冠形如板以竹爲裏亦名齊冠後以竹皮爲之高七寸廣三寸以高帝所制曰劉氏冠故爲享廟之服恭之至也鄙人或謂之鵲尾冠晉依之去竹用漆纚救日蝕諸祀則冠之梁天監中祠部郎中沈宏議竹葉冠是漢祖微時所服不可爲祭服宜改用爵弁司馬褧云若必遵三王則所廢非一遂不改矣

遠遊冠有具服遠遊冠有公服遠遊冠按遠遊冠秦採楚制楚莊王通梁組纓似通天冠而無山述有展筩橫之于前漢天子五梁太子三梁諸侯王通服之晉皇太子及諸王後常冠焉以翠羽爲緌綴以白珠帝之兄弟之子封郡王者通服之則青絲爲緌梁爲皇太子朝服加金博山翠緌陳因之其藻飾服用依晉故事也北齊依之制五梁冠乘輿所服不通于下隋制三梁加金附蟬九首施珠翠黑介幘翠緌犀簪導皇太子元朔入朝釋奠則服之唐因之其制具開元禮序例

高山冠秦滅齊獲其君冠以賜近臣因而制之形如通天冠頂不斜卻直植鐵爲卷梁高九寸無山展筩故亦名側注冠其體側立而曲注故也中外謁者僕射行人使者等所服漢舊儀云乘輿冠高山冠飛月之纓一云飛翮之纓通天子之服也魏明帝以其制似通天遠遊故改令卑下除去卷筩如介幘幘上加物以象山行人使者服之晉宋齊梁陳歷代因之隋因魏制參用之形如進賢於冠加三峯謁者大夫以下服之梁數依其品降殺唐因之內侍省內謁者監及親王司閤等服之

法冠秦滅楚獲其君冠賜御史以纚爲展筩鐵爲柱梁一名柱後惠文冠執法者服之或謂之獬豸冠注云獬豸神羊一角能別曲直楚王獲之以爲冠漢晉至陳歷代相因襲不易隋開皇中於進賢冠上加二真珠爲獬豸角形大業中改制一角注云獬豸神獸蓋一角今二角者非也執法者服之唐用一角爲獬豸之形御史臺監察以上服之

建華冠漢制以鐵爲柱卷貫大銅珠九枚形似縷鹿薛綜曰下輪大上輪小也記曰知天者冠述知地者履約左氏傳曰鄭子臧好聚鷸冠建華是也祠天地五郊明堂舞人服之晉及陳代相因不易餘並無聞

趙惠文冠一名武冠秦滅趙以其君冠賜近臣胡廣曰趙武靈王效胡服以金璫飾首前插貂尾爲貴職或以北土多寒胡人以貂皮溫額後代效之亦曰惠文惠者蟪也其冠文細如蟬翼故名惠文或曰齊人見千歲涸澤之神名曰慶忌冠大冠乘小車好疾馳因象其冠漢因之曰武弁一名大冠諸武官冠之侍中中常侍加黃金璫附蟬爲飾插以貂尾黃金爲竿侍中插左常侍插右貂用赤黑色又名鵕鸃冠倉頡解詁曰鵕鸃鷩卽翟山雞之屬尾彩鮮明是將飾冠以代貂焉幸臣閎孺爲侍中皆服大冠天子元服亦爲先加又

加雙鶡尾植左右名鶡冠鶡鷙鳥之暴者每所攫撮應爪摧碎天子武騎故冠之徐廣曰鶡似黑野雞出上黨晉因之名繁冠一名建冠一名籠冠卽惠文冠也宋因之不易齊因之侍臣加貂蟬餘軍校武職黄門散騎等皆冠之唯武騎虎賁插鶡尾於武冠上梁因制遠遊平上幘武冠陳因之不易後爲鶡冠武者所服北齊依之曰武弁季秋講武出征告廟則服之隋亦名武弁武職及侍臣通服之侍臣加金璫附蟬以貂爲飾侍左者左珥侍右者右珥天子則金博山三公以上玉枝四品以上金枝文官七品以上毦白筆八品以上及武官皆不毦筆唐因之乘輿加金附蟬平巾幘侍中中書令則加貂蟬侍左右珥諸武官府衛領軍九品以上等亦準此

方山冠漢制似進賢冠以五采縠爲之祠宗廟八佾四時五行樂人服之冠衣各如其方之色而舞焉晉因之

巧士冠漢制高七寸要後相通直植似高山冠不常服唯郊天黄門從官者四人冠之在鹵簿中次乘輿車前以備宦者四星云晉因之自後無聞

卻非冠漢制似長冠皆縮垂五寸有纓緌宫殿門吏僕射等冠之梁北郊圖執事者縮纓緌隋依之門者禁防伺非服也唐因之亭長門僕服之

樊噲冠漢將樊噲造次所冠以入項羽軍其制似平冕廣九寸高七寸前後各四寸殿門司馬衛士服之或曰樊噲常持鐵楯聞項羽有意殺漢王噲裂裳以裹楯冠之入軍門立漢王傍視項羽晉宋齊陳不易其制餘並無聞

術氏冠漢制前圓差池四重趙武靈王好服之今不以施用或曰楚莊王獬冠是也晉因之宋以後無聞

卻敵冠晉制前高四寸通長四寸後高三寸似進賢冠凡當殿門衛士服之陳依之餘並廢

翼善冠唐貞觀中制月一日十五日視朝常服之又與平巾幘通用太宗初服翼善冠賜貴臣進德冠因謂侍臣曰幞頭起於周武帝蓋取便於軍容耳今四海無虞此冠頗採古法兼類幞頭乃宜常服開元十七年廢不用

皇有虞氏皇而祭其制無文蓋爵弁之類夏后氏因之曰收純黑前小後大商因之曰冔黑而微白前大後小周因制爵弁爵弁冕之次也赤而微黑如爵頭然前小後大三代以來皆廣八寸長尺二寸如冕無旒皆三十升布為之士冠禮三加成人服之漢依周制或云中古以下其制用絲祠天地五郊明堂雲翹樂舞服之晉依漢制更名廣冕有收持笄服用如舊隋依之以角為簪導士助君祭服之唐因之以繒代布用玄纓簪導九品以上冠親迎助祭私家祭祀服之

皮弁周禮弁師云王之皮弁會五采玉璂象邸玉弁司服云視朝則皮弁服士冠禮曰三王共皮弁以鹿皮為之晉依舊制以鹿淺毛黃白色者為之其服用等級並准周官後周田獵則服之以鹿子皮為之隋因之大業中所造通用烏漆紗前後二傍如蓮葉四間空處又安拳花頂上當縫安金梁梁上加璂天子十二真珠為之皇太子及一品九璂二品八璂下六品各殺其一璂以玉為之皆犀簪導六品以下無璂皆象簪導唯天子乃用金稜後制鹿皮者以賜近臣唐因之以鹿皮為之玉簪導十二璂朔日受朝服之

韋弁周官司服云凡兵事韋弁服晉以韋為之頂上少尖宋因之或為車駕親戎中外戒嚴之服後周巡兵即戎則服之自此以來無復其制

幘古者有冠無幘其戴也加首有頍所以安物故詩曰有頍者弁此幘之謂也秦雄諸侯乃加其武將首爲絳袙以表貴賤其後稍稍作顔題袙音盲百切漢因續其顔却摞之施巾連題却覆之至孝文乃高其顔題續之爲耳崇其巾爲屋貴賤皆服之文者長耳謂之介幘武者短耳謂之平上幘稱其冠也尚書幘收三寸名曰納言亦以忠正明近職也迎氣五郊各如其色從章服也武吏常赤幘成其威也未冠童子幘無屋者示未成人也未入學小童幘勾卷屋者示尚幼小未遠冒也喪幘却摞反本禮也制紺幘以齋青幘以耕緗幘以獵晉因之東晉哀帝從博士曹洪等議立秋御讀月令改用素幘宋因之以黑幘騎吏鼓吹武官服之其救日蝕文武官皆冕冠著赤幘齊因之以黑幘拜陵所服梁因之以黑介幘爲朝服元正朝賀畢還儲更出所服未加玄服則空頂幘陳因之諸軍司馬服平巾幘長吏介幘黃鉞郎朝服赤介幘簪筆隋依之天子田獵御戎文官出遊田里武官自一品以下至九品弁流外吏等上下通服黑介幘平巾黑幘又制綠幘庖人服之其平巾黑幘之制玉枝金花飾犀簪導紫羅褶其御五輅人隨其車色唐因制乘輿空頂介黑幘雙玉導加寶飾祭還及冬至朔日受朝會臨軒拜王公則服之黑介幘拜陵則服之平巾幘金寶飾導簪冠支皆以玉乘馬則服之皇太子平巾幘乘馬則服之空頂介幘雙玉導加寶飾謁廟還宮元日冬至朔日入朝釋奠則服之冠幘五品以上陪祭服之

臣謹按蔡邕獨斷曰幘古之卑賤執事不冠者所服也漢元帝額有壯髮不欲使人見始進幘服之羣臣皆隨焉然尚無巾王莽頂禿幘上施屋壯髮謂當額前侵下而生者是

帢魏武以天下凶荒資財乏匱擬古皮弁裁縑帛以為帢帢苦洽反帢合乎簡易隨時之義以色別其貴賤本施軍飾非為國容或云本末有岐荀文若巾之行觸木枝成岐因之為名遂不改因通以慶弔帢與帢同晉因之咸和中制聽尚書八座丞郎門下三侍官乘車白帢齊依以素為之舉哀臨喪服之梁因之以代古疑縗為弔服羣臣舉哀臨喪則服之陳因之而初婚冠送餞則服之隋依梁不易唐因之

帽

帽野人之服也董巴云上古穴居野處衣毛帽皮以此而言不施衣冠明矣周成王問周公曰舜之冠何如焉曰古之人上有帽而勾領魏管寧在家常著帛帽晉因魏制宋制黑帽綴紫標標以繒為之長四寸廣一寸後制高屋白紗帽齊因之梁因之制頗同至於高下翅之卷小異耳皆以白紗為之陳因之天子及士人通冠之白紗者名高頂帽皇太子在上省則烏紗帽在永福省則白紗又有帛繒雜紗為之高屋下裙蓋無定準後周之時咸著突騎帽如今胡帽垂裙覆帶蓋索髮之遺像也又文帝項上瘤疾不欲人見每常著焉相魏之時著而謁帝故後周一代以為雅服小朝公宴咸許戴之隋開皇初文帝常著烏紗帽自朝貴已下至於冗吏通著入朝後復制白紗高屋帽其服練裙襦烏皮履宴接賓客則服之大業中令五品以上通服朱紫是以烏紗帽漸廢貴賤通服折上巾唐因之制白紗帽又制烏紗帽視朝聽訟宴見賓客服之

臣謹按玄中記云旬始作帽晉志云帽名猶冠也義取於蒙覆其首本纚也古者冠無幘冠下有纚以繒為之後世施幘於冠因或

裁纚爲帽自乘輿宴居下至庶人無爵者皆得服之又按吳書云陸遜破曹休於石亭還當反西陵朝臣燕賜終日上脫䘿帽以賜遜時同羣臣朝謁而服之又按後漢郭林宗行遇雨霑巾角折後周武帝建德中因制折上巾

葛巾東晉制以葛爲之形如帢而橫著之爲尊卑共服太元中國子生見祭酒博士冠角巾齊依之陳依之北齊依之自後無聞

臣謹按角巾之制宋不存至齊立學王儉議更存焉

幅巾後漢末王公名士以幅巾爲雅是以袁紹崔豹之徒雖爲將帥皆著縑巾時有妖賊以黃爲巾時號黃巾賊後周武帝因裁幅巾爲四脚唐因之

臣謹按方言云巾趙魏之間通謂之承露郭林宗折巾謂此也袁紹戰敗幅巾渡河按此則庶人及軍旅皆服之用全幅帛而向後襆髮謂之頭巾俗人謂之襆頭

巾子唐武德初始用之初尚平頭小樣者天授二年武太后內宴賜羣臣高頭巾子呼爲武家諸王樣景龍四年三月中宗內宴賜宰臣以下內樣巾子其樣高而踣皇帝在藩時所冠人號爲英王踣樣

君臣服章制度（袍附）

虞書曰予欲觀古人之象日月星辰山龍華蟲作繢宗彝藻火粉米黼黻絺繡備十二章（衣玄裳黃上六章在衣下六章在裳上畫下繡）夏商之世皆相襲而無變周官司服掌王之吉凶衣服大裘以祀天（大裘黑羔裘示質也）衮冕之服享先王（升日月於旌旗服備九章一曰龍二曰山三曰華蟲四曰火五曰宗彝皆畫以爲繢六曰藻七曰粉米八曰黼九曰黻皆絺以爲繡則衮之衣五章裳四章凡九）鷩冕之服享先公（鷩畫雉謂華蟲其衣三章裳四章凡七）毳冕之服祀四望山川（毳畫虎蜼謂宗彝也其衣三章裳二章凡五）絺冕之服祭社稷五祀（絺刺粉米無畫其衣一章裳二章凡三）玄冕之服祭羣小祀（其衣無文裳刺黻而已此冕服皆玄衣纁裳）凡兵事韋弁服（以韎韋爲弁又以爲衣裳春秋傳曰晉郤至衣韎韋之跗注者是也）眡朝則皮弁服（視內外朝之事其服十五升白布衣積素以爲裳王受諸侯朝覲於廟則衮冕）凡甸冠弁服（甸田獵也冠弁委貌其服緇布衣亦積素以爲裳）公之服自衮冕而下如王之服侯伯之服自鷩冕而下如公之服子男之服自毳冕而下如侯伯之服孤之服自絺冕而下如子男之服卿大夫之服自玄冕而下如孤之服士之服自皮弁而下如大夫之服

其齋服有玄端素端自公之衮冕至卿大夫之玄冕皆其朝聘天子及助祭之服諸侯非二王之後其餘皆玄冕而祭於己雜記曰大夫冕而祭於公弁而祭於己士弁而祭於公冠而祭於己大夫爵弁自祭家廟唯孤爾其餘皆玄冠與士同玄冠自祭其廟者其服朝服玄端秦制水德服尚袀黑袀音均後漢光武踐阼始修郊祀天子冕服從歐陽氏說三公九卿特進朝侯侍祠侯從夏侯氏說祀天地明堂皆冠旒冕衣裳皆玄上纁下一服而已明帝永平中議乘輿備文日月十二章刺繡文三公諸侯用山龍九章九卿以下用華蟲七章皆備五采大佩赤舄絇履以承大祭百官執事者冠長冠皆祗服五嶽四瀆山川宗廟社稷諸沾秩祠皆袀玄絳緣領袖爲中衣絳袴襪示其赤心奉神也其五郊迎氣衣幘袴襪各如方色云百官不執事者各服長冠袀玄以從大射禮於辟雍公卿諸侯大夫行禮者冠委貌衣玄端素裳鄭玄曰端取其正也鄭衆曰衣有襦裳者爲端執事者冠布弁衣緇麻衣皂領袖下素裳若冠通天冠服衣深衣制有袍隨五時色梁劉昭曰袍者或曰周公抱成王宴居故施袍孔子衣縫掖之衣縫掖其袖合而縫大之近今袍者也今下至賤夫小吏皆通制袍單衣皂緣領袖中衣

爲朝服云魏氏多因漢法其所損益之制無聞按後漢志孝明皇帝永平二年詔從歐陽夏侯二家所說制冕服乘輿刺繡文公卿以下織成文據晉志云魏明帝以公卿衮黼之服擬於至尊多所減損始制服刺繡公卿織成未詳孰是

晉因不改大祭祀衣皁上絳下裳前三幅後四幅衣畫而裳繡日月星辰凡十有二章素帶廣四寸朱裏以朱緣裨飾其側中衣以絳緣領赤皮爲韍絳袴韤赤舄未加玄服則皁紗袍絳緣中衣絳袴韤黑舄又朝服通天冠絳紗袍皁緣中衣拜陵則箋單衣雜服有青赤黄白黑五色紗袍其武弁素服單衣公卿助祭郊廟王公山龍以下九章卿華蟲以下七章其緇布冠衣黑而裳素中衣以皁緣領袖袴褶之制未詳所起其後車駕親戎中外戒嚴服無定色冠黑帽綴黑幖以繒爲之長四尺廣一寸腰有絡帶以代鞶革中官紫幖外官絳幖又有纂嚴戎服而不綴幖行留文武悉同宋因之制平天冕服不易舊法更名韍曰蔽膝其未加玄服釋奠先聖視朝拜陵等服及雜色紗裙武冠素服並沿舊不改王公助祭郊廟章服降殺亦如之袴褶

因晉不易腰有絡帶以代鞶革中官紫褾外官絳褾又有纂嚴戎服
而不綴褾行留文武悉同其田獵巡幸惟從官戎服帶鞶革文帝元
嘉中巡幸蒐狩救廟水火皆如之明帝太始四年詔曰近改定令僃
成六服朕以大冕純玉璪玄衣黃裳祀天宗祀明堂又以法冕玄衣
絳裳祀太廟元正大會朝諸侯又以飾冕紫衣紅裳小會宴饗送諸
侯臨軒會王公又以繡冕朱衣裳征伐講武校獵又以紘冕青衣裳
耕稼饗國子又以通天冠朱紗袍爲聽政之服泰始六年正月有司
奏被勅議皇太子正冬服衮冕九章以朝賀詔可齊因制平天冠服
不易舊法郊廟臨朝所服也舊衮服用織成建武中明帝以織太重
乃采畫爲之加金飾銀薄時亦謂爲天衣通天冠服絳紗袍皁緣中
衣乘輿臨朝所服臣下皆同拜陵則黑介幘服無定色舉哀臨喪白
帢單衣亦謂之素服王公助祭平冕服山龍以下九章卿七章皆畫
皁絳繒爲之袴褶相因不改梁因制平天冠服衣畫而裳繡十二章

素帶朱裏以朱緣裨飾其側更名赤韍爲韠餘因舊法又有通天冠服絳紗袍皂緣中衣黑舄是爲朝服元正賀畢還儲更衣出所服也其釋奠先聖則皂紗袍絳緣中衣絳袴韈黑舄拜陵則箋布單衣又有白帢單衣以代古之疑縗天監三年何佟之議公卿以祭服裏有中衣卽今中單也後漢從夏侯氏說祭服絳緣領袖爲中衣絳袴韈示其赤心奉神也今中衣絳緣足有所明無俟於袴既非聖法謂不可施遂依議除之七年周捨議按禮有虞氏皇而祭深衣而養老鄭玄云皇是畫鳳皇羽也今衮衣宜畫鳳以示差降帝曰古文日月星辰此以一辰攝三物也山龍華蟲又以一山攝三物也藻火粉米又以一藻攝三物也是爲九章今衮衣畫龍則宜畫鳳又五經博士陸瑋等議王者祀昊天服大裘鄭玄注司服云大裘黑羔裘也既無所出未爲可據按六冕之服皆玄上纁下今宜以繒爲之其制式如裘其裳以纁皆無文繡詔可九年司馬筠等議云按玉藻諸侯玄冕以

祭裨冕以朝雜記又云大夫冕而祭於公弁而祭於己今之尙書上
異公侯下非卿士止有朝衣本無冕服既從齋祭不容同於在朝宜
依太常及博士諸齋官例著白衣絳襈中單竹葉冠陳因之永定元
年武帝卽位徐陵曰乘輿御服皆採梁制帝曰今天下初定務從節
儉應用繡織成者並可彩畫至文帝天嘉初悉改易之後魏天興六
年詔有司始制冠冕各依品秩以示等差然自晉左遷中原禮儀多
缺未能皆得舊制至太和中方考故實正定前繆更造衣冠尙不能
周洽及熙平二年太傅清河王懌黃門侍郎韋延祥等奏定五時朝
服準漢故事五郊衣幘各如方色焉北齊因之河清中改易舊物著
爲定制云後周設司服之官掌皇帝十二服祀昊天上帝則蒼衣蒼
冕五方上帝各隨方色朝日用青衣青冕祭皇地祇用黃衣黃冕夕
月用素衣素冕神州社稷用玄衣玄冕享先皇加玄服納后朝諸侯
則用十二章之服享諸先帝食三老五更享諸侯耕藉則用龍以下

九章之服祀星辰祭四望視朔大射饗羣臣等則用山冕八章之服羣祀視朝臨太學入道法門燕射養庶老適諸侯家則用鷩冕七章之服其九章以下衣重袞山鷩裳重黼黻俱十有二等通以升龍爲領褾巡兵卽戎則韎韋以爲衣裳田獵則皮弁（謂以鹿子皮爲弁）白布衣而素裳也諸公之服九章服之章數皆隨冕而降其一其八章以下衣重藻粉米裳重黼黻俱九等皆以山爲領褾諸侯服八章而下俱八等皆以華蟲爲領褾諸伯服七章而下俱七等皆以火爲領褾諸子服六章俱六等皆以宗彝爲領褾諸男服五章皆以藻爲領褾三公之服有九章有六衣重宗彝與藻裳重黼黻俱爲九等皆以宗彝爲領褾三孤之服有八章有五衣重藻與粉米裳重黼黻俱爲八等公卿之服有七章有四衣重粉米裳重黼黻爲七等皆以藻火爲領褾上大夫之服有六章有三衣重粉米裳重黼黻爲六等中大夫之服有五章有三衣重粉米爲五等下大夫之服有四章有三衣重粉米

爲四等士之服三則祀弁爵弁玄冠服皆玄衣其裳上士以玄中士以黃下士雜裳（謂前玄後黃）庶士玄冠服其在官府吏之屬服緇衣裳隋文帝卽位將改後周制度乃下詔曰宣尼制法損益可知朕受天命赤雀來儀五德相生宜爲火色其郊丘廟社可依衮冕之儀朝會衣裳宜盡用赤昔丹烏木運周有大帛之旂黃星土德曹乘黑首之馬今之戎服皆可尙黃在外所著者通用雜色祭祀之服須合禮經宜集通儒更可詳議太子庶子攝太常少卿裴正奏曰後魏以來法度咸闕天興草創多參胡制周氏因襲不可以訓今採東齊之法乘輿衮冕玄衣纁裳衣山龍華蟲火宗彝五章裳藻粉米黼黻四章衣重宗彝裳重黼黻爲十二等衣褾領織成升龍白紗內單黼領青褾襈裾革帶玉鉤鰈大帶素帶朱裏紕其外上以朱下以綠韍隨裳色龍火山三章轆轤玉具劍火珠鏢首白玉雙珮玄組雙大綬六采玄黃赤白縹綠純玄質長二丈四尺五百首廣一尺小雙綬長二丈六

寸色同大綬而首半之間施三玉環朱韈赤舃舃加金飾祀圜丘方澤五帝明堂五郊雩禘封禪朝日夕月宗廟社稷籍田遣上將征還飲至玄服納后正月受朝及臨軒拜王公則服之通天冠加金博山附蟬十二首施珠翠黑介幘玉簪導絳紗袍深衣制白紗內單皂領褾襈裾絳紗蔽膝白假帶方心曲領其革帶劍珮綬舄與上同黑介幘白紗單衣烏皮履拜陵則服之白紗帽白練裙襦烏皮履視朝聽訟及宴見賓客皆服之白帢白紗單衣烏皮履舉哀則服之皇太子袞冕玄衣纁裳衣山龍華蟲火宗彝五章裳藻黼黻粉米四章織成爲之白紗內單黼領青褾襈裾革帶金鉤䚢大帶素帶不朱裏亦紕以朱綠韍隨裳色火山二章玉具劍火珠鏢首瑜玉雙佩朱組雙大綬四采赤白縹紺純朱質長丈八尺三百二十首廣九寸小雙綬長二尺六寸色同大綬而首半之間施二玉環朱韈赤舃舃以金飾侍從皇帝祭祀及謁廟加玄服納妃則服之遠遊三梁冠加金附蟬九

首施珠翠黑介幘犀簪導絳紗袍白紗內單皁領褾襈裾白假帶方心曲領絳紗蔽膝韈舄其革帶劍珮綬與上同謁廟還宮元日朔日入朝釋奠則服之遠遊冠公服絳紗單衣革帶金鉤䚢假帶方心紛長六尺四寸廣二寸四分色同其綬金縷鞶囊韈履五日常朝則服之袞冕服九章同皇太子王國公開國公初受冊執贄入朝祭祀親迎則服之三公助祭者亦服之鷩冕服七章衣華蟲火宗彝三章裳藻粉米黼黻四章侯伯初受冊執贄入朝祭祀親迎則服之毳冕五章衣宗彝藻粉米三章裳黼黻二章子男初受冊執贄入朝祭祀親迎則服之絺冕服三章正三品以下從五品以上助祭則服之自王公以下服章皆繡爲之祭服冕皆簪導青纊充耳玄衣纁裳白紗內單黼領絺冕以下內單青領青褾襈裾革帶鉤䚢大帶王三公及公侯伯子男素帶不朱裏皆紕其外上以朱下以綠正三品以下從五品以上素帶紕其垂外以玄內以黃鈎皆用青組朱韍凡韍皆隨裳色袞鷩毳火山二章絺山一章劍佩綬韈赤舄爵弁從九品以上助祭則服之玄衣纁裳無章白

絹內單青領褾襈裾革帶大帶武弁平巾幘諸武職及侍臣通服之侍臣加金璫附蟬以貂爲飾侍左者左珥侍右者右珥委貌冠未冠則雙童髻空頂黑介幘皆深衣青領烏皮履國子太學四門生服之朝服亦名具服絳紗單衣白紗內單皁領袖皁襈革帶鉤鰈假帶曲領方心絳紗蔽膝韈舄綬劍珮從五品以上陪祭朝饗拜表凡大事則服之六品以下從七品以上去劍珮綬餘並同自餘公事皆從公服亦名從省服唐制天子衣服有大裘衮冕鷩冕毳冕絺冕玄冕通天冠武弁黑介幘白紗帽平巾幘白帢凡十二等貞觀四年制三品以上服紫四品五品以上服緋六品七品以上綠八品九品以上青婦人從夫之色仍通服黃

后妃命婦首飾制度

周制追師掌王后之首服爲副編次追衡笄爲九嬪及外內命婦之首服以待祭祀賓客鄭玄謂副之言覆所以覆首爲之飾其遺象若今步搖編編髮爲之其遺象若今假紒矣次次

第髮長短爲之所謂髲髢也追猶治也王后之衡笄皆以玉爲之唯祭服有衡垂于副之兩旁當耳其下以紞垂瑱笄卷髮者漢制太皇太后皇太后入廟翦氂蔮簪珥珥耳璫垂珠也簪以瑇瑁爲擿長一尺端爲華勝上爲鳳皇爵以翡翠爲毛羽下有白珠垂黄金鑷左右一横簪之以安蔮諸簪珥皆同制其擿有等級焉皇后謁廟假髻步搖俗謂之珠松是也簪珥步搖以黄金爲山題貫白珠爲枝相繆八爵九華熊虎赤羆天鹿辟邪南山豐大特六獸詩所謂副笄六珈珈笄飾之最盛者所以別尊卑者也南山豐大特按史記秦文公二十七年伐南山大梓豐大特徐廣注云今武都故道有怒特祠圖大牛上生木本有牛從木中出後見於豐水中諸爵獸皆以翡翠爲毛羽金題白珠璫繞以翡翠爲華云貴人助蠶大手髻黑瑇瑁又加簪珥長公主加步搖公主大手髻皆有簪珥公卿列侯中二千石二千石夫人紺繒蔮黄金龍首銜白珠魚須擿長一尺爲簪珥魏制貴人夫人以下助蠶皆大手髻七鏌音奠蔽髻黑瑇瑁又加簪珥九嬪以下五鏌世婦三鏌諸王妃長公主大手髻七鏌蔽髻其長公主得有步搖皆有簪珥公特進列侯

卿校世婦以下夫人紺繒幗黃金龍首銜白珠魚須擿長一尺爲簪珥晉依前代皇后首飾則髻步搖簪珥步搖以黃金爲山題貫白珠爲枝相繆八爵九華熊虎赤羆天鹿辟邪南山豐大特六獸諸爵獸皆以翡翠爲毛羽金題白珠璫繞以翡翠爲華宋依漢制太后入廟祭祀首飾翦氂幗皇后親蠶首飾假髻步搖八雀九華加以翡翠復依晉法皇后十二鏌步搖大手髻公主會見三夫人大手髻七鏌蔽髻公夫人五鏌世婦三鏌其長公主得有步搖公特進列侯夫人二千石命婦年長者紺繒幗齊因之公主會見大手髻不易舊法陳依前制皇后謁廟首飾假髻步搖簪珥步搖以黃金爲山題貫白珠爲枝相繆八爵九華熊虎赤羆天鹿辟邪南山豐大特六獸諸爵獸皆以翡翠爲華開國公侯太夫人夫人大手髻七鏌蔽髻九嬪及公夫人五鏌世婦三鏌其長公主得有步搖公特進列侯卿校中二千石夫人紺繒幗黃金龍首銜白珠魚須擿長一尺爲簪珥後魏天興六

年詔有司始制冠冕各依品秩以示等差然未能皆得舊法北齊依前制皇后首飾假髻步搖十二鏌八爵九華內命婦以上蔽髻唯以鏌數花釵多少爲品秩二品以上金玉飾三品以下金飾內命婦左右昭儀三夫人視一品假髻九鏌三品五鏌蔽髻四品三鏌五品一鏌又有宮人女官第二品七鏌蔽髻三品五鏌四品三鏌五品一鏌七品大手髻八品偏髾髻皇太子妃假髻步搖九鏌郡長公主七鏌蔽髻太子良娣視九嬪女侍中五鏌內外命婦宮人女官從蠶則各依品次還著蔽髻後周制皇后首飾花釵十有二樹諸侯之夫人亦皆以命數爲之節三妃三公夫人以下又各依其命一命再命者又俱以三爲節隋因之皇后首飾花十二樹皇太子妃公主王妃三師三公夫人一品命婦並九樹侯夫人二品命婦並八樹伯夫人三品命婦並七樹子夫人世婦及皇太子昭訓四品以上命婦並六樹男夫人五品命婦並五樹女御及皇太子良娣三樹自皇后以下小花並如大花之形

唐武德中制令皇后褘衣首飾花釵十二樹餘各有差開元中又定品令

后妃命婦服章制度

周制內司服掌王后之六服褘衣揄翟闕翟鞠衣展衣褖衣素紗（王后之服刻繒爲之形而采畫之綴於衣以爲文章褘衣畫翬者揄翟畫搖者闕翟刻而不畫此三者皆祭服從王祭先王則服褘衣祭先公則服揄翟祭羣小祀則服闕翟今世有袿衣者蓋三翟之遺俗鞠衣黃桑服也色如麴塵象桑葉始生月令三月薦鞠衣于上帝告桑事展當爲襢襢衣以禮見王及賓客之服其色白褖衣御於王之服亦以燕居其色黑六服備於此矣以下推次其色則闕翟赤揄翟青褘衣玄此鄭據五行相生爲說也素沙者今之白縳也六服皆袍制以白縳爲裏使之張顯今世有沙縠者名出於此其翟多少各依命數揄音搖縳音絹）辨內外命婦之服鞠衣展衣褖衣素紗（內命婦之服鞠衣九嬪也展衣世婦也褖衣女御也外命婦者其夫孤也則服鞠衣其夫卿大夫也則服展衣其夫士也則服褖衣三夫人及公之妻並闕翟以下至侯伯之夫人揄翟子男之夫人亦闕翟唯二王後褘衣也）漢制太皇太后皇太后皇后入廟服紺上皁下蠶服青上縹下皆深衣制（徐廣曰卽單衣也縹音疋繞反）隱領袖緣以絛貴人助蠶服純縹上下長公主見會自公主封君以上皆帶綬以采組爲緄

帶各如其綬色黃金辟邪首爲帶鐍飾以白珠公卿列侯中二千石夫人入廟佐祭者服皁絹上下助蠶者縹絹上下自二千石夫人以上至皇后皆以蠶衣爲朝服公主貴人妃以上嫁娶則服錦綺羅縠繒采十二色重緣袍特進列侯以上錦繒采十二色六百石以上重練采九色禁丹紫紺三百石以上五采青絳黃紅綠二百石以上四采青黃紅綠賈人緗縹而已緗赤黃色魏之服制不依古法多以文繡晉依前漢制皇后謁廟服皁上縹下隱領袖緣元康六年詔以純青服貴人夫人貴嬪是爲三夫人皆金章紫綬九嬪銀印青綬佩采瓄玉助蠶之服純縹爲上下皇太子妃金璽龜鈕纁朱綬佩瑜玉諸王太妃諸長公主金印紫綬佩山玄玉自公主以上皆帶綬以綵組爲緄帶各如其綬色金辟邪首爲帶玦郡縣公侯夫人銀印青綬水蒼玉公特進列卿世婦中二千石夫人入廟助祭者皁絹上下助蠶者緗絹上下自二千石以上至皇后皆以蠶衣爲朝服宋制太后皇后入

廟服袿襹上圭下屬大衣謂之褘衣公主會見封君以上皆帶綬以采爲組帶各如綬色公特進列侯夫人卿校世婦二千石命婦年長者入廟佐祭皁絹上下助蠶則青絹上下自皇后至二千石命婦皆以蠶衣爲朝服按漢劉向曰古者天子至於士王后至於命婦必佩玉尊卑各有其制皇后至命婦所佩玉古制不存今與外同制齊因之袿襹用繡爲衣裳黃綬貴嬪夫人貴人王太妃長公主封君皆紫綬六宮郡公侯夫人青綬陳依前制皇后謁廟袿襹大衣皁上皁下親蠶則青上縹下隱領袖緣貴妃嬪金章龜鈕紫綬佩于闐玉獸頭鞶九嬪以下章綬佩帶各有差自公主封君以上皆帶綬以綵組爲緄帶各以其綬色金辟邪首爲帶玦自二千石以上至皇后皆以蠶衣爲朝服北齊皇后助祭朝會以褘衣祠郊禖以褕翟小宴以闕翟親蠶以鞠衣禮見皇帝以展衣宴居以褖衣六服俱有蔽膝織成緄帶內外命婦從五品以上金章紫綬服褕翟雙佩山玄玉九嬪視三品銀章青綬鞠衣佩水蒼玉其餘各有差餘與女侍中同外命

婦皆如其夫若夫假章印綬佩妻則不假一品二品服闕翟三品服鞠衣四品展衣五品褖衣內外命婦宮人從蠶則各依品次皆服青紗公服其外命婦綬帶鞶囊皆准其夫公服之例百官之母詔加太夫人者朝服公服各與其命婦服同後周制皇后之服十有二等其翟衣六從皇帝祀郊禖享先皇朝皇太后則服翬衣祭陰社朝命婦則服揄衣祭羣小祀受獻繭則服鷩衣採桑則服鳪衣黃色音卜從皇帝見賓客聽女教則服鵫衣白色音罩食命婦歸寧則服翐衣玄色音秩俱十有二等以翬翟爲領褾各有二臨婦學及法道門燕命婦則蒼衣春齋及祭還則青衣夏齋及祭還則朱衣採桑齋及祭還則黃衣秋齋及祭還則素衣冬齋及祭還則玄衣自青而下其褾領以相生之色諸公夫人自揄衣以下鷩鳪鵫翐朱黃素玄等衣而九諸侯夫人自鷩衣而下八諸伯夫人自鳪衣而下七諸子夫人自鵫衣而下六諸男夫人自翐衣而下五其翟衣翟皆依其等數而領褾各有差三妃三

公夫人之服九鳪衣鵗衣翐衣青衣朱衣黃衣素衣玄衣綃衣其翟亦九等以鳪翟爲領褾各九三孤之內子自鵗衣而下八翟皆八等以鵗翟爲領褾各八九嬪六卿之內子自翐衣而下七翟皆七等以翐翟爲領褾各七上媛上大夫之孺人自青衣而下六中媛中大夫之孺人自黃衣而下四御婉士之婦自素衣而下三中宮六尙緅侯子反衣諸命秩之服曰公服其餘常服曰私衣隋制皇后褘衣鞠衣青衣朱衣四等褘衣深青質織成領袖文以翬翟五采重行十二等素紗內單黼領羅縠褾襈色皆以朱蔽膝隨裳色以緅爲緣用翟三章大帶隨衣裳飾以朱緣之革帶青韈舄舄以金飾白玉佩玄組綬章采尺寸同於乘輿祭及朝會大事服之鞠衣黃羅爲質織成領袖蔽膝革帶及舄隨衣色餘准褘衣親蠶服也青衣去大帶及珮綬金飾履禮見天子則服之朱服如青服有金璽盤螭鈕文曰皇后之璽冬至大朝則并璜琮各以筒貯進於座隅皇太后同於后服而貴妃以

下並亦給印三妃服揄翟金章龜鈕文從其職紫綬金縷獸頭鞶囊
佩于闐玉九嬪服闕翟金章龜鈕文從其職佩采瓄玉婕妤銀縷織
成他如嬪服美人才人鞠衣銀印珪鈕獸爪鞶囊佩水蒼玉寶林服
展衣艾綬鞶囊珮玉同婕妤承衣刀人采女皆褖衣無印綬皇太子
妃服揄翟衣九章金璽龜鈕素紗內單黼領羅褾襈色皆用朱蔽膝
二章大帶同褘衣青緣革帶朱韈青舄舄加金飾佩瑜玉纁朱綬獸
頭鞶囊凡大禮見皆服之唯侍親桑則用鞠衣珮綬與褕衣同良娣
鞠衣銀印青綬獸爪鞶囊餘同世婦寶林八子展衣銅印佩水蒼玉
艾綬諸王太妃妃長公主三公夫人一品命婦揄翟繡爲九章佩山
玄玉獸頭鞶囊綬同夫色公夫人縣主二品命婦亦揄翟繡八章從
親桑同鞠衣自此以下珮皆水蒼玉侯伯夫人三品命婦亦服揄翟
繡爲七章子夫人四品命婦服闕翟刻赤繒爲翟綴衣上爲六章男
夫人五品命婦闕翟五章若從親蠶皆同鞠衣唐武德令皇后服有

褘衣鞠衣鈿釵禮衣三等皇太子妃揄翟鞠衣自皇后至內外命婦衣服制度並具開元禮

天子諸侯玉佩劍綬璽印

周制天子佩白玉而玄組綬公侯佩山玄玉而朱組綬大夫佩水蒼玉而緇組綬世子佩瑜玉而綦組綬士佩瓀玟而緼組綬（綬者所以貫佩玉綦文雜色緼赤黃色）玉鎮圭長尺有二寸大圭長三尺杼上終葵首（終葵椎也為椎於其杼上杼殺也）繅藉五采五就以朝日公執桓圭九寸侯執信圭伯執躬圭皆七寸繅皆三采三就子執穀璧男執蒲璧繅皆二采再就以朝覲宗遇會同于王（三采朱白蒼二采朱綠也）凡玉天子用全上公用龍侯用瓚伯用將（龍瓚將皆雜名）自五霸迭興戰兵不息佩非戰器韍非兵旗於是解去綬佩留其係璲以為章表韍佩遂廢又三代之制人臣皆以金玉為印龍虎鈕唯所好也秦始制璽以玉不通臣下用制乘輿六璽曰皇帝行璽皇帝之璽皇帝信璽天子行璽天子之璽天子信璽又始皇得

藍田白玉爲璽螭虎鈕文曰受天之命皇帝壽昌載珮既廢乃以采組連結於璲光明章表轉相結受故謂之綬漢高帝入關得秦始皇白玉璽佩之曰傳國璽與斬蛇劍俱爲乘輿之寶載承秦制用而弗改加之以雙印佩刀後漢孝明帝乃爲大佩衝牙雙瑀璜皆以白玉月令章句曰佩上有雙珩下有雙璜琚瑀以雜之衝牙蠙珠以納其間纂要曰琚瑀所以納珠在玉之間今白珠也乘輿落以白珠公卿諸侯以采絲其視冕旒爲祭服云佩刀乘輿黃金通身貂錯半鮫魚鱗金漆錯雌黃室五色罽隱華室諸侯王黃金錯環挾半鮫黑室公卿百官皆淳黑不半鮫小黃門雌黃室中黃門朱室童子皆虎爪文虎賁黃室虎文其將白虎文皆以白珠爲鐔口之飾刀鋒曰鐔匹僥反乘輿者加翡翠山紆嬰其側佩雙印長寸二分方六分乘輿諸侯王公列侯以白玉中二千石以下至四百石皆以黑犀三百石以至私學弟子皆以象牙上合絲乘輿以縢貫白珠赤罽蕤諸侯王以下綔口故反赤絲蕤縢綔各如其印質刻書文曰正月剛卯既決靈殳

四方赤青白黃四色是當帝令祝融以教夔龍庶疫剛癉莫我敢當疾日嚴卯帝令夔龍慎爾周伏化茲靈殳既決既直既觚既方庶疫剛癉莫我敢當前漢注云以正月卯日作乘輿黃赤綬四采黃赤紺縹淳黃圭長丈九尺九寸五百首凡綬先合單紡爲一絲四系爲一扶五扶爲一首五首成一文文采純爲一圭首多者系細首少者系麤漢官儀曰璽皆白玉螭虎鈕文曰皇帝行璽皇帝之璽皇帝信璽天子行璽天子之璽天子信璽凡六璽皇帝行璽封常行詔勅之璽賜諸侯王書信璽發兵召大臣天子行璽策拜外國事之璽賜外國書信璽發外國兵及事天地鬼神璽皆以武都紫泥封青布囊白素裏兩端無縫尺一版中約署皇帝帶綬黃地六采不佩璽璽以金銀縢組侍中組負以從秦前民皆佩綬以金玉銀銅犀象爲方寸璽各服所好奉璽書使者乘馳傳其驛騎也三騎行晝夜千里爲程諸侯王赤綬四采赤黃縹紺淳赤圭長二丈一尺三百首太皇太后皇太后皇后其綬皆與乘輿同長公主天子貴人與諸侯王同綬者加特也諸國貴人相國皆綠綬三采綠紫紺淳綠圭長二丈一尺二百四十首前漢書曰相國丞相皆秦官金印紫綬高帝相國綠綬徐廣曰金印綠綟音戾草名以染似綠又云似紫紫綬名緺音瓜其色青紫公加殊禮皆得服之公侯將軍紫綬二采紫白淳紫圭長丈七尺百八十首前漢書曰太尉金印紫綬御史大夫位上卿銀印青綬成

〔帝更名大司空金印紫綬將軍亦金印漢官儀曰馬防爲車騎將軍銀印青綬在卿上絕席和帝以竇憲爲車騎將軍始加金紫次司空〕九卿中二千石青綬三采青白紅淳青圭長丈七尺百二十首〔一號青緺〕綬自青綬以上縌〔音逆〕皆長三尺二寸與綬同采而首半之縌者古佩璲也佩綬相迎受故曰縌紫綬以上縌綬之間得施玉環鐍云〔通俗文曰缺環曰鐍漢舊儀曰其斷獄者印爲章也〕千石六百石黑綬三采青赤紺淳青圭長丈六尺八十首四百石三百石長同〔漢官儀曰尚書僕射銅印青綬〕四百石三百石二百石黃綬淳黃圭一采長丈五尺六十首自黑綬以下縌綬皆長三尺與綬同采而首半之百石青紺綸一采宛轉繆織長丈二尺晉制盛服則雜寶爲佩金銀校飾綬黃赤縹紺四采太子諸王纁朱綬赤黃縹紺相國綠綟綬三采綠紫紺郡公朱侯伯青朱子男素朱皆三采公嗣子紫侯嗣子青鄉亭關內侯紫綬白二采郡國太守內史青尚書令僕射中書監令秘書監皆黑丞皆黃諸府丞亦然其佩刀者以木代眞刀也宋皇太子金璽龜鈕朱綬四采赤黃縹紺佩瑜玉諸王

金璽龜鈕纁朱綬四采赤黃縹紺佩山玄玉太宰太傅太保丞相司徒司空金章紫綬佩山玄玉相國則綠綟綬三采綠紫紺自相國而下或銅印銀章或青綬或黑綬以至別部司馬以下假黑綬者凡六十等各有差凡此前衆職江左多不備又多闕朝服諸應給朝服佩玉而在京師者給朝服非諸烏丸羌戎蠻諸校尉以上及刺史西域戊己校尉皆不給佩玉其來朝會權時假給會罷輸還凡應朝服者而官不給聽自具之諸假印綬而官不給鞶囊者得自具作其位假綬者不得佩綬鞶古制也按漢代著鞶囊者側在腰間或云傍囊或云綬囊然則以此囊盛綬也或盛或散各有其時齊乘輿制六璽以金爲之並依秦漢之制皇太子諸王金璽皆龜鈕公侯五等金章其公將軍金章光祿大夫卿尹太子傅諸領護將軍中郎將校尉郡國太守內史四品五品將軍皆銀章尚書令僕射中書監令秘書監丞太子二率諸府長史卿尹丞尉都水使者諸州刺史皆銅印其綬乘輿黃赤縹紺四采太子諸王纁朱綬赤黃縹紺色亦同相國綠綟綬三采綠紫紺羣公朱侯伯青子男素朱皆三采公嗣子紫侯嗣子青鄉亭侯關中關內侯紫綬皆二采郡國太守內史青

尚書僕射中書監令秘書監皆黑丞皆黃諸府丞亦然梁制乘輿印璽並如齊制皇太子金璽龜鈕朱綬三百首佩瑜玉帶鹿盧劍火珠首素革帶玉劍獸頭鞶囊諸王金璽龜鈕纁朱綬百六十首佩山玄玉垂組大帶獸頭鞶腰劍若加餘官則服其加官之服開國公金章龜鈕玄朱綬百四十首佩山玄玉獸頭鞶腰劍自開國公而下或金章或金印或銀章或銀印或銅印或青綬或紫綬或墨綬或黃綬或艾綬或佩水蒼玉或佩五采或無佩而簪筆者或獸頭鞶或獸爪鞶或腰劍或紫荷執笏或赤舄絇履或髦縠單衣介幘以至四品將兵以下所領不滿五十人除版而不給章者凡七十等各有差陳永定元年武帝所定乘輿服御皆採梁舊制以天下初定務從節儉應用繡織成者並可彩畫珠玉之飾任用蚌也至天嘉初悉改易之令一依梁天監舊事北齊制天子六璽並依舊式皇帝行璽之璽信璽並白玉爲之方一寸三分天子行璽之璽信璽並黃金爲之方一寸二分又有傳國璽白玉爲之方四寸螭獸鈕上交

蟠螭隱起鳥篆書文曰受天之命皇帝壽昌凡八字在六璽外唯封禪以封石函又有督攝萬機印一鈕以木爲之長尺二寸廣二寸五分背上爲鼻鈕鈕長九寸厚一寸廣七分腹下隱起篆文書爲督攝萬機凡四字此印常在內唯以印籍縫用則左戶部郎中度支尚書奏取印訖轉內皇太子璽黃金爲之方一寸龜鈕文曰皇太子璽宮中大事用璽小事用門下典書坊印諸侯印綬二品以上並金章紫綬三品銀章青綬四品得印者銀印青綬五品六品得印者銅印墨綬七品八品九品得印者銅印黃綬金銀章印及銅印並方一寸皆龜鈕東西南北四藩諸國王之章上藩用中金中藩用下金下藩用銀並方寸龜鈕佐官唯公府長史尚書二丞給印綬六品以下九品以上唯當曹爲官長者給印餘自非長官雖位尊亦不給諸王纁朱綬四采赤黃縹紺純朱質纁文織長二丈一尺二百四十首廣九寸開國郡縣公散郡公玄朱綬四采玄赤縹紺朱質玄文織長丈八尺

百八十首廣八寸開國縣侯伯青朱綬四采青赤白縹朱質青文織長丈六尺百四十首廣七寸開國縣子男名號侯開國鄉男素朱綬三采青赤白朱質白文織長丈四尺百二十首廣六寸一品二品紫綬三采紫黃赤純紫質長丈八尺百八十首廣八寸三品四品青綬三采青白紅純青質長丈六尺百四十首廣七寸五品六品墨綬二采青紺純紺質長丈四尺一百首廣六寸七品八品九品黃綬二采黃白純黃質長丈二尺六十首廣五寸官品從第二以上小綬間得施玉環官有綬者則有紛皆長八尺廣三寸各隨綬色若服朝服則佩綬公服則佩紛官無綬者不給佩紛其鞶囊二品以上金縷三品金銀縷四品銀縷五品六品綵縷七八九品絲縷獸爪鞶官無印綬者並不給佩鞶囊及爪其佩及劍一品玉具劍佩山玄玉二品金裝劍佩水蒼玉三品及開國子男五等散品名號侯雖四品五品並銀裝劍佩水蒼玉侍中以下通直郎以上陪位則象劍木劍也言其象真劍帶劍

者入宗廟及升殿若在仗內皆解劍後周皇帝八璽有神璽有傳國璽皆寶而不用神璽明受之於天傳國璽明受之於運皇帝負扆則置神璽於筵前之右置傳國璽於筵前之左其六璽並因舊制皆白玉爲之方一寸五分高一寸螭獸鈕三公諸侯皆金印方一寸二分高八分龜鈕七命以上銀四命以上銅皆龜鈕三命以下銅印銅鼻其方皆寸其高六分文曰某公官之印凡組綬皇帝以蒼青朱黃白玄纁紅紫緅碧綠十有二色諸公九色自黃以下諸侯八色自白以下諸伯七色自玄以下諸子六色自纁以下諸男五色自紅以下三公之綬如諸公三孤之綬如諸侯六卿之綬如諸伯上大夫之綬如諸子中大夫之綬自紫以下士之綬自緅以下其璽印綬亦如之保定四年百官始執笏常服焉內外命婦皆執笏其拜俛伏方興宇文護始袍加下襴遂爲後制隋制神璽寶而不用受命璽封禪則用之餘六璽行用並因舊制其綬自王公侯伯子男爲四等又以從正一品三品四品五品

亦爲四等之差大抵遵北齊之制采純及首微有加減焉自王公以下皆有小雙綬長二尺六寸色同大綬而首半之正從一品施二玉環以下不合有綬者則有紛皆長六尺四寸廣二寸四分各隨綬色其鞶囊如北齊制其佩一品及五等諸侯並山玄玉五品以上水蒼玉唐貞觀十六年太宗刻受命玄璽白玉爲螭首其文曰皇天景命有德者昌永徽二年四月勅開府儀同三司及京官文武職事四品五品並給隨身魚上元元年八月勅文武官三品以上金玉帶十二銙四品金魚帶十一銙五品金帶十銙六品七品並銀帶九銙八品九品服並鍮石帶八銙庶人服黃銅鐵帶六銙其一品以下文官並帶手巾筆袋刀子磨石其武官欲帶手巾筆袋亦聽之武太后天授元年九月改內外官所授魚爲龜至神龍元年二月京文武官五品以上依舊式佩魚袋垂拱二年正月赦文諸州都督刺史並准京官帶魚長壽三年改玉璽爲符寶開元二年七月勅珠玉錦繡既令禁斷准式三品以上飾以玉四品以上

飾以金五品以上飾以銀者宜於腰帶及馬鐙酒杯杓依式自外悉禁斷天授二年八月左羽林大將軍建昌王攸寧借紫衫金帶借紫自此始 八年二月勅都督刺史品卑者借緋及魚袋永為常式天寶十載改傳國寶為承天大寶天子之寶八一曰神寶所以臣百王鎮萬國寶而不用二曰受命寶所以修封禪禮神祇三曰皇帝行寶答疏於王公則用之四曰皇帝之寶勞來勳賢則用之五曰皇帝信寶召大臣則用之六曰天子行寶答四夷書則用之七曰天子之寶慰撫蠻夷則用之八曰天子信寶發蕃國兵則用之 凡大朝會則奉寶以進于御座車駕行幸則奉寶以從于黃鉞車之內

臣謹按梁制左右光祿大夫加金章紫綬銀章青綬者同其位但加金紫者謂之金紫光祿大夫但加銀青者謂之銀青光祿大夫又按北齊之制三品以上凡是五省官及中侍中省官皆為印不為章四品以下凡是開國子男及五等散品名號侯皆為銀章不為印

器服略第一

臣謹按考工記曰一器而工聚焉者車爲多上蓋如規象天二十八撩（音老）象列宿方輿象地三十幅象日月前則聽鸞和之響傍則睹四時之運等威有辨貴賤有序者車之制也故書曰明試以功車服以庸洎乎魏晉政教陵遲僭踰莫禁世有變改異制殊狀今略舉沿革云

天子車輅

五輅

古史考云黃帝作車至少昊始駕牛及陶唐氏制彤車乘白馬則馬駕之初也有虞氏因彤車而制鸞車夏后氏因鸞車而制鉤車（鉤之言不揉自曲也）奚仲爲車正建斿旐尊卑上下各有等級商因鉤車而制大輅（禮緯曰山車乘鉤乃鉤車之象昔成湯用而郊祀有山車之瑞山車謂之桑金車似金根之色亦謂之大輅）周因商輅以制木輅約木以加飾爲五輅一曰玉輅以祀二曰金輅以賓同姓以

封三曰象輅以朝異姓以封四曰革輅以即戎以封四衞五曰木輅
以田以封藩國其制度之詳在禮經秦平天下閱三代之禮或曰商
瑞山車金根之色乃因金根車用金飾而爲帝軫黑旗皂斿以從水
德復法水數駕馬以六漢武帝天漢四年始定輿服之制郊祀所乘
謂之大駕車千乘騎萬匹其儀甚盛不必師古及赤眉之亂文物無
遺後漢光武平公孫述始獲葆車輿輦因舊制金根車擬周之玉輅
最尊者也輪皆朱班重牙貳轂兩轄轂外復有一轂抱轄其外乃復設轄抱銅置其中金簿
繆龍爲輿倚較徐廣曰繆交錯之形也較在箱上說文曰檴文畫蕃箱也通俗文曰車箱爲較文虎伏軾龍
首銜軛左右吉陽筩鸞雀立衡檴文畫輈羽蓋華蚤建大旂十有二
斿畫日月升龍駕六馬象鑣鏤錫金鍐方釳插翟尾朱兼樊纓赤罽
易茸金就十二左纛以氂牛尾爲之左右騑馬軛上大如斗是爲德
車大駕則御鳳凰車以金根車爲副其駕黑馬六因秦不改或云始自漢制許慎五經異義說天子
駕六馬以經言時乘六龍以御天故所御皆六餘皆駕四後從爲副車魏武王受漢獻帝命乘金根車

駕六馬設五時副車至明帝景初中山荏縣黃龍見以爲魏得地統服色尙黃戎事乘黑首白馬齊王正始中詔出入必御輦乘輿晉武帝承魏陳留王命乘金根車駕六馬備五時副車及受禪設玉金象革木五輅並爲法駕旗旂服用悉取周制文物華藻因金根車更增其飾朱班漆輪加畫轓文兩箱之後加玳瑁爲鷁翅加以金銀雕飾時人亦謂爲金鷁車斜注旂旗於車之左又加棨戟於車之右皆橐而施之棨戟韜以黼繡上繫大蛙蟆幡長丈餘於戟之杪轅皆曲向上取夏商山車垂鉤之義玉輅駕六馬以黑金象革木駕四馬以黃金爲叉髦插以翟尾象鑣而鏤錫金鋄而方釳許乞反鑾纓赤罽易茸金就十有二五輅皆有錫鸞之飾和鈴之響鉤膺玉瓖龍輈華轙朱幩音紛法駕行則五輅各有所主復制金根車去漢之文物駕四馬不建旗幟上如畫輪車下猶金根之飾東晉元帝始建戎輅大輅各一以商人祀用大輅周人即戎用戎輅故也因金根車飾皆駕黑駟是爲元牡安帝義熙中

平關洛得姚興僞車輦或時乘用焉宋孝武大明中尚書左丞荀萬秋改造五輅依晉金根車加赤漆檟畫玉飾諸末建青旗十有二斿駕駟以黑復因漢之安車章施羽葆蓋以祀金根爲金輅建青旂駕黑馬四羽葆蓋以賓象革木輅並擬玉輅漆檟畫羽葆蓋象輅視朝革輅即戎二輅並建赤旆駕黑馬四木輅建赤麾以田駕赤馬四大事法駕五輅俱出齊武帝永平初伏曼容議齊德尚青旗先青次赤次白次黑軍容戎事宜依漢道行運之色因宋金根車而修玉輅五輅江左相承駕駟左右騑爲六初加玉輅爲重蓋棲寶鳳皇綴金鏤珠瑠玉蜂珮四角金龍銜五采氊又麒麟頭加以采畫馬首戴之竟陵王子良啓曰蓋圓象天軫方象地上無二天之儀下設兩蓋之飾求諸志録難爲折衷又假爲麟首加乎馬頭事不飾古鮮或可施至建武中明帝乃省重蓋等金輅之飾如玉輅而減少象輅減金輅革輅如象輅而尤減木輅如革輅建大赤麾首施大騶幡金輅玉輅建碧旂象

輅木輅建赤旂梁武帝初因齊制天監三年五輅旗麾同用赤而斿不異以從行運也七年帝據周禮玉輅以祀金輅以賓今祀乘金輅詔下詳議周捨謂金輅爲齊車本不關於祭祀於是改陵廟皆乘玉輅鑾以朱絲陳天嘉初令劉仲舉議造玉金象革木等五輅及五色副車皆金薄交龍爲輿倚較文貔伏軾虬首銜軛左右吉陽筩鸞雀立衡檳文畫轓綠油蓋黃紋裏相思撩金華末邪注旂旗於車之左各依方色加棨戟於車之右韜以黼繡獸頭幡長丈四尺揭於戟杪玉輅正副同駕六馬餘皆駕駟並金叉髦插以翟尾玉爲鏤錫又以彩畫蛙蟆綴兩軸頭卽漢之飛軨遺象也五輅兩箱後皆用玳瑁爲鵾翅加以金銀雕飾兩箱之裏衣以紅錦金花帖釘上用紅紫錦爲後檐青紋純帶夏用花簟冬用綺繡褥此後漸修具依梁制後魏天興初始制軒冕未知古式多違舊章至孝文太和中儀曹令李韶更議改正唯備五輅各依方色其餘車輦猶未能具明帝熙平中侍中

崔光等議大造車服五輅並駕五馬亦無經據北齊車服制度多因
後魏天保中所乘是太和中李韶所制五輅後周依周禮設六官置
司輅之職掌皇帝之輅十有二等一曰蒼輅以祀昊天上帝二曰青
輅以祀東方上帝三曰朱輅以祀南方上帝及朝日四曰黄輅以祭
地祇中央上帝五曰白輅以祀西方上帝及夕月六曰玄輅以祀北
方上帝及感帝祭神州此六輅通漆之而無他飾即周木輅之遺象
也馬皆疏面斿就以方色俱十有二七曰玉輅以享先皇加玄服納
后八曰碧輅以祭社稷享諸先帝大卜食三老五更享諸侯及耕籍
九曰金輅以祀星辰祭四望視朔射饗十曰象輅以望秩羣祀視朝
燕射巡省臨學幸道法門十一曰革輅以巡兵即戎十二曰木輅以
田獵行鄉畿此六輅又以六色漆畫之用玉碧金象革物以飾諸末
皆鍚面金鉤就以五采俱十有二其輅之式飾重較加茸焉隋開皇
元年内史李德林奏後魏輿輦乖制請皆廢之唯留太和時李韶所

制五輅北齊所遵者後著令玉輅青質以玉飾諸末重箱盤輿左龍右虎金鳳翅畫檐文烏獸黃屋左纛金鳳一在軾前八鑾在衡二鈴在式龍輈之上前設障塵青蓋黃裏繡斿帶金博山綴以鏡子下垂八珮植四十葆羽輪皆朱班重牙複轄左建太常十有二斿皆畫升龍日月其長曳地右載闟戟長四尺廣三尺黻文旗首金龍頭銜鈴及緌垂以結綬駕蒼龍金鍐方釳插翟尾五隼鏤錫鞶纓十有二就皆五采繒罽爲飾天子祭祀納后則乘之金輅赤質以金飾諸末左建旗畫飛隼右建闟戟盤輿鳳翅等並同玉輅駕赤騮臨朝會同饗射飲至則乘之象輅黃質以象飾諸末左建旌畫桴獜右建闟戟駕黃騮祀后土則乘之革輅白質輓之以革左建旗畫騶虞右建闟戟駕白駱巡狩臨兵則乘之木輅黑質漆之左建旐畫玄武右闟戟駕黑騮田獵則乘之其五輅並駕六馬飾同玉輅復制安車重輿曲壁紫油纁裳通幰朱絲絡網朱鞶纓駕赤騮臨幸所乘按隋氏五輅遠酌周禮旗斿藻

飾近約漢制文質相半唐因隋制玉金象革木是爲天子五輅玉輅青質重輿左青龍右白虎金鳳翅畫櫳文鳥獸黃屋左纛金鳳一在軾前十二鑾在衡五輅鑾數皆準此制副輅及耕根車則八二鈴在軾龍輈前設障塵青蓋黃裏繡飾博山鑑子植羽輪皆朱班重牙左建旂十有二旒旒畫升龍其長曳地右載闟戟長四尺廣三尺黻文旂首金龍頭銜結綬及鈴緌駕蒼龍金鍐方釳插翟尾五隼鏤錫鞶纓十有二就祭祀納后則供之金輅赤質餘同玉輅駕赤騮饗射祀還飲至則供之象輅黃質餘同金輅駕黃騮行道則供之革輅白質鞔以革餘同象輅駕白駱巡狩臨兵事則供之木輅黑質漆之餘同革輅駕黑騮田獵則供之旌旗鞶纓及蓋皆從輅色其蓋文裏俱用黃其鏤錫五輅並同其飾武德初著令天子鑾輅玉金象革木五等屬車十乘指南車記里鼓車白鷺車鑾旗車辟惡車皮軒車耕根車安車四望車羊車貞觀元年十一月始加黃鉞車豹尾車通爲十二乘以爲儀仗之用大駕行幸則

分前後施於鹵簿之內若大陳設則行分左右施於儀仗之中高祖太宗大禮則乘輅高宗不喜乘輅每有大禮則御輦至武太后以爲常明皇以輦不中禮廢而不用開元十一年冬祀南郊乘輅而往禮畢騎還自是行幸郊祀皆騎於儀仗之內其五輅腰輿陳於鹵簿而已

副車

秦平天下以諸侯所乘之車爲副車漢制安車立車各五乘爲乘輿副車輪皆朱班重牙貳轂兩轄金薄繆龍爲輿倚較文虎伏軾龍首衡軛左右吉陽筩鸞雀立衡樻文畫輈羽蓋華蚤建大旂十有二旒畫日月升龍駕六馬象鑣鏤錫金鍐方釳插翟尾朱兼樊纓赤罽易茸金就十有二左纛以氂牛尾爲之在左騑馬軛上大如斗其馬各如方色白馬者朱其髦尾爲朱鬣云所御駕六餘皆駕四後從爲副車應劭漢官鹵簿圖曰乘輿大駕則御鳳皇以金根爲副魏因漢制五時副車置髦頭雲罕晉制五安車五立車合十乘名五時車俗謂五帝車建旗十二旒各如

車色立車則正植其旗安車則斜注駕馬仍漢制左右騑驂金鍐鏤錫黃屋左纛如金根之制行則從後東晉過江副車遺缺有事權以馬車代之建旗其上其後制五色木車象五時車植旗於牛背行則使人輿之(牛之為義蓋取負重致遠而安穩)旗常纏而不舒(所謂德車結旌)唯天子親戎五旗舒旆(所謂武車綏旌)宋因晉而無副車齊王儉議乘黃無副今衣書車十二乘古副車之象也亦曰五時副車青萌車是謂搭(他合反)幰車梁依晉置五牛旗車左青赤右白黑黃居其中象古之五時副車一曰副車陳因舊制五時副車飾同五輅並駕六馬隋因陳制五時副車色及旗章一同正輅唯降二等駕用四馬唐之制副輅五乘大駕行幸皆次於五輅

戎車(周巾車氏革輅即戎車車僕掌戎輅之萃音倅廣車之萃闕車之萃苹車之萃輕音磬車之萃萃猶副也此五者兵車所謂五戎也漢戎車不巾不蓋其飾如耕車蕃以矛麾金鼓羽析幢翳轓胄甲弩之箙魏景初改正朔戎事乘黑首白馬建大赤之旗太始中並建赤旗晉制輕車駕二馬古之獸車也前後二十乘分居左右輿輪洞朱建矛戟麾幢置弩於軾上大駕出射聲校尉司馬吏士載以次

屬車後宋依漢制戎車建矛麾邪注之載金鼓羽幢置甲弩於軾上輕車之制因漢不易以武剛車爲殿孫子兵法曰有巾有蓋謂之武剛車齊梁已下及後周與隋或并用之

獵車周謂之奇車曲禮曰國君不乘奇車注云獵車也巾車氏木輅獵車以田漢制其飾如安車重輞縵輪繆龍繞之一曰闟豬車親校獵乘之魏因漢制改名闟虎車晉因魏制一名闟戟車宋因晉制自後無聞

指南車黃帝與蚩尤戰於涿鹿之野蚩尤作大霧將士皆迷四方黃帝於是作指南車以示方向故後常建焉出崔豹古今注周致太平越裳氏重譯來獻使者迷其歸路周公爲司南之制使載之南周年至國故常爲先導示服遠人而正四方漢初置俞兒騎馬爲先驅之乘左思曰俞兒騁路指南司方後廢其騎而存其車後漢張衡始復創造漢末喪亂其器不存魏明帝青龍中令博士馬鈞紹作焉車上有木仙人舉手常指南車箱回轉所指微差晉亂復亡東晉義熙十三年劉裕平長安始得此車復修之一名司南車駕駟其下制如樓三級四角金龍銜羽葆刻木爲仙人衣羽衣立車上車雖迴運而手常指南大駕出行爲先啓之乘此車戎狄所制機數不精迴曲頻驟猶須人力正之范陽人祖沖之有巧思常謂宜更造宋順帝昇明中齊高帝爲相命沖之造焉車成使撫軍將軍丹陽尹王僧虔等試之其制甚精百屈千迴未嘗移變齊因宋制而加飾焉梁復名司南車大駕出爲先啓之乘後魏太武帝使工人郭善明造之彌年不就扶風人馬岳又造垂成善明酖殺之唐修之備於大駕行則先導

記里鼓車東晉安帝義熙十三年劉裕滅後秦所獲未詳其所由來制如指南車駕駟中有木人執槌向鼓行一里則打一槌

崔豹古今注云亦名大章車所以識道里也車上有二層皆有木人執槌行一里下一層擊鼓行十里上一層擊鐲尚方故事存其作法然未詳宋因之不易大駕鹵簿次指南車後齊因宋制而加飾焉梁因齊制改駕以牛唐復修大駕鹵簿次指南車後

白鷺車 隋一名鼓吹車車上施層樓樓上有翔鷺棲焉唐因之駕四馬大駕出在記里鼓車後

鸞旗車 漢制鸞旗車析羽毛而編之列繫幢傍胡廣曰以銅作鸞鳥於車衡上晉宋因之駕四馬先輅所載也唐備於大駕鹵簿次白鷺車後

辟惡車 秦制也桃弓葦矢所以禳祓不祥太卜令一人在車執弓箭出崔豹古今注唐之制駕四馬大駕出在鸞旗車後

皮軒車 漢制皮軒車以虎皮為軒晉宋相因駕四馬皆大夫載自後無聞唐備之以大駕鹵簿次於辟惡車後

耕根車 漢制耕根車如副車有三蓋一曰芝車置輔耒耜之箙上親耕所乘也魏因之建赤旗晉因之駕駟天子親耕所乘置耒耜於軾上一名三蓋車宋因之隋以青為質三重蓋羽葆雕裝同玉輅駕六馬其軾平以青囊盛耒耜而加之籍田則乘之唐因隋其飾不易大駕行則備焉

安車 周制致仕之老及后乘之漢制乘輿金根車安車立車蔡邕曰五安五立徐廣曰立乘曰高車坐乘曰安車是為德車五時車安立亦皆如之各如方色馬亦如之建大旂十有二斿駕六馬餘皆駕四皇太子王公列侯皆乘之自漢以後亦為副車晉制因之天子所御則駕六餘皆駕四三公下至九卿各一乘公駕三特進駕二卿駕一宋因之齊制諸王三公國公列侯等行禮則乘之隋制金飾紫

通幰朱裏駕四馬臨幸及賜予則供之唐之制以金飾駕四馬幸則乘之大駕出在耕根車後

四望車 齊四望車通幰油幢絡班漆輪轂亦曰皂輪車以加貴臣隋制同犢車黃金飾青油紫幢朱裏紫通幰紫絲網駕一牛拜陵臨弔則乘之唐之制以金飾駕四馬拜陵臨弔則乘之大駕出在安車後

遊車 漢制九遊車九乘大駕爲先乘宋因之自後無聞

羊車 晉制羊車一名輦車其上如軺伏兔箱漆畫輪軛武帝時護軍羊琇乘羊車爲司隸校尉劉毅糾劾梁因制羊車小兒衣青布袴褶五辮髻數人引之貴賤通得乘之名牽子也隋大業始置焉制如軺車金寶飾紫錦幰朱絲網馭童二十人皆兩環髻服青衣年十四五者乘之謂之羊車小史駕以果下馬其大如羊唐因之小史十四人

畫輪車 晉制畫輪車駕牛以彩漆畫輪轂上起四夾杖左右開四望綠油幢朱絲青交絡其上形制如輦其下猶犢車貴者不乘牛車漢武帝推恩之末諸侯寡弱貧者至乘牛車其後稍貴天子至士遂爲常乘至尊出朝堂舉哀乘之大駕次羊車後宋齊梁相因爲羣公所乘自後無聞

鼓吹車 梁制鼓吹車上施層樓四角金龍銜旒蘇羽葆凡鼓吹陸則樓車水則樓船在殿庭則畫筍簴爲樓上有翔鷺棲焉或爲鶴形自後無聞

象車 晉武帝太康中平吳後南越獻馴象詔作大車駕之載鼓吹十人使越人騎之元正大會入庭大駕鹵簿行則試橋道自後不

見

黃鉞車晉制黃鉞車駕一馬大駕行次於華蓋後御麾左右又有金鉞車金缸車並三馬唐貞觀以後加之備於大駕鹵簿天寶元年改爲金鉞車

豹尾車周制也古者軍正建之漢制大駕出屬車八十一乘法駕出屬車三十六乘最後一乘垂豹尾晉因之在鹵簿之末宋志徐廣按淮南子云軍正執豹皮以正其衆禮記曰前士師則載虎皮乘輿豹尾以其義類唐之制大駕出在黃鉞車後駕二馬武衛隊正一人在車執之

建華車晉制建華車一乘駕四馬大駕出分在左右行自後無聞

皇太后皇后車輅

周禮王后之五輅一曰重翟二曰厭翟三曰安車四曰翟車五曰輦車漢皇后駕輅青羽蓋駕四馬旆九旒後漢太皇太后皇太后皇后法駕皆御金根車重翟羽蓋加青交絡帷裳非其法駕則乘紫罽軿車雲㯂文畫輈黃金塗五末五末轅一轂二箱二共五也蓋蚤施金花駕三馬左右騑晉制后乘重翟羽蓋金根車加青絡青帷裳雲㯂畫轅黃金塗

五末蓋蚤施金華駕三馬左右騑其廟見小駕則乘紫罽軿車飾及駕馬如重翟非法駕則皇太后乘輿皇后畫車后先蠶乘油畫雲母安車駕六騩馬（騩淺黑色音貴）油畫兩轅安車駕五騩馬爲副又金博山軿紫絳罽車皆駕三騩馬宋因之法駕乘重翟齊因重翟車車加金塗飾後魏熙平中有司蘇紹議皇后之輅其從祭則御金根車親蠶則御雲母車歸寧則御紫罽車遊行御安車弔問御紺罽車並駕四馬北齊因之後周皇后之車十二等一曰重翟以從皇帝祀郊禖享先皇朝皇太后二曰厭翟以祭陰社三曰翟輅以採桑四曰翠輅以從皇帝見賓客五曰雕輅以歸寧六曰篆輅以臨諸道法門六輅皆錫面朱總金鉤七曰蒼輅以適命婦八曰青輅九曰朱輅十曰黃輅十一曰白輅十二曰玄輅五時常出則供之六輅皆疏面繢總隋開皇初李德林奏用後魏熙平蘇紹議皇后之輅後著令制重翟青質金飾諸末朱輪金根朱牙其箱飾以重翟羽青油幢朱裏通幰繡紫帷

朱絲絡網繡紫絡帶八鑾在衡鏤鍚鞶纓十二就金鍐方釳插翟尾朱總駕蒼龍受冊從祀郊禖享廟則供之厭翟赤質金飾諸末輪畫朱牙其箱飾以翟羽紫油幢朱裏通幰紅錦帷朱絲絡網紅錦絡帶餘如重翟駕赤騮親桑則供之翟車黃質金飾諸末輪畫朱牙其車側飾以翟羽黃油幢黃裏通幰白紅錦帷朱絲絡網白紅錦絡帶餘如重翟駕黃騮歸寧則供之諸鞶纓之色皆從車質安車赤質金飾紫通幰朱裏駕四馬臨幸及弔則供之輦金飾同於蓬輦通幰班輪駕四馬宮苑近行則乘之屬車三十六乘唐因隋制重翟厭翟翟車安車其飾不易又制四望車紫油朱質通幰畫絡帶拜陵臨弔則供之又制金根車朱質紫油通幰畫絡帶朱絲絡網常行則供之

皇太子皇子車輅

周制巾車氏掌王五輅金輅建大旂以封同姓同姓謂王子母弟率以功德出封若魯衛之屬漢皇太子皆安車朱班輪飛軨青蓋金花爪倚虎較伏鹿軾櫇文

畫轓吉陽筩文軜金塗五末旂九斿畫降龍皇太子爲王賜以乘之皇孫綠車以從皆左右騑三馬名皇孫車魏因之文帝問東平王有輅爲是特賜乎鄭稱對曰天子五輅金輅以封同姓諸侯得與天子同乘金輅非特賜晉因魏安車而駕三馬非法駕則乘畫輪車上開四望綠油幢朱絲繩絡兩箱裏飾以金錦黃金漆塗五末其副車二乘形制如所乘但不畫輪耳王青蓋車皇孫綠蓋車並駕三左右騑東晉安帝時乘後山安車制如金輅宋因之皇子爲王亦錫以皇太子之安車皇孫綠車亦因舊法齊皇太子乘象輅校飾如御旂旗九斿降龍梁因齊象輅制鑾輅駕三左右騑朱班輪倚獸較伏鹿軾九斿降龍青蓋畫轓文軜金塗五末以畫輪車爲副常乘畫輪則衣書車爲副其畫輪車上開四望綠油幢朱繩絡兩箱裏飾以金錦陳因梁制後魏乘金輅朱蓋赤質駕四馬北齊因之隋皇太子金輅赤質金飾諸末重較箱畫虡文鳥獸黃伏鹿軾龍軜金鳳一在軾前設障塵朱

蓋黃裏輪畫朱牙左建旂九斿右載闟戟旂首金龍頭銜結綴及鈴綏駕赤騮駟八鑾在衡二鈴在軾金鍐方釳插翟尾五隼鏤錫鞶纓九就從祀享廟正冬大朝納妃則乘之軺車金飾諸末紫通幰朱裏駕一馬五日常朝饗宮官出入行道乘之四望車金飾諸末紫油幢通幰朱裏朱絲絡網駕一馬弔臨則乘之唐因隋制

公侯大夫等車輅

周制巾車掌王五輅象輅以封異姓革輅以封四衞木輅以封藩國又曰服車五乘孤乘夏篆卿乘夏縵大夫乘墨車士乘棧車庶人乘役車漢景帝中元五年始詔六百石以上施車轓得銅五末軛有陽箭中二千石以上右騑三百石以上皁布蓋千石以上皁繒蓋二百石以下白布蓋皆有四維杠衣賈人不得乘馬車除吏赤蓋杠其餘皆青大使車立乘駕駟赤帷裳持節者重導從賊曹車斧車督車功曹車皆兩大車伍伯璅弩十二人辟車四人從車四乘小使車不立

乘有騑赤屏泥油重絳帷導無斧車近小使車蘭輿赤轂白蓋赤帷裳從騎四十人此謂追捕考按有所勅取者之所乘也諸使車皆朱班輪四輻赤衡軛公卿二千石郊廟明堂祠陵法出皆大車立乘駕駟他出乘安車公卿以下至縣三百戶長導從置門下五吏賊曹督察盜賊功曹皆帶劍三車導主簿主記兩車爲從縣令以上加導斧車後漢制公侯乘安車駕二右騑皆朱班輪飛軨倚鹿較伏熊軾皁繒蓋黑幡中二千石二千石皆皁蓋朱兩幡千石六百石朱左幡晉制雲母車以雲母飾犢車臣下不得乘以賜王公耳皁輪車駕四牛形如犢車皁漆輪轂上加青油幢朱絲繩絡諸王三公有勳德者特加之位至公或四望三望夾望車油幢車形制如皁輪但不漆轂耳通幰車駕牛如犢車但舉其幰通覆車上也諸王三公並乘之諸公給朝車駕駟安車黑耳駕三各一乘皁輪犢車各一乘自祭酒掾屬以下及令史皆皁軨特進及車騎驃騎以上諸大將軍不開府非持

節都督者給安車黑耳駕二三公九卿中二千石二千石河南尹謁
者僕射郊廟法出皆大車立乘駕四他出乘安車其去位致仕告老
賜安車駟馬郡縣公侯安車駕二右騑皆朱班輪倚鹿較伏熊軾黑
轓皂繒蓋公旗旂八斿侯七斿卿五斿皆畫降龍中二千石二千石
皆皁蓋朱兩轓駕二中二千石以上右騑千石六百石朱左轓王公
之元子攝命理國者安車駕三旗旂七斿其封侯之元子五斿大使
車立乘駕四赤帷裳騶騎導從舊公卿二千石郊廟上陵從駕所乘
小使車不立乘駕四輕車之流也蘭輿皆朱轂赤屏泥白蓋赤帷裳
又別有小使車赤轂皂蓋追捕執取者所乘凡諸使車皆朱班輪赤
衡軛追鋒車去小平蓋加通幰如軺車駕二追鋒者以迅速爲名施
於戎陣之間是爲傳乘軺車古之將軍車也一馬曰軺車二馬曰軺
傳按漢世貴輜輧而賤軺車魏晉重軺車而賤輜輧三品將軍以上
尚書令軺車黑耳有後戶僕射但有後戶無耳並皂輪也宋因晉有

追鋒車雲母車四望車公及列侯所乘安車依漢舊制駕一馬旂旗
斿王公侯七卿五皆降龍公卿中二千石郊陵法出皆大車立乘駕
四他出去位致仕皆安車駟馬中二千石皆皂蓋朱轓銅飾五末駕
二右騑王公世子攝命理國者安車駕三旂旗七斿侯世子五斿齊
制黃屋車建碧旂九斿九命上公所乘青蓋安車朱轓班輪駕一左
右騑通幰車爲副諸王禮行所乘皂蓋安車朱轓漆班輪駕一馬通
幰朱車爲副三公禮行所乘安車黑耳皂蓋朱轓駕一牛車爲副國
公列侯禮行所乘馬車駕一九卿領護二衞驍游四軍五校從郊陵
所乘餘同晉法梁制二千石四品以上及列侯皆給軺車駕牛伏兔
箱青油幢朱絲絡網轂皆黑漆天監二年令三公開府尚書令則給
鹿轓軺施耳後戶皂輞尚書僕射左右光祿大夫侍中中書監令祕
書監則給鳳轄軺後戶皂輞領護國子祭酒太子詹事尚書侍中列
卿等則給聊泥軺無後戶漆輪車騎驃騎及諸王除刺史帶將軍則

給龍雀軺以金銀飾御史中丞給方蓋軺形小如傘諸王三公有勳德者皆特加皂輪車駕牛形如犢車但烏漆輪轂黃金雕裝上加青油幢朱絲絡通幰王公加禮者給油幢絡車駕牛朱輪華轂後魏三公及王車朱屋青蓋制同五輅名曰高車駕三馬庶姓王侯及尚書令僕以下列卿以上並給軺車駕一馬或乘四望通幰車駕一牛北齊因之庶姓王至儀同三司以下翟尾扇紫傘皇宗及三品以上官青傘朱裏其青傘碧裏達於士人不禁正從一品執事散官及儀同三司乘油色朱絡網車車牛飾得用金塗及純銀二品三品得乘卷通幰車車牛飾用金塗四品以下七品以上得乘偏幰車車牛飾以銅後周諸公之輅九方輅（各象方之色）碧輅金輅皆錫面軬纓九就金鉤象輅犀輅貝輅革輅篆輅木輅皆疏面軬纓九就凡就皆以朱白蒼三采諸侯自方輅而下八無碧輅諸伯自方輅而下七又無金輅諸子自方輅而下六又無象輅諸男自方輅而下五又無犀輅凡就各

如其命三公之輅車九祀輅犀輅貝輅篆輅木輅夏輅縵車墨車棧車自篆輅以上金塗諸末疏錫鞶纓金鉤木輅以下銅飾諸末疏面鞶纓皆九就三孤自祀輅而下八無犀輅六卿自祀輅而下七又無貝輅上大夫自祀輅而下六又無篆輅中大夫自祀輅而下五又無木輅下大夫自祀輅而下四又無夏輅士車三祀車墨車棧車凡就各如其命數自孤以下就以朱綠二采隋制公及一品象輅黃質以象飾諸末建旗畫以鳥隼受冊告廟升壇上任親迎及葬則乘之侯伯及二品三品革輅白質建旗畫熊虎受冊告廟親迎及葬則乘之子男及四品木輅黑質以漆飾之建旐畫龜蛇受冊告廟親迎及葬則乘之象輅以下斿及就數各依爵品犢車則魏武賜楊彪七香車也駕牛自王公已下至五品以上並給乘之三品以上青幰朱裏五品以上紺幰碧裏皆白銅裝唯有參謁及弔喪者則不張幰而乘鐵裝車六品以下不給任自乘犢車弗許施幰初五品以上乘偏幰車

其後嫌其美停不用以白幰代之三品以上通幰車則青壁一品軺車油幰朱網唯車輅一等聽勅始得乘之唐王公以下車輅親王及武職一品象輅自餘及二品三品革輅四品木輅五品軺車象輅朱班輪左建旂旂畫龍一升一降右載闟戟革輅以革飾左建旜通帛爲旜餘同象輅木輅以漆飾之餘同革輅軺車曲壁青通幰諸輅質蓋旂旜皆朱一品九旒二品八旒三品七旒四品六旒其鞶纓就數皆准此

主妃命婦等車

漢制長公主乘赤罽軿車大貴人公主王妃封君油畫軿車大貴人加節畫輈皆右騑而已公列侯中二千石二千石夫人會朝若親蠶各乘其夫之安車右騑加交絡帷裳皆皂非公會不得乘朝車得乘漆布輜軿車銅飾五末晉制三夫人油軿車駕兩馬左騑其貴人加節畫輈三夫人助蠶乘青交絡安車駕三皆以紫絳罽軿車九嬪世婦乘軿車駕三長公主赤罽軿車駕兩馬公主王太妃王妃皆油軿

車駕兩馬右騑公主油畫安車駕三青交絡以紫絳罽軿車駕三馬爲副王太妃三夫人亦如之公主助蠶乘油畫安車駕三公主有先置者乘青交絡安車駕三諸王妃公太夫人夫人縣鄉郡公侯特進夫人助蠶乘皁交絡安車駕三諸侯監國世子之世婦侍中常侍尚書中書監令卿校世婦命婦助蠶乘皁交絡安車儷駕郡縣公侯中二千石二千石夫人會朝及蠶各乘其夫之安車皆右騑皁交絡皁帷裳自非公會則不得乘軺車王妃特進夫人封郡君安車駕三皁交絡封縣鄉君油軿車駕兩馬右騑宋齊依晉無大更革梁天監二年令上臺六宮長公主公主諸王太妃王妃皆得乘青油輿搨幰通幰車以搨幰湟幰爲副采女皇女諸王嗣子侯夫人皆乘赤油搨幰車以湟幰爲副侍女直乘湟幰二乘後周制公夫人之輅車九厭翟翟輅翠輅皆錫面朱總金鉤雕輅篆輅皆勒面刻白黑章爲當顱繢總朱輅黃輅白輅玄輅皆雕面刻漆章爲當顱鷺總總黑色繒其著如朱總諸侯夫人自翟輅

而下八諸伯夫人自翠輅而下七諸子夫人自雕輅而下六諸男夫人自篆輅而下五犖纓就數各視其君三妃三公夫人之輅九篆輅朱輅黃輅白輅玄輅皆勒面繢總夏篆夏縵墨車棧車皆雕面鷖總三㚤由力反三孤內子自朱輅而下八六嬪六卿內子自黃輅而下七上媛婦中大夫孺人自玄輅而下五下媛婦下大夫孺人自夏篆而下四御婉士婦人自夏縵而下三其犖纓就各以其等皆簟笰漆之君以赤卿大夫士以黑君駕四馬三鞅六轡卿大夫士駕二馬一鞅四轡隋制皇太子妃乘翟車以赤爲質駕三馬畫轅金飾犢車爲副紫幰朱網絡良娣以下並乘犢車青幰朱裏三公夫人公主王妃並犢車紫幰朱網絡五品以上命婦並乘青幰與其夫同唐制內命婦夫人乘厭翟車嬪乘犢車婕妤以下乘安車各駕二馬外命婦公主王妃乘厭翟車駕二馬自餘一品乘白銅飾犢車青通幰朱裏油幢朱絲網駕牛二品以下去油幢絡網四品青偏縵其王公以下車輅

皆太僕官造貯掌之若受制行冊命及三時巡陵婚葬則給之

輦輿

輦人所輦也徐爰釋問云天子御輦侍中陪乘今輦制象軺車而不施輪通幰朱絡飾以金玉用人荷之或曰夏后氏末代制輦名曰余車商曰胡奴車周曰輜車卽輦也王后輦車組綄有翣羽蓋秦爲人君之乘漢因之成帝遊後庭則乘輦魏晉小出則乘之亦多乘輿東晉過江亡其制度至太元中謝安率意造焉及破苻堅於淮上獲京都舊輦形制無差義熙五年劉裕執慕容超獲金鉦輦宋因之齊亦因之而咸增其飾又制臥輦校飾如坐輦不堪服用復制小輿形如軺車小行幸則乘之輿說文云篼竹輿也周禮考工記曰周人上輿漢室制度以雕玉爲之方徑六尺今輿制如輦而但小耳宮苑宴私則御之梁制小輿似軺車金裝漆畫施八横元正大會乘出上殿西堂舉哀亦乘之行則從後一名羊車一名輦其上如軺小兒衣青布

袴褶五辮髻數人引之漢氏或以人牽或駕果下馬梁貴賤通乘名曰牽子又制步輿方四尺上施隱膝優老者人輿升殿司徒謝朏以脚疾優之自天子至下賤得通乘步輿又制副輦加笨步本反如犢車通幰朱絡謂之蓬輦後魏道武帝天興初始修軒冕制乾象輦羽葆圓蓋畫日月五星二十八宿天街雲罕山林奇瑞遊麟飛鳳朱雀玄武騶虞青龍駕二十四馬又制大樓輦車龍輈加玉飾四轂六衡方輿圓蓋建太常畫升龍日月駕二十牛又制象輦左右金鳳白鹿仙人羽葆旒蘇金鈴玉佩初駕二象後以六駝代之復有遊觀小樓等輦駕十五馬車等草創修制多違舊章隋制輦而不施輪通幰朱絡飾以金玉而人荷之又依梁制副輦復制輿如輦而小宮苑私宴御之小輿幰方形同幄帳自閤內升正殿御之唐制輦有七一曰大鳳輦二曰大芳輦三曰仙遊輦四曰小輕輦五曰芳亭輦六曰大玉輦七曰小玉輦轝有三一曰五色轝二曰常平轝三曰腰轝大駕鹵簿

先五輅而行

旌旗

黃帝振兵教熊羆貔貅貙虎制陣法設五旗五麾夏氏奚仲爲車正建旗斿旄以別尊卑等級商因之周制司常掌九旗王建太常諸侯建旂孤卿建旜大夫士建物師都建旗州里建旟縣鄙建旐道車載旞游車載旌大麾以田大帛以即戎翿旌龍旃秦水德旗斿皆尚黑其制未詳漢制龍旂九斿七仞以象大火鳥旟七斿五仞以象鶉火熊旗六斿五仞以象參伐龜蛇旐四斿四仞以象營室弧旌枉矢以象弧也此諸侯以下之所建也後周太常畫三辰旂畫青龍旟畫朱鳥旌畫黃麟旗畫白虎旐畫玄武皆加雲氣其旜物在軍亦畫其事號加以雲氣徽幟亦如之旌節又畫白虎而析羽於其上又司常掌旗物之藏通帛之旗六以供郊丘之祀蒼青朱黃白黑六旗畫繢之以充玉輅之等一曰三辰之常二曰青龍之旗三曰朱鳥之旟四曰

黃麟之旌五曰白虎之旂六曰元武之旐皆左建旗而右建闟戟又有繼旗四以施軍旅一曰麾以供軍將二曰旞以供師帥三曰旐以供旅帥四曰旆以供卒長諸公方輅碧輅建旂金輅建旟篆輅建物木輅建旐諸侯自金輅而下如諸公之旗諸伯自象輅而下如諸侯之旗諸子自犀輅而下如諸伯之旗諸男自篆輅而下如諸子之旗三公犀輅貝輅篆輅建旜木輅建旐夏篆夏縵及棧車建物孤卿以下各以其等建其旗旌杠皇帝六刃諸侯五大夫四士三斿皇帝曳地諸侯及軹大夫及轂士及軫凡注毛於杠首曰緌析羽曰旌全羽曰旞

鹵簿屬車附

古者諸侯九乘秦滅九國兼其車服故制大駕屬車八十一（薛綜曰屬者相連屬也皆在後貳行）法駕半之左右分行其車皆皂蓋赤裏朱轓輜戈矛弩箙尚書御史所載最後一乘垂豹尾以前爲省中（胡廣曰施之道路故須豹尾過後屯圍乃

得解省中郎令之仗內漢制乘輿大駕備車千乘騎萬匹屬車八十一乘公卿奉引太僕大將軍參乘祀天於甘泉用之後漢明帝上原陵大喪並因前代爲大駕用八十一乘祀天南郊則法駕用三十六乘河南尹執金吾雒陽令奉引奉車郎御史侍中參乘前驅有九斿雲罕鳳皇車闟戟車皮軒車鸞旗車後有金鉦車黃鉞車黃門鼓車黃門令校駕祀天南郊以法駕祀地明堂省什三祀宗廟尤省謂之小駕每出太僕奉駕上鹵簿中常侍小黃門副尚書主者郎令史副侍御史蘭臺令史副皆執法以督整車騎謂之護駕春秋上陵尤省於小駕直事尚書一人從晉制大駕鹵簿先象車鼓吹一部十三人中道次靜室令駕一中道式道候二人駕一分左右次洛陽尉二人騎分左右次洛陽亭長九人赤車駕一分三道鼓吹正二人引次洛陽令皂車駕一中道次河南中部掾中道河橋掾在左功曹史在右並駕一次河南尹駕駟戟吏六人次河南主簿駕一中道次河南主記駕一中

道次司隸部河南從事中道都部從事居左別駕從事居右並駕一
次司隸校尉駕三戟吏六人次司隸主簿駕一中道次司隸主記駕
一中道次廷尉明法掾中道五官掾居左功曹史居右並駕一次廷
尉卿駕駟戟吏六人次廷尉主簿主記並駕一在左太僕引從如廷
尉在中宗正引從如廷尉在右次太常駕駟中道戟吏六人次太常
外部掾居左五官掾功曹史居右並駕一次光祿引從中道太常主
記居左衞尉引從居右並駕一次太尉外督令史駕一中道次東西
捕賊倉戶等曹屬並駕一引從次太尉駕駟中道太尉主簿舍人各
一人祭酒二人並駕一在左右次司徒引從駕駟中道次司空引從
駕駟中道三公騎令史戟各八人鼓吹各一部七人次中護軍中道
駕駟鹵簿左右各二行戟楯在外弓矢在內鼓吹一部七人次步兵
校尉在左長水校尉在右並駕一各鹵簿左右二行戟楯在外刀楯
在內鼓吹各一部七人次射聲校尉在左翊軍校尉在右並駕一皆

鹵簿左右各二行戟楯在外刀楯在內鼓吹各一部七人驍騎將軍在左游擊將軍在右並駕一皆鹵簿左右引各二行戟楯在外刀楯在內鼓吹各一部七人騎隊五在左五在右隊各五十匹命中督二人分領左右各有戟吏二人麾幢揭鼓在隊前次左將軍在左前將軍在右並駕一皆鹵簿左右各二行戟楯在外刀楯在內鼓吹各一部七人次黃門麾騎中道次黃門前部鼓吹左右各一部十三人駕駟八校尉佐仗左右各四行外大戟楯次九尺楯次弓矢弩並熊渠佽飛督領之次司南車駕駟中道護駕御史騎夾左右次謁者僕射駕駟中道次御史中丞駕一中道次虎賁郎將騎中道次九游車中道武剛車夾左右並駕駟次雲罕車駕駟中道次闟戟車駕駟中道長戟邪偃向後次皮軒車駕駟中道次鸞旗車中道建華車分左右並駕駟次護駕尚書郎三人都官郎中道駕部在左中兵在右並騎又有護駕尚書一人騎督攝前後無常次相風中道次司馬督在前

中道左右各司馬史三人引仗左右各六行外大戟楯二行次九尺
楯次刀楯次弓矢次弩次五時車左右有遮則騎次典兵中郎中道
督攝前卻無常左殿中御史右殿中監並騎次高蓋中道左畢右罕
次御史中道左右節郎各四人次華蓋中道次殿中司馬中道殿中
都尉在左殿中校尉在右左右各四行細楯一行在弩內又殿中司
馬一行殿中都尉一行殿中校尉一行次櫚鼓中道次金根車駕六
馬中道太僕卿大將軍參乘左右又各增三行為九行司馬史九人
引大戟楯二行九尺楯一行刀楯一行由基一行細弩一行細跡禽
一行椎斧一行刀楯一行連細楯殿中司馬都尉殿中校尉為左右
各十二行金根車建青旂旂十二左將軍騎在左右將軍騎在右殿
中將軍持鑿腦斧夾車車後衣書主職步從六行合左右三十二行
次曲華蓋中道侍中散騎常侍黃門侍郎並騎分左右次黃鉞車駕
一在左御麾騎在右次相風中道次中書監騎左祕書監騎右次殿

中御史騎左殿中監騎右次五牛旗赤青在左黃在中白黑在右次大輦中道太官令丞在左太醫令丞在右次金根車駕駟不建旗次青立車次青安車次赤立車次赤安車次黃立車次黃安車次白立車次白安車次黑立車次黑安車合十乘並駕駟建旗十二斿如車色立車正豎旗安車邪拖之次屬猪車駕駟中道無旗次耕根車駕駟中道赤旗十二斿熊渠督左佽飛督右次御軺車次御四望車次御衣車次御書車次御藥車並駕牛中道次尚書令在左尚書僕射在右又尚書郎六人分左右並駕又治書侍御史二人分左右又侍御史二人分左右又蘭臺令史分左右並騎次豹尾車駕一自豹尾車後而鹵簿盡矣但以神弩二十張夾道至後部鼓吹其五張神弩置一將左右各二將次輕車二十乘左右分駕次旄蘇馬六十匹次金鉞車駕三中道左右護駕尚書郎并令史並騎各一人次金鉦車駕三中道左右護駕侍御史并令史並騎各一人次黃門後部鼓吹

左右各十三人次戟鼓車駕牛二乘分左右次左大鴻臚外掾右五
官掾功曹史並駕一次大鴻臚駕駟戟吏六人次大司農引從中道
大鴻臚主簿主記右少府引從次三卿並騎吏四人鈴下二人執馬
鞭辟車六人執方扇羽林十人朱衣次領軍將軍中道鹵簿左右各
二行九尺楯在外弓矢在內鼓吹如護軍次後軍將軍在左右軍將
軍在右各鹵簿鼓吹如左軍前後次越騎校尉在左屯騎在右各鹵
簿鼓吹如步兵射聲次領護騎遊軍校尉皆騎吏四人乘馬夾道都
督兵曹各一人乘馬在中騎將軍四人騎校鞉角金鼓鈴下信幡軍
校並駕一功曹史主簿並騎從織扇幢麾各一騎鼓吹一部七騎次
領護軍加大車斧五官掾騎從次騎十隊隊各五十匹將一人持幢
一人持鞉一人並騎在前督戰伯長各一人並騎在後羽林騎督幽
州突騎督分領之郎簿十隊隊各五十人絳袍將一人騎鞉各一人
在前督戰伯長一人步在後騎皆持矟次大戟一隊九尺楯一隊弓

一隊弩一隊隊各五十人黑袴褶將一人步在前督戰伯長各一人
步在後金顏督將弁領之其屬車因後漢制東晉屬車五乘而已其
一車又是軺車舊儀天子所乘駕六元興中屬車唯九乘苻堅敗又
得僞車輦增爲十二乘宋孝建中尙書令王宏議屬車起秦八十一
及三十六乘並不出經典自胡廣蔡邕傳說耳又是從官所乘非常
副車正數江左五乘則儉不中禮帝王文物旗旒皆十二爲節今宜
依禮十二乘爲制後魏道武皇帝天興二年命禮官採古法制三駕
鹵簿一曰大駕設五輅建太常屬車八十一乘大祠則設之二曰法
駕屬車三十六乘小祠則設之三曰小駕屬車十二乘遊宴離宮則
設之隋開皇中大駕十二乘法駕減半煬帝大業初復備八十一乘
並如犢車紫通幰朱絲絡網黃金飾駕一牛在鹵簿中單行正道後
帝嫌多大駕減爲三十六乘法駕用十二小駕除之唐大駕屬車十
二乘大駕行幸則分前後於鹵簿之內若陳設則分左右施於衞內

其鹵簿制具開元禮

器服略第二

樂略第一　通志卷四十九

樂府總序

古之達禮三一曰燕二曰享三曰祀所謂吉凶軍賓嘉皆主此三者以成禮古之達樂三一曰風二曰雅三曰頌所謂金石絲竹匏土革木皆主此三者以成樂禮樂相須以爲用禮非樂不行樂非禮不舉自后夔以來樂以詩爲本詩以聲爲用八音六律爲之羽翼耳仲尼編詩爲燕享祀之時用以歌而非用以說義也古之詩今之辭曲也若不能歌之但能誦其文而說其義可乎不幸腐儒之說起齊魯韓毛四家各爲序訓而以說相高漢朝又立之學官以義理相授遂使聲歌之音湮沒無聞然當漢之初去三代未遠雖經生學者不識詩而太樂氏以聲歌肄業往往仲尼三百篇瞽史之徒例能歌也奈義理之說既勝則聲歌之學日微東漢之末禮樂蕭條雖東觀石渠議論紛紜無補於事曹孟德平劉表得漢雅樂郎杜夔夔老矣久不肄

習所得於三百篇者惟鹿鳴騶虞伐檀文王四篇而已餘聲不傳太和末又失其三左延年所得惟鹿鳴一篁每正旦大會太尉奉璧羣臣行禮東廂雅樂常作者是也古者歌鹿鳴必歌四牡皇皇者華三詩同節故曰工歌鹿鳴之三而用南陔白華華黍三篁以贊之然後首尾相承節奏有屬今得一詩而如此用可乎應知古詩之聲爲可貴也至晉室鹿鳴一篇又無傳矣自鹿鳴一篇絶後世不復聞詩矣然詩者人心之樂也不以世之汙隆而存亡豈三代之時人有是心心有是樂三代之後人無是心心無是樂乎繼三代之作者樂府也樂府之作宛同風雅但其聲散佚無所紀繫所以不得嗣續風雅而爲流通也按三百篇在成周之時亦無所紀繫有季札之賢而不別國風所在有仲尼之聖而不知雅頌之分仲尼爲此患故自衛返也問於太師氏然後取而正焉列十五國風以明風土之音不同分大小二雅以明朝廷之音有間陳周魯商三頌之音所以侑祭也定南

陔白華華黍崇丘由庚由儀六笙之音所以叶歌也得詩而得聲者三百篇則繫於風雅頌得詩而不得聲者則置之謂之逸詩如河水祈招之類無所繫也今樂府之行於世者章句雖存聲樂無用崔豹之徒以義說名吳兢之徒以事解目蓋聲失則義起其與齊魯韓毛之言詩無以異也樂府之道或幾乎息矣臣今取而繫之千載之下庶無絕紐一曰短簫鐃歌二十二曲二曰鞞舞歌五曲三曰拂舞歌五曲四曰鼓角横吹十五曲五曰胡角十曲六曰相和歌三十曲七曰吟歎四曲八曰四絃一曲九曰平調七曲十曰瑟調三十八曲十一曰楚調十曲十二曰大曲十五曲十三曰白紵歌五曲十四曰清商八十四曲凡二百五十一曲繫之正聲卽風雅之聲也一曰郊祀十九章二曰東都五詩三曰梁十二雅四曰唐十二和凡四十八曲繫之正聲卽頌聲也一曰漢三侯之詩一章二曰漢房中之樂十七章三曰隋房內二曲四曰梁十曲五曰陳四曲六曰北齊二曲七曰

唐五十五曲凡九十一曲繫之別聲而非正樂之用也正聲之餘則
有琴琴五十七曲別聲之餘則有舞舞二十三曲古者絲竹與歌相
和故有譜無辭所以六詩在三百篇中但存名耳漢儒不知謂爲六
亡詩也琴之九操十二引以音相授並不著辭琴之有辭自梁始舞
與歌相應歌主聲舞主形自六代之舞至于漢魏並不著辭也舞之
有辭自晉始今之所繫以詩繫於聲以聲繫於樂舉三達樂行三達
禮庶不失乎古之道也古調二十四曲征戍十五曲遊俠二十一曲
行樂十八曲佳麗四十七曲別離十八曲怨思二十五曲歌舞二十
一曲絲竹十一曲觴酌七曲宮苑十九曲都邑三十四曲道路六曲
時景二十五曲人生四曲人物十曲神仙二十二曲梵竺四曲蕃胡
四曲山水二十四曲草木二十一曲車馬六曲魚龍六曲鳥獸二十
一曲雜體六曲總四百十九曲不得其聲則以義類相屬分爲二十
五門曰遺聲遺聲者逸詩之流也庶幾來者復得其聲則不失其所

繫矣然三代既沒漢魏嗣興禮樂之來陵夷有漸始則風雅不分次則雅頌無別次則頌亡次則禮亡按上之回聖人出君子之作也雅也艾如張雉子班野人之作也風也合而爲鼓吹曲燕歌行其音本幽薊則列國之風也煌煌京洛行其音本京華則都人之雅也合而爲相和歌風者鄉人之用雅者朝廷之用合而用之是爲風雅不分然享大禮也燕私禮也享則上兼用下樂燕則下得用上樂是則風雅之音雖異而享燕之用則通及明帝定四品一曰大予樂郊廟上陵用之二曰雅頌樂辟雍享射用之三曰黃門鼓吹樂天子宴羣臣用之四曰短簫鐃歌樂軍中用之古者雅用於人頌用於神武帝之立樂府采詩雖不辨風雅至於郊祀房中之章未嘗用於人事以明神人不可以同事也今辟雍享射雅頌無分應用頌者而改用大予應用雅者而改用黃門不知黃門大予於古爲何樂乎風雅通歌猶可以通也雅頌通歌不可以通也曹魏準鹿鳴作於赫篇以祀武帝

準騶虞作巍巍篇以祀文帝準文王作洋洋篇以祀明帝且清廟祀文王執競祀武王莫非頌聲今魏家三廟純用風雅此頌之所以亡也頌亡則樂亡矣是時樂雖亡禮猶存宗廟之禮不用之天明有尊親也鬼神之禮不用之人知有幽明也梁武帝作十二雅郊廟明堂三朝之禮展轉用之天地之事宗廟之事君臣之事同其事矣樂之失也自漢武始其亡也自魏始禮之失也自漢明始其亡也自梁始禮樂淪亡之所由不可不知也

正聲序論

古之詩曰歌行後之詩曰古近二體歌行主聲二體主文詩爲聲也不爲文也浩歌長嘯古人之深趣今人既不尙嘯而又失其歌詩之旨所以無樂事也凡律其辭則謂之詩聲其詩則謂之歌作詩未有不歌者也詩者樂章也或形之歌詠或散之律呂各隨所主而命主於人之聲者則有行有曲散歌謂之行入樂謂之曲主於絲竹之音

者則有引有操有吟有弄各有調以主之攝其音謂之調總其調亦謂之曲凡歌行雖主人聲其中調者皆可以被之絲竹凡引操吟弄雖主絲竹其有辭者皆可以形之歌詠蓋主於人者有聲必有辭主於絲竹者取音而已不必有辭其有辭者通可歌也近世論歌行者求名以義彊生分別正猶漢儒不識風雅頌之聲而以義論詩也且古有長歌行短歌行者謂其聲歌之短長耳崔豹吳兢大儒也皆謂人壽命之短長當其時已有此說今之人何獨不然嗚呼詩在於聲不在於義猶今都邑有新聲巷陌競歌之豈爲其辭義之美哉直爲其聲新耳禮失則求諸野正爲此也孔子曰吾自衞反魯然後樂正雅頌各得其所亦謂雅頌之聲有別然後可以正樂又曰關雎樂而不淫哀而不傷亦謂關雎之聲和平聞之者能令人感發而不失其度若誦其文習其理能有哀樂之事乎二體之作失其詩矣縱者謂之古拘者謂之律一言一句窮極物情工則工矣將如樂何樂府在

漢初雖有其官然采詩入樂自漢武始武帝定郊祀廼立樂府采詩夜誦則有趙代秦楚之謳莫不以聲爲主是時去三代未遠猶有雅頌之遺風及後人泥於名義是以失其傳故吳兢譏其不覩本章便斷題取義贈利涉則述公無渡河慶載誕乃引烏生八九子賦雉子班者但美繡頸錦臆歌天馬者惟敘驕馳亂蹋其閒有如劉猛李餘輩賦出門行不言離別將進酒乃敘烈女事用古題不用古義知此意者蓋鮮矣然使得其聲則義之同異又不足道也自永嘉之亂禮樂日微日替暨隋平陳得其一二則樂府之清商也文帝聽而善之曰此華夏正聲也乃置清商府博采舊章以爲樂之所本在此自隋之後復無正聲至唐能合于管絃者明君楊叛兒驍壺春歌秋歌白雪堂堂春江花月夜八曲而已不幾於亡乎臣謹考摭古今編繫節奏庶正聲不墜於地矣

漢短簫鐃歌二十二曲亦曰鼓吹曲按漢晉謂之短簫鐃歌南北朝謂之鼓吹曲觀李白作鼓吹

入朝曲亦曰鐃歌列騎次颯沓引公卿則知唐時猶有遺音但大樂氏失職耳

朱鷺

鷺惟白色漢有朱鷺之祥因而爲詩梁元帝放生碑云玄龜夜夢終見取於宋王朱鷺晨飛尚張羅於漢后謂此也魏曰楚之平言魏平陵也吳曰炎精缺言漢衰而孫堅扶王室也晉曰靈之祥言宣帝佐魏而石瑞之祥也梁曰木紀謝言齊謝梁升也北齊曰水德謝言魏謝齊興也後周曰玄精季言魏道陵遲太祖肇開王業也

思悲翁

魏曰戰榮陽言曹公也吳曰漢之季言孫堅閔漢也晉曰宣受命言宣帝禦諸葛也梁曰賢首山言武帝破魏軍於司州肇王迹也北齊曰出山東言神武戰廣阿破爾朱兆也後周曰征隴西言太祖誅侯莫陳悅埽清隴右也

艾如張

溫子昇辭云誰在閑門外羅家諸少年張機蓬艾側結網槿籬邊若能飛自勉豈爲繒所纏黃雀儻爲戒朱絲猶可延此艾如張之事也觀李賀詩有艾葉綠花誰翦刻中藏禍機不可測似翦艾葉爲蔽張之具也魏曰獲呂布言曹公圍臨淮擒呂布也吳曰攄武師言孫權征伐也晉曰征遼東言宣帝討滅公孫氏也梁曰桐柏山言武帝牧司州興王業也北齊曰戰韓陵言神武滅四胡定京洛也後周曰迎魏帝言武帝西幸太祖奉迎宅關中也

上之回

漢武帝元封初因至雍遂通回中道後數遊幸焉其歌稱帝遊石關望諸國月支臣匈奴服蓋誇時事也魏曰克官渡言曹公破袁紹於官渡也吳曰烏林言周瑜破魏武於烏林也晉曰宣輔政言宣帝之業也梁曰道亡言東昏失道義師起樊鄧也北齊曰殄關隴言神武遣侯莫陳悅誅賀拔岳定關隴也後周曰平竇泰言太祖討平竇泰也

擁離

魏曰舊邦言曹公勝袁紹於官渡還譙收死亡士卒也吳曰秋風言悅以使民民志其死也晉曰時運多難言宣帝討吳方有征而無戰也梁曰抗威言破加湖元勳也北齊曰滅山胡言神武屠蠡升高車而蠕蠕向

化也後周曰復弘農言太祖收復陝城關東震懼也辭云擁離趾中可築室何用葺之蕙用蘭擁離趾中

古戰城南

古辭言戰城南死郭北野死不葬烏可食此言野死不得葬為烏烏所食願為忠臣義士朝出戰而暮不得歸後來作者皆體此意魏曰定武功言曹公初破鄴也吳曰克皖城言孫權勝魏武於此城也晉曰景龍飛言景帝也梁曰漢東流言克魯山城也北齊曰立武定言神武立魏主遷都於鄴而定天下也後周曰克沙苑言太祖俘齊軍十萬於沙苑神武脫身遁也

巫山高

古辭巫山高高以大淮水深難以逝大略言江淮深無梁以渡臨水遠望思歸而已後之作者皆涉陽臺雲雨之說非舊意也魏曰屠柳城言曹公破三郡烏丸於柳城也吳曰關背德言關羽背吳為孫權所擒也晉曰平王衡言景帝調萬國也梁曰鶴樓峻言平郢城也北齊曰戰芒山言神武克周師也後周曰戰河陰言太祖破神武於河上斬其三將也

上陵

漢章帝元和二年帝自作詩四篇一曰思齊姚皇二曰六麒麟三曰竭肅雝四曰陟屺與鹿鳴承元氣二曲為宗廟食舉又以重來上陵二曲合八曲為上陵食舉據此所言則上陵自是八曲之一名或作於章帝之前亦不可知蓋因上陵而為之也魏曰平南荊言曹公平荊州也吳曰通荊州言吳與蜀通好也晉曰文皇統百揆言文帝也梁曰昏主恣淫慝言東昏政亂武帝起義伐罪弔民也北齊曰禽蕭明言梁遣明來寇為清河王岳所擒也後周曰平漢東言太祖命將平隨郡安陸也

將進酒

魏曰平關中言曹公征馬超定關中也吳曰章洪德言孫權之德也晉曰因時運言時運之變聖策潛施也梁曰石首篇言平京城廢東昏也北齊曰破侯景言清河王岳破侯景復河南也後周曰取巴蜀言太祖遣軍平定蜀地也

有所思

亦曰嗟佳人

漢太樂食舉十三曲第七曰有所思漢人亦以此樂侑食魏曰應帝期言文帝以聖德受命應期運也吳曰順

歷數言孫權建大號也晉曰惟庸蜀言文帝平蜀封建復五等之爵也梁曰期運集言武帝受禪也北齊曰嗣丕基言文宣帝也後周曰拔江陵言太祖命將禽蕭繹平南土也

芳樹 魏曰邕熙言君臣邕穆庶績咸熙也吳曰承天命言踐位也晉曰天序言用人盡其才也梁曰於穆言君臣和樂也北齊曰克淮南言文宣遣清河王岳禽梁司徒陸法和克壽春盡取江北之地也後周曰受魏禪言閔帝受魏禪作周也

上邪 魏曰太和言明帝繼統得太和平而改元也吳曰元化言以道化天下也晉曰大晉承運期言應籙受圖也梁曰惟大梁言梁德廣運也北齊曰平瀚海言文宣命將滅蠕蠕國也後周曰宣重光言明帝入承大統也

君馬黃 晉曰金靈運言晉乘金運也北齊曰定汝潁言文襄遣清河王岳禽周將王思政於長葛汝潁悉平也後周曰哲皇出言高祖之聖德也按古辭云君馬黃臣馬蒼二馬同逐臣馬良終言美人歸以南以北駕車馳馬令我心傷但取第一句以命題其主意不在馬也李賀之作其得古道乎如張正見蔡知君之流只言馬而已按謝燮云或聽驍歌曲惟吟君馬黃古人知音別曲見於賦詠者如此後世只於言語上討較此道無聞

雉子班 晉曰於穆我皇言武帝也北齊曰聖道洽言文宣之德無思不服也後周曰平東夏言高祖禽齊主於青州一舉定山東也按吳兢所引古辭云雉子高飛止黃鵠高飛已千里雄來飛從雌視以為始作之辭然樂府之題亦如古詩題所謂關雎葛覃之類只取篇中一二字以命詩初無義也後人即物即事而賦故於題有義據此古詞無雉子班之語往往雉子班之作復在此古辭之前吳兢未之見也如吳均可憐雉子班又後人所作也

聖人出 晉曰仲春振旅言大晉蒐田以時北齊曰受魏禪言文宣受禪應天順人後周曰禽明徹言高祖遣將克陳將吳明徹而俘之也

臨高臺 古辭云臨高臺臺下清水清且寒江有香草雜以蘭黃鵠

高飛離或翻開弓射鴇令我生萬年晉曰夏苗田言大晉蒐田爲苗除害也北齊曰服江南言梁主蕭繹來附化也遠如期亦
曰遠期漢太樂食舉十三曲一曰鹿鳴二曰重來三曰初造四曰俠安五曰來歸六曰遠期七曰有所思八曰明星九曰清涼十
曰涉大海十一曰大置十二曰承元氣十三曰海淡淡魏時以遠期承元氣海淡淡三曲多不通利故省之及晉荀勗傅玄之流並爲歌
辭晉曰仲秋獮田言蒐狩以時雖有文德不廢武事也北齊曰刑罰中言孝昭舉直措枉獄訟無怨也石留晉曰順天道言仲冬
大閱用武修文也北齊曰遠夷至言至海外西夷諸國遣使朝貢也務成晉曰唐堯言聖皇陟位化被四表也北齊曰嘉瑞臻言聖
王應期河清龍見符瑞總至也玄雲北齊曰成禮樂言功成化洽制禮作樂也黃爵行晉曰伯益言赤烏銜書有周以興今
聖皇受命神雀來也釣竿篇伯常子避仇河濱爲漁父其妻思之而爲釣竿歌每至河側輒歌之後司馬相如作釣竿詩遂傳以
爲樂曲

漢鞞舞歌五曲

關中一作東有賢女魏曰明明魏皇帝晉曰洪業篇章和二年中漢章帝所造魏曰太和有聖帝晉曰天命
篇樂久長魏曰魏歷長晉曰景皇篇四方皇魏曰天生烝民晉曰大晉篇殿前生桂樹魏曰爲君既不
易晉曰明君篇

右鞞舞之歌五曲未詳所始漢代燕享則用之傅毅張衡所賦

皆其事也章和二年中則章帝所作舊辭並亡曹植鞞舞詩序云故西園鼓吹李堅者能鞞舞遭世亂越關西隨將軍段煨先帝聞其舊伎下書召堅堅年踰七十中間廢而不爲又古曲甚多謬誤異代之文未必相襲故依前曲作新歌五篇晉泰始中又製其辭焉按鞞舞本漢巴渝舞高祖自蜀漢伐楚其人勇而善鬭好爲歌舞帝觀之曰武王伐紂之歌使工習之號曰巴渝舞其舞曲四篇一曰矛渝二曰安弩渝三曰安臺四曰行辭其辭既古莫能曉句讀魏使王粲制其辭粲問巴渝帥而得歌之本意故改爲矛渝新福弩渝新福曲臺新福行辭新福四歌以述魏德其舞故常六佾桓玄將僭位尚書殿中郎袁明子啓增滿八佾梁復號巴渝隋文帝以非正典罷之

拂舞歌五曲魏武帝分碣石爲四曲共八曲

白鳩篇亦曰白鳧舞以其歌且舞也亦入清商曲　濟濟篇　獨祿篇李白作獨鹿　碣石篇晉樂奏魏武帝

分爲四篇一曰觀滄海二曰冬十月三曰土不同四曰龜雖壽淮南王篇舊說淮南王安求仙禮方士遂與八公相攜而去莫知所在其家臣小山之徒思戀不已乃作是歌言安仙去也此則恢誕家爲此說耳不然亦是後人附會也

按晉楊泓舞序云自到江南見白符舞符卽鳧也白鳧舞卽白鳩舞也白鳧之辭出於吳其本歌云平平白鳧思我君惠集我金堂謂晉爲金德吳人患孫皓虐政而思從晉也然碣石章又出於魏武則知拂舞五篇並晉人採集三國之前所作惟白鳧不用吳舊歌而更作之命以白鳩焉

鼓角橫吹十五曲

黃鵠一作鶴吟　隴頭吟亦曰隴頭水　望行人　折楊柳　關山月　洛陽道　長安道　豪俠行亦曰俠客行　梅花落胡笳曲　紫騮馬　驄馬復有驄馬驅非橫吹曲　雨雪　劉生不知何代人觀齊梁以來所爲劉生之辭皆稱其任俠周遊三秦閒或云抱劍專征爲符節郎　古劍行　洛陽公子行

右鼓角橫吹曲按周禮以鼖鼓鼓軍事舊云用角其說謂蚩尤

氏帥魑魅與黃帝戰于涿鹿之野帝命吹角爲龍吟以禦之其後魏武帝北征烏桓越涉沙漠軍士聞之悲思於是減爲中鳴尤更悲矣按此有十五曲後之角工所傳者只得梅花耳今太常所試樂工第三等五十曲抽試十五曲及鳴角人習到大梅花小梅花可汗曲是梅花又有小大之別也然角之制始於胡中國所用鼓角蓋習胡角而爲也黃帝之說多是謬悠況鼓角與胡角聲類既同故其曲亦相參用而梅花之辭本於胡笳今人謂角鳴爲邊聲初由邊徼所傳也關山月洛陽道長安道豪俠行梅花落紫騮馬驄馬八曲後代所加也

胡角十曲

黃鵠吟　隴角頭吟亦曰隴頭水　出關

入關　出塞　入塞　折楊柳

黃覃子　赤之楊　望行人

右胡角者本以應胡笳之聲後漸用之故橫吹有雙角卽胡樂也漢博望侯張騫入西域傳其法惟得摩訶兜勒二曲是爲胡曲之本摩訶兜勒皆胡語也協律校尉李延年因胡曲更新聲二十八解其法乘輿以爲武樂後漢以給邊將魏晉以來二十八解不復具存但用十曲而已鼓角之本出於胡角

相和歌三十曲

江南曲梁簡文辭云陽春路時使佳人度枝中水上青併歸長楊拂地桃花飛清風吹人光照衣景將夕擲黃金留上客古辭古之詩卽今之曲也由梁武之後皆能音律故創激越之辭發靡麗之音世所好尚至今曲與詩分爲二矣簡文辭美則美矣其如失古意何

度關山亦曰度關曲古辭曹魏樂奏

長歌行古辭按長短歌行皆言其歌聲發越自有短長魏武燕歌行曰短歌微吟不能長傳玄豔歌行曰咄來長歌續短歌是也崔豹古今注言長歌乃續命之長吳兢亦如是說謬哉

薤露歌亦曰薤露行亦曰天地喪歌亦曰挽柩歌田橫門人作辭云薤上[illegible]露何易晞薤露明朝更復落人死一去何時歸蒿里誰家地聚歛魂魄無賢愚鬼伯一何相催促今乃不得少踟躕按左傳齊將與吳戰于艾陵公孫夏使其徒歌虞殯注云送葬歌也是古有喪歌矣使挽柩者歌之故謂喪歌亦謂挽柩歌此二章之作乃田橫門人歌以葬橫也但悲其亡耳亦無怨

言足見古人之用心任所遇而已未嘗尤人焉本一詩也而有二章至漢武時李延年分爲二曲薤露送王公貴人蒿里送士大夫庶人當其時聲亦自有別所以爲二曲後人通謂之挽歌者以其聲無異也故不復存其名薤露亦謂之泰山吟行者言人死則精爽歸于泰山

蒿里傳亦曰蒿里行亦曰泰山吟行喪歌亦曰挽柩歌

雞鳴亦曰雞鳴高樹顛蓋本古辭所謂雞鳴高樹巔狗吠深巷中也

對酒行古辭曹魏樂奏

烏生八九子古辭烏生八九子端坐秦氏桂樹間言烏母生子本在南山巖石間而來爲秦氏所彈白鹿在苑中人得以爲脯黃鵠摩天鯉魚在深淵人可得而烹之皆由有所欲也此言爲隱者戒耳今劉孝威之詩但言烏而已

平陵東古辭云平陵東松柏桐不知何人刦義公取第一句以命篇此則漢翟義門人所作也義爲東郡太守起兵誅王莽不克而死門人作是歌以哀之

陌上桑亦曰豔歌羅敷行亦曰日出東南隅行亦曰日出行亦曰採桑曲曹魏改曰望雲曲按古辭陌上桑有二此則爲羅敷也羅敷者邯鄲秦氏女也嫁千乘王仁仁後爲趙王家令羅敷採桑於陌上趙王登臺見而悅之置酒欲奪焉羅敷善彈箏作陌上桑以自明不從其辭稱羅敷採桑陌上爲使君所邀羅敷甚誇其夫爲侍中郎以拒之或言與舊說不同然侍中郎漢官也恐仁初爲趙王家令後爲漢侍中郎也呼趙王爲使君者即君之稱本於漢恐言使君者猶今言使長也其辭有日出東南隅照我秦氏樓之句故亦曰日出東南隅行亦曰日出行別有秋胡行其事與此不同以其亦名陌上桑致後人差互其說如王筠陌上桑云秋胡始得馬羅敷未滿箱蓋合爲一事也

短歌行亦曰鰕䱇晉樂奏

燕歌行晉樂奏燕北地也是歌始

於魏文帝其辭云秋風蕭瑟天氣涼草木搖落露爲霜羣燕辭歸鴈南翔念君客游思斷腸慊慊思歸戀故鄉何爲淹留寄他方賤妾煢煢守空房憂來思君不敢忘不覺淚下沾衣裳援琴鳴絃發清商短歌微吟不敢長明月皎皎照我牀星漢西流夜未央牽牛織女遙相望爾獨何辜限河梁

秋胡行亦曰陌上桑亦曰採桑亦曰在昔

魯有秋胡子納妻五日而官於陳五年乃歸未至家於路傍見婦人採桑色美說之下車曰力田不如逢豐年力耕不如見公卿吾有金願以與汝婦人曰婦人當採桑力作以養舅姑不願人之金秋胡歸奉金以遺母母使呼婦婦至乃向採桑者婦惡其行因東投河而死後人哀之而作秋胡行故亦曰陌上桑亦曰採桑後人多與羅敷行無別

苦寒行亦曰吁嗟

晉樂奏古辭云北上太行山艱哉何巍巍羊腸坂詰屈車輪爲之摧樹木何蕭瑟北風聲正悲熊羆對我蹲虎豹夾道啼溪谷少人民雪落何霏霏延頸長嘆息遠行多所懷我心何怫鬱思欲一東歸水深橋梁絕中路正徘徊迷惑失故路薄暮無宿棲行行日已遠人馬同時飢擔囊行取薪斧冰持作糜悲彼東山詩悠悠使我哀

董逃行

古辭云吾欲上謁從高山山頭危險道路難言五嶽之上皆以黃金爲宮闕多靈獸仙草以人君多欲壽考求長生不死之藥故令天神擁護疑此辭作於漢武之時蓋武帝有求仙之興董逃者古仙人也後漢游童競歌之有董卓之亂卒以逃亡此則謠讖之言因其所尚之歌故有是事實非起於後漢也梁簡文詠行幸甘泉云董逃拜金紫賢妻侍禁中又云不羨神仙侶排煙遠駕鴻所言仙事也然陸機謝靈運之作皆言節物易徂可及時行樂晉傳休奕九秋十二篇有擬董逃行但言夫婦離別各隨其意

塘上行亦曰塘上辛苦行

晉樂奏或云甄后所作或云魏文帝作按古歌曰蒲生我池中綠葉何離離然觀陸機二篇之作皆

言婦人見棄於君之情也舊云甄后被讒見棄而作必是也善哉行亦曰日苦短古辭云來日大難口燥脣乾言人命不可保當樂見親友求長生術與王喬八公游也東門行晉樂奏古辭云出東門不顧歸言士有貧不安其居拔劍將去妻子牽衣留之願其餔糜斯足不求富貴也西門行古辭煌煌京洛行晉樂奏豔歌何嘗行亦曰飛鵠行古辭云飛來雙白鵠乃從西北來言雌病雄不能負之而去五里一返顧六里一徘徊雖遇新相知終傷生別離步出夏東門行亦曰隴西行古辭野田黃雀行晉樂奏滿歌行大曲古辭櫂歌行晉樂奏魏明帝將用舟師平吳故作是歌以明王化所及後之作者多言方舟鼓櫂之興耳鴈門太守行按古辭是後漢孝和時洛陽令王渙也渙嘗為安定太守有安邊恤民之功百姓歌之然此則鴈門太守若非其事偶相合則是作詩者誤以安定為鴈門白頭吟西京雜記司馬相如將聘茂陵人女為妾文君作白頭吟以自絕相如乃止後人作白頭吟皆是以直道被讒見疎於君故古辭云淒淒重淒淒嫁娶不須啼願得一心人頭白不相離氣出唱亦曰惟乾精列古辭東光

右漢舊歌也曰相和歌者並漢世街陌謳謠之辭絲竹更相和

令執節者歌之按詩南陔之三笙以和鹿鳴之三雅由庚之三

笙以和魚麗之三雅者相和歌之道也本一部魏明帝分為二

部更遞夜宿始十七曲魏晉之世朱生善琵琶宋識善擊節列和善吹

笛等復爲十三曲自短歌行以下晉荀勗採撰舊詩施用以代

漢魏故其數廣焉

相和歌吟嘆四曲

大雅吟　王昭君　楚妃嘆　王子喬

右張永元嘉技錄四曲也古有八曲曰小雅吟蜀琴頭楚王吟

東武吟四曲闕

相和歌四絃一曲

蜀國四絃

右張永元嘉技錄有四絃一曲蜀國四絃是也居相和之末三

調之首古有四曲其張女四絃李延年四絃嚴卯四絃三曲闕

蜀國四絃節家舊有六解宋歌有五解今亦闕

相和歌平調七曲

長歌行　短歌行亦曰鰕䱇　猛虎行

君子行　燕歌行　從軍行　鞠歌行

右宋王僧虔大明三年宴樂技錄平調有七曲也相和歌清調六曲三婦豔詩一曲附

苦寒行　豫章行　董逃行

相逢狹路間行亦曰長安有狹斜行亦曰相逢行三婦豔詩亦曰大婦織綺羅中婦織流黃

塘上行　秋胡行

右王僧虔技錄清調六曲也其三婦豔詩技錄不載張氏云非管絃音聲所寄似是命笛理絃之餘

相和歌瑟調三十八曲

善哉行亦曰日苦短　步出夏門行亦曰隴西行

折楊柳　西門行　東門行　東西門行

卻東西門行　順東西門行

飲馬長城窟行亦曰飲馬行　上留田行　新城安樂宮行
婦病行　孤子生行亦曰孤兒行亦曰放歌行
大牆上蒿行　野田黄雀行　釣竿行　臨高臺行
長安城西行　武舍之中行　鴈門太守行
豔歌何嘗行亦曰飛鵠行　豔歌福鍾行　豔歌雙鴻行
煌煌京洛行　帝王所居行　門有車馬客行
牆上難爲趨行　日重光行　月重輪行
蜀道難　櫂歌行　有所思行　蒲坂行
採梨橘行　白楊行　胡無人行　青龍行
公無渡河行亦曰箜篌行
右王僧虔技錄
相和歌楚調十曲
白頭吟行　泰山吟行　梁甫吟行

東武吟亦曰東武琵琶吟行

怨詩行亦曰怨歌行亦曰明月照高樓

長門怨亦曰阿嬌怨　班婕妤亦曰婕妤怨

娥眉怨　玉階怨　雜怨

右王僧虔技錄五曲自長門怨以下五曲續附

大曲十五曲

東門行東門　西山折楊柳行　羅敷豔歌羅敷行

西門行西門　默默折楊柳行　園桃煌煌京洛行

白鵠豔歌何嘗行　碭石步出夏門行　何嘗豔歌何嘗行

置酒野田黃爵行　爲樂滿歌行　夏門步出夏門行

王者布大化櫂歌行　洛陽令鴈門太守行　白頭吟

白紵歌一曲古辭梁武改爲子夜吳聲四時歌四曲共五曲

白紵歌白紵歌有白紵舞白鳧歌有白鳧舞並吳人之歌舞也吳地出紵又江鄉水國自多鳧鷖故興其所見以寓意焉始則田

野之作後乃大樂氏用焉其音入清商調故清商七曲有子夜者即白紵也在吳歌爲白紵在雅歌爲子夜梁武令沈約更制其辭焉古爲云白紵白質如輕雲色似銀制以爲袍餘作巾袍以光軀巾拂塵

右白紵與子夜一曲也在吳爲白紵在晉爲子夜故梁武本白紵而爲子夜四時歌後之爲此歌者曰白紵則一曲曰子夜則四曲今取白紵於白紵取四時歌於子夜其實一也

清商曲七曲附五十曲并突樂四十一曲除內七曲同實計八十四曲

子夜亦曰子夜吳聲四時歌亦曰子夜吳歌晉有女子名子夜作是歌其聲甚哀晉孝武太元中琅邪王軻家有鬼歌之子夜之音同於白紵皆清商調也故梁武本白紵而爲子夜吳聲四時歌明此子夜亦有晉聲者其實不離

清商

前溪晉車騎將軍沈玩所作舞曲也

烏夜啼宋臨川王義慶所作宋元嘉中徙彭城王義康於豫章郡義慶時爲江州相見而哭文帝聞而怪之召還宅義慶大懼妓妾聞烏夜啼叩齋閤云明日應有赦及旦改南兗州刺史因作此歌故其辭云籠窗窗不開烏夜啼夜夜望郎來蓋詠其妾也

石城樂宋臧質所作也石城在景陵質爲景陵太守於城上見羣少年歌詠之樂因爲此辭其辭曰生長石城下開門對城樓城中美少年出入相依投

莫愁樂出於石城之作石城有女子名莫愁善歌謠故石城之外復有莫愁古又有莫愁洛陽女非此古辭云莫愁在何處莫愁石城西艇子打兩槳催送莫愁來來音釐

襄陽樂宋隋王誕始爲

襄陽郡元嘉末仍爲雍州夜聞諸女歌謠因爲之辭焉宋劉道彥爲雍州有惠化百姓歌之謂之襄陽樂非此也古辭云朝發襄陽城暮至大堤宿大堤諸女兒花豔驚郎目

王昭君亦曰王嬙亦曰王明君名嬙字昭君避晉文諱改曰明君漢元帝時匈奴盛請婚於漢帝以後宮良家子昭君配焉元帝之時後宮掖庭員數多帝不及偏識令毛延壽畫圖延壽取金於後宮而昭君不與故陋其姿及昭君既出宮帝爲愕然殺延壽其時公主嫁烏孫爲馬上彈琵琶作樂以慰其道路之思其事多見載籍其辭云吾家嫁我兮天一方遠託異國兮烏孫王穹廬爲室兮旃爲牆旃帳也按漢書烏孫使使獻馬願得尚公主乃遣江都王建女爲公主以妻烏孫焉此則是也若以爲延壽畫圖之說則委巷之談流入風騷人口中故供其賦詠至今不絕

右按清商曲亦謂之清樂出於清商三調所謂平調清調瑟調是也三調者乃周房中樂之遺聲漢魏相繼至晉不絕永嘉之亂中朝舊曲散落江右而清商舊樂猶傳江左所謂梁宋新聲是也元魏孝文纂漢收其所獲南音謂之清商樂即此等是也隋平陳因置清商府傳採舊曲若巴渝白紵等曲皆在焉自此漸廣雖經喪亂至唐武后時猶存六十三曲其傳者有焉

白雪楚曲也或云周曲唐顯慶二年十月太常寺奏按張華博物志云白雪是黃帝使素女鼓五十絃瑟曲名以其調高人和遂寡

自宋玉以來迄今千祀未有能歌白雪者臣今准勑依琴中舊曲定
其宮商然後教習並合於歌輒以御製雪詩爲白雪歌辭又樂府奏
正曲之後皆有送聲君唱臣和事彰前史輒取侍中許敬宗等奏
和雪詩十六首以爲送聲各十六節上善之乃付太常編於樂府公
莫舞卽巾舞也蓋取高祖鴻門會飲項伯以袖隔之使不得害高帝且語莊云公莫古人相呼爲公莫害漢王也亦謂之公莫曲後
之舞者用巾蓋像項伯衣袖之遺式也本卽舞後人因爲辭焉巴渝本舞名卽鞞舞也漢高自蜀漢將定三秦閬中范因率賓人以
從爲前鋒號板楯蠻勇而善鬭及定三秦封因爲閬中侯復賓人七姓其俗喜舞高帝使樂人習之閬中有渝水因以爲名故曰巴渝舞
舞曲四篇其辭既古莫能曉其句度魏使王粲改創其調晉及江左皆制其辭明君明之君漢鞞舞曲梁武改其曲辭
以歌君德鐸舞漢曲白鳩吳拂舞曲白紵吳舞子夜晉曲吳聲四時歌梁曲前溪晉曲阿子
歌亦曰歡聞歌晉穆帝升平初童子輩或歌於道歌畢輒呼阿子汝聞否又呼歡聞否以爲送聲發人演其聲爲二曲宋
齊間用莎乙子之語稍訛異也團扇郎晉中書令王珉好執白團扇其侍人謝芳歌之或云珉與嫂婢謝芳有情嫂鞭撻過苦婢
善歌而作此曲其辭云團扇復團扇持許自遮面憔悴無復理羞與郎相見懊儂亦作惱石崇侍人綠珠所作絲布澀難縫一
曲而已東晉隆安初民間訛謠之曲云春草可攬結女兒可攬擷齊高帝謂之中朝歌長史變晉司徒左長史王廞臨敗所作
丁督護亦曰丁都護亦曰督護歌宋武帝女夫徐逵之爲彭城內史爲魯軌所殺武帝使內直督護丁旿收殯之逵之妻呼旿至
閤下自問殯送之事每問輒歎息曰丁督護其聲甚哀後人因其聲廣其曲焉其辭二首一曰督護上征去儂亦惡聞許願作石尤風四

面斷行旅黃河流無極洛陽數千里轗軻戎旅間何由見歡子　讀曲宋人爲彭城王義康作其歌云死罪劉領軍誤殺劉四弟古今
樂錄曰元嘉十七年袁后崩百官不敢聲歌或因酒燕只竊聲讀曲細吟而已　烏夜啼宋臨川王義慶作　估客樂齊武
帝所作也武帝爲布衣時常游樊鄧踐阼已後追憶往事而作是歌使太樂令劉瑤教習百日無成或啓釋寶月善音律帝使寶月奏之
便就勑歌者重爲感憶之聲梁改爲商旅行其辭二首一曰昔經樊鄧後假楫梅根渚感昔追往事意滿情不敘二曰有信數寄書無信
長相憶莫作缾落井一去無消息　石城樂宋臧質作　莫愁出於石城　襄陽亦曰襄陽樂宋隋王誕作　烏夜飛
亦曰棲烏夜飛宋荊州刺史沈攸之所作也攸之舉兵發荊州未敗之前思歸京師所以歌之曰白日落西山還去來　楊叛兒
亦曰西曲楊叛兒本童謠也齊隆昌時女巫之子曰楊旻隨母入內及長爲太后所寵愛童謠云楊婆兒共戲來語訛
轉婆爲叛也　雅歌未詳所起　驍壺投壺樂也隋煬帝所造以投壺有躍矢爲驍壺今謂之驍壺是　常林歡常林即長
林也今之荊門長林縣是也樂人誤以長爲常此則梁宋間曲也宋代以荊雍爲南方重鎮皆王子爲之牧江左辭詠莫不稱之以爲樂
土故宋隋王誕作襄陽樂齊武追憶樊鄧作估客樂是也梁簡文辭云分手桃林岸遂別峴山頭若欲寄音信漢水向東流　三洲
商人之歌也商客數由巴陵三江口往還因共作此歌　採桑度三洲曲所出也與羅敷秋胡行所謂採桑者異矣　玉樹
後庭花玉樹後庭花與堂堂黃鸝留金釵兩臂垂凡四曲皆陳後主所作常與宮女學士及朝臣相唱和爲詩太樂令何胥採其
尤輕豔者以爲此曲　堂堂陳後主所作者唐高宗朝常歌之　泛龍舟隋煬帝幸江都宮所作又令太樂令白明達造新聲

捌萬歲樂藏鉤樂七夕相逢樂舞夕同心髻玉女行觴神仙留客擲磚續命鬭鷄子鬭百草還舊宮長樂花十二時等曲掩抑摧藏哀音斷絕春江花月夜隋煬帝所作也凡二首一曰暮江平不動春花滿正開流波將月去潮水帶星來二曰夜露含花氣春潭瀁月暉漢水逢游女湘川值兩妃

右三十三曲明之君雅歌各二首四時歌四首凡三十八曲又有四曲上林鳳雛平折命嘯其聲與辭皆訛失又有三曲曰平調清調瑟調有聲無辭又蔡邕云清商曲其詩不足採有出郭西門陸地行車俠鍾朱堂寢奉法五曲往往在漢時所謂清商者但尙其音爾晉宋間始尙辭觀吳兢所纂七曲皆晉宋間曲也故知梁宋新聲有自來矣因隋文帝篤好清樂以爲華夏正聲故特感於隋焉大業中煬帝乃定清樂西涼龜茲天竺康國疏勒安國高麗禮畢以爲九部

西涼五曲楊澤新聲 神白馬 永世樂 萬世豐解 于闐佛舞

龜茲萬歲樂 藏鉤樂 七夕相逢樂 玉女行觴 神仙留客 擲磚續命 投壺樂 舞席同心髻 泛龍舟 鬭鷄子

鬪百草舍舍 摩尼解 還舊宮 婆伽兒舞 長樂花 小天舞 十二時曲 聖明樂 疏勒鹽

天竺二曲沙石疆歌 天曲樂舞

康國四曲戢殿農和正歌 前拔地舞曲 末奚波地舞曲 惠地舞曲

疏勒三曲亢利死讓歌 鹽曲解 遠服舞

安國三曲附薩單時歌 末奚舞 居和祇解

高麗二曲芝栖歌 芝栖舞 禮畢二曲單交路行 散花舞

禮畢者九部樂終則陳之唐高祖卽位仍隋制亦設九部樂曰燕樂伎曰清商伎曰西涼伎曰天竺伎曰高麗伎曰龜茲伎曰安國伎曰疏勒伎曰康國伎其實皆主於清商焉

琴操五十七曲九引 十二操 三十六雜曲

思歸引亦曰離拘操舊說衞賢女之所作也邵王聞其賢而聘之未至而王死太子留之不聽拘於深宮思歸不得援琴而歌曲終乃縊初但有聲至晉石崇始作辭但述其思歸河陽所居而已劉孝威胡地憑良馬亦只言思歸之狀 走馬引樗里牧恭所造也爲父報讎殺人而藏山谷中有天馬夜降鳴于其室聞而驚以爲吏追己犇逃入川澤中援琴而彈之作天馬之聲命

之曰走馬引又張敞爲京兆尹無威儀時罷朝會走馬章臺街時人鄙笑之有毆君馬者路傍兒之語故張率詩曰吾畏路傍兒

霹靂引亦曰吟白虎亦曰舞玄鶴楚商梁所作商梁出游九臯之澤遇風雷霹靂懼而歸作此引又晉平公召師曠援琴而歌清徵一奏有玄鶴二八來集再奏而列三奏延頸而鳴舒翼而舞所謂舞玄鶴者蓋本於此往往其音不殊故合爲一不然則本舞玄鶴之聲而爲霹靂引

烈女引亦曰操楚樊姬作也伯妃引魯伯妃作琴引秦時屠高門作楚引

亦曰龍丘引楚龍丘子高引貞女引魯女所作箜篌引亦曰公無渡河亦曰箜篌謠朝鮮津卒霍里子高妻麗玉所作子高晨起刺船見一白首狂夫被髮攜壺亂流而渡其妻隨呼止之不及遂援箜篌而鼓之歌曰公無渡河公終渡河公墮而死當奈公何聲音悽愴曲終亦投河而死子高還以其聲語麗玉玉傷之乃引箜篌寫其聲聞者莫不墮淚麗玉以其聲傳鄰女麗容名曰箜篌引舊史稱漢武帝滅南粤祠太一后土令樂人侯暉依琴造坎侯坎者聲也侯者工人姓也後語訛坎爲空然以臣所見今大樂有箜篌器何得如此說

右九引

將歸操世言孔子作孔子之趙聞殺竇鳴犢賢者也孔子知必不用己故將歸其辭曰翱翔于衞復我舊居從吾所好其樂只且

猗蘭操亦曰幽蘭操世言孔子作孔子傷不逢時以蘭薺麥自喻且云我雖不用於我何傷言雪霜之時薺麥乃茂蘭者取其芬香也今此操只言猗蘭蓋省辭也

龜山操世言孔子作季桓子受齊女樂孔子欲諫不得退而望魯之龜山而作此

曲言位尊非其人嗟予莫之依也或言季氏若龜山之蔽魯

越裳操世言周公作越裳國獻白雉周公作是歌

拘幽操世言文王拘於羑里而作

岐山操世言周公為太王作述古公之績患時讎武也或云周人為文王所作

履霜操世言尹吉甫子伯奇無罪為後母所譖見逐自傷而作也追帝舜之事咽怨其身之不為父母憐也言人之不得於父母者當益親也

雉朝飛操世言齊宣王時處士犢牧子作也年七十無妻採薪於野見雉雊雄雙飛乃仰天而歎曰聖王在上恩及草木鳥獸而我不獲因援琴而歌其聲中絕魏武帝有宮人盧女者陰叔之妹七歲入漢宮學鼓琴琴特鳴異為新聲能傳此曲至魏明帝崩出降為尹更生妻故得此聲不絕按揚雄琴清英曰雉朝飛操者衛女傅母之所作也衛女嫁於齊太子中道聞太子死問傅母曰且往當喪喪畢不肯歸終之以死傅母悔之取女所自操琴於冢上鼓之忽二雉俱出墓中傅母撫雉曰女果為雉耶言未畢俱飛而起不見所往傅母悲痛援琴作操曰雉朝飛據雄所記大概與思歸操之言相類恐是訛易

別鶴操商陵牧子娶妻五年無子父兄為之改娶其妻聞之中夜起倚戶悲歌牧子感之為作此曲或云其時亦有寡鶴悲鳴故因以命操

殘形操世言曾子夢一狸不見其首以為不祥而作此曲

水僊操世言伯牙所作伯牙學鼓琴於成連先生三年而成至於精神寂寞情之專一尚未能也成連云吾師子春在海中能移人情乃與伯牙延望無人至蓬萊山留伯牙曰吾將迎吾師刺船而去旬時不返伯牙聞海上水汨沒澌澌之聲山林窅冥羣鳥悲號愴然歎曰先生將移我情乃援琴而歌之曲終成連刺船而還伯牙遂妙絕天下

懷陵操世言伯牙所作

右十二操韓愈取十操以為文王周公孔子曾子伯奇犢牧子

所作則聖賢之事也故取之水僊懷陵二操皆伯牙所作則工
技之爲也故削之嗚呼尋聲徇迹不識其所由者如此九流之
學皆有義所述者無非聖賢之事然而君子不取焉者爲多誣
言飾事以實其意所貴乎儒者爲能通今古審是非胸中了然
異端邪說無得而惑也退之平日所以自待爲如何所以作十
操以貽訓後世者爲如何臣有以知其爲邪說異端所襲愚師
瞽史所移也琴操所言者何嘗有是事琴之始也有聲無辭但
善音之人欲寫其幽懷隱思而無所憑依故取古之人悲憂不
遇之事而以命操或有其人而無其事或有其事又非其人或
得古人之影響又從而滋蔓之君子之所取者但取其聲而已
取其聲之義而非取其事之義君子之於世多不遇小人之於
世多得志故君子之於琴瑟取其聲而寫所寓焉豈尙於事辭
哉若以事辭爲尙則自有六經聖人所說之言而何取於工伎

所志之事哉琴工之爲是說者亦不敢鑿空以厚誣於人但借古人姓名而引其所寓耳何獨琴哉百家九流皆有如此惟儒家開大道紀實事爲天下後世所取正也蓋百家九流之書皆載理無所繫着則取古之聖賢之名而以己意納之於其事之域也且以卜筮家論之最與此相近也如以文王拘羑里而得明夷文王拘羑里或有之何嘗有明夷乎又何嘗有箕子遇害之事乎孔子問伯牛而得益孔子問伯牛實有之何嘗有益乎又何嘗有過其祖之語乎琴操之所紀者皆此類也又如稗官之流其理只在脣舌間而其事亦有記載虞舜之父杞梁之妻於經傳所言者數十言耳彼則演成萬千言東方朔三山之求諸葛亮九曲之勢於史籍無其事彼則肆爲出入琴操之所紀者又此類也顧彼亦豈欲爲此誣罔之事乎正爲彼之意向如此不得不如此不說無以暢其胸中也又如兎園之學其來已

久其所言者無非周孔之事而不得爲正學不爲學者所取信者以意卑淺而言陋俗也今觀琴曲之言正免園之流也但其遺聲流雅不與他樂並肩故君子所尚焉或曰退之之意不爲其事而作也爲時事而作也曰如此所言則白樂天之諷諭是矣若徵古事以爲言則隋堤柳可以戒亡國若指今事以爲言則井底引銀瓶可以止淫奔何必取異端邪說街談巷語以寓其意乎同是誕言同是飾說伯牙何誅焉臣今論此非好攻古人也正欲憑此開學者見識之門使是非不雜揉其間故所得則精所見則明無古無今無愚無智無是無非無彼無己無異無同概之以正道爍爍乎如太陽正照妖氛邪氣不可干也

河間雜弄二十一章　蔡氏五弄　雙鳳

雜鸞　歸風　送遠　幽蘭

白雪（太常丞呂才以唐高宗雪詩爲白雪歌被之以琴）　長清

短清　長側　短側　清調
大遊　小遊　明君　胡笳
白魚歎　廣陵散嵇康死後此曲遂絕往往後人本舊名而別出新聲也
楚妃歎　風入松　烏夜啼　楚明光
石上流泉　臨汝侯子安之　流澌涸
雙燕離　陽春弄　悅人弄　連珠弄
中揮清　暢志清　蟹行清　看客清
便僻清　婉轉清
右三十六雜曲
遺聲序論
遺聲者逸詩之流也今以義類相從分二十五正門二十附門總四百十八曲無非雅言幽思當採其目以俟可考今採其詩以入系聲樂府

輕薄篇　劍客　結客

結客少年場 曹植詩云結客少年場報怨洛北芒故取一句　沐浴子

結襪子　結援子　壯士吟　公子行

燉煌子　扶風豪士歌

行樂十八曲

遊子移　遊子吟　嘉遊亦曰喜春遊

王孫遊　棗下何纂纂　攜手曲　樂未央

永明樂　今樂歌　吾生作宴樂　今日樂相樂

苦樂相倚曲 唐元稹作言人情不常恩寵反覆專引班姬趙飛燕事爲言　合歡詩 晉楊方所作婦人也其詩言我情與君猶形影不相離願食共並根穗飲共連理盃衣同雙絲絹寢共無縫裯坐必接膝行必攜手如鳥同心如魚比目利斷金石密逾膠漆焉

定情篇 漢繁欽所作言婦人不能自相悅媚乃解衣服玩好致之用敘綢繆之志若臂環致拳拳指環致勤勤耳珠致區區香囊致和和跳脫致契闊佩玉結恩情自以爲至矣而期於山隅山陽山西山北終而不答乃自傷悔

還臺樂　河曲遊　行幸甘泉宮　宮中行樂

佳麗四十七曲女功貞節　才慧

美女篇亦曰齊瑟行亦曰齊吟　美人

織女辭　錦石擣流黃　丹陽孟珠歌　錢塘蘇小小歌

孫綽情人碧玉歌　中山王孺子妾歌孺子者幼小之稱漢書曰詔賜中山王噲及孺子妾并未央才人歌詩四篇　吳王夫差女紫玉歌

董嬌饒

烏孫公主漢武帝以江都王女細君爲公主嫁烏孫昆彌至其國別治宮室歲時一再會公主悲怨而作是詩　情人桃葉歌亦曰千金意桃葉者王獻之妾名緣於篤愛所以作歌或云是童謠桃葉復桃葉桃葉連桃根相憐兩樂事獨使我殷勤又曰桃葉復桃葉渡江不用楫但道無所苦我自楫迎汝　李夫人漢武帝喪李夫人令寫眞甘泉殿又令方士合靈藥曰反魂香以降夫人之魂髣髴其狀背燈隔帳不得語　楚妃吟　楚妃歎

楚明妃曲　杜秋娘金陵女年十五爲李錡妾錡叛滅籍之入宮有寵於景陵穆宗立命爲皇子傅母皇子封章王鄭注事被罪放還故鄉其辭云勸君莫惜金縷衣勸君須惜少年時花開堪折直須折莫待無花空折枝　女秋蘭　木蘭辭木蘭女子也其父被調從征木蘭代父往防邊獲功而歸與人同伴十二年而人不知其爲女子故其詩之卒章有雄兎腳撲

朔雌兔眼迷離兩兔傍地走焉能知我是雌雄之句　昭君歎　劉勳妻　焦仲卿妻　杞梁妻

歌杞殖妻之妹朝日所作也殖戰死妻泣曰上則無父中則無夫下歌則無子人生之苦至矣乃放聲長號杞城爲之頹遂投水死其妹悲之爲作是歌梁乃殖字　湘夫人亦曰湘君亦曰湘妃堯二女長曰娥皇次曰女英爲舜二妃舜南巡二妃追隨不及沒於湘渚今有其祠　未央才人歌　邯鄲才人嫁爲廝卒婦　愛妾

換馬　胡姬年十五　黃門倡　舞媚娘舞亦作武唐則天朝常歌此曲　五媚娘

妾薄命亦曰惟日月　妾安所居　皚如山上雪　燕

美人　映水曲　蠶絲歌　貞女　孀婦吟　麗人行

上陽白髮人唐天寶五載已後楊貴妃專寵後宮人無復進幸矣六宮有美色者輒置別所上陽是其一也貞元中尚存焉　繚綾　時世粧　王家少婦　委舊命　秦女卷衣

靜女辭

別離十九曲迎客

生別離　離歌　長別離　河梁別

春別曲　自君之出矣　送歸曲　思歸篇

送遠曲　母別子　寄衣曲　迎客曲
送客曲　遠別離　久別離　古離別
怨別　離怨一作雜怨　井底引銀瓶
怨思二十五曲
傷歌行　怨辭　青樓怨　春女怨
秋閨怨　閨怨　寒夜怨　征婦怨
綵書怨　鳳樓怨　綠墀怨　四愁
七哀　長相思　憂且吟　獨處愁
思公子　思君去時行　洛陽夫七思詩
湘妃怨　娼樓怨　西宮秋怨　西宮春怨
遺所思　獨不見
歌舞二十一曲技能
浩歌行　緩歌行　前緩聲歌　會吟行

同聲歌　勞歌　悲歌行　上聲歌此因上聲促柱得名或用一調或用無調名如古歌辭所謂哀思之音不合中和梁武因之改辭無復雅句　大垂手舞而垂手也小垂手獨搖手亦然其辭云垂手忽迢迢飛燕掌中嬌羅衫恣風引輕薄任情搖詎似長沙地促舞不回腰　小垂手其辭云舞女出西秦躡節舞陽春且復小垂手廣袖拂紅塵折腰應兩笛頓足轉雙巾娥眉與慢臉見此空愁人　鈞天曲

豔歌行古辭有翩翩堂前燕冬藏夏來見言兄弟流宕他之或言魏武始作　童謠

入朝曲　清歌發　獨舞調　嘯辭急聲也至今猶存

正古樂　三臺辭舞辭也今猶存　齊謳行　吳趨曲齊謳者齊人之歌吳趨者吳人之舞故陸機所引牛山陸厥所言稷下皆齊地閶門乃吳門闔閭所行亦名破楚門千載而下欲爲齊謳者必本齊音欲爲吳趨者必本吳調

絲竹十一曲

挾琴歌　相如琴　薄暮動絃歌　鼓瑟有所思

趙瑟　秦箏　龍笛曲　短簫

鳳笙　華原磬唐天寶中始廢泗濱磬用華原石代之詢諸磬人則曰故老云泗濱磬石調之不能和得

華原石考之乃五絃彈和由是不改

觴酌七曲

羽觴飛上苑　前有一樽酒　城南偶燕　當置酒

當壚　獨酌謠　山人勸酒

宮苑十九曲樓臺　門闕

魏宮辭　玉華宮　長信宮　連昌宮

楚宮行　雍臺　凌雲臺　新成長樂宮

登樓曲　青樓曲　建興苑　芳林篇

上林　閶闔篇　駕言出北闕　坐玉堂

內殿賦新詩　西園遊上才　春宮曲

都邑三十四曲

名都篇亦曰齊瑟行　京兆歌　左馮翊歌京兆京師也馮翊在左扶風在右謂之三輔京兆今永興馮翊今同州扶風今鳳翔　扶風歌　荊州樂

燉煌樂涼州之地也　青陽樂今青州　潯陽樂今江州　壽陽樂南平穆王爲荆河州作也

涼州樂今屬西夏

按今之樂有伊州涼州甘州渭州之類皆西地也又按隋煬帝所定九部夷樂西涼龜茲天竺康居之類皆西夷也觀詩之雅頌亦自西周始凡是清歌妙舞未有不從西出者八音之音以金爲主五方之樂惟西是承雖曰人爲亦莫非稟五行之精氣而然

邯鄲歌今趙州　長平行秦白起所坑趙降兵處　故絳行晉雖遷新田以舊地爲故絳　西長安行

臨碣石平州之地北海禹所導河從此入海故曰碣石送反潮　白銅鞮歌亦曰襄陽蹋銅鞮　南郡歌今南陽也　荆州歌今荆南府　陳歌

吳歌　鄴都引　蔡歌行　越城曲

越謠　孟門行　燕支行　汾陰行

新昌里　洛陽陌　大堤曲　出自薊北門行

江南行　江南思　長干行

道路六曲

陰山道　太行路　行路難　變行路難

沙路曲　沙隄行

時景二十五曲

陽春歌曲楚　青陽歌　春日行　秋風辭帝幸河東祠后土顧視帝

京欣然中流與羣臣宴上賦秋風　北風行　苦熱行

秋歌　朝歌　晨風歌　朝來曲

夜夜曲　夜坐吟　遙夜吟　春旦有所思

玄雲　朝雲　雷歌　驚雷歌

雪歌　胥臺露　白日歌　明月篇

明月子　日出行　日與月

人生四曲

百年歌陸機作十年爲一章共十章言句泛濫無可采　人生　老年行

老詩

人物九曲

大禹　成連　湘東王　祖龍行

百里奚　項王亦曰蓋世　楚王曲

安定侯曲　李延年歌

神仙二十二曲隱逸　漁父

步虛辭　神仙篇　外仙篇　升仙歌

升天行　仙人篇　遊仙篇　仙人覽六著篇

海漫漫　桃源行　上雲樂亦曰洛濱曲

武陵深行一曰武溪深行　招隱本楚辭漢淮南王安小山所作言山中不可久留或言卽安所作也後人改爲五言若晉左思杖策招隱數篇是也晉王康琚又作反招隱舊說淮南書有小山亦有大山亦猶詩有小雅有大雅　反招隱

四皓　蕭史曲　方諸曲　王喬歌

元丹丘歌　紫谿翁歌序云紫谿翁過甪里先生舉酒相屬醉而歌
漁父　歸去來引
梵竺四曲
舍利弗　法壽樂　阿那瓌　摩多樓子
蕃胡四曲
于闐採花　高句麗　紀遼東隋煬帝爲遼東之役而作是詩
出蕃曲
山水二十四曲登臨　泛渡
桐柏山山在唐州桐柏縣淮水發源之處　華陰山在華州西嶽　巴東三峽歌　淫豫歌
亦曰灔豫歌其辭云淫豫大如服瞿唐不可觸金沙浮轉多桂浦忌經過此舟人商客刺水行舟之歌亦非簡文所作也蜀江有瞿唐之患桂江有桂浦之難故過瞿唐者則準灔豫涉桂浦者則準金沙又有灔豫如馬瞿唐莫下灔豫如象瞿唐莫上之語是單言瞿唐也
河中之水歌　曲池之水歌　東海　小臨海歌
江上曲　江皐曲　方塘含白水歌　日暮望涇水

曲江登山曲　巫山　中流曲　濟黃河　渡易水曲

桂楫泛河中　登名山行　昆明春水滿此唐貞元中作也自唐後不都長安昆明池遂爲民田矣　半路溪　泛水曲　幽澗泉

草木二十一曲　採種　花菓

赤白桃李花亦曰桃李唐高祖時歌　秋蘭篇　芙蓉花　採蓮曲

採菱曲　採菊　茱萸篇　蒲生歌　城上麻　夾樹

夾樹有綠竹　綠竹　樹中草　冉冉孤生竹取古詩第一句作題按何偃作此詩所言者婚姻之事　楊花曲　桃花曲　隋堤柳　種葛

江籬生幽渚　浮萍篇　桑條太史迦葉志忠上桑條歌十二篇言韋后當受命

車馬六曲蟲豸

車遙遙篇　高軒過　白馬篇亦曰齊瑟行

驅車　天馬歌　八駿圖

龍魚六曲

尺蠖　應龍篇　飛龍篇　飛龍引
枯魚　捕蝗
烏獸二十一曲
白虎行　烏栖曲　東飛伯勞歌　擬東飛伯勞
雙燕　燕燕于飛　澤雉　滄海雀
空城雀　雀乳空井中　鬭鷄　晨鷄高樹鳴
鴛鴦　鳴雁行　鴻鴈生北塞行
黃鵠飛上苑　飛來雙白鶴　雙翼　隻翼
鳳凰曲　秦吉了
雜體六曲隱語
雜曲　五雜組曲　寓言　雜體
藁砧亦曰藁砧今何在　兩頭纖纖
祀饗正聲序論

仲尼所以爲樂者在詩而已漢儒不知聲歌之所在而以義理求詩别撰樂詩以合樂殊不知樂以詩爲本詩以雅頌爲正仲尼識雅頌之旨然後取三百篇以正樂樂爲聲也不爲義也漢儒謂雅樂之聲世在太樂樂工能紀其鏗鏘鼓舞而不能言其義以臣所見正不然有聲斯有義與其達義不達聲無寧達聲不達義若爲樂工者不識鏗鏘鼓舞但能言其義可乎譚河安能止渴畫餅豈可充飢無用之言聖人所不取或曰郊祀大事也神事也燕饗常事也人事也舊樂章莫不先郊祀而後燕饗今所采樂府反以郊祀爲後何也曰積風而雅積雅而頌猶積小而大積卑而高也所積之序如此史家編次失古意矣安得不爲之釐正乎

漢武帝郊祀之歌十九章

練時日一　帝臨二　青陽三　朱明四

西顥五　玄冥六　惟泰元七（建始初丞相匡衡奏罷鸞輅龍鱗更定惟泰元）

天地八匡衡奏罷黻繡周張更定天地　日出入九　天馬十元狩三年渥洼水生馬作太初四年伐大宛得宛馬作　天門十一　景星十二元鼎五年得鼎汾陰作　齊房十三元狩二年芝生甘泉齊房作　皇后十四　華爗爗十五　五神十六　朝隴首十七元狩元年行幸雍獲白麟作　象載瑜十八太始三年行幸東海獲赤鴈作　赤蛟十九

班固東都五詩

明堂　辟雍　靈臺　寶鼎

白雉

臣謹按古詩風雅皆無序惟頌有序者以風雅者所采之詩也不得其始兼所用之時隨其事宜亦無定著或於一篇之中但取一二句以見意而已不必序也頌者係乎所作而獨用之廟樂不可用於郊天柴望不可用於講武所以蔡邕獨斷惟載頌序以爲祀典而風雅本無序也自齊魯韓毛四家之說起各爲風雅之序度其初意只欲放頌詩之序而爲之其實不知風雅

無用於序有序適足以惑頌聲也今觀漢武十九章郊祀歌即詩可見者則無序非憑詩可見者必言所作之始可謂得古頌詩之意矣風雅之詩皆不得其始其間有得於甘棠之美召伯常棣之思周公豈無一二以用之不繫於其始不必序也樂府之詩亦皆不得其始其間有得於採桑之女子渡河之狂夫豈無一二亦以用之不繫於其始不必序焉觀頌詩與郊祀之詩皆言所作之始風雅詩與樂府所採之詩不言其始之作則可以知漢人之迹近於三代故詩章相襲自然相應如此後之人則遠矣按郊祀十九章皆因一時之盛事爲可歌也而作是詩各有其名然後隨其所用故其詩可采魏晉則不然但即事而歌如夕牲之時則有夕牲歌降神之時則有降神歌既無偉績之可陳又無題命之可紀故其詩不可得而採如隨廟立舞酌獻登歌各逐時代而匪流通亦不可得而援也惟梁武帝本周

九夏之名以作十二雅庶可備編采之後

梁武帝雅歌十二曲

俊雅取禮記司徒論選士之秀者而升之學曰俊士也衆官出入奏俊雅二郊太廟明堂三朝同用

皇雅取詩皇矣上帝臨下有赫也皇帝出入奏皇雅二郊太廟同用

胤雅取詩君子萬年永錫祚胤也皇太子出入奏之三朝用焉

寅雅取尚書周官貳公弘化寅亮天地也王公出入奏寅雅三朝用焉

介雅取詩君子萬年介爾景福也上壽酒奏介雅三朝用焉

需雅取易雲上於天需君子以飲食宴樂也食舉奏需雅三朝用焉

雍雅取禮記大享客出以雍徹也徹饌奏雍雅三朝用焉

滌雅取禮記帝牛必在滌三月也牲出入奏滌雅北郊明堂太廟同用

牷雅取春秋左傳牲牷肥腯也薦毛血奏牷雅北郊明堂太廟同用

諴雅取尚書至諴感神也南北郊明堂太廟並同用諴雅降神及迎送奏之

獻雅取禮記祭統尸飲五君洗玉爵獻卿今之飲福酒亦古獻爵之義也皇帝飲酒奏獻雅北郊明堂太廟同用

禋雅取周禮大宗伯以禋祀祀昊天上帝也
禋雅北郊明堂太廟之禮埋燎俱奏禋雅

有宗廟之樂有天地之樂有君臣之樂尊親異制不可以不分幽明異位不可以無別按漢叔孫通始定廟樂有降神納俎登歌薦祼等曲武帝始定郊祀之樂有十九章之歌明帝始定黃門鼓吹之樂天子所以宴羣臣也嗚呼風雅頌三者不同聲天地宗廟君臣三者不同禮自漢之失合雅而風合頌而雅其樂已失而其禮猶存至梁武十二曲成則郊廟明堂三朝之禮展轉用之天地宗廟君臣之事同其事矣此禮之所以亡也雖曰本周九夏而爲十二雅然九夏自是樂奏亦如九淵九莖可以播之絲竹有譜無辭而非雅頌之流也

唐雅樂十二和曲

豫和以降天神冬至祀圜丘上辛祈穀孟夏雩季秋享明堂朝日夕月巡守告于圜丘燔柴告至封祀泰山類于上帝皆以圜鍾爲宮三奏黃鍾爲角太蔟爲徵姑洗爲羽各一奏文舞六成五郊迎氣黃帝以黃鍾爲宮赤帝以函鍾爲徵白帝以太蔟爲商黑帝以南呂

爲羽青帝以姑洗爲角皆文舞六成

順和以降地祇夏至祭方丘孟冬祭神州地祇春秋社巡狩告社宜于社禪社首山皆以函鍾爲宮太蔟爲角姑洗爲徵南呂爲羽各三奏文舞八成望于山川以蕤賓爲宮三奏

永和以降人鬼時享禘祫有事而告謁于廟皆以黃鍾爲宮三奏大呂爲角太蔟爲徵應鍾爲羽各二奏文舞九成祀先農皇太子釋奠皆以姑洗爲宮文舞三成送神各以其曲一成蜡兼天地人以黃鍾奏豫和蕤賓姑洗太蔟奏順和無射夷則奏永和六均皆一成以降神而送神以豫和

肅和登高以奠玉帛于天神以大呂爲宮于地祇以應鍾爲宮于宗廟以圜鍾爲宮祀先農釋奠以南呂爲宮望于山川以函鍾爲宮

雍和凡祭祀以入俎天神之俎以黃鍾爲宮地祇之俎以太蔟爲宮人鬼之俎以無射爲宮又以徹豆凡祭祀俎入之後接神之曲亦如之

壽和凡以酌獻飲福以黃鍾爲宮

太和以爲行節亦以黃鍾爲宮凡祭祀天子入門而即位與其升降至于還次行則作止則止其在朝廷天子將自內出撞黃鍾之鍾右五鍾應乃奏之其禮畢興而入撞蕤賓之鍾左五鍾應乃奏之皆以黃鍾爲宮

舒和以出入二舞及皇太子王公羣后國老若皇后之妾御皇太子之宮臣出入門則奏之皆以太蔟爲商

昭和皇帝皇太子以舉酒

休和皇帝以飯以肅拜三老皇太子亦以飯皆以其用之律均

正和皇后受冊以行

承和皇太子在其宮有會以行若駕出則撞黃鐘奏承和出太極門而奏采薺至於嘉德門而止其還也亦然

祖孝孫本梁十二雅以作十二和故可采也周太祖迎魏帝入關平荊州大獲梁氏之樂乃更爲九夏之奏皇帝出入奏皇夏賓出入奏昭夏蕃國客出入奏納夏有功臣出入奏章夏皇后進羞奏齊夏宗室會聚奏族夏上酒宴樂奏陔夏諸侯相見奏驁夏雖曰本於成周賓揆之樂抑亦取於梁氏十二雅有其議而未能行後復變更大抵自兩朝以來祀饗之章隨時改易任理不任音任情不任樂明樂之人不能主樂主樂之司未必明樂所行非所作所作非所行惟梁武帝自曉音律又詔百司各

陳所聞帝自糾擿前違裁成十二雅付之大樂自此始定雖制作非古而音聲有倫準十二律以法天之成數故世世因之而不能易也

祀饗別聲序論

正聲者常祀饗之樂也別聲者非常祀饗之樂也出於一時之事爲可歌也故備於正聲之後

漢三侯之章

大風歌亦曰風起之詩

右高祖既定天下過沛與故人父老飲極懽哀之情而作是詩令沛中童兒百二十人習而歌之至孝惠時以沛宮爲原廟令歌兒習吹以相和得以四時歌舞於廟常以百二十人爲之文景之間禮官亦肄業

漢房中祠樂十七章

房中樂本周樂秦改曰壽人漢惠改曰安世樂

右房中樂者婦人禱祠於房中也故宮中用之漢房中祠樂乃高祖唐山夫人所作也高祖好楚聲故房中樂楚聲也孝惠二年使樂府令夏侯寬備其簫管更名曰安世樂

隋房內曲二首

地厚　天高

右高祖龍潛時頗好音樂常倚琵琶作歌二首名曰地厚大高託言夫婦之義因即取之爲皇后房內曲命婦人幷登歌上壽並用之

梁武帝述佛法十曲

善哉　大樂　大歡　天道

仙道　神王　龍王　滅過惡

除愛水　斷苦轉

陳後主四曲

黃鸝留　玉樹後庭花　金釵兩臂垂（或言隋煬帝作）　堂堂

北齊後主二曲

無愁　伴侶

唐七朝五十五曲（舞曲夷樂並不在此）

傾盃曲（長孫無忌作）　樂社樂曲（魏徵作）　英雄樂曲（虞世南作）

黃驄疊曲（太宗破竇建德也乘馬名黃驄驃及征高麗死於道頗哀之命樂工製黃驄疊曲）

右四曲太宗因內宴詔無忌等作之皆宮調也

景雲河清歌（亦名燕歌高宗即位景雲見河水清張文收采古義為此歌焉）

慶善樂　破陣樂　承天樂

一戎大定樂（將伐高麗宴洛陽城門觀屯營教舞按親征用武之勢）

八紘同軌樂（象高麗平天下大定）　夷美賓曲（遼東平李勣作是曲以獻）

右七曲高宗朝所作也

立部伎八曲（太常選坐部伎無性識者退入立部伎又選立部伎無性識者退入雅樂部則雅聲可知）

一安舞　二太平樂（安舞太平並周隋遺音）　三破陣樂

四慶善樂　五大定樂　六上元樂　七聖壽樂

八光聖樂

坐部伎六曲

一燕樂　二長壽樂　三天授樂（武后天授年作）

四鳥歌萬歲樂（武后時有鳥能人言萬歲）　五龍池樂（明皇爲平王時賜第隆慶坊坊之南地忽變爲池中宗泛以厭其祥明皇即位乃作龍池樂）

六小破陣樂　夜半樂（明皇自潞州還京師舉兵夜半誅韋后故作夜半樂還京樂）

還京樂　文成曲（明皇作）　霓裳羽衣曲（河西節度使楊敬忠獻一說羅公遠與明皇遊月宮見仙女數百皆素練霓衣舞問其曲曰霓裳羽衣帝默記其音調而還故作是曲）

玄真道曲（道士司馬承禎奉詔作）　大羅天曲（茅山道士李會元作）

紫清上聖道曲（工部侍郎賀知章作）　景雲　九真

紫極　小長壽　承天樂　順天樂（六曲並太清宮成太

常卿韋縚作

君臣相遇樂曲商調韋縚作

荔枝香明皇幸驪山楊貴妃生日命小部張樂長生殿因奏新曲未有名會南方進荔枝故名荔枝香

梨園法曲法曲本隋樂其音清而近雅煬帝厭其聲淡明皇愛之選坐伎三百教於梨園宮女數百亦爲梨園弟子

涼州

伊州

甘州天寶樂曲皆以邊地名之又詔道調法曲與胡部新聲合作

千秋節明皇生日

右三十四曲並明皇朝所作也

寶應長寧樂代宗由廣平王復二京梨園供奉官劉日進作以獻十八曲宮調

廣平太一樂大曆元年作

右二曲代宗朝所作也

定難曲河東節度馬燧獻

中和樂德宗生日自作

繼天誕聖樂德宗生日昭義節度王虔休所獻以宮爲調

孫武順聖樂山南節度于頔所獻

右四曲德宗朝所作也

雲韶法曲

霓裳羽衣舞曲

右二曲文宗詔太常卿馮定采開元雅樂作也臣下功高者賜

之樂又改法曲爲仙韶曲
萬斯年曲
右一曲武宗朝李德裕命樂工作萬斯年以獻
播皇猷曲
右一曲宣宗每宴羣臣備百戲帝自製新曲故有播皇猷之作
文武舞序論
古有六舞後世所用者韶武二舞而已後世之舞亦隨代皆有制作每室各有形容然究其所常用及其制作之宜不離是文武二舞也臣疑三代之前雖有六舞之名往往其事所用者亦無非是文武二舞故孔子謂韶盡美矣又盡善也武盡美矣未盡善也不及其他誠以舞者聲音之形容也形容之所感發惟二端而已自古制治不同而治具亦不離文武之事也然雲門大咸大韶大夏大濩大武凡六舞之名南陔白華華黍崇丘由庚由儀凡六笙之名當時皆無辭故

簡籍不傳惟師工以譜奏相授耳古之樂惟歌詩則有辭笙舞皆無
辭故大武之舞秦始皇改曰五行之舞大韶之舞漢高帝改曰文始
之舞魏文帝復文始曰大韶舞五行舞曰大武舞並有譜無辭雖東
平王蒼有武德舞之歌未必用之大抵漢魏之世舞詩無聞至晉武
帝泰始九年荀勗曾典樂更文舞曰正德武舞曰大豫使郭夏宋識
爲其舞節而張華爲之樂章自此以來舞始有辭舞而有辭失古道
矣

文武舞二十曲

晉文舞曰正德舞武舞曰大豫舞

宋文舞曰前舞武舞曰後舞

梁武舞曰大壯舞文舞曰大觀舞

隋文舞武舞

唐文舞曰治康舞武舞曰凱安舞

唐三大舞

七德舞本名秦王破陣樂太宗爲秦王破劉武周軍中相與作秦王破陣樂及卽位宴會必奏之乃制舞圖左圓右方先偏後伍交錯屈伸以象魚麗鵝鸛後令魏徵褚亮虞世南李伯藥更製歌辭名曰七德舞元日冬至朝會慶賀與九功舞同奏後又改爲神功破陣樂

九功舞本名功成慶善樂太宗生於慶善宮貞觀六年幸之宴從臣賞賜閭里同漢沛宛帝歡甚賦詩起居郎呂才被之管絃名曰功成慶善樂號九功舞進蹈安徐以象文德麟德三年詔郊廟享宴奏文舞用功成慶善樂武舞用神功破陣樂

上元舞高宗所作也大祠享皆用之

右三大舞唐之盛樂也然後世所行者亦惟二舞而已神功破陣樂有武事之象功成慶善樂有文事之象五代因之晉用九功舞改曰觀象舞用七德舞改曰講功舞周用觀象改爲崇德舞用講功改爲象成舞按唐人降神用文舞送神用武舞其餘卽奏十二和之樂每室酌獻一曲則別立舞名至今不替焉然每室之舞蓋本於梁自梁以來紛然出於私意莫得而紀

樂略第一

樂略第二　通志卷第五十

十二律周

先王通於倫理以候氣之管爲樂聲之均吹建子之律以子爲黃鍾丑爲大呂寅爲太蔟卯爲夾鍾辰爲姑洗巳爲中呂午爲蕤賓未爲林鍾申爲夷則酉爲南呂戌爲無射亥爲應鍾陽管有六爲律者謂黃鍾太蔟姑洗蕤賓夷則無射此六者爲陽月之管謂之爲律陰管有六爲呂者謂大呂應鍾南呂林鍾中呂夾鍾此六者爲陰月之管謂之爲呂變陰陽之聲故爲十二調調各文之以五聲播之以八音乃成爲樂故有十二懸之樂焉

五聲八音名義

五聲者一曰宮二曰商三曰角四曰徵五曰羽八音者八卦之音卦各有風謂之八風其一曰乾之音石其風不周二曰坎之音革其風廣莫三曰艮之音匏其風融四曰震之音竹其風明庶五曰巽之音

木其風清明六曰離之音絲其風景七曰坤之音土其風涼八曰兌之音金其風閶闔月令云正月其音角四月其音徵中央土其音宮七月其音商十月其音羽樂記曰宮爲君商爲臣角爲民徵爲事羽爲物五者不亂則無怗懘之音矣

五聲十二律還相爲宮

伏犧氏作易紀陽氣之初以爲律法建曰冬至之聲以黃鍾爲宮太蔟爲商姑洗爲角林鍾爲徵南呂爲羽應鍾爲變宮蕤賓爲變徵此聲之元五聲之正也按應鍾爲變宮蕤賓爲變徵自商已前但有五音此二者自周已來加文武二聲調之爲七其五聲爲正二聲爲變變者和也故各統一日其餘以次運行當日者各自爲宮而商徵以類從焉揚子雲曰聲生於日律生於辰取法於五行十二辰之義也聲生於日者謂日有五故聲亦有五日謂甲己爲角乙庚爲商丙辛爲徵丁壬爲羽戊癸爲宮是五行合爲五日五音之聲生於日也律生於辰者十二律出於十二辰子爲黃鍾之類是也餘已見上文五聲六律還相爲宮其用之之法先以本管爲均使八音相生或上或下皆取五聲令足然後爲十二律還相爲宮若黃鍾之均

以黃鍾爲宮黃鍾下生林鍾爲徵林鍾上生太蔟爲商太蔟下生南呂爲羽南呂上生姑洗爲角此黃鍾之調皆三分之次故用正律之聲也

大呂之均以大呂爲宮大呂下生夷則爲徵夷則上生夾鍾爲商夾鍾下生無射爲羽無射上生中呂爲角此大呂之調皆三分之次故用正律之聲

太蔟之均以太蔟爲宮太蔟下生南呂爲徵南呂上生姑洗爲商姑洗下生應鍾爲羽應鍾上生蕤賓爲角此太蔟之調皆三分之次故用正律之聲

夾鍾之均以夾鍾爲宮夾鍾下生無射爲徵無射上生中呂爲商中呂上生黃鍾爲羽黃鍾正律之聲長非中呂爲商三分去一之次此用其子聲爲羽也黃鍾下生林鍾爲角林鍾子聲短非中呂爲商之次故還用林鍾正管之聲爲角夾鍾之調有四正聲一子聲

姑洗之均以姑洗爲宮姑洗下生應鍾爲徵應鍾上生蕤賓爲商蕤賓上生大呂爲羽大呂正聲長非蕤賓爲商三分之次故用其子聲爲羽是三分去一之次大呂下生夷則爲角夷則子聲短非蕤賓爲商三分去一之次故還用正聲爲角此爲姑洗之調亦正聲四子聲一也

中呂之均以中呂爲宮中呂上生黃鍾爲徵黃鍾正聲長非中呂三分去一之次故用其子聲爲徵是亦三分去一之次黃鍾下生林鍾爲商林鍾子聲短非中呂爲宮之次故還用正聲爲商林鍾上生太蔟爲羽太蔟正聲長非林鍾爲商三分去一之次故用其子聲爲羽亦是三分去一之次太蔟下生南呂爲角此中呂之調正聲三子聲一

蕤賓之均以蕤賓爲宮蕤賓上生大呂爲徵大呂正聲長非蕤賓三分去一之次故用子聲爲徵大呂下生夷則爲角夷則上生夾鍾爲羽夾鍾正聲長非夷則三分去一爲羽之次故用子聲爲羽亦是三分去一之次夾鍾下生無射爲角無射子聲短非夷則爲商之次還用正聲爲角此蕤賓之調亦一子聲四正聲也

林鍾之均以林鍾爲宮林鍾上生太蔟爲

徵太蔟正聲長非林鍾為宮三分去一為徵之次故用子聲為徵亦是三分去一之次太蔟下生南呂為商南呂上生姑洗為羽姑洗正聲長非南呂三分去一為羽之次故用子聲為羽亦是三分去一之次姑洗下生應鍾為角應鍾子聲短非南呂為商之次故還用正聲為角此林鍾之調亦子聲二正聲三也

夷則之均 以夷則為宮夷則上生夾鍾為徵夾鍾正聲長非夷則三分去一為徵之次故用子聲為徵亦是三分去一之次夾鍾下生無射為商無射子聲短非夷則為宮之次故還用正聲為商無射上生中呂為羽中呂正聲長非無射為商三分去一之次故用子聲為羽亦是三分去一之次中呂上生黃鍾為角黃鍾正聲長非無射三分去一為商之次故用子聲為角此夷則之調正聲二子聲三也

南呂之均 以南呂為宮南呂上生姑洗為徵姑洗正聲長非南呂三分去一為徵之次故用子聲為徵亦是三分去一之次姑洗下生應鍾為商應鍾子聲短非南呂三分去一之次故用正聲為商應鍾上生蕤賓為羽蕤賓正聲長非應鍾為商三分去一之次故用子聲為羽蕤賓上生大呂為角大呂正聲長非應鍾為商之次故用子聲為角亦是三分去一之次此南呂之調正聲二子聲三也

無射之均 以無射為宮無射上生中呂為徵中呂正聲長非無射三分去一為徵之次故用子聲為徵亦是三分去一之次中呂上生黃鍾為商黃鍾正聲長非無射為宮之次故用子聲為商亦是其宮之次黃鍾下生林鍾為羽林鍾正聲長非黃鍾為商三分去一之次故用子聲為羽林鍾上生太蔟為角太蔟正聲長非黃鍾為商三分去一之次故用子聲為角此無射之調正聲一子聲四也

應鍾之均 以應鍾為宮應鍾上生蕤賓為徵蕤賓正聲長非應鍾三分去一為徵之次故用子聲為徵蕤賓上生大呂為商大呂正聲長非應鍾為宮之次故用子聲為商大呂下生夷則為羽夷則正聲長非蕤賓為

徵之次故用子聲爲羽夷則上生夾鍾爲角夾鍾正聲長幷大此謂呂爲商之次故用子聲爲角此應鍾之調亦正聲一子聲四也迭爲宮商角徵羽也若黃鍾之律自爲其宮爲夾鍾之羽爲中呂之徵爲夷則之角爲無射之商此黃鍾之五聲也大呂之律自爲其宮爲姑洗之羽爲蕤賓之徵爲南呂之角爲應鍾之商此謂大呂之五聲也太蔟之律自爲其宮爲中呂之羽爲林鍾之徵爲無射之角爲黃鍾之商此謂太蔟之五聲也夾鍾之律自爲其宮爲蕤賓之羽爲夷則之徵爲應鍾之角爲大呂之商此夾鍾之五聲也姑洗之律自爲其宮爲林鍾之羽爲南呂之徵爲黃鍾之角爲太蔟之商此姑洗之五聲也中呂之律自爲其宮爲夷則之羽爲無射之徵爲大呂之角爲夾鍾之商此謂中呂之五聲也蕤賓之律自爲其宮爲南呂之羽爲應鍾之徵爲太蔟之角爲姑洗之商此蕤賓之五聲也林鍾之律自爲其宮爲無射之羽爲黃鍾之徵爲夾鍾之角爲中呂之商此謂林鍾之五聲也夷則之律自爲其宮爲應鍾之羽爲大呂之徵爲姑洗之角爲蕤賓之商此謂夷則之五聲也南呂之律自爲其宮爲黃鍾之羽爲太蔟之徵爲中呂之角爲林鍾之商此謂南呂之五聲也無射之律自爲其宮爲大呂之羽爲夾鍾之徵爲蕤賓之角爲夷則之商此謂無射之五聲也應鍾之律自爲其宮爲太蔟之羽爲姑洗之徵爲林鍾之角爲南呂之商此謂應鍾之五聲也所謂五聲六律十二管還相爲宮者也

五聲十二律相生法

古之神瞽考律均聲必先立黃鍾之均黃鍾之管以九寸爲法故用九自乘爲管絃之數九九八十一數管數多者則下生其數少者則上生相生增減之數皆不出於三又生取之數不出於八宮從黃鍾而起下生得八爲林鍾上生太蔟亦復依八而取爲商其增減之法以三爲度以上生者皆三分益一下生者皆三分去一宮生徵三分宮數八十一分各二十七下生者去一去二十七餘有五十四以爲徵故徵數五十四也徵生商三分徵數五十四則分各十八上生者益一加十八於五十四得七十二以爲商故商數七十二也商生羽三分商數七十二則分各二十四下生者去一去二十四得四十八以爲羽故羽數四十八羽生角三分羽數四十八則分各十六上生者益一加十六於四十八得六十四以爲角故角數六十四此五聲大小之次也是黃鍾爲均用五聲之法以下十二辰辰各有五聲其爲宮商之法亦如之故辰各有五聲合爲六十聲是十二律之正聲也聲本制唯以宮商角徵羽各得上下三分之次爲聲其十二律相生之法皆以黃鍾爲始黃鍾之管九寸下生者三分去一上生者三分益一五下六上仍得一

終黃鍾下生林鍾（林鍾之管六寸）林鍾上生太蔟（太蔟之管八寸）太蔟下生南呂（南呂之管五寸三分寸之一）南呂上生姑洗（姑洗管長七寸九分寸之一）姑洗下生應鍾（應鍾之管長四寸二十七分寸之二十）應鍾上生蕤賓（蕤賓之管長六寸八十一分寸之二十六）蕤賓上生大呂（大呂之管長四寸二百四十三分寸之五十二倍之爲八寸分寸之一百四）大呂下生夷則（夷則之管長五寸七百二十九分寸之四百五十一）夷則上生夾鍾（夾鍾之管長三寸二千一百八十七分寸之一千六百三十一倍之爲七寸分寸之一千七十五）夾鍾下生無射（無射之管長四寸六千五百六十一分寸之六千五百二十四）無射上生中呂（中呂之管長六寸萬九千六百八十三分寸之萬二千九百七十四）此謂十二律長短相生一終於中呂之法又制十二鍾準爲十二律之正聲也鳧氏爲鍾以律計身倍半半者準正聲之半以爲十二子（律制爲十二子）聲比正聲爲半則以正聲於子聲爲倍以正聲比子聲則子聲爲半但先儒釋用倍聲自有二義一義云半以十二正律爲十二子聲之鍾二義云從於中呂之管寸數以三分益一上生黃鍾以所得管之寸數然半之以爲子聲之鍾其爲半正聲之法者以黃鍾之管正聲九寸爲均子聲則四寸

半黃鍾下生林鍾之子聲三分去一故林鍾子聲之律三寸林鍾上生太蔟之子聲
三分益一太蔟子聲之律四寸太蔟下生南呂之子聲三分去一南呂子聲之管長三寸三分寸之二南呂
上生姑洗之子聲三分益一姑洗子聲之律長三寸九分寸之五姑洗下生應鍾之子聲三分
去一應鍾子聲之律長二寸二十七分寸之十應鍾上生蕤賓之子聲三分益一蕤賓子聲之律二寸八十一分
寸之十三蕤賓上生大呂之子聲三分益一大呂子聲之律四寸二百四十三分寸之五十二大呂下
生夷則之子聲三分去一夷則子聲之律長二寸七百二十九分寸之五百九十夷則上生夾鍾之
子聲三分益一夾鍾子聲之律三寸二千一百八十七分寸之一千六百三十一夾鍾下生無射之子聲
三分去一無射子聲之律二寸六千五百六十一分寸之三千二百六十二無射上生中呂之子聲三分益一
中呂子聲之律三寸一萬九千六百八十三分寸之六千四百八十七還終於中呂此半正聲法其半相生之
法者以正中呂之管長六寸一萬九千六百八十三分寸之萬二千九百七十四中呂上生黃
鍾三分益一得八寸五萬九千四十九分寸之五萬一千八百九十六半之得四寸五萬九千四十九分寸之二萬五千九百四十八
以爲黃鍾黃鍾下生林鍾三分去一還以下生所得林鍾之管寸數半之
以爲林鍾子聲之管以次而爲上下相生終於中呂皆以相生所得

之律寸數半之各以爲子聲之律故有正聲十二子聲十二分大小有十二以爲二十四鍾通於二神迭爲五聲合有六十聲卽爲六十律其正管長者爲均之時則自用正聲爲五音正管短者爲均之時則通用子聲爲五音亦皆三分益一減一之次還以宮商角徵羽之聲得調也

歷代製造 漢 魏 晉 梁 陳 後魏 北齊 隋 唐

漢文帝令丞相北平侯張蒼始定律歷武帝以李延年爲協律都尉蓋掌音律也元帝時郎中京房知五音六十律之數上使韋元成等試問房於樂府房對受學於故小黃令焦延壽六十律相生之法以上生下皆三生二以下生上皆三生四陽下生陰陰上生陽終於中呂而十二律畢矣中呂上生執始執始下生去而六十律上下相生終於南事去滅畢矣夫十二律之變至於六十猶八卦之變至於六十四也又造準如瑟而十三絃隱間九尺中央一絃下有畫分寸以爲六十律清濁之節史官傳之至後漢建武之後不能定其絃緩急矣王莽召天下通知鍾律者百餘

人令劉歆領之造銅律其所制與京房不殊魏武帝時杜夔精識音韻爲雅樂郎中令鑄銅工柴玉巧有意思形器之中多所造作亦爲時人見知夔令玉鑄鍾其聲均清濁多不如法數毀改作玉甚饜之謂夔清濁任意更相訴白於魏武魏武取所鑄鍾雜錯更試然後知夔爲精而玉之謬也明帝青龍中鑄大鍾高堂隆諫曰夫禮樂者爲治之大本也故簫韶九成鳳凰來儀雷鼓六變天神以降是以升平刑措和之至也新春發響商辛以隕大鍾既鑄周景以死存亡之機由此而作君舉必書古之道也作而不法何以示後帝稱善久之晉張華荀勗校魏杜夔所造鍾律其聲樂多不諧合乃出御府古今銅竹律二十五具銅尺銅斛七具校減新尺短夔尺四分因造十有二笛笛具五音以應京房之術笛體之音皆各用蕤賓林鍾之角短則又倍之二笛八律而後成去四分之一而以本宮管上行度之則宮穴也因宮穴以本宮徵管上行度之則徵穴也各以其律展轉相因隨穴疎密所宜置之

或半之或四之以調律呂正雅樂正會殿庭作之自謂宮商克諧然論者謂勗爲暗解（初勗常於路逢趙賈人牛鐸及掌樂事律呂未諧日得趙人牛鐸則諧矣遂下郡國悉送牛鐸果得諧者）時阮咸善達八音論者謂之神解咸常心譏勗新律聲高以謂高近哀思不合中和每公會作樂勗自以爲遠不及咸常意咸謂之不調以爲異己乃出咸爲始平相後有田夫耕於野得周玉尺勗以校己所理鍾石絲竹皆短校一米勗由是伏咸之妙復召咸歸梁武帝天監元年下詔博采古樂無所得帝既素善音律詳悉舊事遂自制立四器名之爲通通受聲廣九寸宣聲長九尺臨岳高一寸二分每通施三絃一曰玄英通應鍾絃用百四十二絲長四尺七寸四分差強黃鍾絃用二百七十絲長九尺大呂絃用二百五十二絲長八尺四寸三分差弱二曰青陽通太蔟絃用二百四十絲長八尺夾鍾絃用二百二十四絲長七尺五寸弱姑洗絃用二百三十二絲長七尺一寸一分強三曰朱明通中呂絃用百九十九絲長六尺六寸六分

弱蕤賓絃用百八十九絲長六尺三寸二分強林鍾絃用百八十絲長六尺四寸四目白藏通夷則絃用百六十八絲長五尺六寸二分弱南呂絃用百六十絲長五尺三寸二分大強無射絃用百二十九絲長四尺九寸一分強因以通聲轉推月氣悉無差違而還相得中又制爲十二笛黃鍾笛長三尺八寸大呂笛長三尺六寸太蔟笛長三尺四寸夾鍾笛長三尺二寸姑洗笛長三尺一寸中呂笛長二尺九寸蕤賓笛長二尺八寸林鍾笛長二尺七寸夷則笛長二尺六寸南呂笛長二尺五寸無射笛長二尺四寸應鍾笛長二尺三寸用笛以寫通聲校古夾鍾玉律并周代古鍾並皆不差於是被以八音旋以七聲莫不和韻陳山陽太守毛爽傳習京房候氣術陳亡祖孝孫學之於爽周歲之日日異其律冬至之日以黃鍾爲宮林鍾爲徵太蔟爲商南呂爲羽姑洗爲角應鍾爲變宮蕤賓爲變徵隨月異宮匝歲而復焉後魏孝明帝神龜元年有陳仲儒者自江南歸魏頗閑樂

事請依前漢京房立準以調八音有司問仲儒言前被符問京房準定六十律之後雖有器存曉之者尠至後漢熹平末張光等猶不能定絃之急緩聲之清濁仲儒授自何師出何典籍而云能曉答曰仲儒在江左之日頗愛琴又常覽司馬彪所撰續漢書見京房準術成數昭然而張光等不能定準者本以代律取其分數調校樂器則宮商易辨若尺寸小長則六十宮商相與微濁若分數如短則六十徵羽類皆小清至於清濁相宣諧會歌管皆得應合雖積黍驗氣取聲之本清濁諧會亦須有方若閑準意則辨五聲清濁之韻若善琴術則知五調調音之體參此二途以均樂器則自然應和不相奪倫舊誌唯云準形如瑟十三絃隱間九尺以應黃鍾九寸調中一絃令與黃鍾相得按房準九尺之內若十七萬七千一百四十七分一尺之內爲萬九千六百八十三分又復十之是爲於準一寸之內亦爲萬九千六百八十三分然則於準一分之內乘爲二千分又爲小分以

辨強弱中間至促雖離朱之明猶不能窮而分之仲儒私曾考驗但前卻中柱使入常準尺分之內相生之韻已自應合自上代以來消息調準之方並史文所略出仲儒愚思且燧人不師資而習火延壽不束脩以變律謂之天授豈必經師傳而後得其要妙哉時尚書蕭寶夤亦以仲儒學不師授不可施用遂已之北齊霸府田曹參軍信都芳世號知音能以管候氣仰觀雲色常與人對語忽指天曰孟春之氣至矣人往驗管而飛灰已應每月所候言皆無爽又爲輪扇二十四埋地中以測二十四氣每一氣感則一扇自動他扇並住與管灰相應無少異隋開皇二年文帝詔定音樂沛公鄭譯云考尋樂府鍾石律呂皆有宮商角徵羽變宮變徵之名七聲之內三聲乖應每常求訪終莫能通後得龜茲人蘇祇婆所奏琵琶其一均之中間有七調調有七種以其七調勘校七聲冥若合符因習而彈之得七聲之正於七調之中又有五旦旦作七調以華言譯之旦即均也其聲

亦應黃鍾太蔟林鍾南呂姑洗五均以外七律更無調聲遂因其所捻琵琶絃柱相飲爲均推演其聲更立七均合成十二以應十二律律有七音音立一調故成七調十二律合八十四調旋轉相交盡皆和合仍以其聲考校太樂所奏林鍾之宮應用林鍾爲宮乃用黃鍾爲宮應用南呂爲商乃用太蔟爲商應用應鍾爲角乃取姑洗角爲故林鍾一宮七聲三聲並戾其十一宮七十七音例皆乖越莫有通者又以編懸有八因作八音之樂七聲之外更立一聲謂之應聲譯因作書二十餘篇明其指趣焉至是譯以其書宣示朝廷并立議正之之時有萬寶常者妙達鍾律徧工八音帝召寶常問以鄭譯所定之樂可施用與否寶常曰此亡國之音豈陛下所宜聞上不悅寶常極陳樂聲哀怨淫放請更之乃用水尺爲律以調樂器其損益頗多然不爲時人所取又太子洗馬蘇夔駮譯曰韓詩外傳所載樂聲感人及月令所載五音所中並皆有五不言變宮變徵又左氏所云七音

六律以奉五聲準此而言每宮應立五調下聞更加變宮變徵二調爲七調七調之作所出未詳譯答曰周有七音之律漢書律歷志天地人及四時謂之七始黃鍾爲天始林鍾爲地始太蔟爲人始是爲三始姑洗爲春蕤賓爲夏南呂爲秋應鍾爲冬是爲四時四時三始是以爲七今若不以二變爲調曲則是冬夏聲闕四時不備是故每宮立七調於是衆從譯議譯又與夔俱云按今樂府黃鍾乃以林鍾爲調首失君臣之義清樂黃鍾宮以小呂爲變徵乖越相生之道今請雅樂黃鍾宮以黃鍾爲調首清樂去小呂還用蕤賓爲變徵衆皆從之夔又與譯議欲累黍立分正定律呂時以音律久不通夔譯等一朝能爲之以爲樂聲可定而何妥舊以學問推爲儒首帝素不悅學不知樂妥又恥己宿儒不逮譯等欲沮壞其事乃立議非十二律還相爲宮曰經文雖道還相爲宮恐是直言其理亦不通隨月用調是以古來不取若依鄭玄及司馬彪須用六十律方得和韻今惟取

黃鍾之正宮兼得七始之妙義非止金石諧韻亦乃簨簴不繁可以享百神而合萬舞矣而又非其七調之義曰近代書記所載縵樂鼓琴吹笛之人多云三調三調之聲其來久矣請存三調而已時牛弘總知樂事不能精究音律寶常又修洛陽舊典言幼學音律師於祖孝孫知其上代修調古樂周之璧翣商之崇牙懸八用七盡依周禮周禮備矣所謂正聲又近前漢之樂不可廢也是時競為異議各立朋黨是非之理紛然淆亂或欲各令修造待成擇其善者而從之妥恐樂成善惡易見乃請張樂試之遂先說曰黃鍾者以象人君之德及奏黃鍾之調帝曰洋洋和雅甚與我心會妥因陳用黃鍾一宮不假餘律帝大悅班賜妥等修樂者自是譯等議寢帝又遣毛爽及蔡子元于普明等以候節氣依古於三重密屋之內以木為桉十有二具每取律呂之管隨十二辰置于桉上而以土埋之上平於地中實葭莩之灰以輕緹素覆律口每地氣至與律冥符則灰飛衝素散出

于外而氣應有早晚灰飛有多少或初入月其氣即應或至中下旬
間氣始應者或灰飛出三五夜而盡或終一月纔飛少許者帝異之
問牛弘弘對曰灰飛半出爲和氣全出爲猛氣吹灰不能出爲衰氣
和氣應者其政平猛氣應者其臣縱衰氣應者其君暴帝駁之曰臣
縱君暴其政不平非月別而有異也今十二月律於一歲內應不同
安得暴君縱臣若斯之甚也弘不能對初萬寶常聽太常所奏樂泫
然而泣人問其故對曰樂淫厲而哀天下其亂乎開皇初復有盧賁
蕭吉並撰著樂書又有安馬駒曹妙達王長通郭令樂等皆能造曲
天機既不逮寶常復多鄭聲不歸於雅煬帝之將幸江都也有樂人
王令言者號知音律聞其子彈琵琶作翻安公子調令言歔欷流涕
曰此曲宮聲往而不返宮者君也帝其不還乎竟如其言語具寶常
傳中唐高祖受禪後軍國多務未遑改創樂府尙用隋氏舊文至武
德九年正月始命太常少卿祖孝孫考正雅樂至貞觀二年六月樂

成奏之太宗謂侍臣曰禮樂之作蓋聖人緣情設教以爲樽節治之興替豈此之由御史大夫杜淹對曰前代興亡實由此樂陳之將亡也爲玉樹後庭花齊之將亡也爲伴侶行路聞之莫不悲泣所謂亡國之音也以是觀之蓋樂之由也太宗曰不然夫音聲能感人自然之道故歡者聞之卽悅憂者聞之卽悲悲悅之情在於人心非由樂也將亡之政其人必苦然苦心所發故聞之則悲耳何有樂聲憂怨能使人悅者悲乎今玉樹後庭花伴侶之曲其聲具存朕當爲公奏之知公必不悲矣初孝孫以梁陳舊樂用吳楚之音周齊舊樂涉胡戎之伎於是斟酌南北考以古音而作大唐雅樂以十二律各順其月還相爲宮按禮記云大樂與天地同和治世之音安以樂其政和故製十二和之樂合三十一曲八十有四調祭圜丘以黃鍾爲宮郊朝方澤以林鍾爲宮宗廟以太蔟爲宮五郊朝賀饗宴則隨月用律爲宮初隋但用黃鍾一宮惟扣七鍾餘五鍾虛設而不扣及孝孫建旋宮之法扣鍾皆徧無復虛設矣周禮旋宮之義亡絕已久莫能知之一朝復古自孝孫始也貞觀初張文收善音律常覽蕭吉樂譜以爲未甚詳悉乃取歷代沿革截竹爲十二律吹之備盡還宮之義太宗召文收於太常令與少卿祖孝孫參定雅樂太樂有古鍾十二近代惟用其七餘有五鍾俗號啞鍾莫能通者

文收吹律調之聲皆饗徹時人咸服其妙尋授協律郎及孝孫卒文收復採三禮更加釐革以定十二和之樂然後樂教大備焉

權量　八音　金一　石二　土三　革四　絲五　木六　匏七　竹八　八音之外又有　桃一　貝二　葉三

權量

杜佑曰漢書云推曆生律制器規圓矩方權重衡平準繩嘉量探賾索隱鉤深致遠莫不用焉度者分寸尺丈引也本起黃鍾之長以子穀秬黍中者一黍之廣度之九十分黃鍾之長一為一分十分為寸十寸為尺十尺為丈十丈為引而五度審矣量者龠合升斗斛也本起於黃鍾之龠用度數審其容以子穀秬黍中者千有二百實其龠以井水準其槩十龠為合十合為升十升為斗十斗為斛而五量嘉矣權者銖兩斤鈞石也本起於黃鍾之重一龠容千二百黍重十二銖兩之為兩二十四銖為兩十六兩為斤三十斤為鈞四鈞為石權

與物鈞而生衡衡運生規規圓生矩矩方生繩繩直生準準正則平衡而鈞權矣是謂五則也魏初杜夔造斛卽周禮所謂嘉量也深尺方尺實一鬴（音輔）臀一寸實一豆耳三寸實一升重一鈞聲中黃鍾晉氏播遷亡其彝量隋制前代三升當今一升三兩當今一兩一尺二寸當今一尺唐貞觀中張文收鑄銅斛稱尺升合咸得其數詔以其副藏於樂府至武延秀爲太常卿以爲奇翫以律與古玉尺玉升斗合獻焉開元十七年將考宗廟樂有司請出之勑唯以銅律付太常而亡其九管今正聲有銅律三百五十六（唐志作三百六十）銅斛二銅稱二銅甌十四（唐志有稱尺一）斛左右耳與臀皆正方積十而登以至於斛銘云大唐貞觀十年歲次玄枵月旅應鍾依新令累黍尺定律校龠成茲嘉量與古玉斗相符同律度量衡協律郎張文收奉勑修定稱盤銘云大唐貞觀稱同律度量衡匣上有朱漆題稱尺二字尺亡其跡猶存以今常用度量校之尺當六之五衡皆三之一斛一稱是文收

總章年所作斛正圓而小與稱相符也

金一 鍾 棧 鎛 錞于 鐃
鐲 鐸 方響 銅鈸 銅鼓

鍾世本云黃帝工人垂所造山海經云炎帝之孫鼓延始爲鍾禮記云垂之和鍾鄭康成云垂堯時鍾工並未知孰是周禮冬官考工記鳧氏爲鍾其制詳矣爾雅曰大鍾曰鏞中者曰剽音瞟小者曰棧春秋左氏傳曰景王將鑄無射無射鍾名律中無射伶州鳩曰王其以心疾死乎言鍾聲之能感人也如是棧鍾東晉初得之則爾雅所謂鍾小者棧也小而編次之亦曰編鍾鎛如鍾而大按前代有大鍾若周之無射非一皆謂之鍾也錞于古禮器也錞音時旬反圓如錐頭大上小下周禮以金錞和鼓宋史云今人間猶時有其器則宋非廟廷所用廣漢什邡人段祖以錞于獻始興王鑑其器高三尺六寸六分圍二尺四寸圓如筩音動銅色黑如漆甚薄上有銅馬以繩懸馬令去地尺餘灌之以水又以器盛水於下以芒當心跪注錞于以手震芒則聲如雷清響良久乃絕後周平蜀得之斛斯徵觀之曰錞

干也依干寶周禮注驗之如其言也鐃如編鍾而無舌有柄搖之以止鼓漢鼓吹曲有鐃歌鐲鉦也形如小鍾軍行鳴之以爲鼓節周禮以金鐲節鼓近代有如大銅疊垂而擊之以節鼓呼曰鉦鐸大鈴也周禮以金鐸通鼓三禮圖云以銅爲之木舌爲木鐸金舌爲金鐸方響梁有銅磬蓋今方響之類也方響以鐵爲之脩九寸廣二寸圓上方下架如磬而不設業倚於架上以代鍾磬人間所用者纔三四寸銅鈸亦謂之銅盤出西戎及南蠻其圓數寸隱起如浮漚貫之以韋相擊以和樂也南蠻國大者圓數尺或謂齊穆王素所造銅鼓鑄銅爲之虛其一面覆而擊其上南夷扶南天竺類皆如此嶺南豪家則有之大者廣丈餘西戎有吹銅角長二尺形如牛角

石二　磬　毊

磬世本云叔所造不知何代人又曰無句作磬古史考曰堯時人也禮記曰叔之離磬

周禮冬官考工記磬氏爲磬磬師掌教擊磬教縵樂燕樂之鍾磬毊

（虛嬌反）爾雅云䥍形似黎管以玉爲之書云泗濱浮磬泗濱石可爲磬

唐代用華原石故白樂天作華原磬以譏之

土三　塤　缶

塤世本云暴辛公所造亦不知何代人周畿內有暴國豈其時人乎

爾雅曰燒土爲之大如鵝子銳上平底形似稱錘六孔小者如雞子

大曰嘂（音叫）缶說文曰瓦器也所以盛酒漿秦人鼓之以節歌也爾雅

曰盎謂之缶注云盆也坎其擊缶（史記趙王與秦王會于澠池秦王爲趙王擊缶是也李斯上秦王逐客論云擊甕扣缶真秦之聲也）

革四　鼓　齊鼓　擔鼓　羯鼓　都曇鼓　毛員鼓
答獵鼓　雞婁鼓　正鼓　節鼓　撫拍　雅

鼓世本云夷作鼓以桴擊之曰鼓以手搖之曰鞀周禮地官鼓人掌

教六鼓四金之音聲以節聲樂以和軍旅以正田役教以鼓而辨其

聲用（教擊鼓者大小之數又別其聲所用之事）以雷鼓鼓神祀以靈鼓鼓社祭以路鼓鼓

鬼享以鼖鼓鼓軍事以鼛鼓鼓役事以晉鼓鼓金奏（雷鼓八面鼓也神祀祀天神也）

（靈鼓六面鼓也社祭祭地祇也路鼓四面鼓也鬼享享宗廟也大鼓謂之鼖鼖鼓長八尺鼛鼓長一丈二尺晉鼓長六尺六寸金奏謂樂作擊編鐘）禮記云夏后之鼓足殷楹鼓周懸鼓（足謂四足也楹謂之柱貫中上出也懸者設之簨簴）應鼓在大鼓側以和大鼓小鼓有柄曰鞀大鞀謂之鞞月令仲夏修鞀鞞是也然則鞀鞞卽靴類也（帝王紀曰帝嚳命垂作鞞）又有鼉鼓焉近代有腰鼓大者瓦小者木皆廣首而纖腹齊鼓狀如漆甬大頭設齊於鼓面如麝臍故曰齊鼓擔鼓如小甕先冒以革而漆之羯鼓正如漆甬兩頭俱擊以出羯中故號羯鼓亦謂之兩杖鼓都曇鼓似腰鼓而小以槌擊之毛員鼓似都曇而稍大答臘鼓制廣羯鼓而短以指揩之其聲甚震俗謂之揩鼓雞婁鼓正員而首尾可擊之處平可數寸正鼓和鼓者一以正一以和皆腰鼓也節鼓狀如博局中開圓孔適容其鼓擊之以節樂也節不知誰所造傅玄節賦云黃鐄唱歌九韶興舞口非節不詠手非節不拊此則所從來亦遠矣（鐄音橫）撫拍以韋爲之實之以糠撫之以節樂也雅周禮春官笙師而掌教雅以教祴樂（教教）

正月之音物生故謂之笙十三簧象鳳之身列管匏內施簧管端宮管在中央三十六簧曰竽宮管在左旁十九簧至十三簧曰笙其他皆相似也大笙謂之簧小笙謂之和詩傳曰吹笙則鼓簧矣蓋笙中之簧也周禮大司樂笙師掌教𣌭笙竽鄭衆云竽三十六簧笙十三簧𣌭音吹爾雅曰笙十九簧者曰巢十三簧者曰和漢章帝時零陵文學奚景於舜祠得笙白玉管後代易之以竹耳竽亦匏也今之笙竽以木代匏而漆殊愈於匏荊梁之南尚仍古制南蠻笙則是匏其聲甚劣

竹八　簫　管　篪　七星　篇　笛　篳篥　笳　角

簫世本曰舜所造其形參差象鳳翼十管長二尺爾雅曰編二十三管長一尺四寸者曰管音言十六管長尺三寸者曰筊音交凡簫一名籟前代有洞簫今無其器蔡邕曰簫編竹有底大者二十三管小者十六管長則濁短則清以蜜蠟實其底而增減之則和然則邕時無洞簫矣管爾雅曰長尺圍寸併漆之有底大者曰簥音嬌中者曰篞乃結反

瑟用槐木長八尺一寸夏至日瑟用桑木長五尺七寸（槐取氣上也桑取氣下也）

筑不知誰所造也史籍惟云高漸離善擊筑漢高祖過沛所擊釋名曰筑似箏細項（按今制身長四尺三寸項長三寸圍四寸五分頭七寸五分上闊七寸五分下闊六寸五分）

箏秦聲也傅玄箏賦序曰世以爲蒙恬所造今觀其器上崇似天下平似地中空準六合絃柱擬十二月設之則四象在鼓之則五音發斯乃仁智之器豈蒙恬亡國之臣能關思哉（今清樂箏並十有二絃他樂皆十有三絃軋箏以片竹潤其端而軋之彈箏則用骨爪長寸餘以代指）

琵琶傅玄琵琶賦曰漢遣烏孫公主嫁昆彌念其行道思慕故使工人裁箏筑爲馬上之樂今觀其器中虛外實天地象也盤圓柄直陰陽敘也柱十有二配律呂也四絃法四時也以方俗語之曰琵琶取其易傳於外國也風俗通曰以手琵琶因以爲名釋名曰推手前曰批引手卻曰把杜摯曰秦苦長城之役百姓絃鼗而鼓之並未詳孰實其器不列四廂今清樂奏琵琶俗謂之秦漢子圓體脩頸而小疑是絃鼗之遺制傅玄曰體圓柄直柱有十二

視瞭也鄭衆曰雅狀如漆筩而弇口大二圍長三尺六寸以羊韋鞔之有兩紐疏畫之賈公彥云長疏而畫之賓醉而出奏祴夏以此器築地爲之行節明不失禮祴古來反

絲五 琴 琵琶 瑟 阮咸 筑 箜篌 箏 豎箜篌

琴世本云神農所造琴操曰伏羲作琴所以修身理性反其天真廣雅曰琴長三尺六寸六分象三百六十六日五絃象五行大絃爲君寬和而温小絃爲臣清廉不亂文王武王加二絃以合君臣之恩也揚雄琴清英曰舜彈五絃之琴而天下化堯加二絃以合君臣之恩桓譚雜論曰五絃第一絃爲宮其次商角徵羽文王武王各加一絃以爲少宮少商說者不同又琴之始作或云伏羲或云神農諸家所說莫能詳矣爾雅曰大琴謂之離二十七絃今無其器齊桓公曰號鍾楚莊曰繞梁相如曰綠綺伯喈曰燋尾而傅玄琴賦則曰非伯喈也瑟世本云庖羲作五十絃黃帝使素女鼓瑟哀不自勝乃破爲二十五絃具二均聲爾雅曰大瑟謂之離禮圖舊云雅瑟長八尺一寸廣一尺八寸二十三絃其常用者十九絃頌瑟長七尺二寸廣尺八寸二十五絃盡用之易通卦驗曰人君冬至日使八能之士鼓黃鍾之瑟

撥彈之如琵琶也豎箜篌胡樂也漢靈帝好之體曲而長二十三絃豎抱於懷中用兩手齊奏俗謂之擘箜篌鳳首箜篌頸有軫

木六 柷 敔 舂牘 拍板

柷敔不知誰所造樂記曰聖人作爲椌楬(謂柷敔也椌苦江反楬苦八反)柷如漆桶方二尺四寸深一尺八寸中有椎柄連底旁開孔內手於中擊之以舉樂敔狀如伏虎背上有二十七鉏鋙刻以擊其首而逆戛之以止樂舂牘周制笙師掌以教祴樂虛中如筩無底(鄭衆曰舂牘以竹大五六寸長七尺短者一二尺其端有兩空髤畫以手築地賓醉而出以節之髤許牛反)舉舂杵亦謂之頓相相助也以節樂也或謂梁孝王築睢陽城擊鼓爲下杵之節睢陽操用舂牘後代因之拍板長闊如手重十餘枚以韋連之擊以代抃(抃擊其節也情發於中手抃足蹈抃者因其聲以節舞龜茲伎人彈指爲歌舞之節亦抃之意也)

匏七 笙 竽

笙世本云隨作笙未知其何代人也禮記曰女媧之笙簧說文云笙

其他皆兌上銳下曲項形制稍大本出胡中俗傳是漢制兼似兩制者謂之秦漢蓋謂通用秦漢之法梁史稱侯景之害簡文也使大樂令彭儁齎曲項琵琶就帝飲則南朝似無曲項者五絃琵琶稍小蓋北國所出舊彈琵琶皆用木撥彈之唐貞觀中始有手彈之法今所謂搊琵琶者是也風俗通所謂以手琵琶之乃知非用撥之義豈上代固有搊之者（手彈法近代已廢自裴洛兒始爲之）阮咸亦秦琵琶也而項長過於今制列十有三柱武后時蜀人蒯朗於古墓中得之晉竹林七賢圖阮咸所彈與此類同因謂之阮咸咸世實以善琵琶知音律稱（蒯朗初得銅者時莫有識之太常少卿元行沖曰此阮咸所造乃令匠人改以木爲之聲甚清雅）箜篌漢武帝使樂人侯調所作以祠太一或云侯暉所作其聲坎坎應節謂之坎侯聲訛爲箜篌者因樂工人姓耳古施郊廟雅樂近代專用於楚聲宋孝武大明中吳興沈懷遠被徙廣州造繞梁其器與箜篌相似懷遠亡其器亦絕或謂師延靡靡樂非也舊說一依琴制今按其形似瑟而小絃用

小者曰篎（音妙）古者以玉爲管舜時西王母獻白琯是也月令均琴瑟管簫蔡邕章句曰管者形長尺圍寸有孔無底其器今亡說文曰管如篪六孔十二月之音詩云嘒嘒管聲周禮孤竹之管於圜丘奏之孫竹之管於方丘奏之陰竹之管於宗廟奏之（鄭氏云孤竹竹特生者孫竹竹枝根之末生者陰竹生於山北也）篪世本云暴辛公所造舊志云一曰管非也雖不知暴辛公何代人而非舜前人明矣舜時西王母獻琯則是已有此器辛公安得造篪乎爾雅曰大篪謂之沂篪以竹爲之長尺四寸圍三寸一孔上出寸三分名曰翹橫吹之小者尺二寸廣雅云八孔今有胡吹非雅器也（蔡邕月令章句云篪竹也六孔有距橫吹之詩云仲氏吹篪）七星不知誰所作其長盈尋籥不知誰所造按禮記葦籥伊耆氏之樂也伊耆已有籥矣周禮有籥師掌教國子秋冬吹籥歷代文舞之樂所執羽籥是也蓋詩所謂左手執籥右手秉翟爾雅云籥如笛三孔而短小廣雅云七孔大者曰産中者仲小者箹（中音仲箹音握）笛馬融長笛賦此器起近代出

於羌中京房備其五音又稱邱仲工其事不言所造風俗通曰邱仲造笛長尺四寸七孔武帝時人後更有羌笛二說不同未詳孰實今橫笛去觜其加觜者謂之義觜笛按橫笛小篪也出漢靈帝好胡笛宋書云有胡篪出於胡吹即謂此君梁胡吹歌云快馬不須鞭拗折楊柳枝下馬吹橫笛愁殺路旁兒此歌元出於北國知橫笛是此名也箄篥本名悲篥出於胡中其聲悲或云儒者相傳胡人吹角以驚馬後乃以笳為首竹為管笳杜摯有笳賦云李伯陽入西戎所造晉先蠶注車駕住吹小菰發吹大菰菰即笳也又有胡笳漢舊箏笛錄有其曲不記所出本末也角書記所不載或出羌胡以驚中國馬馬融又云出吳越

八音之外又有三

一桃皮東夷有卷桃皮二貝大蠡也容可數升並吹之以節樂亦出南蠻三葉銜葉而嘯其聲清震橘柚尤善或云卷蘆葉為之形如笳首也

職官略第一　通志卷第五十一

官制總序

伏羲氏以龍紀故以龍名官共工以水紀故以水名官神農氏以火紀故以火名官黃帝氏以雲紀故以雲名官少昊摯之立也鳳凰至故爲鳥紀而以鳥名官鳳鳥氏歷正也玄鳥氏司分也伯趙氏司至也青鳥氏司啓也丹鳥氏司閉也祝鳩氏司徒也鴡鳩氏司馬也鳲鳩氏司空也爽鳩氏司寇也鶻鳩氏司事也五鳩聚民者也五雉爲五工正九扈爲九農正自顓帝以來不能紀遠乃紀於近爲民師而命以民事又有五行之官是謂五官社稷五祀是尊是奉春官木正曰句芒夏官火正曰祝融秋官金正曰蓐收冬官水正曰玄冥中官土正曰后土唐堯之代分命羲和欽若昊天曆象日月星辰以授人時內有百揆四岳外有州牧侯伯虞舜氏有天下以禹作司空使宅百揆棄作稷官播百穀契作司徒敷五教皋繇作士正五刑垂作共

工利器用益作虞育草木鳥獸伯夷秩宗典三禮夔典樂教胄子和
神人龍作納言出納帝命蓋亦爲六官以主天地并四時也夏后之
制亦置六卿其官名次猶承虞制商人制天子建天官先六太曰太
宰太宗太史太祝太士太卜典司六典天子之五官曰司徒司馬司
空司士司寇典司五衆天子之六府曰司土司木司水司草司器司
貨典司六職天子之六工曰土工金工石工木工獸工草工典制六
材五官致貢曰享五官之長曰伯千里之內爲王畿千里之外設方
伯五國以爲屬屬有長十國以爲連連有帥三十國以爲卒卒有正
二百一十國以爲州州有伯八州八百五十六正百六十八帥三百
三十六長八伯各以其屬屬於天子之老二人分天下以爲左右曰
左右伯周成王參改商官制爲周禮以作天地四時之名謂之六卿
立天官冢宰掌邦治地官司徒掌邦教春官宗伯掌邦禮夏官司馬
掌邦政秋官司寇掌邦刑冬官司空掌邦事各有徒屬用於百事歲

終天子齋戒受諫六卿以百官之成質於天子百官齋戒受質然後休老勞農成歲事制國用自周衰官失而百職亂戰國並爭各有變易秦始皇兼天下建皇帝之號立百官之職不師古始罷侯置守太尉主五兵丞相總百揆又置御史大夫以貳於丞相漢初因循而不革隨時宜也其後頗有所改大司馬左右前後將軍侍中常侍散騎諸吏爲中朝丞相以下至六百石爲外朝王莽篡位慕從古官而吏民皆弗便光武中興務從節約并官省職費減億計後漢建武六年詔曰百姓遭難戶口耗少而官吏尚繁於是司隸州牧條奏并省四百餘縣吏職減損十置其一廢丞相與御史大夫而以三司綜理衆務洎于叔世事歸臺閣論道之官但備員而已魏與吳蜀多依漢制晉氏繼及大抵略同山公啓事曰晉制諸坐公事者皆三年乃得敘用其中多有奸人令逍遙無事臣以爲略依左遷法隨資裁減之亦足懲戒又傅玄議曰諸官有病滿百日不差宜令去職既差復用太元六年改制減費損吏士職員凡七百人時議省州郡縣半吏以赴農功爰及宋齊亦無改作宋時制新長吏以父母疾去官禁錮三年山陰令沈叔任父疾去職御史中丞鄭鮮之上議曰所以爲其制者苟官不久則奔競互生故杜其欲速之請以申考績之實耳今父母之疾而加以罪名損義疾理莫

此爲大詔從之於是自二品以上父母及爲祖父母後者墳墓崩毁及疾病親屬輒去並不禁錮又劉祗爲中書郎江夏王義恭領中書監服親不得相臨表解職也孝武詔曰昔二王兩謝俱至崇禮自今三臺五省悉同此例又詔曰方鎮所假禮白郡縣年限依臺除食祿三分之一不給送官司有三臺五省之號三臺蓋兩漢舊名五省謂尚書中書門下祕書集書省也郡縣有三歲爲滿之期宋州郡縣居職以三周爲小滿梁武受終多遵齊舊然而定諸卿之位分配四時置戎秩之官至百有餘號陳遵梁制不失舊物焉後魏昭成之卽王位初置官司分掌衆職然而其制草創名稱乖疎皇始元年道武平幷州始建臺省置百官封公侯將軍刺史太守尚書郎等官悉用文人天興中太史言天文錯亂當改王易政故官號數革初道武制官皆擬遠古雲鳥之義諸曹走使謂之鳧鴨取飛之迅疾也以何候宮禁謂之白鷺取其延頸遠視他皆此類至孝文太和中王肅來奔爲制官品百司位號皆准南朝改次職令以爲永制凡守令以六年爲滿後經六年乃敘又作考格以之黜陟太和十八年詔曰古者三載考績三考黜陟朕今三載一考考便黜陟各令當司考其優劣爲三等六品以下尚書重閲五品以上朕與公卿親論善惡上上者遷之下下者黜之中中者守本位又宣武帝行考陟之法任事上中者三年升一階散官上第者

四載登一級孝明以後授受多濫齊高氏創業亦遵後魏臺省位號多類江東以門下省掌獻納諫正中書省管司王言祕書省典司經籍集書省掌從容諷議中常侍省掌出入門閣御史臺察糾彈劾後主臨御爵祿犬馬宇文氏之初據關中猶依魏制及平江陵之後別立憲章酌周禮之文建六官之職其他官亦兼用秦漢及隋文帝踐極百度伊始復廢周官還依漢魏其於庶僚頗有損益凡官以四考而代又制凡官以理去職聽並執笏至煬帝初存稽古多復舊章百官不得計考增級如有德行功能灼然顯著者擢之大業三年始行新令有三臺五省五監十二衛十六府殿內尚書門下內史祕書五省也謁者司隸御史三臺也少府長秋國子將作都水五監也左右翊左右驍左右武左右屯左右禦左右候十二衛也左右備身左右監門等凡十六府也或是舊名或是新置諸省及左右衛武侯領軍監門府爲內官自餘爲外官于時天下繁富四方無虞衣冠文物爲盛矣既而漸爲不道百度方亂號令日改官名月易圖籍散逸不得而詳備唐之職員多因隋制雖有小變革而大較不異貞觀六年大省內官凡文武定員六百四十有三而已顯慶元年初制拜三師三公親王尚書令雍州牧開府儀同三司驃騎大將軍左右僕射並臨軒冊授太子二

少侍中中書令諸曹尚書諸衞大將軍特進鎮軍輔國大將軍光祿大夫太子詹事太常卿都督及上州刺史在京者朝堂受冊又制文
武官五品以上老及病不因罪解者並聽同致仕例龍朔二年又改官名咸亨元年復舊至于
武太后再易庶官或從宜創號改尚書省爲文昌臺門下省爲鸞臺中書省爲鳳閣御史臺爲肅政臺及
諸寺衞等名又置控鶴府官員或參用古典改六尚書爲天地四時之官天授二年凡舉人無賢
不肖咸加擢拜大置試官以處之試官蓋起於此也試者未爲正命凡正官皆稱行
守其階高而官卑者稱行階卑而官高者稱守階官同者並無行守字太后務收物情其年二月十道使舉人并州石艾縣令王山耀等
六十一人並授拾遺補闕懷州錄事參軍崔獻可等二十四人並授侍御史并州錄事參軍徐昕等二十四人並授著作郎魏州內黃縣
尉崔宣道等二十二人並授衞佐校書御史等故當時諺曰補闕連車載拾遺平斗量把推侍御史椀脫校書郎試官自此始也于
時擢人非次刑網方密雖驟歷榮貫而敗倫繼軌神功元年制曰自今本色出身解天
文者進轉官不得過太史令音樂者不得過太樂鼓吹令醫術者不得過尚藥奉御陰陽卜筮者不得過太卜令解造食者不得過司膳
神龍初官復舊號二年三月又置員外官二千餘人舊有員外官至此大增加兼超
授諸門官爲員外官者亦千餘人中書令李嶠初自地官尚書貶通州刺史至是召拜吏部侍郎嶠志欲曲行私惠求名悅衆冀得重居
相位乃奏請大置員外官多引用勢家親識至是嶠又自覺銓衡失序官員倍多府庫由是減耗也於是遂有員外員外

官其初但云員外至永徽六年以蔣孝璋爲尚藥奉御員外特置仍
同正員自是員外官或有同正員者其加同正員者唯不給職田耳
其祿俸賜會與正官同單言
員外者祿俸減正官之半檢校試攝判知之官府板署檢校者云
攝者言勅攝非州
檢校某官判官者云判某官事知者
云知某官事皆是詔除而非正命逮乎景龍官紀大紊復有斜封
無坐處之誦興焉景龍中有太平安樂長寧宜城等諸公主及皇后
陸氏妹郕國夫人李氏妹崇國夫人并昭容上官
氏與其母沛國夫人鄭氏尚宮柴氏賀婁氏女巫隴西夫人趙氏皆
引用親識亦多猥濫或出自臧獲或由於屠販多因賂貨累居榮秩
咸能別於側門降墨勑斜封以授焉故時人號爲斜封官時既政出
多門遷除甚衆自宰相至于內外員外官及左右臺御史多者則數
踰十倍皆無廳事可以處之故時人謂
之三無坐處謂宰相御史及員外官也先天以來始懲其弊至開元
二十五年刊定職次著爲格令此格皆武德正觀之舊制永徽初已
詳定之至開元二十五年再刪定焉
至二十八年又省文武六品以下
官三百餘員及諸流外番官等蓋尙書省以統會衆務舉持繩目
門下省以侍從獻替規駁非宜中書省以獻納制冊敷揚宣勞祕書
省以監錄圖書殿中省以供修服御內侍省以承旨奉引尙書門下
中書祕書
殿中內侍
凡六省御史臺以肅清僚庶九寺太常光祿衛尉宗正太僕大
理鴻臚司農太府爲九寺五
監少府將作國子軍
器都水爲五監以分理羣司六軍左右羽林左右龍虎
左右神武爲六軍十六衛

左右衛左右驍衛左右武左右威左右領軍左右金吾左右監門左右千牛為十六衛以嚴其禁禦一詹事府二春坊有左右春坊又有內坊掌閤內諸事三寺家令寺率更寺太僕寺十率左右衛左右司禦左右清道左右監門左右內凡十率府侍俾乂儲宮牧守督護分臨畿服京府置牧餘府州置都督都護太守設官以經之置使以緯之按察採訪等使以理州縣節度團練等使以督府軍事租庸轉運鹽鐵青苗營田等使以毓財貨其餘細務因事置使者不可悉數其轉運以下諸使無適所治廢置不常故不別列於篇自六品以下率由選曹居官者以五歲為限於是百司具舉庶績咸理亦一代之制焉一歲為一考四考有替則為滿若無替則五考而罷六品以下吏部注擬謂之旨授五品以上則皆敕除自至德之後天下多難甄才錄効制敕特拜繁於吏部於是兼試員外郎倍多正員至廣德以來乃立制限州縣員外兼試等官各有定額並云額內溢於限者不得視職其有身帶京官冗職資名清美兼州縣職者云占闕焉即如正員之例官以三考而代無替四考而罷由是官有常序焉

歷代官制要略

官數

唐六十員虞六十員尚書云建官惟百鄭玄云虞官六十唐官未聞堯舜同道或皆六十并屬官而言則皆有百夏百二十員尚書云夏商官倍則當二百鄭玄曰百二十商二百四十員明堂位二百鄭玄曰百四十二

周六萬二千六百七十五員（內一千六百四十二人外諸侯同官六萬一千三十三人按禮記王制計之商制同）漢自丞相至佐史凡十三萬二百八十五員（哀帝時數兼諸州府郡胥吏）後漢七千五百六十七員　晉六千八百三十六員　宋六千一百七十二員　齊二千一百三員　後魏七千七百六十四員　北齊二千三百二十二員（並內官）　後周二千九百八十九員（並內官）　隋一萬二千五百七十六員（內官二千五百八十一外郡縣官九千九百九十五）唐一萬八千八百五員（內官二千六百二十外郡縣官一萬六千一百八十五）

官品

周官九命漢自中二千石至百石凡十六等後漢自中二千石至斗食凡十三等魏秩次多因漢制更置九品晉宋齊並因之梁因之更置十八班班多為貴陳並因之後魏置九品品各置從凡十八品自四品以下每品分為上下階凡三十階北齊並因之後周制九命每命分為二以正為上凡十八命隋置九品品各有從自四品以下每

品分爲上下凡三十階自太師始焉謂之流內流內自此始焉煬帝除上下階唯留正從各九品又置視正二品至九品品各有從自行臺尚書令始焉謂之視流內視流內自此始唐自流內以上並因隋制又置視正五品視從七品以署薩寶及正祓謂之視流內又置勳品九品自諸衛錄事及五省令史始焉謂之流外流外自此始焉勳品自齊梁即有之

設官沿革略舉崇著者其當部之官長雖品秩下者亦附出

黃帝六相堯有十六相爲之輔相不必名官少昊司徒前漢嘗加大後漢又加大司馬項羽加大漢以後曰大後周又加大司空前漢加大改御史大夫爲之後周又加大司寇後周有大司寇卿後周又加大唐羲和羲仲羲叔和仲和叔州牧虞太師太保納言隋及唐嘗改侍中爲之后稷秩宗士共工虞夏九卿商太宰晉宋齊梁陳改太卿爲之太宗太史太祝太士太卜司士司木司水司革司器司貨太子太師太子太保太子太傅太子少傅方伯周太傅少師少保冢宰後周加大宗伯後周加大內史秦置內史治京師如諸郡守後周有內史中丞大夫隋改中書爲內史監令唐亦嘗以中書爲內史太僕正至漢爲太僕梁爲卿唐嘗爲司

馭卿又嘗爲司僕卿大將軍自戰國時楚置前後左右將軍周末置秦太尉左右丞相丞
相後周末加大相國侍中本丞相史隋改爲納言又改爲侍內唐嘗爲納言或爲左相或爲黃門監黃門侍郎
後周納言大夫唐爲鸞臺侍郎又改爲門下侍郎散騎常侍魏加侍郎又加員外加通直唐分爲左右又少府吏
在殿中主發書謂之尚書四人漢置五人其一人爲僕射四人分曹後漢爲五曹至晉有六曹尚書
令僕射漢置左右唐嘗改爲左右匡政或爲左右丞相武太后嘗爲文昌左右相尚書丞漢置四人後漢減二人爲左右
丞唐嘗爲左右肅機御史大夫唐嘗爲大司憲武太后又嘗改爲肅政又分爲左右奉常漢改曰太常後曰奉常又改爲
太常後漢爲奉常自後爲太常梁謂之卿唐嘗爲奉常卿又嘗爲司禮卿郎中令漢爲光祿勳後漢嘗爲郎中令魏爲光祿勳梁
除勳字謂之卿唐嘗爲司宰卿又嘗爲司膳卿又爲光祿卿衛尉漢嘗爲中大夫令至梁謂之卿至唐嘗爲司衛卿宗正
漢嘗改爲宗伯至唐嘗爲司宗卿又嘗爲司屬卿治粟內史漢改曰大農令又改曰大司農後漢末爲大農魏爲司農至梁
謂之卿後魏又加大唐嘗爲司稼卿主爵中尉漢以右扶風代之廷尉二漢梁北齊爲大理梁謂之卿後代曰廷尉唐
嘗爲詳刑卿又爲大理卿典客漢改爲大鴻臚又嘗曰大行至梁除大字謂之卿唐爲同文卿又嘗爲司賓卿又爲鴻臚卿典
屬國少府至梁謂之卿唐嘗爲內府監亦嘗爲尚方監又爲少府監將作少府漢改爲大匠梁爲大匠卿隋爲將作
大監又改爲大匠唐亦嘗爲大匠又嘗爲繕工監又嘗爲營繕監又爲將作監中尉漢武更名執金吾中書謁者令

僕射至漢嘗以宦者爲之魏爲中書監令專掌機務隋爲內史監令尋改爲內史又改爲尚書又爲內史令唐復爲中書令嘗爲右
相又爲內史又爲紫薇令詹事唐嘗改爲端尹又嘗改爲宮尹少詹事並爲少尹中庶子庶子嘗改庶子爲左右隋
罷中唐嘗爲左右中護太子家令唐嘗爲宮府大夫率更令唐嘗爲司更大夫僕唐嘗爲馭僕大夫率
內史理京師漢分爲左右又置京兆尹左馮翊代之郡守漢改爲太守後魏每部置三太守隋置通守魏之二守隋之通守並
佐貳太中大夫唐並爲文散漢領尚書事至後漢爲錄尚書事三公曹尚書常侍郎尚
書主客公卿事後漢改爲吏曹主選奉又爲選部魏爲吏部宋嘗置爲員唐嘗改爲司列太常伯又爲天官中書
侍郎東晉嘗爲通事郎隋爲內史侍郎又爲內書侍郎唐爲內史侍郎又爲中書侍郎又爲紫薇侍郎御史中丞後魏
日中尉唐改治書侍御史爲之嘗爲司憲大夫光祿大夫優寵者則加銀章青綬至魏晉則有加金章紫綬齊嘗置左右至隋
爲散官中散大夫王莽置唐爲文散太皇太后卿長信少府太后以下卿以至于陳自後魏無
皇太后卿長信少府皇后卿大長秋隋有令唐改爲內侍中常侍唐爲內常侍都水
使者至宋嘗爲水衡令梁曰大舟卿隋嘗爲都水監唐嘗爲司津監又嘗爲水衡都尉驃騎後漢加大夫唐爲武散遊
擊唐爲武散衛車騎驍騎梁置左右伏波上騎材官輕車樓船橫海護軍唐爲勳官
渡遼貳師蒲類彊弩戈船奮威建威積射二十一將軍奉車騎駙馬

三都尉至梁尚主者爲之司隸校尉督察三輔隋有司隸大夫唐京畿採訪使亦其職刺史刺舉郡縣至隋
治民都護京兆尹左馮翊右扶風特進唐爲文散諸加官左右曹諸吏散騎中常侍侍中爲之
後漢賊曹尚書尚書侍郎三十六人初稱尚書郎中滿歲稱尚書郎三歲稱侍郎五歲遷大縣令魏
有尚書郎晉又有郎中隋初置三十六侍郎後置員外郎一後又六曹各置侍郎每曹有郎有員外郎唐改曹郎爲郎中人祕書
監魏又置令唐嘗爲蘭臺太史少監爲侍郎又嘗爲麟臺武衛至隋置左右唐爲左右鷹揚衛輔國晉加大宋改爲輔師
唐爲武散四征四鎮四安虎牙征虜捕虜橫野鷹揚討逆討虜破虜等將
軍四中郎將都督至晉加大河南尹留守班同三司前漢文帝以宋昌爲衛將軍亞三司未爲
官也儀同三司魏有開府儀同三司晉又有如開府儀同三司後魏有儀同三司北齊有開府儀同三司又有儀同三司後周
有開府儀同又有上開府儀同大將軍至隋爲散官又諸衛各置開府一人八座魏五兵尚書至後魏有七兵尚書
隋曰兵部唐嘗爲司戎太常伯或爲夏官或爲武部又爲兵部度支尚書吳有戶部晉已後爲度支至隋爲民部唐嘗爲度支
又爲司戶部祠部曹尚書至後魏有儀曹尚書後周有禮部隋置禮部尚書唐嘗爲司禮太常伯或爲春官又爲禮部殿
中監秩甚卑隋曰殿內監唐嘗爲中御府大監中衛晉分爲左右衛將軍隋改爲左右翊衛唐復爲左右衛中領軍
尋改曰領軍隋改曰左右屯衛唐嘗爲左右戎衛又嘗爲左右玉鈐衛又爲左右領軍鎮軍大冠軍游騎唐並爲武

散四平鎮北虎威撫軍淩江寧朔等將軍行臺晉三公尚書掌刑獄

起部尚書有事即置事畢則省國子祭酒唯宋日總明觀祭酒唐嘗為大司成又為成均祭酒中軍龍驤

寧遠唐為武散宋殿中將軍齊都官尚書至隋改為刑部唐嘗為司刑太常伯又嘗為秋官又改為憲部又為刑部梁太府卿唐嘗為外府卿又嘗為司府卿雲麾中武壯武明武定遠唐並為武散宇

宙等大將軍始以太常等名卿分為四時凡十一卿後魏柱國唐為勳官

天柱二大將軍諸少卿後周軍器隋左右武候府大將軍唐為金吾衛左

右監門府將軍唐改府為衛大總管通守佐太守折衝府正議通議朝議朝

請朝散等大夫左右驍衛府唐除府字唐太子賓客漢之四皓非官左右千牛衛

左右屯營後改為羽林軍嘗改為衛左右威衛嘗改左右豹韜衛左右龍虎將軍平章事

知政事參知機務同中書門下三品平章軍國重事節度使採訪使

宣威武散懷化歸德等將軍並武散以授歸義蕃官

封爵

黃帝方制萬里為萬國各百里唐虞夏建國凡五等曰公侯伯子男

商公侯伯三等公百里侯七十里伯五十里周公侯伯子男五等公侯百里伯七十里子男五十里周公居攝改制大其封公五百里侯四百里伯三百里子二百里男百里秦爵二十等最高徹侯乃得食縣其次關內侯食租稅於關內餘十八等大庶長以下則如吏職漢國王國侯亭侯三等王皆裂地侯以戶數爲差分民自此始漢初論功封侯者凡百四十三人食邑者除租每戶一歲更輸錢二百後漢亦三等皇子封王其郡爲國其列侯雖鄧寇元勳不過四縣魏王公侯伯子男次縣侯次鄉侯次亭侯次關內侯凡九等關內侯爲虛封自此始晉亦有王公侯伯子男又有開國郡公縣公郡縣侯伯子男及鄉亭關內等侯凡十五等王大國二萬戶三軍兵五千次國一萬戶二軍兵三千下國五千戶一軍兵千五百其公之制如五千戶國侯如不滿五千戶國並置一軍千人其伯子男以下各有差不置軍宋皆因晉制惟大小國皆三軍至孝建中凡國官屬不得稱臣於其主改稱下官齊因之梁因前代定制諸王言曰令境內稱之曰殿下公侯言曰教境內稱之曰第下皆自稱曰寡人相己下表疏如臣而不得稱臣文書下羣官皆曰告陳有郡王嗣王藩王開國郡公開國縣公侯伯子男沐食侯鄉亭侯開國中關外侯凡十二等後魏有王開國郡公散公侯散侯伯散伯子散子男散男凡十一等王食半公三分食一侯伯四分食一子男五分食一北齊有

王公侯伯子男六等後周有公侯伯子男五等隋有國王郡王國公郡公縣公侯伯子男凡九等唐國王郡王國公郡公開國郡公縣開國侯伯子男凡九等並無其土加實封者乃給租庸自武德至天寶實封者百餘家自至德至大曆三年實封者二百六十五家

三公

夏商以前云天子無爵三公無官伊尹曰三公調陰陽周以太師太傅太保曰三公漢以丞相大司馬御史大夫爲三公後漢又以太尉司徒司空爲三公天地災變即皆冊免自太尉徐防始焉靈帝就長安拜張溫爲太尉三公在外自溫始也魏晉宋齊梁陳後魏北齊皆以太尉司徒司空爲三公後周以太師太傅太保爲三公司徒爲御隋以太尉司徒司空爲三公唐因之

宰相

黃帝置六相堯有十六相商湯有左右相周成王有左右相秦悼武王始置左右丞相始皇又始置相國漢置丞相嘗置相國或左右丞

相尋復舊成帝改御史大夫爲司空與大司馬丞相是爲三公皆宰相也哀帝改丞相爲大司徒亦爲宰相後漢以太尉司徒司空爲宰相獻帝復置丞相魏改丞相爲司徒而文帝置中書監令並掌機密自是中書多爲樞機之任亦宰相也又置太丞相及相國晉惠帝改丞相爲司徒尋復舊俱爲宰相而中書監令常管機要亦是相也宋齊梁陳並相因相或爲丞相或爲相國多非尋常人臣之職或掌機密或錄尚書或綜朝權或管朝政或爲侍中或給事中或受顧命皆爲宰相然中書職任機務之司不必他名亦爲宰相其有侍中兼外官若宋王弘侍中兼內官若沈演之其例不少卿非宰相並在當時委任而已後魏北齊亦置丞相俱爲宰相尤重門下官多以侍中輔政亦宰相也後周大冢宰亦其任也其後亦置左右丞相隋有內史納言是真宰相柳述爲兵部尚書參軍機密又楊素爲右僕射與高熲專掌朝政唐侍中中書令爲真宰相中間嘗改爲左右相他官參者無定員但加同中書門下三品平章事知政事知機務參與政事及平章軍國重事之名者並爲宰相亦漢行丞相事之例也其同中書門下三品自貞

觀中兵部尚書李勣始

祿秩

周制自天子至下士凡六等諸侯國君十卿祿(食二千八百八十人)卿四大夫祿(食二百八十八人)大夫倍上士(食七十二人)上士倍中士(食三十六人)中士倍下士(食十八人)下士與庶人在官者同(食九人庶人在官爲未命爲士者)漢制自中二千石至百石凡十二等中二千石(月俸百八十斛)二千石(百二十斛)比二千石(百斛)千石(八十斛)六百石(七十斛)比六百石(六十斛)四百石(五十斛)比四百石(四十五斛)三百石(四十斛)比三百石(三十七斛)二百石(三十斛)比二百石(二十七斛)百石(十六斛)後漢大將軍三公俸各三百五十斛凡諸受俸皆半錢半穀延平中定制中二千石(月俸錢九千米七十二斛)真二千石(錢六千五百米三十六斛)比二千石(錢五千米三十四斛)千石(錢四千米三十斛)六百石(錢三千五百米二十一斛)四百石(錢二千五百米十五斛)三百石(錢二千米十二斛)二百石(錢一千米九斛)百石(錢八百米四斛八斗)臘及立春更班賜有差宋制州郡秩俸多隨土所出無有定準有父母祖父母年登七十者並給見

錢其郡縣田祿以芒種爲斷此前去官者則一年秩皆入前人此後去官者悉入後人梁制一品秩萬石二品三品秩爲中二千石四品五品秩爲二千石後魏其祿每一季一請諸宰人之官各隨近給公田刺史十五頃太守十頃治中別駕各八頃縣令郡丞六頃更代相付北齊官秩一品每歲八百疋從一品七百疋二品六百疋從二品五百疋三品四百疋從三品三百疋四品二百四十疋從四品二百疋五品一百六十疋從五品一百二十疋六品一百疋從六品八十疋七品六十疋從七品四十疋八品三十六疋從八品三十二疋九品二十八疋從九品二十四疋執事官一品以下給公田各有差後周制祿秩下士一百二十五石中士以上至大夫各倍之上大夫是爲四千石卿二分孤三分公四分各益其一公因盈數爲一萬石其九秩一百二十石八秩至於七秩每二秩六分而下各去其一二秩俱爲四十石隋京官一品祿九百石其下每以百石爲差至正四品是爲三百石從四品二百五

十石其下每以五十石爲差至正六品是爲一百石從六品九十石以下每以十石爲差至從八品是爲五十石其給皆以春秋二季刺史太守縣令則計戶而給祿各以戶數爲九等之差二佐及郡守縣令京官給職分田一品者給田五頃至五品則爲田三頃其下每品以五十畝爲差至九品爲一頃外官亦各有職分田又給公廨田以供唐定給祿之制京官正一品米七百石錢九千八百從一品米六百石正二品米五百石錢八千從二品米四百六十石正三品米四百石錢六千一百從三品米三百六十石正四品米三百石錢四千二百從四品米二百六十石正五品米二百石錢三千六百從五品米一百六十石正六品米一百石錢二千四百從六品米九十石正七品米八十石錢二千一百從七品米七十石正八品米六十七石錢一千六百從八品米六十二石正九品米五十七石錢一千三百從九品米五十二石從品同外官各降一等其幹力及防閤庶僕並別給內外文武官自一品以下給職田京官諸司及郡縣又給公廨田並有差

職官略第二 通志卷第五十二

三公第一

三公總序 四輔三大附

記曰虞夏商周有師保有疑丞設四輔及三公尚書大傳曰古者天子必有四鄰前疑後丞左輔右弼天子有問無以對責之疑有志而不志責之丞可正不而不正責之輔可揚而不揚責之弼其爵視卿其祿視次國之君必備唯其人故天子無爵三公無官參職天子何官之稱天乂三台以三公法焉伊尹曰三公調陰陽九卿通寒暑大夫知人事列士去其私周成王作周官立太師太傅太保曰三公論道經邦燮理陰陽立少師少傅少保曰三孤貳公弘化寅亮天地以弼天子則三太周之三公也故不以一職爲官名公八命出九命則分陜爲二伯又以三少爲孤卿與六卿爲九焉舜之於堯伊尹之於湯周公召公之於周是其任也故周禮建外朝之法左九棘孤卿大夫位焉羣士在其後右九棘公侯伯子男位焉羣吏在其後面三槐三公位焉州長衆庶在其後三公壹命衮若有加

則賜也不過九命三公八命矣復加一命則服袞龍與王者之後同多於此則賜也非命服也虞夏之制天子有日月星辰周禮曰諸公之服自袞冕而下如王之服也春秋九命則作伯尊公曰宰言於海內無不宰統焉或說司馬主天司徒主人司空主土是爲三公漢初唯有太傅太尉後加置太師太保大司徒大司空王莽居攝置四輔官後漢唯有太傅一人謂之上公及有太尉司徒司空而無師保太尉公主天部太常衛尉光祿勳司徒公主人部太僕鴻臚廷尉司空公主地部宗正少府司農而分部九卿漢制三公號稱萬石其俸月各三百五十斛風俗通云三公一歲共食萬石也蓋多以九卿爲之若天地災變則皆冊免自太尉徐防始焉漢制三公不與盜賊若領兵入見皆交戟叉頸而前使虎賁執刃扶之也魏武爲司空破張繡入覲天子亦行此制汗流洽背自此不復朝覲也朝臣見三公皆拜天子御座卽起在輿爲下凡拜公天子臨軒六百石以上悉會直事卿贊拜御史授印綬公三讓然後受至安帝時三府任薄選舉誅賞一由尚書其災眚變咎則免公台靈帝臨朝始遣使者就長安拜張溫爲太尉三公在外自溫始也至獻帝建安十

三年乃罷三公官魏初復置與後漢同有太傅太尉司徒司空然皆無事不與朝政初封司空崔林爲安陽亭侯三公封列侯自林始也黄初二年又分三公戶邑封子弟各一人爲列侯末年增置太保晉武帝即位之初以安平王孚爲太宰鄭冲爲太傅王祥爲太保義陽王子初爲太尉何曾爲司徒荀顗爲司空石苞爲司馬陳騫爲大將軍凡八公同時並置唯無丞相焉時所謂八公同辰攀雲附翼者也遂以太傅太保爲上公論道經邦燮理陰陽無其人則闕蓋居者甚寡諸公品第一食俸日五斛太康二年又給絹春百疋秋二百疋緜二百斤元康元年給菜田十頃騶十人立夏以後不及田者食俸一年又給虎賁二十人持班劍給朝車駕安車黑馬其太尉司徒司空自漢歷魏皆爲三公及晉迄于江左相承不改前代三公冊拜皆設小會所以崇宰輔之制也自魏末廢而不行至晉拜石鑒爲左光祿大夫開府領司徒始有詔令會遂以爲常宋皆有八公之官而不言爲八公也齊時三公唯有太傅梁有丞相太宰太傅太保大司馬大將軍太尉司徒司空開府儀同三

司等官諸公及從公開府者亦置官屬陳以丞相太宰太傅太保大司馬大將軍並謂贈官三公之制開黃閤廳事置鴟尾後魏以太師太傅太保謂之三師上公也大司馬大將軍謂之二大太尉司徒司空謂之三公北齊皆有三師二大三公之官並置府其府三門當中門黃閤設內屏三師二大置佐吏則同太尉府後周置六卿之外又改三師官謂之三公兼置三孤以貳之而以司徒爲地官大司馬爲夏官司空爲冬官如姬周之制無復太尉三師之號宣帝又置四輔官（以大冢宰越王盛爲大前疑蜀國公尉遲迥爲大右弼申國公李穆爲大左輔隋國公楊堅爲大後丞）隋置三師不主事不置府僚俱與天子坐而論道置太尉司徒司空以爲三公參議國之大事依北齊置府僚無其人則闕祭祀則太尉亞獻司徒奉俎司空行掃除其位多曠攝行事尋省府僚佐置公則坐於尚書都省朝之衆務總歸於臺閣矣煬帝卽位廢三師官唐復置三師以師範一人儀刑四海置三公以經邦論道燮理陰陽（祭祀則與隋制同）並無其

人則闕天寶以前凡三師公雖有其位而無其人

太師古官紂時箕子周武王時太公成王時周公並爲太師周公薨畢公代之秦及漢初並無至平帝元始元年初置以孔光居焉金印紫綬位在太傅上太保次太傅漢東京又廢獻帝初董卓爲太師卓誅又廢魏世不置晉初置三公以景帝諱師故置太宰以代太師之名秩增三司後魏北齊後周隋唐皆有之

臣謹按孔光爲太師王莽爲太傅光常稱疾不敢與太后詔令太師無朝賜靈壽杖省中坐置几賜食十七物

太傅古官周成王時畢公爲太傅漢高后元年初置太傅金印紫綬初用王陵後省八年復置後省哀帝元壽二年復置位在三公上平帝以孔光爲之後漢有太傅上公一人掌以善道無常職光武以卓茂爲之薨省明帝又以鄧禹爲之其後每帝初即位輒置太傅錄尚書事薨則省桓帝踐阼初加元服不復置傅但令太尉胡廣司徒趙戒領尚書事至靈帝復以陳蕃爲太傅與廣參錄尚書事魏初置太傅以鍾繇爲之晉宋金章紫綬進賢三梁冠介幘絳朝服佩山玄玉梁後魏北齊後周及唐皆有之

臣謹按鍾繇遷太傅有疾時華歆亦以高年病朝見皆使乘輿入殿就坐是後三公有疾遂以爲故事

太保古官太甲時伊尹周成王時召公皆爲之漢平帝元始元年始用王莽爲之光武中興省魏初不置末年始置以鄭沖爲之位

在三司上晉武初踐祚以王祥爲太保進爵爲公加置七官之職太
保所以訓護人主導以德義者也章綬佩服冠秩與太傅同梁後魏
北齊後周隋
及唐皆有之

臣謹按晉汝南王亮爲太宰錄尚書事與太保衞瓘對掌朝政又
衞瓘爲太傅以公就第置長史司馬從事中郎掾屬也

太宰於商爲六太於周爲六卿亦曰冢宰周武時周公始居之掌建
邦之治秦漢魏並不置惟平帝加王莽號曰宰衡晉初依周禮
備置三公三公之職太師居首以景帝名師故置太宰以代之而以
安平獻王孚居焉增掾屬十人蓋爲太師之互名非周冢宰之任也
宋大明中用江夏王義恭爲之冠綬服秩悉與太傅同至齊以爲贈
梁初有之至陳又以爲贈有事則權兼之後魏初無至孝莊時以太
尉上黨王天穆爲之增置佐史北齊無聞後周文帝又依周禮建六
官遂置天官大冢宰卿一人掌邦治以建邦之六典佐皇帝治邦國
自隋
而無

臣謹按晉何曾爲太宰朝會乘輿入朝劍履上殿如蕭何田千秋
鍾繇故事

太尉秦官漢因之金印紫綬掌武事漢文三年省景帝三年復置其
尊與丞相等五年又省元狩四年更名大司馬後漢建武二十
七年復舊名爲太尉公每帝初即位多與太傅同錄尚書事府門無
闕掌四方兵事功課歲盡則奏其殿最而行賞罰凡郊祀之事常亞

獻大喪則告謚南郊凡國有大造大疑則與司徒司空通而論之國有過事與三公通諫諍之靈帝末劉虞爲大司馬而太尉如故自此則大司馬與太尉始並置矣魏亦有之晉太尉進賢三梁冠介幘絳朝服金章紫綬佩山玄玉若郊廟冕服七旒玄衣纁裳七章宋制武冠山玄玉齊制九旒後魏初與大將軍不並置正光之後亦皆置焉歷七代唯後周無其餘皆有悉爲三公

臣謹按月令曰孟夏太尉贊俊傑自上安下曰尉故武官咸以爲號

司徒古官少皞時祝鳩氏爲之堯時舜爲之舜攝帝位命禼爲司徒禼玄孫之子曰微亦爲夏司徒周時司徒爲地官掌邦教秦置丞相省司徒漢初因之至哀帝元壽二年罷丞相置大司徒後漢去大司徒主徒衆教民以禮義凡國有大疑大事與太尉同建武二十七年去大爲司徒公建安末爲相國魏黃初元年改爲司徒晉司徒與丞相通職更置迭廢未嘗並立至永嘉元年王衍爲司徒東海王越爲丞相始兩置焉宋制司徒金章紫綬進賢三梁冠佩山玄玉掌治民事郊祀則省牲視滌濯大喪安梓宮凡四方功課歲盡則奏其殿最而行賞罰亦與丞相並置齊司徒之府領天下名數戸口簿籍梁罷丞相置司徒歷代皆有至後周以司徒爲地官謂之大司徒卿掌邦教職如周禮隋唐復爲三公

司空古官少皞時鳲鳩氏爲之舜攝帝位以禹爲之禼玄孫之子曰冥亦爲夏司空湯以咎單爲司空周禮司空爲冬官掌邦事凡營城起邑浚溝洫脩墳防之事則議其利建其功四方水土功課歲盡則奏其殿最而行賞罰凡國有大造大疑諫諍與太尉同秦無司

空置御史大夫漢初因之至成帝綏和元年始更名御史大夫曰司
空初改為司空時議者又以縣道官有獄司空故復加大司空金印
紫綬祿比丞相哀帝建平二年復為御史大夫元壽二年復為大司
空後漢初為大司空建武二十七年去大為司空公獻帝建安十二
年又罷司空置御史大夫自郗慮免不復補魏初又置司空冠綬及
郊廟之服與太尉同宋制進賢三梁冠佩山玄玉掌治水土祠祀掌
掃除樂器大喪掌將校復土歷代皆有之至
後周為冬官謂之大司空卿隋唐復為三公

大司馬古官也掌武事少皞時雎鳩氏為之堯時棄為后稷兼掌司
馬周時司馬為夏官掌邦政項羽以曹咎周殷為大司馬漢
初不置武帝元狩四年初罷太尉置大司馬以冠將軍之號霍光以
大司馬大將軍輔政武帝又令大將軍驃騎將軍皆有大司馬之號
宣帝地節三年置大司馬以霍禹為之不冠將軍亦無印綬官屬成
帝綏和元年初賜大司馬金印紫綬置官屬祿比丞相去將軍哀帝
建平二年復去大司馬印綬官屬冠軍如故元壽二年復賜大司馬
印綬官屬去將軍位在司徒上始置大司馬議者以漢有軍候千人
司馬官故加大王莽居攝以漢乃無小司徒而定司馬司空之號並
加大後漢光武建武二十七年省大司馬以太尉代之故常與太尉
迭置不並列至靈帝末始置司馬魏文帝黃初二年復置大司馬以
曹仁居之而太尉如故則太尉大司馬大將軍各自為官位在三司
上吳有左右大司馬晉定令亦在三司上武冠絳朝服金章紫綬佩
山玄玉與大將軍同宋時唯元嘉中用彭城王義康為之冠玉與晉
同至齊以為贈梁時置官屬陳以為贈後魏北齊與大將軍為二大
位居三師之下三公之上後周以為夏官謂之大司馬卿自隋而無

臣謹按漢律丞相大司馬大將軍俸錢月六萬

大將軍見武官類

總敘三師三公以下官屬

三師太師太傅太保歷代多有之一太商建官有六太其一曰太宰自周以後亦常有之餘五代則無三公太尉司徒司空歷代有之二大大司馬大將軍歷代亦有之諸位從公諸將軍及光祿大夫開府者歷代亦時有之官屬

等漢有三師而不見官屬以丞相爲公置司直長史後改丞相爲司徒則曰司徒司直長史其太尉後改爲大司馬綏和初始置長史一人掾屬二十四人御屬一人令史二十四人改御史大夫爲大司空置長史如中丞後漢初唯置太傅有長史一人掾屬十人御屬一人

後漢太師董卓嘗居之蓋自爲也而不見官屬

太尉屬官有長史一人主諸曹事掾史屬二十四人分主二千石長史遷除民戶祠祀農桑奏議詞訟郵驛轉運盜賊罪法兵貨幣鹽鐵倉穀等事黃閤主簿省錄衆事掌閤下威儀記室令史掌上章奏報後漢末陳琳阮瑀皆爲曹公記室軍國書檄皆所作御屬掌爲公御閤下威儀

司徒屬官有長史一人掾屬三十一人令史及御屬三十六人

司空屬官有長史一人掾屬二十九人令史及御屬三十二人正曰掾副曰屬漢舊注云公府掾比古元士三命者也或曰漢初掾史辟皆上言之故有秩皆比命士其所不言則爲百石屬其後皆自辟除故通爲百石云其大司馬屬官並同前漢魏置太傅太保而不見官屬太尉司徒司空有長史司馬從事中郎正行參軍大司馬亦有正行參軍也晉有太宰太傅太保唯楊駿爲太傅增祭酒爲四人掾屬二十人兵曹爲左右也太宰太保官屬不見太尉司徒司空並有長史司馬太尉雖不加兵者吏屬皆絳服泰始三年又置太尉軍參軍六人騎司馬五人官騎十人而司徒加置左長史掌差次九品銓衡人倫冠綬與丞相長史同主簿左右東西曹掾各一人若有所循行者增置掾屬十人武帝時司徒奏州郡農桑未有賞罰之制宜遣屬循行詔遂使司徒督察州郡播殖若有所循行者增掾屬十人又溫嶠請司徒置田曹掾州一人勸課農桑初王渾遷司徒仍加兵渾以司徒文官主吏不持兵及吏屬絳衣自以非是舊典皆令皁服論者美其謙而識禮司空府加置導橋掾一人餘略同後漢咸寧初詔以前太尉府爲大司馬

府增置祭酒二人帳下司馬官騎大車鼓吹左右光祿光祿三大夫開府者皆爲位從公品秩俸賜儀制與諸公同加兵者增置司馬一人從事中郎二人主簿記室督各一人舍人四人兵鎧士曹營軍刺姦帳下都督外都督令史各一人（主簿以下令史以上皆絳服）司馬給吏卒如長史從事中郎給侍二人主簿記室督各給侍一人其餘臨時增崇者則裒加因其時爲節文不爲定制（其祭酒掾屬白蓋小車大軺車施耳後戶皁輪犢車各一乘自祭酒以下令史以上皆皁零辟朝服）其爲持節都督者增參軍爲六人其餘如常加兵公制宋有太傅太保太宰太尉司徒司空大司馬諸府皆有長史一人將軍一人又各置司馬一人而太傅不置長史掾屬亦與漢略同自江左以來諸公置長史倉曹掾戶曹屬東西閤祭酒各一人主簿舍人二人御屬二人令史無定員領兵者置司馬一人從事中郎二人參軍無定員加崇者置左右長史司馬從事中郎四人掾屬四人則倉曹增置屬戶曹置掾加崇極於此也其司徒府若無公唯省

舍人其府常置其職僚異於餘府有左右長史東西曹掾屬餘則同
矣餘府有公卽置無則省齊有太宰大司馬並爲贈官無僚屬太尉
司徒司空是爲三公特進位從公諸開府儀同三司位從公開府儀
同如公凡公督府置佐長史司馬各一人諮議參軍二人諸曹有錄
事功曹記室戶曹倉曹中兵外兵騎兵長流賊曹城局法曹田曹水
曹鎧曹集曹右戶十八曹局曹以上署正參軍法曹以下署行參軍
各一人其行參軍無署者爲兼員其公府佐吏則從事中郎二人倉
曹掾戶曹屬東西閤祭酒各一人主簿舍人御屬二人加崇者則左
右長史四人中郎掾屬並增數其未及開府則亦置佐吏其數有減
小府無長流置防禁參軍初晉令公府長史著朝服自宋大明以來
著朱衣梁武帝受命之初官班多同宋齊之舊有丞相太宰太傅太
保大司馬太尉司徒司空開府儀同三司等官諸公及位從公開府
者置官屬有長史司馬諮議參軍掾屬從事中郎記室主簿列曹參

軍行參軍舍人等官其司徒則有左右二長史褚球爲司徒左長史加貂台佐加貂自球始也又增置左西掾屬一人自餘僚佐同於二府有公則置無則省而司徒無公唯省舍人餘官常置開府儀同三司位次三公左右光祿大夫優者則加之曰三公置官屬陳三師二大並爲贈官而無僚屬其三公有府長史司馬諮議參軍從事中郎掾曹屬主簿祭酒錄事記室正參軍板正參軍後魏三師無官屬後又置太宰以元天穆爲之增置佐吏三公及二大並有長史司馬諮議參軍從事中郎掾屬主簿錄事參軍功曹記室戶曹中兵等參軍諸曹行參軍祭酒參軍事長兼行參軍督護其太尉司徒與二大屬官階同唯司空府官每降一階北齊三師二大三公各置長史司馬諮議參軍從事中郎掾屬主簿錄事功曹記室戶曹倉曹中兵騎兵長流城局刑獄等參軍東西閤祭酒參軍事法墨田水鎧集士等曹行參軍督護等員司徒則加左右長史長史主吏司馬主將舍人主閤內事皆自秦官也從事中郎從事中郎漢有官也陳湯爲大將軍王鳳從事中郎在主簿上其掌秩與長史

同掾屬主諸曹事主簿所主與舍人同祭酒所主亦同令史主諸曹文書此皆自漢官也御屬
參軍自後漢也孫堅參驃騎將軍事是也參軍所主與掾屬同其儀同三司如開府者亦置
長史以下官屬而減記室倉城屬田水鎧士等七曹各一人其品亦下三公
府一階其三師三大佐吏則同太尉府也後周以太師太傅太保爲三公而不見僚屬隋
三師亦不見官屬而三公依北齊置府僚後省府及寮佐置公則坐
於尚書都省朝之衆務總歸於臺閣唐三師三公並無官屬

宰相第二

宰相總序 官屬附

黃帝得六相而天地治神明至虞舜臣堯舉八愷使主后土以揆百
事莫不時敘地平天成舉八元使布五教于四方內平外成謂之十
六相及成湯居亳初置二相以伊尹仲虺爲之武丁得傅說爰立作
相王置諸其左右周時召公爲保周公爲師相成王爲左右亦其任
也秦悼武王三年始置丞相官以樗里疾甘茂爲左右丞相莊襄王

又以呂不韋爲丞相及始皇立尊不韋爲相國則相國丞相皆秦官又漢官儀云皆六國時官金印紫綬掌丞天子助理萬機秦初有左右至二世復有中丞相二世已誅李斯乃拜趙高爲中丞相事無大小皆決之漢高帝即位一丞相綠綬以蕭何爲之及誅韓信乃拜何爲相國何薨以曹參爲之孝惠高后置左右丞相文帝二年復置一丞相月俸錢六萬成帝綏和元年御史大夫何武建言古者民謹事約國之輔佐必得聖賢然猶則天三光備三公官各有分職今末俗之弊政事煩多宰相之才不能及古而今丞相猶兼三公之事所以大化久未洽也宜建三公官定卿大夫之任分職授政以考功效於是上拜曲陽侯王根爲大司馬而何武自御史大夫改爲大司空皆金印紫綬比丞相則三公俱爲宰相漢御史大夫副丞相事若今之同平章事及參知機務之類所以漢書云薛貢韋匡迭爲宰相薛宣韋賢匡衡則是丞相而貢禹但爲御史大夫又蕭望之謂朱雲曰吾備位將相蕭嘗任御史大夫及前將軍至哀帝復罷大司空大司空朱博奏曰帝王之道不必相襲高祖置御史大夫次丞相典正法度以職相參歷載二百天下安寧今更大司空與丞相同位故事選郡國守相高第爲中

二千石中二千石爲御史大夫任職者爲丞相位次有敘所以尊聖德重國相也今中二千石未更御史而爲丞相非所以重國政也願罷大司空以御史大夫爲百寮師表帝從之元壽二年更名丞相爲大司徒初漢制常以列侯爲相唯公孫弘布衣數年登相位武帝乃封爲平津侯其後爲故事至丞相而封自弘始也到光武絕不復侯或自以際會援立見封漢儀注曰御史大夫爲丞相更春乃封故先賜爵關內侯李奇曰以冬月非封侯故且先賜爵關內侯白事教令稱曰君侯春秋之義尊上公謂之宰言海內無不統焉故丞相進天子御座爲起在輿爲下丞相有病皇帝法駕親至問疾從西門入丞相有疾御史大夫三朝問起居百寮亦然後漢三公疾令中黃門問疾魏晉即黃門郎尤重者或侍中及瘳視事尚書令若光祿大夫賜以養牛上尊酒有天地大變天下大過則丞相以疾聞皇帝使侍中持節乘四白馬賜上尊酒十斛牛一頭策告殃咎使者回至半道丞相追上病使者還來白事尚書以丞相不起病聞若丞相不勝任使者奉策書駕駱馬即時布衣步出府免爲庶人若丞相有他過使使者奉策書駕騅騩馬即時步出府乘棧車牝馬歸田里思過凡丞相府門無闌不設鈴鼓言其大開無節限後漢廢丞相及御史大夫而以三公綜理衆務則三公復爲宰相矣至於中年以後事歸臺閣則尚書官爲機衡之任至獻帝

建安十三年復置丞相而以曹公居之又有相國魏黃初元年改爲司徒而文帝復置中書監令並掌機密自是中書多爲樞機之任其後定制置大丞相第一品後有相國齊王以司馬師爲之高貴鄉公以司馬昭爲之晉惠帝永寧元年罷丞相復置司徒永昌元年罷司徒并丞相則與司徒不並置矣其後或有相國或有丞相省置無常而中書監令常管機要多爲宰相之任自魏晉以來相國丞相多非尋常人臣之職晉趙王倫梁王肜成都王穎南陽王保並爲之元帝渡江以王敦爲丞相轉司徒荀組爲太尉以司徒官屬并丞相爲留府敦不受成帝以王導爲丞相罷司徒府以爲丞相府導薨罷丞相府復爲司徒府宋孝武帝初唯以南郡王義宣爲丞相而司徒府始如故亦有相國丞相金章紫綬進賢三梁冠絳服佩山玄玉相國則綠盭綬也齊丞相不用人以爲贈官梁罷相國置丞相罷丞相置司徒陳又置相國位列丞相上并丞相並爲贈官按自魏晉以來宰相但以他官參掌機密或

委知政事者則是矣無有常官其相國丞相或爲贈官或則不置自
爲崇尊之位多非人臣之職其真爲宰相者不必居此官魏文帝以劉放孫資
爲中書監令並掌機密晉武帝詔以荀朂爲中書監侍中毗贊朝政張華爲中書令侍中劉卞謂華曰公居阿衡之地是也然或掌機密
或錄尚書或綜機權或管朝政或單侍中或給事中或受顧命皆爲宰相也然侍中職任機務之司不必他名亦多爲宰相後魏
舊制有大將軍不置太尉有丞相不置司徒自正光以後始俱置之
神瑞元年置八大人官總理萬機時號八公然而尤重門下官多以侍中輔政則侍中爲
樞密之任北齊乾明中置丞相河清中分爲左右各置府僚然而爲
宰相秉持朝政者亦多爲侍中後周大冢宰亦其任也其後亦置左
右丞相大象二年以楊堅爲大丞相遂罷左右丞相官隋有內史納
言即中書令侍中是爲宰相亦有他官參與焉柳述爲兵部尚書參掌機密又楊素爲右僕射與高熲專
掌朝政唐侍中中書令是真宰相尚書左僕射亦嘗爲宰相其間或改爲納言內史左相右相黃門監紫薇
令等名其本即侍中中書令也共有四員其僕射貞觀末始加平章事方爲宰相具僕射篇其餘以他官參掌者
無定員但加同中書門下三品貞觀十七年以兵部尚書李勣同中書門下三品同中書門下三品自此

始也及平章事知政事參知政事參與政事及平章軍國重事之名者並為宰相亦漢行丞相事之例也韓安國為御史大夫行丞相事後漢書曰周澤行司徒事如真自先天之前其員頗多景龍中至十餘人開元以來常以二人為限或多則三人武太后聖曆三年四月敕同中書門下三品平章事賜會並同中書門下三品例開元十年十一月敕自今以後中書門下宜共食實封三百戶二十二年十一月制宰相兼官者並兩給俸祿天寶十五年之後天下多難勳賢並建故備位者衆然其秉鈞持衡亦一二人而已舊制起居舍人及起居郎唯得對仗承旨仗下之後謀議不得聞武太后時文昌右丞姚璹以為帝王謨訓不可無紀若不宣自宰相史官無從而知表請仗下所言軍國政要則宰相一人撰錄每月封送史館謂之時政記自璹始也舊制宰相常於門下省議事謂之政事堂至永淳三年七月中書令裴炎以中書執政事筆其政事堂合在中書遂移在中書省開元十一年張說奏改政事堂為中書門下其政事印亦改為中書門下之印至德二載三月宰相分直主政事筆每一人知十日貞元十年五月八日又分每日一人執筆

丞相司直漢武元狩五年置掌佐丞相舉不法位在司隸校尉上翟方進為司直旬歲間免兩司隸後漢罷丞相光武以武帝

故事置司徒司直居司徒府助司徒督錄諸州郡所舉上奏司直考察能否以別虛實建武十一年省獻帝建安八年復置司直不屬司徒掌督中都官不領諸州九年詔司直皆比司隸校尉坐同席在上假傳置也後無

臣謹按伏湛光武以其才任宰相拜爲司直行大司徒事

丞相長史漢文帝二年置一丞相有兩長史蓋衆史之長也職無不監介幘進賢一梁冠朱衣銅印黃綬劉屈氂爲左丞相分丞相兩史爲兩府以待天下遠方之選得賢則拜右丞相後漢建武中省司直有長史一人魏武爲丞相以來置左右二長史而已丞相諸曹史掾屬三十御屬一魏武爲丞相置徵事二人舊有東西曹自魏武大軍還鄴乃省西曹及咸熙中司馬昭爲相國相國府置中衛驍騎二將軍左右長史司馬從事中郎主簿舍人參軍東西曹及戶賊金騎兵車鎧水集法奏倉士馬媒等曹掾屬凡四十二人晉元帝以鎮東大將軍爲丞相府置從事中郎分掌諸曹有錄事中郎度支中郎三兵中郎其參軍則有諮議參軍二人主諷議事江左初置軍諮祭酒有錄事記室東曹西曹等十三曹其後又置七曹宋武帝爲相合中兵直兵置一參軍曹則猶二也又有參軍督護東曹督護二督護江左置也

門下省第三

門下省後漢謂之侍中寺嘉平六年改侍中寺晉志曰給事黃門侍郎與侍中俱管門下衆事或謂之門下省至齊亦呼侍中爲門下領給事黃門

侍郎公車太學太醫等令丞及內外殿中監內外驊騮廐散騎常侍給事中奉朝請駙馬都尉等官梁門下省有侍中給事黃門侍郎四人掌侍從儐相盡規獻納糾正違闕監合嘗御藥封璽書後魏尤重北齊門下省掌獻納諫正及司進御之職有侍中給事黃門侍郎各六人統左右局左右局掌承華閤內諸事尚食尚藥尚衣殿中領殿中監掌駕前奏引行事制諸脩補東耕則進耜事隋改為殿內凡六局焉隋門下省有納言二人給事黃門侍郎四人煬帝減二人及散騎常侍諫議大夫等官並掌陪從朝直兼統六局開皇三年罷門下省員外散騎常侍員煬帝即位加給事員廢常侍諫議等官又改殿內省隸門下省唐龍朔二年改門下省為東臺咸亨初復舊至武太后臨朝光宅初改為鸞臺神龍初復舊開元元年改為黃門省五年復舊有侍中二人黃門侍郎二人給事中四人左散騎常侍二人諫議大夫四人典儀二人起居郎左補闕右拾遺各二人城門郎四人符寶郎四人弘文館校書二人其餘小吏各有差

侍中周公戒成王立政之篇所云常伯常任以爲左右卽其任也秦爲侍中本丞相吏也使五人往來殿內東廂奏事故謂之侍中漢侍中爲加官凡侍中左右曹諸吏散騎中常侍皆爲加官漢儀注曰諸吏給事中日上朝謁平尚書奏事分爲左右曹所加或列侯將軍卿大夫郎將都尉尚書太醫太官史令至郎中多至數十人侍中中常侍得入禁中諸曹受尚書事諸吏得舉法漢侍中冠武弁大冠亦曰惠文冠加金璫附蟬爲文貂尾爲飾侍中服則左貂常侍服則右貂此本趙武靈王胡服之制秦破趙得其冠以賜侍中漢則因之故便繁左右與帝升降舊用儒者勳貴子弟榮其觀好至乃襁褓坐受寵位俱帶脂粉綺襦紈袴鵕鸃冠直侍左右分掌乘輿服物下至褻器虎子之屬武帝時孔安國爲侍中以其儒者特聽掌御唾壺朝廷榮之本有僕射一人蓋秦漢以侍中功高者一人爲僕射後光武改僕射爲祭酒或置或否而又屬少府掌贊導衆事顧問應對法駕出則多識者一人負國璽操斬白蛇劍參乘餘皆騎在乘輿後獻帝卽位初置六人贊法駕出則次直侍中一人護駕正直一人負璽陪乘不帶劍餘皆騎從殿內門下衆事皆掌之後選侍中皆舊儒高德學識淵懿仰占俯視切問近對喻旨公卿上殿稱制秉笏陪見舊在尚書令僕射下尚書上司隸校尉見侍中執版揖侍中舊與中官俱止禁中因武帝時侍中莽何羅挾刃謀逆由是出禁外有事乃召之畢卽出王莽秉政侍中復入與中官止禁中章帝元和中郭舉與後宮通拔佩刀驚上舉伏誅侍中由是復出外秦漢無定員蔡質漢儀曰員本八人魏晉以來置四人別加官者則非數御登樓與散騎常侍扶侍中居左常侍居右備切問近對拾遺補闕及江左興寧四年桓溫奏省二人後復舊侍中漢代爲親近之職魏晉選用稍增華重而大意不異武冠絳朝服佩水蒼玉舊遷列曹尚書美遷中領護吏部尚書宋文帝元嘉中王華王曇首殷景仁等並爲侍中情任親密

齊侍中高功者稱侍中祭酒其朝會多以美姿容者兼官永元三年東昏南郊不欲親朝事以主璽陪乘前代未嘗有梁侍中高功者在職一年詔加侍中祭酒與散騎侍郎高功者一人對掌禁令此頗爲宰相矣陳侍中亦如梁制後魏置六人加官在其數宜都王穆壽廣平公張黎並以侍中輔政北齊侍中亦六人後周初有御伯中大夫二人掌出入侍從屬天官府保定四年改御伯爲納言斯侍中之職也宣帝末又別置侍中爲加官隋又改侍中爲納言置二人煬帝大業十二年又改納言爲侍內隋氏諱忠故也唐初爲納言武德四年改爲侍中亦置二人龍朔二年改爲左相咸亨元年復舊光宅元年又改爲納言神龍元年復爲侍中開元元年又改爲黃門監五年復爲侍中天寶元年改爲左相至德初復爲侍中自隋至唐皆爲宰相舊班正三品大曆三年升爲從二品按令文掌侍從負寶獻替贊相禮儀審署奏抄駁正違失監封題給驛券監起居注總判省事

臣謹按晉武帝時彭權爲侍中帝問侍臣髦頭之義何也權曰秦紀云秦國有怪獸觸山截波無不崩潰唯畏髦頭故使持之以衛至尊也

門下侍郎秦官有黃門侍郎漢因之與侍中俱管門下衆事無員郊廟則一人執蓋臨軒朝會則一人執麾凡禁門黃闥故號黃門其官給事於黃闥之內故曰黃門侍郎初秦漢別有給事黃門之職揚雄嘗爲之後漢併爲一官故有黃門侍郎掌侍從左右給事中使關通中外及諸王朝見於殿上引王就坐無員屬少府日暮入對青瑣門拜故謂之夕郎獻帝初即位置侍中給事黃門侍郎員各

六人出入禁中近侍帷幄省尚書事後改給事黃門侍郎為侍中侍郎去給事黃門之號旋復故初誅黃門後侍中侍郎出入禁闥機事頗露由是王允乃奏比尚書不得出入不通賓客自此始魏晉以來給事黃門侍郎並為侍衞之官員四人宋制武冠絳朝服多以中書侍郎為之齊亦管知詔令呼為小門下梁增品第與侍中同掌侍從儐相威儀盡規獻納糾正違闕監合嘗御藥封璽書陳制亦然後魏亦有崔光為之未嘗留心文案唯從容諭議參贊大政北齊置六人所掌與侍中同後周天官府置御伯下大夫一人武帝改為納言下大夫隋六人屬門下省至煬帝減二人而去給事之名唐龍朔二年改黃門侍郎為東臺侍郎咸通元年復舊光宅元年改為鸞臺侍郎神龍元年復舊天寶元年改為門下侍郎員二人掌侍從署奏抄駮正違失通判省事若侍中闕則監封題給驛券

給事中加官也秦置漢因之所加或大夫博士議郎掌顧問應對位次中常侍侍中黃門無員漢官表曰凡侍中左右曹諸吏中散騎常侍皆加官也諸給事中日上朝謁平尚書奏事分為左右曹以有事殿中故曰給事中漢東京省魏代復置或為加官或為正員晉無加官亦無常員在散騎常侍下給事黃門侍郎上武冠絳朝服宋齊隸集書省梁陳亦掌獻納省諸聞奏後魏無員北齊亦屬集書省凡六十人後周天官之屬有給事中士六十人掌理六經及諸文語給事左右其後別置給事中在六官之外隋初無至開皇六年始於吏部置給事郎凡置八郎煬帝乃移吏部給事郎為門下之職位次黃門下置員四人以省讀奏案唐武德三年改給事郎為給事中後定為四員龍朔二年改為東臺舍人咸亨元年復舊常侍從讀署奏抄駮正違失分判省事若侍中闕則監封題給驛券前代雖有給事中之名非今任也今之給事中蓋因古之名用隋之職

散騎常侍自秦置散騎又置中常侍其散騎並乘輿專獻可替否騎而散從無常職也中常侍得入禁中漢因之並用士人無常員皆加官後漢省散騎而中常侍改用宦者魏文帝黃初初置散騎合於中常侍謂之散騎常侍復用士人始以孟達補之久次者為祭酒散騎常侍掌規諫不典事貂璫插右騎而散從又有員外者因曰員外散騎常侍晉泰始中令員外散騎常侍二人與散騎常侍通員直因曰通直散騎常侍亦武冠右貂金蟬絳朝服佩水蒼玉雖隸門下而別為一省自魏至晉共平尚書奏事東晉乃罷之而以中書職入散騎省故散騎亦掌表詔焉宋置四人屬集書省齊散騎侍郎通直散騎侍郎員外散騎侍郎並為集書省職而散騎常侍為東省官散騎常侍通直散騎常侍員外散騎常侍舊為顯職與侍中通官其通直員外用衰老人士故其官漸替宋大明中雖華選比侍中而人情久習終不見重尋復如初梁謂之散騎省天監六年詔又革之自是散騎視中丞通直視侍中員外視黃門郎然常侍終非華胄所悅常侍亦四人功高者一人為祭酒與侍中高功者一人對掌禁令糾諸逋違陳因梁制後魏北齊皆為集書省掌諷議左右從容獻納領諸散騎常侍侍郎及諫議大夫給事中等官兼以出入王命位在中書之右其資敘為第三清故明亳為常侍加武勇將軍進曰臣本官常侍是第三清今授武勇其號至濁北齊常侍定限八員如金紫光祿大夫隋諸散騎官並屬門下省凡歷代散騎官有郎騎常侍郎騎侍郎散騎常侍散騎侍郎員外郎散騎常侍員外散騎侍郎通直散騎常侍通直散騎侍郎故史傳中謂員外散騎侍郎或單謂之員外郎謂通直散騎侍郎或單為通直郎其非員外及通直者或謂之正員散騎侍郎或單謂之正員郎唐貞觀二年制諸散騎常侍皆為散官從三品後悉省之十七年復置為職事官始以劉洎為之顯慶二年遷二員隸中書遂分為左右並金蟬珥貂左屬門下右屬中書

左散騎與侍中左貂右散騎與中書令右貂謂之八貂龍朔二年改左右散騎常侍爲左右侍極咸亨元年復舊

臣謹按山公啓事曰郄詵才志器局爲黃散黃散謂黃門侍郎及散騎常侍又曰散騎常侍闕當取素行者補之

諫議大夫秦置諫議大夫掌論議無常員多至數十人屬郎中令至漢武帝元狩五年始更置之及後漢增諫大夫爲諫議大夫亦無常員二漢並屬光祿勳後魏亦曰諫議大夫北齊有七人屬集書省後周地官府有保氏下大夫規諫於天子蓋此其任也隋亦曰諫議大夫置七人屬門下省煬帝廢之唐武德五年復置屬門下龍朔二年改諫議大夫爲正諫大夫武后臨朝垂拱二年六月置匭四匭共爲一室列於朝堂令正諫大夫補闕拾遺等一人充使知匭事後又置諫議大夫屬中書開元以來廢正諫大夫復以諫議大夫屬門下凡四人掌侍從規諫貞元四年分爲左右各四員其右諫議大夫隸中書省

臣謹按至德元年九月制諫議大夫論事自今以後不須令宰相先知乾元二年四月兩省諫官十日一上封事直論得失無假文言冀成殿最用存沮勸

起居周官有左史記言右史記事蓋今起居之本漢武帝有禁中起居後漢馬皇后撰明帝起居注則漢起居似在宮中爲女史之任又王莽時置柱下五史秩如御史聽事侍傍記其言行此又起居之職自魏至晉起居注則著作掌之其後起居皆近侍之臣錄記也

錄其言行與其動作歷代有其職而無其官後魏始置起居令史每行幸宴會則在御左右記錄帝言及宴賓客訓答後又別置修起居注二人以他官領之北齊有起居省後周有外史掌書王言及動作之事以為國志即起居之職又有著作二人掌綴國錄則起居注著作之任自此而分也至隋初以吏部散官及校書正字有敘述之才者掌起居之職以納言統之至煬帝以為古有外史今著作如外史矣宜置起居官以掌其內乃於內史省置起居舍人二員次內史舍人下唐貞觀二年省起居舍人移其職於門下置起居郎二人顯慶中復於中書省置起居舍人遂與起居郎分掌左右龍朔三年改郎為左史舍人為右史咸亨元年復舊天授元年又為左右史神龍初復舊每皇帝御殿則對立於殿下有命則臨陛俯聽退而書之以為起居注凡冊命啓奏封拜薨免悉載之史館得之以撰述焉

補闕拾遺詩云袞職有闕仲山甫補之後漢伏湛出入禁闈拾遺補闕唐武后垂拱中因以置官補闕拾遺左右各二員掌供奉諷諫天授二年左右各增三員通前為十員三年舉人無賢愚咸加擢用高者試鳳閣侍郎給事中次或試員外郎侍御史補闕拾遺校書郎時頗以為濫故著於謠曰補闕連車載拾遺平斗量杷推侍御史腕脫校書郎自開元以來尤為清選左右補闕各一人內供奉者各一人左右拾遺亦然左屬門下右屬中書

典儀二人唐置周禮秋官有司儀上士八人中士十六人蓋此典儀之任也齊職儀云東宮殿中將軍屬官有導客局置典儀錄事一人掌朝會之事梁有典儀之職未詳何曹之官掌唱警唱奏之事朱服武官陳亦有之後魏置典儀監史闕其員及所掌唐初隸門下省初用人皆輕至貞觀末李義府為之是後常用士人領贊者以知贊唱之節及殿廷版位之次

城門郎周禮地官有司門下大夫二人上士四人並城門郎之任初漢置城門校尉員一人秩二千石掌城門屯兵有司馬及丞各一人十二城門候各一人出從緹騎百二十人蓋兼監門將軍之職魏因之晉氏品第四銀章青綬絳朝服武冠佩水蒼玉元帝省之宋齊俱以衞尉掌宮城屯兵及管鑰之事梁陳二代依秦漢以光祿卿等掌宮殿門戶亦無城門之職後魏置城門校尉北齊衞尉寺統城門寺置城門校尉二人掌宮殿城門并諸倉庫管鑰之事後周地官府置宮門上士一人下士一人掌皇城十二門之禁令蓋並在其任也隋氏門下省統城門局校尉二人煬帝大業二年又隸殿中省十二年又減一人後又改校尉為城門郎置四人又隸門下省唐因之

符寶郎周官有典瑞掌節二官掌瑞節之事秦為符璽令漢因之置符節令丞領符璽郎昭帝幼冲霍光秉政殿中夜驚光召符璽郎取璽郎不肯授光奪之郎按劒對曰臣頭可得璽不可得也光壯之增秩二等文帝二年初與郡守為銅虎符竹使符之制又皆屬焉後漢有符節令兩梁冠位次御史中丞別為一臺而符節令一人為臺率掌符節之事屬少府魏與後漢同晉泰始元年省并蘭臺置符節御史掌其事宋因之齊置主璽令史於蘭臺以治書侍御史領之梁陳御史臺亦有符節令史後魏御史臺置符節令領符璽郎中北齊有符節署餘與後魏同後周天官府有主璽下士四人分掌國璽之藏隋初有符璽局置監二人屬門下省煬帝改監為郎唐因之長慶三年改為符寶郎神龍初復為符璽郎開元初復為符寶郎其符節並納於宮中有行從則請之郎掌諸進符寶出納幡節也

弘文館唐武德初置修文館後改名弘文館神龍初改為昭文二年又卻為脩文尋又為昭文開元七年又詔為弘文焉儀鳳中

以館中多圖籍未詳正委學士校理自垂拱以來多大臣兼領館中有四部書自貞觀初褚亭檢校館務學館號爲館主因爲故事每令給事中一人判館事校書二人學生三十人

中書省第四

中書之官舊矣謂之中書省自魏晉始焉梁陳時凡國之政事並由中書省有中書舍人五人領之主書十人書吏二百人分掌二十一局事各當尚書諸曹並爲上司總國內機要而尚書唯聽受而已被委此官多擅威勢後魏亦謂之西臺北齊中書省管司王言并司進御之樂及清商龜茲諸部伶官隋初改爲內史省置令二人侍郎四人煬帝減侍郎一人舍人八人煬帝減去四人通事舍人十六人煬帝加起居舍人而改通事舍人爲謁者臺職唐武德三年復中書省龍朔二年改爲西臺咸亨初復舊光宅元年改爲鳳閣神龍初復舊開元元年改爲紫微省五年復舊時謂尚書省爲南省門下中書爲北省亦謂門下省爲左省中書爲右省或通謂之兩省令二人侍郎

二人舍人二人右散騎常侍起居舍人右補闕右拾遺各二人通事舍人十六人其餘小吏各有差

中書令　舜攝位命龍作納言出入帝命周官內史掌王之八柄爵祿廢置生殺予奪執國法及國令之貳以考政事蓋今中書之任其職置中書之名因漢武帝遊宴後庭始令宦者典事尚書謂之中書謁者置令僕射不言謁者省文也元帝時令弘恭僕射石顯秉勢用事權傾內外蕭望之以為中書政本宜以賢明之選更置士人自武帝用宦者非舊制也成帝建始四年改中書謁者令曰中謁者令更以士人為之皆屬少府後漢因之魏武帝為魏王置祕書令典尚書奏事此其任也文帝黃初初改為中書令又置監以祕書左丞劉放為中書監右丞孫資為中書令並掌機密中書監令始於此也及明帝時中書監令號為專任晉因之晉監令一人始皆同車及和嶠為令荀勖為監嶠素鄙勖以意氣加之專車而坐自此監令始異車魏晉以來中書監令掌贊詔命記會時事典作文書以其地在樞近多承寵任是以人固其位謂之鳳凰池晉制銅印墨綬進賢兩梁冠絳朝服佩水蒼玉乘軺車東晉嘗併其職入散騎省尋復置之宋冠佩印綬與晉同梁中書監令清貴華重大臣多領之其令舊遷吏部尚書才地俱美者為之陳因梁制後魏亦有監令高允為中書令孝文重之不名呼為令公北齊因魏制後周置內史中大夫二人掌王言亦其任也隋初改中書為內史置監令各一人尋廢監置令二人帝廢三公府寮令中書令與侍中知政事遂為宰相之職煬帝大業十二年又改內史為內書後復為內史令唐武德初為內史令三年改為中書令亦置二人龍朔二年改為右相咸亨元年復為中書令開元元年改為紫微令五年復為中書令天寶元年改為右相至

德初復爲中書令自隋至唐皆爲宰相舊班正三品大曆二年升爲從二品按令文掌侍從獻替制敕冊命敷奏文表授冊監起居注總判省事

中書侍郎漢置中書領尚書事有丞郎魏黃初初中書既置監令又置通事郎魏志曰掌詔草即漢尚書郎之位次於黃門郎黃門郎已署事過通事乃署名已署奏入爲帝省讀書可後改通事郎爲中書侍郎晉置四員及江左初又改爲通事郎尋復爲中書侍郎其職副掌王言更入直省五日從駕則正直從次直守宋中書侍郎進賢一梁冠介幘絳朝服用散騎常侍爲之齊梁皆四人梁以功高者一人主省內事陳因之後魏北齊置四員隋初爲內史侍郎亦四員煬帝減二員改爲內書侍郎唐初爲內史侍郎武德三年改爲中書侍郎龍朔以後隨省改號而侍郎之名不易舊制正四品至大曆二年升從三品員二人掌侍從獻替制敕冊命敷奏文表通判省事

中書舍人魏置中書通事舍人或曰舍人通事各爲一職魏明帝時有通事劉泰晉江左乃合之謂之通事舍人武冠絳朝服掌呈奏案章後省之而以中書侍郎一人直西省即侍郎兼其職而掌其詔命宋初又置中書通事舍人四員入直閣內出宣詔命凡有陳奏皆舍人持入參決於中自是則中書侍郎之任輕矣齊永平初中書通事舍人四員各住一省時謂之四戶權傾天下與給事中爲一流梁用人殊重簡以才能不限資地多以他官兼領後除通事字直曰中書舍人專掌詔誥兼呈奏之事魏晉以來詔誥並中書令及侍郎掌之至是始專於舍人陳置五人後魏有舍人省而不言其員北齊舍人省掌署敕行下宣旨勞問領舍人十人後周有小史上士

二人此其任也屬春官隋內史舍人八員專掌詔誥煬帝減四人後改爲內書舍人唐初爲內史舍人至武德三年改爲中書舍人置六員龍朔以後隨省改號而舍人之名不易掌詔誥侍從署敕宣旨勞問授納訴訟敷奏文表分判省事自永淳以來天下文章道盛臺閣髦彥無不以文章達故中書舍人爲文士之極在朝廷之盛選諸官莫比焉

臣謹按後漢章和以後尚書爲機衡之任尚書郎含香握蘭直宿於建禮門太官供膳奏事明光殿下筆爲詔誥出語爲誥令曹公爲魏王置祕書令典尚書奏事則祕書之職近密尚書之職疎遠魏文帝初改祕書爲中書自後歷代相沿並管樞密而後漢尚書郎非今之尚書郎乃中書舍人也

通事舍人秦置謁者漢因之掌儐贊受命員七十人秩比六百石選孝廉年未五十威容嚴恪能儐贊者爲之燕太子使荊軻劫始皇變起兩楹之間其後謁者持匕首刺服漢高帝偃武行文故易之以版有僕射秩比千石冠高山冠後漢有常侍謁者五人謁者三十五人以謁者僕射爲謁者臺主銅印青綬天子出掌奉引謁者僕射見尚書令對揖無敬謁者見執版拜謁者初上官稱曰灌謁者滿歲稱給事胡廣云灌者明章二帝服勤園陵謁者灌柏後遂假茲名焉雷義爲灌謁者使持節督郡國行風俗太守令長留者凡七十人和帝時陳郡何熙爲謁者僕射贊拜殿中音動左右然則又掌唱贊漢儀曰謁者缺選郎中美鬚眉大音者以補之功次當遷欲留

增秩者許之二漢隸光祿勳魏置僕射掌大拜授及百官班次統謁者十人及晉武省僕射以謁者并蘭臺江左復置僕射後又省宋武帝大明中復置僕射一人職與魏同亦領謁者十人掌小拜授及百官報章齊因之梁謁者臺僕射掌朝覲賓享之事屬官謁者十人掌奉詔出使拜假朝會賓贊功高者一人爲假吏掌差次謁者陳亦有之後魏北齊謁者臺掌凡諸吉凶公事導相禮儀僕射二人謁者三十人隋煬帝增置謁者司隸二臺并御史爲三臺謁者臺有大夫一人掌受詔勞問出使慰撫持節策授及受冤枉而申奏之駕出對御史引駕領議郎以下官其屬官有丞主簿錄事等尋詔門下內史御史司隸謁者五司監受表以爲常式不復專在謁者矣隋初始置通事舍人十六員承旨宣傳開皇二年又增爲二十四員及煬帝置謁者臺乃改通事舍人爲謁者臺職謂之通事謁者置二十人又於建國門外置四方館以待四方使者隸鴻臚寺唐廢謁者臺復以其地爲四方館改通事謁者爲通事舍人掌通奏引納辭見承旨宣勞皆以善辭令者爲之隸四方館而又屬中書省

集賢殿書院唐開元中置漢魏以來祕書省有其職梁武帝於文德殿內列藏衆書北齊有文林館學士後周有麟趾殿學士皆掌著述隋平陳之後寫書正副二本藏于宮中煬帝於東都觀文殿東西廂貯書自漢延熹至隋唐皆祕書掌圖籍而禁中之書時或有焉及太宗在藩邸有秦府學士十八人其後弘文崇文館皆有學士則天時亦有珠英學士皆其任也開元五年十一月於乾元殿東廊下寫四部書仍令祕書監馬懷素右散騎常侍褚無量總其事於麗正殿安置爲修書使至十三年學士張說等宴於集仙殿於是改殿名集賢改修書使爲集賢殿書院學士五品以上爲學士六品以下爲直學士每以宰相爲學士者知院事初燕國公張說爲中書

令以爲大學士知院事說累辭大字詔許之其後更置修撰校理官又有待制官名其來尚矣漢世朱買臣待詔公車東方朔等待詔金馬門是也又有侍講學士開元中褚無量馬懷素侍講禁中爲侍讀其後康子元等爲侍講學士修撰官校理爲司直學士

史館史官黃帝有之自後顯著夏太史終古商太史向摯周則曰大史小史內史外史而諸侯之國亦置其官又春秋國語引周志及鄭書似當時記事各置其職秦有太史令胡毋敬至漢武始置太史以司馬談爲之卒其子遷嗣卒後宣帝以其官爲令行太史公文書其修撰之職以他官領之於是太史之官唯知占候而已自漢以前職在太史當王莽時改置柱下五史記疏言行自後漢以後至于有隋中間唯魏明太和中史職隸中書其餘悉多隸祕書唐武德初因隋舊制史官屬祕書省著作局至貞觀三年閏十二月移史館於門下省北宰相監修自是著作局始罷史職及大明宮初成置史館於門下省之南其修撰史事以他官兼領或卑品而有才者亦有焉開元二十五年宰臣李林甫監史以中書地切樞密記事者宜其附近遂移於中書省北其地本尚藥局內藥院

職官略第三　通志卷第五十二

尚書省第五上　幷總論尚書

秦時少府遣吏四人在殿中主發書故謂之尚書尚猶主也漢承秦置及武帝遊宴後庭始用宦者主中書以司馬遷爲之中閒遂罷其官以爲中書之職至成帝建始四年罷中書宦者又置尚書五人一人爲僕射四人分爲四曹通掌圖書祕記章奏之事及封奏宣示內外而已其任尤輕至後漢則爲優重出納王命敷奏萬機蓋政事之所由宣選舉之所由定罪賞之所由正斯乃文昌天府衆務淵藪內外所折衷遠近所稟仰故李固云陛下之有尚書猶天之有北斗斗爲天之喉舌尚書亦爲陛下之喉舌斗斟酌元氣運平四時尚書出納王命賦政四海令及左丞總領綱紀無所不統僕射及右丞分掌廩假錢穀漢初尚書雖有曹名不以爲號及靈帝以侍中梁鵠爲選部尚書於是始見曹名總謂之尚書臺亦謂之中臺大事八座連名

而有不合得建異議二漢皆屬少府魏置中書省有監令遂掌機衡之任而尚書之權漸減矣晉以後所掌略同八座丞郎初拜竝集都省交禮遷職又解交本漢制也至於晉宋唯八座解交丞郎不復解交也宋曰尚書寺居建禮門內亦曰尚書省亦謂內臺每八座以下入寺門生隨入者各有差不得雜以人士凡尚書官大罪則免小罪遣出遣出者百日無代人聽還本職其令及二僕射出行分道之制與中丞同令僕各給威儀十八人自晉以後八座及郎中多不奏事梁天監元年詔曰自禮闈陵替歷茲永久郎寺備員無取職事糠粃文案貴尙虛閑空有趨墀之名了無握蘭之實曹郎可依昔奏事自是始奏事矣又詔尚書中有疑事先於朝堂參議然後啓聞舊尚書官不以爲贈唯朱异卒特贈右僕射武帝寵之故也自魏晉重中書之官居喉舌之任則尚書之職稍以疏遠至梁陳舉國機要悉在中書獻納之任又歸門下而尚書但聽命受事而已後魏天興元年置

八部大人於皇城四方四維面置一人以擬八座謂之八國各有屬官分尚書三十六曹天賜元年罷尚書三十六曹別置武歸修勤二職分主省務（武歸比郎中修勤比令史）至神䴥元年始置僕射左右丞及諸曹尚書十餘人各居別寺北齊尚書省亦有錄令僕射總理六尚書事謂之都省亦謂之北省後齊北王以太子監國立大都督府與尚書省分理衆事仍開府置佐後周無尚書隋及唐皆有其制略同凡尚書省事無不總龍朔二年改尚書省爲中臺咸亨初復舊光宅元年改爲文昌臺垂拱元年又改爲都臺咸通初復舊長安三年又改爲中臺神龍初復爲尚書省（亦謂南省）都堂居中左右分司都堂之東有吏部戶部禮部三行每行四司左司統之都堂之西有兵部刑部工部三行每行四司右司統之凡二十四司分曹共理而天下之事盡矣左右僕射各一人總統省事左丞一人（掌轄吏部戶部禮部十二司）右丞一人（掌轄兵部刑部工部十二司事）左右司郎中各一人員外郎各一人（各掌付左右丞所管諸司事）尚書

六人吏戶禮兵刑工六部各一人侍郎九人吏部戶部兵部各二人餘各一人郎中二十八人吏部戶部兵部刑部各二人餘各一人并左右司則三十人員外郎二十九人吏戶兵刑四部及司勳各二人餘司各一人并左右司共三十一人都事六人

臣謹按蔡質漢儀曰凡三公列卿將大夫五營校尉行複道中遇尙書令僕射左右丞郎御史中丞侍御史皆避車先相迴避衞士傳不得迕臺官臺官過乃得去至晉宋以來尙書官上朝及下禁斷行人猶其制也

錄尙書自漢武帝時左右曹諸吏分平尚書奏事知樞要者始領尚書事張安世以車騎將軍霍光以大將軍王鳳以大司馬師丹以左將軍並領尚書事後漢章帝以太傅趙熹太尉牟融並錄尚書事尚書有錄名蓋自熹融始亦西京領尚書事之任也和帝時太尉鄧彪爲太傅錄尚書事位在三公上漢制遂以爲常每少帝立制置太傅錄尚書事猶古冢宰總己之義薨輒罷之鄧彪錄尚書事後以老病上還樞機職又李固張禹張防並錄尚書事自魏晉以後亦公卿權重者爲之職無不總晉宗室會稽王道子及世子元顯並錄尚書事時道子爲東錄元顯爲西錄晉康帝時何充辭錄表曰成康中分置三錄王導錄其一荀崧陸曄各錄一條事晉江右有四錄則四人參錄也凡重號將軍刺史皆得命曹授用唯不得施陳及加節宋孝武孝建中不欲威權外假省錄大明末復置此後或置或省齊

世錄尚書令並總領尚書臺二十曹爲內臺主行選諸王以下皆禁駐號爲錄公齊明帝爲宣城王錄尚書廢帝昭業思蔡魚太官以無錄公命不與高帝崩遺詔以褚彦回錄尚書事江左以來無單爲錄者有司擬立優策王儉議宜有策書乃從之北齊錄尚書一人位在令上掌與令同俱不糺察自隋而無

尚書令商湯制官有冢宰君薨則百官總己以聽焉故伊尹以三公攝冢宰周之冢宰爲天官掌邦之治六卿之職總屬焉於百官無所不主至秦置尚書令尚主也漢因之銅印青綬武帝用宦者更爲中書謁者令成帝去中書謁者令官更以士人爲尚書令時弘恭石顯相繼爲中書令專權邪僻前將軍蕭望之領尚書事建言以爲尚書百官之本國家樞機宜以通明公正之人處之武帝遊宴後庭故用宦者非古制也宜罷中書宦官後漢衆務悉歸尚書三公但受成事而已尚書令主贊奏事總領紀綱無所不統與司隷校尉御史中丞朝會皆專席而坐京師號曰三獨坐故公爲令僕射者朝會不陛奏事天子封禪則尚書令奉玉牒檢兼藏封之禮魏晉印綬與漢同冠進賢兩梁納言幘五時朝服佩水蒼玉受拜則策命之以在端右故也薨於朝堂發哀太熙元年詔曰夫總百揆之得失管王政之開塞者端右之職也是以自漢代以來愼選其人議郎王戎司爲尚書令自魏晉以下任總機衡事無大小咸歸令僕齊梁舊用左僕射美遷司空梁陳並有之後魏北齊掌彈糺見事與御史中丞更相廉察隋亦總領衆務唐尚書令朝服鷩冕八旒七章三梁冠武德初太宗爲秦王嘗居之其後人臣莫敢當故自龍朔二年制廢尚書令至廣德中郭子儀勳業既盛乃特拜焉子儀以文皇帝故讓不敢受

臣謹按謝朏爲司徒尚書令朏辭脚疾不堪朝謁仍角巾自輿詣

雲龍門謝既見乘小車就席

僕射者秦官漢因之自侍中尚書博士郎皆有之古者重武官以善射者掌事故有主射以督課僕主也軍屯吏騶宰永巷宮人皆有僕射隨所領之事以爲號也成帝建始元年初置尚書五人以一人爲僕射主封門掌授廩假錢穀而鄭崇爲尚書僕射亦數諫諍每見曳革履上笑曰我識鄭尚書履聲後漢尚書僕射一人署尚書事令不在則奏下衆事印綬章服與令同獻帝建安四年以執金吾滎邵爲左僕射衞臻爲右僕射侍者分置左右蓋自此始經魏至晉及於江左省置無常置二則爲左右僕射或不兩置但曰尚書僕射令闕則左爲尚書省主若並闕則置尚書僕射以主左事置祠部尚書以掌右事則尚書僕射祠部尚書不恆置矣宋尚書僕射闕右減左右居二者之間僕射職爲執法置二則爲左右執法又與尚書分領諸曹兼掌彈舉故王弘爲僕射奏彈康樂縣侯謝靈運淫其孽女請免官削爵付大理內臺舊體不得用風聲舉彈此事彰赫暴之朝野不敢拱默武帝令免官而已齊左右僕射行則分道左僕射領殿中主客二曹右僕射領祠部儀曹黃案左僕射上署右僕射次署凡僕射掌朝覲尚書掌獻奏都丞任在彈違齊梁舊制右僕射遷左僕射左僕射美遷令其僕射處於中陳亦然後魏二僕射左居上右居下北齊僕射職爲執法置二則爲左右僕射皆與令同左糺彈而右不糺彈隋文帝開皇三年詔左右僕射從二品左掌判吏部禮部兵部三尚書御史糺不當者兼糺彈之右掌判都官度支工部三尚書又知用度餘並依舊唐左右二僕射因前代本副尚書令自尚書令廢闕二僕射則爲宰相故太宗謂房玄齡杜如晦曰公爲僕射當洞開耳目訪求賢才是爲宰相宏益之道今以決辭聽訟不暇豈助朕求賢之意乃令尚書細務悉委於兩丞其冤濫大故當奏聞者則關於僕

射及貞觀末除拜僕射必加同中書門下平章事及參知機務等名方爲宰相不然則否然爲僕射者亦無不加焉至開元以來則罕有加者初龍朔二年改左右僕射爲左右匡政咸通元年復舊官品第四上元三年閏三月制尚書省頒下諸州府宜用黃紙武太后改二僕射爲文昌左右相進階爲從三品尋復本階神龍初復爲左右僕射二年九月勑門下及都省宜日別錄制勑三月一進開元元年改爲左右丞相從二品統理衆務舉持綱目總判省事御史糺不當者兼得彈之至天寶元年復舊

臣謹按漢儀丞相進天子御坐爲起在輿爲下有疾法駕至第問得戮二千石申屠嘉欲斬內史鼂錯是也臣又按後魏之制令僕射中丞騶唱而入宮門至於馬道及郭祚爲僕射以爲非盡恭之宜乃奏請御在太極騶唱至公車門御在朝堂止司馬門騶唱不入宮自此始也臣又按唐開元二年四月勑在京有訴冤者並於尚書省陳牒所司爲理若稽延致有屈滯者委左右丞及御史臺訪察聞奏如未經尚書省不得輒於三司越訴

左右丞秦置尚書丞一人屬少府漢因之至成帝建始四年置丞四人及後漢光武始減其二唯置左右丞佐令僕之事臺中紀綱無所不總左丞主吏民章服及騶伯史右丞與僕射皆掌授廩假錢穀又假署印綬及紙筆墨諸財用庫藏左右丞闕以次夕郎補之

三歲爲刺史漢御史中丞侍御史行複道中遇尚書及丞郎避車執版揖丞郎坐車舉手禮之車過遠乃去尚書言左右丞敢告知如詔書律令郎見左右丞對揖無敬稱曰左右君丞郎見尚書執版揖稱曰明時郎見令僕執版拜朝賀對揖魏晉左右丞銅印青黑綬進賢一梁冠介幘絳朝服左丞主臺內禁令寢廟祠祀朝儀禮制選用署吏糾諸不法無所迴避兼糾彈之事右丞掌臺內庫藏廬舍凡諸器用之物及刑獄兵器督錄遠道文書章表奏事宋因之而右丞亦主錢穀皆銅印黃綬白案則右丞上署左丞次署黃案則左丞上署右丞次署諸立格制及詳讞大事郊廟朝廷儀禮亦左丞上署右丞次署梁皆銅印黃綬一梁冠陳因之後魏北齊左丞爲上階右丞爲下階北齊左丞掌吏部考功主爵殿中儀曹三公祠部主客左右中兵左右外兵都官二千石度支左右戸十七曹幷糾彈見事又主管轄臺中違失並糾駁之右丞掌駕部虞曹屯田起部兵部比部水部膳部金部倉部庫部十一曹亦管轄臺中唯不糾彈餘悉與左同隋左右丞掌分尚書諸司糾駁唐因隋制龍朔二年改爲左右肅機咸通元年復舊左丞掌管轄諸司糾正省內幹吏部禮部戸部等十二司通判都省事右丞掌管兵部刑部工部等十二司餘與左丞同

臣謹按晉傅咸答辛曠詩序曰尚書左丞彈八座以下居萬機之會乃皇朝之司直天臺之管轄又鄒説爲左丞奏推吏部尚書崔洪洪曰我舉鄒丞而還奏我此挽弓自射又按齊任遐爲右丞奏御史中丞陸澄不糾事請免澄官是右丞可以糾御史也又按隋

元壽爲尚書左丞蕭摩訶妻患將死奏令其子向江南收家產壽奏劾之曰摩訶遠念資財近忘匹好令其子捨危惙之母爲聚斂之行御史韓微之等見而不彈請付大理臣忝居左轄無容寢默是左丞亦可以糺御史也

左右司郎中隋煬帝三年於尚書都省初置左右司郎一人品同諸曹郎從五品掌都省之職唐貞觀二年改爲郎中龍朔二年改爲左成務咸通元年復舊令掌副左右丞所管諸司事省署鈔目勘稽失知省內宿直判都省事若右司不在則左併行之左司不在右亦如之

員外郎唐武后永昌元年置與郎中分掌曹務神龍元年省二年復置

尚書總序八座附

秦尚書四人漢成帝初置尚書五人其一人爲僕射四人分爲四曹尚書曹名自此而有常侍曹主公卿二千石曹主郡國二千石民曹主凡吏民上書客曹主外國夷狄後又置三公曹主斷獄是爲五曹後漢尚書五曹六人其三公曹尚書二人掌天下歲盡集課州郡吏曹掌選舉齋祠後漢志謂之常侍曹亦謂之選部二千石曹掌中都官水火盜賊

辭訟罪法亦謂之賊曹民曹掌繕理工作鹽池苑囿客曹掌羌胡朝賀法駕出則護駕後漢光武分二千石曹及客曹爲
南主客北主客二曹兩梁冠納言幘或說有六曹案後漢志云分客曹爲二是爲六曹張陵爲尚書歲朝梁
冀帶劍入省陵叱令奪劍劾冀詔以歲俸贖又鄭均爲尚書淡泊無爲以病還第賜尚書祿號爲白衣尚書
魏有吏部左民客曹五兵度支凡五尚書晉初有吏部三公客曹駕
部屯田度支六曹無五兵太康有吏部殿中五兵田曹度支左民爲六
曹尚書無駕部三公客曹及度江有吏部祠部五兵左民度支五尚書皆銅印墨
綬進賢兩梁冠納言幘絳朝服佩水蒼玉乘軺車皁輪執笏負荷加侍官者武官左貂金蟬宋有吏部祠部度支
左民左民尚書統左民及駕部二曹都官五兵六尚書尚書納言幘進賢兩梁冠佩水蒼玉齊梁與宋
同侯景改梁五兵爲七兵尚書又職官錄曰齊尚書品服悉與令同亦別有起部而不常置也梁何胤爲
左民尚書後辭官隱於若邪山雲門寺勅給白衣尚書祿又到洽爲御史中丞兄溉爲左民尚書舊中丞不得入尚書下舍洽引服親不
應有礙刺史省詳決乃許入溉省亦以其兄弟素篤不能相別陳與梁同後魏初有殿中掌殿內兵馬倉庫
樂部掌伎樂及角使伍伯駕部掌牛馬驢騾南部掌南邊州郡北部掌北邊州郡五尚書其後
亦有吏部初曰選部兵部都官度支七兵祠部民曹等尚書又有金部庫

部虞曹儀曹右民宰官（元禎爲宰官尚書）都牧（元禎爲都牧尚書）牧曹右曹太倉太官祈曹神都儀同曹等尚書（自金部以下但有尚書之名而不詳職事）北齊有吏部殿中（殿中統殿中曹主駕行百官留守名帳宮殿禁衞及儀曹三公駕部四曹）祠部五兵都官度支六尚書後周無尚書隋有吏禮兵刑戶工六部尚書唐尚書與隋同（龍朔二年改尚書爲太常伯咸通初復舊）歷代吏部尚書及侍郎等秩悉高於諸曹

八座後漢以六曹尚書并令僕二人謂之八座魏以五曹尚書二僕射一令爲八座宋齊八座與魏同（晉梁陳不言八座之數）隋以六尚書左右僕射及令爲八座唐與隋同（凡歷代尚書有五曹則以一僕射一令爲八座有六曹則以左右僕射爲一座兼令共爲八座若有六曹而左右僕射並闕則以尚書僕射及令爲八座若尚書唯有五曹又無左右僕射則不備矣）

郎官總序

郎官謂之尚書郎漢置四人分掌尚書事一人主匈奴單于營部一人主羌夷吏民一人主戶口墾田一人主財帛委輸後漢尚書侍郎三十六人（後漢志曰尚書六曹侍郎三十六人一曹六人也）主作文書草取孝廉年未五十

先試牋奏選有吏能者爲之從三署諸臺試初上臺稱守尚書郎中滿歲稱尚書郎三歲稱侍郎五歲遷大縣其遷爲縣令縣令秩滿自占縣詔書賜錢三萬與三臺租錢餘官則否吏部典劇多超遷者鄭弘爲僕射奏以臺職任尊而賞薄人無樂者諸吏郎補二千石自此始也八座受成事決於郎下筆爲詔策出言爲誥命後漢尚書陳忠上疏曰尚書出納帝命爲王喉舌之官臣等旣愚闇諸郎多文俗吏鮮有雅才每爲詔文宣示內外轉相求請其入直官供青縑白綾被或以錦緤爲之緤私列反緤繫也給帳帷茵褥通中枕太官供食物湯官供餅餌及五熟果實之屬五日一美食下天子一等給尚書郎侍史一人女侍史二人皆選端正妖麗執香鑪香囊護衣服奏事明光殿省省中皆以胡粉塗壁畫古賢烈女以丹朱漆地故謂之丹墀尚書郎口含鷄舌香以其奏事答對欲使氣息芬芳也奏事則與黃門侍郎對揖黃門侍郎稱已聞乃出丞郎月賜赤管大筆一雙隃麋墨一笏馮豹爲尚書郎每奏事未報常俯伏省閤下或從昏至明天子默使持被覆之不驚也日暮諸郎下豹每獨在後帝嘉之隃麋

（今沂陽縣出墨）魏自黃初改祕書爲中書置通事郎掌詔草（即今中書舍人之任）而尚書郎有二十三人（有殿中吏部駕部金部虞曹比部南主客祠部度支庫部農部水部儀曹三公倉部民曹二千石中兵外兵別兵都兵考功定課）非復漢時職任青龍二年尚書令陳矯奏置都官騎兵合凡二十五郎每一郎缺白試諸孝廉能給文案者五人謹封奏其姓名以補之（魏韓宣爲尚書郎嘗以職事當受罰已背縛束杖未行文帝輦過聞而解之）晉尚書郎選極清美號爲大臣之副武帝時有三十四曹（加魏直事屯田起部左士右士其民曹中兵外兵分爲左右主客又爲左右南北無農部定課考功凡三十四曹）後又置運曹爲三十五曹置郎中二十三人更相統攝（晉魏舒爲尚書郎時欲沙汰郎官非其才者罷之舒曰吾即其人也襆被而出同寮無清論者咸有媿色）或爲三十六曹當五王之難其都官中騎三曹郎晝出督戰夜還理事東晉有十五曹（殿中祠部吏部儀曹三公比部金部度支都官左民騎部倉部庫部中兵外兵）自過江之後官資小減（王坦之選曹將擬爲尚書郎坦之聞曰自過江尚書郎正用第二人何得以此見擬其子國寶好傾側媚人謝安惡之除尚書郎國寶以爲中興膏腴之族唯作吏部不作餘曹郎辭不拜又宋江智淵改尚書庫部郎時高流官序不爲臺郎智淵門孤援寡此選意不悅固辭不拜梁王筠除尚書殿中郎王氏過江以來未有居郎署者或勸不就筠曰陸平原東南之秀王文

度獨步江東吾得比蹤昔人何所多恨乃忻然就職桓元僭位改都官郎爲賊曹宋高祖時有十九曹元嘉以後有二十曹郎三公比部主法制度支主算都官主軍事刑獄其餘曹所掌各如其名宋武帝初加置騎兵主客起部水部四曹并東晉舊十五曹合爲十九曹元嘉十八年增删定曹郎即魏世之定科郎也三十年又置功論郎後又省騎兵故爲二十曹齊依元嘉之制其拜吏部郎亦有表讓之禮齊謝朓遷尚書吏部郎上表三讓中書疑朓官未及讓以問沈約約曰宋元嘉中范曄讓吏部朱循之讓黃門蔡興宗讓中書並三表詔答其事宛然近代小官不讓遂成常俗恐此有乖讓意王藍田劉安西並貴重初自不讓今豈可慕此不讓邪孫興公孔顗並讓記室今豈可三署皆讓邪謝吏部今授超階讓別有意豈關官之大小梁加三曹爲二十三曹殿中虞曹屯田其郎中舊用員外郎正主簿正佐有才地者爲之還通直郎天監三年復置侍郎視通直郎郎中還爲之梁到洽爲尚書殿中郎洽兄弟羣從遞居此職時人榮之又殿中郎闕武帝曰此曹舊用文學且居鴈行之首宜詳擇其人乃以張緬爲之陳有二十一曹後魏三十六曹至西魏改爲十二部北齊有二十八曹吏部考功主爵殿中儀曹三公祠部駕部主客虞曹屯田起部左中兵右中兵左外兵右外兵都兵都官二千石比部水部膳部度支倉部左民右民金部庫部其吏部三公各二人餘並一人凡三十郎中後魏北齊唯置郎中隋初

尚書有六曹二十四司凡領三十六侍郎吏部司勳主客膳部兵部職方都官司門度支戶部比部刑部等侍郎各二人主爵考功禮部祠部駕部庫部金部倉部工部屯田虞部水部侍郎各一人分司官曹務直禁省如漢之制至開皇三年二十四司又各置員外郎一人以司其曹之籍帳侍郎闕則離其曹事今尚書員外郎其置自此始以前歷代皆謂之尚書郎各以曹名爲稱首或謂之侍郎皆無員外之號前代史傳及職官要錄或有言員外郎者蓋謂員外散騎侍郎耳非尚書之職前代所言郎官上應列宿蓋謂三署郎非謂今尚書郎中也煬帝即位以六尚書六曹各置侍郎一人以貳尚書之職今之侍郎其置自此始也或有曹加二人者夫侍郎之名舊矣漢凡諸郎皆掌更直執戟宿衛諸殿門以侍衛之故通謂之侍郎故武帝時東方朔爲郎當時謂之官不過侍郎位不過執戟是也歷代尚書亦有侍郎隋初尚書諸曹二十四司諸郎皆謂之侍郎通若今之郎官耳非今六部侍郎之任自漢以來尚書侍郎悉然改諸司侍郎但曰郎則今郎中之職又改吏部爲選部郎禮部爲儀部郎兵部爲兵曹郎刑部爲憲曹郎工部爲起曹郎以異六侍郎之名廢諸司員外郎而每司增置一曹郎各爲二員都司置左右司郎中各一人品同諸曹郎掌都省之職尋又每減一郎置承務郎一人同開皇員外郎之職唐改隋諸司郎爲郎中

每曹又復置員外郎武德六年廢六司侍郎貞觀二年復舊今尚書省有左右司郎中各一人員外郎各一人分管尚書六曹事其諸曹諸司郎中總三十一人通謂之郎官尤重其選其職任名數各列在六曹之後凡郎中章服皆玄冕五旒衣無章裳刺黻一章兩梁冠凡員外郎章服並爵弁玄纓簪導者衣纁裳一梁冠

都事主事令史總序

都事晉有尚書都令史八人秩二百石與左右丞總知都臺事宋齊八人梁五人謂之五都令史職與晉同舊用人常輕武帝詔曰尚書五都職參政要非但總領衆局亦乃方軌二丞頃雖求才未臻妙簡可革用士流以盡時彥乃以都令史視奉朝請其時以太學博士劉訥兼殿中都司空法曹參軍劉顯兼吏部都太學博士孔虔孫兼金部都司空法曹參軍蕭軌兼左民都宣毅墨曹參軍王顒兼中兵都五人並以才地兼美歷茲選矣　隋開皇初改都令史為都事置八人煬帝分隸六尚書置六人領六曹事唐因之主事二漢有之漢光祿勳有南北庭主事二署之事於諸郎之中察茂才者爲

之後漢范滂自光祿四行遷光祿主事時陳蕃爲光祿勳滂執公儀詣蕃蕃亦不止滂懷恨投版棄官而去郭泰聞之曰若范滂博者豈
宜以公禮隔之蕃乃謝之又胡伯蕃公沙穆並爲之後魏於尚書諸司置主事令史隋於諸省
又各置主事令史員煬帝三年並去令史之名但曰主事隨曹閑劇
而每十令史置一主事不滿十者亦一人雜用士人唐並用流外
令史漢官也後漢尚書令史十八人曹有三人主書後增劇曹三人
合二十一人皆選於蘭臺符節簡練有吏能者爲之漢官儀云能通蒼頡史籀篇補
蘭臺令史滿歲補尚書令史滿歲爲尚書郎後漢韋彪上疏曰往時楚獄大起故置令史以助郎職而類多小人好名姦利今者務簡可
皆停省其尚書郎初與令史皆主文簿其職一也郎闕以令史久次者
補之光武始革用孝廉孝廉恥焉故事尚書郎闕以令史久次補之光武始改用孝廉爲郎而孝廉丁
邯稱病不就詔問實病羞爲郎乎對曰臣實不病恥以孝廉爲令史職耳帝怒杖之數十詔問欲爲郎否邯曰能殺臣者陛下不能爲郎
者臣也中詔遣出終不能爲郎又郎中袁著詣闕上書訟梁冀驕暴冀陰殺之學生劉常當代名儒素善於著冀召常補令史以辱之
舊制尚書郎限滿補縣長令史補丞尉尚書令鄭弘奏曰職尊賞薄
多無樂者請郎補千石令史爲長帝從之蜀志董厥爲府令史諸葛亮稱之曰董令史良士也

後遷至尚書令史平臺事西晉令史朝晡詣都座朝江左唯早朝而已又賈充爲
尚書令以目疾表置省事吏四人尚書置省事自此始也其品職與
諸曹令史同姚萇圍苻堅遣僕射尹緯詣堅問事堅見其瓌傑問曰卿於朕世爲何官緯答曰尚書令史堅曰卿宰相才王景略之儔也而朕失之今日之亡不亦宜乎晉宋蘭臺寺正書令史雖行文書皆有品秩
朱衣執版孔顗爲御史中丞坐鞭令史爲有司所糾梁陳與晉宋同
後魏令史亦朱衣執笏然謂之流外勳品北齊尚書郎判事正令史
側坐書令史過事令史皆平揖郎無拜自隋以來令史之任文案煩
屑漸爲卑冗不參官品開皇十五年詔州縣佐史三年一代不得重任煬帝以四省三臺皆
曰令史九寺五監諸府衞皆曰府史于時令史得官者甚少年限亦
賒隋牛弘嘗問於騎尉劉炫曰案周禮士多而府史少今令史百倍於前減則不濟其故何也炫曰古人委任責成歲終考其最殿案不重校文不繁悉府史之任掌要目而已今之文簿常慮覆理鍛鍊苦辛甚密萬里追徵百年舊案故諺曰老吏抱案死今古不同若此之相遠也弘又曰後魏北齊之時令史從容而已今則不遑寧舍其事何由炫曰齊氏立州不過十二府行臺遞相統領文書行下不過十條今州三百其繁一也往者州唯置綱紀郡置守丞縣唯令而已其所具寮則長官自辟受詔赴任每州不過數十今則不然大小之

事悉由吏部纖介之迹皆屬考功其繁二也省官不如省事省事不如清心官不省而欲從容其可得乎弘甚善其言而不能用耳唐武德中天下初定京師穀糴貴遠人不願仕流外始於諸州調佐史及朝集典充選不獲已而為之遂促年限優以敘次六七年有至本司主事及上縣尉者自此之後遂為官途總章中詔諸司令史考滿合選者限試一經時人嗟異著於謠頌時閻立本為右相姜恪為左相立本無他才識時以善畫稱之恪累為將軍立功塞外是歲京師饑旱弘文崇賢司成三館學生並放歸本貫當時為之語曰左相宣威沙漠右相馳譽丹青三館學生放散五臺令史明經

行臺省總序

行臺亦曰行臺省自魏晉有之昔魏末晉文帝討諸葛誕散騎常侍裴秀尚書僕射陳泰黄門侍郎鍾會等以行臺從至晉永嘉四年東海王越帥衆許昌以行臺自隨是也及後魏謂之尚書大行臺別置官屬後魏道武帝置中山行臺以秦王儀為尚書令以鎮之孝文永熙三年以宇文泰為大行臺以蘇綽為行臺度支尚書北齊行臺兼統民事自辛術始焉武定八年辛術為東南道行臺東徐州刺史郭志殺郡守文宣聞之勑術

目江淮初附百姓難向京師留鄉爲行臺亦欲理邊民冤枉監治牧守自今以後所統十餘州地諸有犯法者刺史則先啓聽報以下先治後表齊代行臺兼總民事自術始也其官置令僕射其尚書丞郎皆隨時權制江左無行臺唯梁末以侯景爲河南王大行臺承制如鄧禹故事隋謂之行臺省有尚書令僕射左右任置各一人主事四人有考功兼吏部主爵司勳禮部兼祠部主客膳部兵部兼職方駕部庫部刑部兼都官司門度支部兼倉部金部工部屯田兼水部虞部侍郎各一人每行臺置食貨農圃武器百工監副各置丞食貨四人農圃一人武器二人百工四人錄事等員食貨農圃百工各二人武器一人蓋隨其所管之道置於外州以行尚書事唐初亦置行臺貞觀以後廢其後諸道各置採訪等使每使有判官二人兼判尚書六行事亦行臺之遺制

尚書省第五下

吏部尚書　侍郎　郎中　員外郎　司封郎中　員外郎　司勳郎中　員外郎　考功郎中　員外郎

吏部尚書周禮天官太宰之職也漢成帝初置尚書有常侍曹主公卿事後漢改爲吏曹主選舉祠祀後又有選部靈制以梁

鶴爲選部尚書魏改選部爲吏部主選事晉與魏同宋時吏部尚書領吏部刪定三公比部四曹孝武不欲權威在下大明二年分吏部尚書置二人以輕其任而省五兵後還置一吏部尚書順帝昇明元年又置五兵二尚書晉宋以來吏部尚書資位尤重梁陳亦然後魏北齊吏部統吏部考功主爵三曹後周有吏部中大夫一人小吏部下大夫一人領司勳上士等官屬大司馬隋吏部統吏部主爵司勳考功四曹唐龍朔二年改吏部尚書爲司列太常伯咸亨初復舊光宅元年改吏部爲天官神龍元年復舊天寶十一年改爲文部至德初復舊掌文官選舉總司吏部司封司勳考功四曹事舊令班在侍中中書令上開元令移在侍中中書令下尚書六曹吏部兵部爲前行戶部爲中行禮工爲後行其官屬自後行遷入二部者以爲美自魏以來凡吏部官屬悉高於諸曹其選舉皆尚書主之自隋置侍郎貳尚書之事則六品以下銓補多以歸之唐自貞觀以前尚書掌五品選事至景龍中尚書掌七品以上選侍郎掌八品以下選至景雲元年宋璟爲尚書始通其選而分掌之因爲常例開元以前諸司之官兼知政事者午前議政於朝堂午後理務於本司自開元以來宰相員少資地崇高又以兵部尚書權位尤美而宰相多兼領之但從容衡軸不自銓綜其選試之任皆侍郎掌之尚書通署而已遂爲故事或分領其事則列爲三銓尚書掌其一侍郎分其二尚書所掌謂之尚書銓侍郎所掌其一爲中銓其一爲東銓

臣謹按魏延康元年陳羣爲尚書始建九品官人之法拜吏部尚書及毛玠爲之公卿無敢好衣美食者魏武歎曰孤之法不如毛尚書又按晉山濤爲吏部尚書用人皆先密啓然後公奏舉無失

才凡所題目終始如其言唯用陸亮尋以賄敗啓事曰臣欲以郄詵爲溫令詔可尋又啓曰訪聞詵喪母不時葬遂於所居屋後假葬有異同之議請更選之詔曰君爲管人倫之職此輩應爲清議與不便當裁處又按後魏自洛陽遷鄴已後掌文選知名者數四北齊文襄帝少年高明所蔽也疏袁淑沈密謹厚所傷者細楊愔風流辨給取士失於浮華唯辛術爲尚書性尚貞明擢士以才以器循名責實新舊參舉管庫必擢門閥不遺前後銓衡術最爲折衷甚爲當時所稱又按唐貞觀二十二年二月文部侍郎盧承慶兼檢校兵部侍郎仍知五品選事承慶辭曰五品選事職在尚書臣今掌之便是越局太宗不許曰朕今信卿卿何不自信由此侍郎尚書皆知五品選事又按開元四年六月勅其員外郎御史并餘供奉官直進名勅授自此不在吏部

侍郎二人隋煬帝置說在歷代郎中篇凡六司侍郎皆貳尚書之事吏部初置一員唐總章元年加一員龍朔二年改爲司列少常

伯咸通元年復舊分掌選部流內六部以下官是爲銓衡之任凡初仕進者無不仰屬焉當選集之際勢傾天下列曹之中資位尤重初隋世高孝基爲吏部侍郎房玄齡杜如晦與選孝基特加賞異後以爲知人唐鄧玄挺爲此官不稱職甚爲時談所鄙常患消渴選人因號爲鄧渴坐此遷澧州刺史有能名武太后重拜爲天官侍郎其弊愈甚又以許子儒爲之子儒不以藻鑑爲意其補官悉委令史時曰平配

郎中二人周禮太宰屬官有下大夫卽其任也漢魏以來尚書屬或有侍郎或有郎中或曰尚書郎或曰某曹郎或則兩置或爲互名雖稱號不同其職一也皆今郎中之任晉山公啓事曰吏部郎主選擧宜得能整風俗理人倫者齊謝朓爲吏部郎上表三讓說在郎官篇又王儉爲吏部郎專斷曹事又陸慧曉爲吏部郎吏部都令史歷政以來各執選事慧曉任己獨行未嘗與語帝遣左右以事諮問之慧曉曰六十之年不復能諮都令史爲吏部郎也自過江吏部郎不復典大選又王亮爲吏部郎選序著稱及後爲吏部尚書拘資次而已當代謂爲不能又職官錄曰梁吏部郎舊視中丞遷侍中隋初諸曹郎皆謂之侍郎煬帝三年置六司侍郎後遂改諸曹侍郎但曰郎其吏部郎改爲選部郎唐初復爲選部郎中武德五年改爲吏部郎中龍朔二年改爲司列大夫咸通元年復舊掌選補流外官謂之小銓并掌文官名簿朝集祿賜假使及文官告身分判曹事

員外郎二人隋開皇六年置吏部員外郎一人煬帝三年改爲選部承務郎武德三年復舊後加置一人一員判廢置一員判南曹起於總章二年司列少常伯李敬玄奏置未置以前銓中自勘責故事兩員轉廳至建中以後遂不轉廳貞元十一年閏八月侍郎杜

黃裳奏依舊例轉廳初武太后載初元年又加一員聖歷二年八月省開元十二年四月勑兵吏各專定兩人判南曹尋卻一人判貞元元年九月又兩人判至十二年八月又卻一員判

司封郎中一人漢尚書有封爵之任而無其官故光武以馮勤爲郎中給事郎中使典諸侯封事勤量功次輕重國土遠近地勢豐薄不相踰越莫不厭伏焉自是封爵之制非勤不定晉尚書有左右主客曹北齊河清中改爲主爵置郎中一人屬吏部主封爵之事隋初爲主爵侍郎煬帝改爲主爵郎武德初爲主爵郎中龍朔二年改爲司封大夫咸亨元年復舊光宅元年改爲司封郎中掌封爵皇室枝族及諸親內外命婦告身及道士女冠等天寶八載十一月勑道士女冠籍每十載一造永爲常式至德二年十一月勑道士女冠等宜依前屬司封曹

員外郎一人隋文帝置煬帝改爲主爵承務郎唐武德初改爲主爵員外郎其後曹改而官不易也

司勳郎中一人周禮夏官有司勳上士掌六鄉賞地之法凡有功者司勳詔之歷代無聞至後周吏部有司勳上士一人掌六勳之賞以等其功如古之主爵隋文帝置司勳侍郎煬帝改爲司勳郎永徽五年十一月四夜司勳庫失火甲歷並盡龍朔二年改爲司勳大夫咸通初復故掌校定勳績論官賞勳官告身等事

員外郎二人隋文帝置煬帝改司勳承務郎唐武德初爲司勳員外郎

考功郎中一人漢明帝時京房作考功課吏之法然無其職至光武改尚書三公曹主歲書考課諸州郡魏尚書有考功定

課二曹宋元嘉三年又置功論郎並其任也列在吏部郎中篇後魏考功郎掌考第孝秀北齊考功郎中亦掌考第及孝秀貢士隋文帝置考功侍郎煬帝改爲考功郎唐武德初復爲考功郎中龍朔二年改考功爲司績咸通初復舊掌考察內外百官及功臣家傳碑頌誄誌等事

員外郎一人隋文帝置煬帝改考功承務郎唐武德初復爲考功員外郎其後曹改而官不易武德舊令考功郎中監試貢舉人貞觀以來乃以員外郎專掌貢舉至開元二十四年移貢舉於禮部而考功員外郎分判事而已

戶部尚書 侍郎 郎中 員外郎 度支郎中
員外郎 金部郎中 員外郎 倉部郎中
員外郎

戶部尚書周禮地官大司徒之職也漢置尚書郎四人其一主財帛委輸至魏文帝置度支尚書寺專掌軍國支計吳有戶部孫休初即位戶部尚書階下讀奏晉有度支時杜預爲度支尚書內以利民外以備邊張華爲度支尚書量計運漕決定廟算皆士算也宋齊度支尚書領度支金部倉部起部四曹梁亦有之後魏度支亦掌支計崔亮爲度支尚書經營費用歲減億計北齊度支統度支倉部左戶右戶金部庫部六曹後周置大司徒卿一人如周禮之制其屬有民部中大夫二人掌承司徒教以籍帳之法贊計人民之衆寡隋初有度支尚書則倂後周民部之職開皇三年改度支爲民部統度支民部金部倉部四曹唐修隋志謂之戶部蓋以太宗之諱故也唐實自永徽初始改民部爲戶部以太宗在位詔官名及公私文籍有世民兩字不相連者並不諱至高宗始諱之顯慶元年改戶部爲

度支龍朔二年改度支尚書爲司元太常伯咸亨元年復爲戶部尚書初戶部居禮部之後武太后改置天地四時之官以戶部爲地官由是遂居禮部前神龍元年復改地官爲戶部總判戶部金部度支倉部事

臣謹按漢成帝初置尚書有民曹主凡吏民上書悉經此曹理之後漢光武改民曹主繕修功作鹽池苑囿魏置左民尚書晉惠帝又加置右民尚書至于宋齊梁陳皆有左民尚書而後魏有左民右民等尚書多領工官非今戶部之例而梁陳兼掌戶籍此則略同自周隋有民部始爲今戶部之職

侍郎二人蓋周官小司徒中大夫也後周依周官隋煬帝置民部侍郎唐因之後改曰戶部龍朔二年改爲司元少常伯咸亨元年復爲戶部侍郎他時曹名或改而官不易舊制一員長安四年加一員神龍元年減二年復加

郎中二人漢尚書郎一人主戶口墾田吳時張温爲尚書戶曹郎魏有民曹郎晉分爲左右民曹宋齊以下或爲左民或爲左戶後魏有左戶曹郎北齊有左右民曹例在吏部郎中篇隋初爲戶部侍郎煬帝除侍字隋末改爲民部郎唐武德初爲民部郎中龍朔二年改郎中爲大夫咸通元年復舊他時曹名或改而官號不易掌戶口籍帳賦役孝義優復蠲免婚姻繼嗣百官衆庶園宅口分永業等建中二年正月戶部侍郎判度支杜佑奏天寶以前戶部民繁所以郎中員外各二人判書自兵興以後戶部事簡度支事繁唯郎中員外

各一人請迴轂郎中員外各一人分判
度支案待天下兵革息卻歸本曹從之
員外郎二人隋文帝置煬帝改承務郎唐武德三年復爲員外郎
度支郎中一人漢初張蒼善算以列侯主計居相府領郡國上計者謂之計相殆今度支之任魏有度支尚書晉宋齊梁陳後魏並有隋初爲度支侍郎煬帝除侍字唐武德初加中字龍朔二年改度支爲司度大夫咸亨元年復舊掌支使國用至德以後戎事費多二年十二月呂諲爲兵部侍郎平章事充度支使寶應元年正月劉晏爲戸部侍郎度支使二年二月韓滉以宰相加度支使九月二日竇參爲中書侍郎平章事度支使自後雖無亦有他官判或云權判亦云專判
員外郎一人改置與戸部員外郎同
金部郎中一人周官有職金掌金玉錫石丹青之令魏尚書有金部郎歷代多有之北齊金部主裁量尺度內外諸庫藏文帳隋祖孝徵薦盧昌衡爲尚書金部郎每謂人曰吾用盧子均爲尚書郎眞無愧幽明矣隋初爲金部侍郎煬帝除侍字唐武德中加中字龍朔二年改金部爲司珍大夫咸亨初復舊掌庫藏金寶貨物權衡度量等事自開元二年置鑄錢使皆以他官爲之
員外郎一人改置與戸部員外郎同
倉部郎中一人周官有倉人主藏九穀又有廩人主藏九穀之數賙賜稍食魏尚書有倉部郎後魏太倉尚書亦其任也故後魏書曰李訢爲太倉尚書攝南部事令千里之外戸別轉運諸倉輸之所在委積延停歲月大爲困弊晉宋以來歷代多有倉部曹皆掌

倉廩之事後周有地官屬司倉下大夫隋初爲倉部侍郎煬帝除侍字唐武德中加中字龍朔二年改倉部爲司庾大夫咸亨初復舊天寶中改爲司儲至德初復舊掌諸倉廩之事開元十六年以後置出納使皆以他官爲之

員外郎一人改置與戶部員外郎同

禮部尚書　侍郎　郎中　員外郎　祠部郎中
員外郎　膳部郎中　員外郎　主客郎中
員外郎

禮部尚書唐虞之時秩宗典三禮周禮春官大宗伯掌建邦之天神人鬼地祇之禮漢成帝置尚書五人其四曰客曹主外國夷狄事後漢尚書吏部兼掌齋祀亦其職也魏尚書有祠部曹及晉江左有祠部尚書掌廟祧之禮常與右僕射通職不常置以右僕射攝之歷代皆與右僕射通職宋祠部尚書領祠部儀曹二曹齊梁陳皆有祠部尚書後魏爲儀曹尚書北齊祠部尚書統祠部主客虞部屯田起部五曹又有儀曹主吉凶禮制屬殿中尚書後周置春官卿又有禮部而不言職事後改禮部爲宗伯又春官之屬有典命掌內外九族之差及玉帛衣服之令沙門道士之法後改典命爲大司禮俄改大司禮復爲禮部謂之禮部大夫至隋置禮部尚書統禮部祠部主客膳部四曹蓋因後周禮部之名兼前代祠部儀曹之職唐龍朔二年改禮部尚書爲司禮太常伯咸亨元年復舊光宅元年改禮部爲春官神龍元年復舊總判祠部禮部膳部主客事

侍郎一人周官春官小宗伯今侍郎則隋煬帝置唐因之龍朔二年改爲司禮少常伯咸亨元年復舊他時曹名或改而官號不易

掌策試貢舉及齋郎弘崇國子生等事舊制考工員外郎掌貢舉開元二十三年考工員外郎李昂爲進士李權所詆朝議以考工位輕不足以臨多士至二十四年遂以禮部侍郎掌焉開元天寶之中昇平既久羣士務進天下髦彥由其取捨故勢傾當時資與吏部侍郎等

同

郎中一人周官春官肆師下大夫亦頗同今任魏尚書有儀曹郎掌吉凶禮制歷代多有例在吏部郎中篇宋齊儀曹屬祠部梁書曰武帝謂徐勉云今帝業初基須一人有學藝解朝儀者爲尚書儀曹郎勉曰孔休源識見清通諳練故事自晉宋起居注略誦遂拜爲儀曹郎後周依周官隋初爲禮部侍郎煬帝除侍字又改爲儀曹郎唐武德初改爲禮部郎中龍朔二年改爲司禮大夫咸亨初復舊其後曹名或改而官號不易掌禮樂學校儀式制度衣冠符印表疏冊命祥瑞鋪設喪葬贈賻及宮人等

員外郎一人周禮肆師上士後周依焉至隋文帝置禮部員外郎煬帝改爲儀曹承務郎唐武德三年復舊其後曹改而官不易

祠部郎中一人魏尚書有祠部郎歷代皆有主禮制後魏裴修爲中大夫兼祠部曹祠部曹主禮樂每有疑議修撰斟酌故實咸有條貫後周有典祠中大夫隋初爲侍郎煬帝除侍字唐武德中加中字龍朔二年改爲司禋大夫咸亨元年復舊延載元年五月制天下僧尼隸祠部不須屬司賓開元十一年改祠部爲職祠至德初復舊掌祠祀天文漏刻國忌廟諱卜祝醫藥等及僧尼簿籍自天寶六載及至德三年常置祠部使以他官爲之

員外郎一人改置與戶部員外郎同

膳部郎中一人膳部於周官卽膳夫凌人二職也晉尚書有左士右士曹後魏都官尚書管左士郎北齊改左士爲膳部郎掌侍官百司禮食肴饌屬都官尚書後周有膳部大夫一人亦掌飲食屬大冢宰隋膳部屬祠部初置侍郎煬帝除侍字唐武德中加中字龍朔二年改爲司膳至德初復舊掌飲膳藏氷及食料

員外郎一人改置與戶部員外郎同

主客郎中一人漢成帝初置五尚書有客曹主外國夷狄後漢光武分改爲南主客北主客二曹魏亦有南主客晉氏分爲左右南北四主客或單爲客曹宋齊梁陳單有主客後魏吏部管南主客祠部管左主客北齊改左主客爲主爵南主客爲主客隋初爲侍郎煬帝除侍字尋又改爲司籍郎唐武德初改爲主客郎中龍朔二年又改主客爲司藩咸亨元年復舊掌二王後及諸藩朝聘

員外郎一人改置與戶部員外郎同

兵部尚書 侍郎 郎中 員外郎 職方郎中
員外郎 駕部郎中 員外郎 庫部郎中
員外郎

兵部尚書周禮夏官大司馬之職也魏置五兵尚書五兵謂中兵外兵騎兵別兵都兵也晉初無太康中乃有之而又分中兵外兵各爲左右與舊五兵爲七曹然尚書唯置五兵而已無七兵尚書之名後魏始有七兵尚書今諸家或謂晉太康中置七兵尚書誤矣宋五兵尚書唯領中兵外兵二曹餘則無矣齊梁陳皆有之後魏爲七兵尚書北齊爲五兵統五曹曰左中兵掌諸都督告身諸宿衞

官曰右中兵掌畿內丁帳事諸兵力士曰左外兵掌河南及潼關以東諸州丁帳及發召諸兵曰右外兵掌河北及潼關以西諸州所典與左外兵同曰都兵掌鼓吹大樂部小兵等事後周置大司馬其屬又有兵部中大夫小兵部下大夫其職並闕至隋乃有兵部尚書統兵部職方駕部庫部四曹蓋因後周兵部之名兼前代五兵之職唐龍朔二年改兵部尚書為司戎太常伯咸亨元年復舊光宅元年改為夏官神龍元年復舊天寶十一年改為武部至德初復舊掌武官選舉總判兵部職方駕部庫部事其分領選舉亦為二銓制如吏部尚書所掌謂之尚書銓侍郎所掌其一為中銓其一為西銓各有印

侍郎二人隋煬帝置唐因之龍朔二年改為司戎少常伯咸亨元年復舊他時曹名或改而官不易舊制一員總章元年加一員掌署武職武勳官三衛及兵士以上簿書朝集祿賜假使差發配親士帳內考覈及給武職告身

郎中二人歷代兵部曹皆有郎見尚書中或單為郎或置郎中例在吏部郎中篇隋初為兵部侍郎煬帝除侍字又改為兵曹郎唐武德三年改為兵部郎中龍朔二年改為司戎大夫咸亨元年復舊掌與侍郎同

員外郎二人隋文帝置兵部員外郎煬帝改為兵曹承務郎唐武德三年復舊其後曹改而官不易

職方郎中一人周禮夏官有職方氏掌天下之圖下九州之國歷代無聞至後周依周官隋初有職方侍郎煬帝除侍字唐武德中加中字龍朔二年改為司城大夫咸亨元年復舊掌地圖城隍鎮戍烽候防人路程遠近歸化酋渠

員外郎一人周官夏官職方上士後周依周官隋改置與戶部員外郎同

駕部郎中一人周禮夏官之屬有輿司馬之職是其任也魏晉尚書有駕部郎宋時駕部屬左民尚書齊亦有之後魏與北齊並曰駕部郎中後周有駕部中大夫屬夏官隋初爲駕部侍郎屬兵部辛公義爲駕部侍郎句檢馬牧所獲千餘萬匹文帝喜曰唯我公義奉國竭忠煬帝除侍字唐武德三年加中字龍朔二年改爲司輿大夫咸亨初復舊天寶中改駕部爲司駕至德初復舊掌輿輦車乘郵驛廄牧司牛馬驢騾闌遺之政開元十八年閏六月勑比來給傳使人爲先傳馬事頗勞煩自今以後應乘傳者宜給紙券二十三年七月勑新除都督刺史幷關三官州上佐並給驛發遣二十八年六月勑有陸驛處得置水驛自二十年以後常置館驛使以他官爲之

員外郎一人周官有輿上士後周有小駕員外郎上士蓋其任也至隋置與戶部同

庫部郎中一人周官有司甲掌戈盾弓矢之長各辨其物以待軍事魏尚書有庫部郎晉因之宋庫部主兵仗文帝宴會有荒服外歸化人帝問尚書庫部郎顧琛曰庫中仗有幾許琛詭對曰有十萬人仗舊武庫仗多祕不言帝既失問及琛詭對善之歷代或有或闕後魏北齊庫部屬度支尚書掌凡戎仗器用後周有武藏中大夫隋屬兵部初爲庫部侍郎煬帝除侍字唐武德中加中字龍朔二年改爲司庫大夫咸亨初復舊後天寶十一年又改庫部爲司庫至德初復舊掌軍器儀仗鹵簿法式及乘具等

員外郎一人周官有司兵中士後周有小武藏下大夫隋改置與戶部同

刑部尚書

侍郎
郎中
員外郎
都官郎中
員外郎
比部郎中
員外郎
司門郎中
員外郎

刑部尚書唐虞之時士官以正五刑周禮秋官大司寇之任也漢成帝時尚書初置二千石曹主郡國二千石又置三公曹主斷獄後漢光武改三公曹主歲盡考課諸州郡政二千石曹掌中都官水火盜賊辭訟罪法亦謂之賊曹重於諸曹吳晉以來始重吏部魏青龍二年置尚書都官郎佐督軍事晉復以三公尚書掌刑獄宋三公比部皆主刑法又置都官尚書主軍事刑獄領都官水部庫部功論四曹齊梁陳並有都官尚書後魏亦有都官尚書北齊都官統都官二千石比部水部膳部五曹又有三公曹掌諸曹囚帳斷罪赦日建金雞等事又掌五時讀時令屬殿中尚書後周有秋官大司寇卿掌刑邦國其屬官又有刑部中大夫掌五刑之法隋初有都官尚書開皇三年改都官為刑部尚書統都官為刑部比部司門四曹亦因後周之名唐因之龍朔二年改刑部尚書為司刑太常伯咸亨元年復舊武太后改刑部為秋官神龍初復舊天寶中改為憲部至德初復舊總判刑部都官比部司門事

侍郎一人周官小司寇中大夫蓋今任也後周依周官至隋煬帝置刑部侍郎唐因之龍朔二年改為司刑少常伯咸亨元年復舊他時曹名或改而官號不易掌律令定刑名及諸州讞奏之事

郎中二人周官大司寇屬官有士師下大夫蓋今任也漢尚書有三公曹後漢有二千石曹魏有都官曹皆掌刑法獄訟之事歷代沿革具尚書中或為侍郎或置郎中例在吏部郎中篇後周有小刑部下大夫屬秋官府隋初置刑部侍郎煬帝除侍字又改憲部郎唐武德三年改為刑部郎中龍朔二年改為司刑大夫咸亨元年復舊與侍郎同

員外郎二人隋文帝置刑部員外郎煬帝改為憲部承務郎唐武德三年改為刑部員外郎其後曹改而官不易

都官郎中一人漢司隸校尉屬官有都官從事掌中都官不法事後漢又改尚書二千石曹掌中都官水火盜賊魏青龍二年始置尚書都官郎佐督軍事晉宋尚書都官兼主刑獄歷代事具尚書中其官例在吏部郎中注後周則曰司厲隋初為都官侍郎掌簿錄配沒官私奴婢良賤訴競俘囚等事煬帝除侍字置員外二人唐武德二年加中字減一人龍朔二年改為司僕大夫咸亨元年復舊

員外郎一人周官曰司厲下士蓋並今任也後周依焉隋改置與戶部同

比部郎中一人魏尚書有比部曹晉因之宋時比部主法制齊梁陳皆有比部曹後魏亦然北齊掌詔書律令句檢等事後周曰計部中大夫蓋其任也隋初為比部侍郎煬帝除侍字唐武德中加中字龍朔二年改為司計大夫咸亨元年復舊天寶十一年又改比部為司計至德初復舊掌內外諸司俸料公廨及公私債負徒役功程贓贖物帳及句用度物

員外郎一人改置與戶部員外郎同

司門郎中一人周禮地官有司門下大夫掌授管鍵啓閉歷代多闕至後周依周官隋初有司門侍郎煬帝除侍字唐武德三年加中字龍朔二年改為司門大夫咸亨元年復舊掌門籍關橋及道路過所闌遺物事

員外郎一人周官有司門上士後周依焉後改置與戶部同

工部尚書　侍郎　郎中　員外郎　屯田郎中

員外郎　虞部郎中　員外郎　水部郎中

員外郎

工部尚書

周禮冬官其屬有考功掌百工之事曰國有六職百工是其一焉漢成帝初置尚書有民曹主凡吏民上書後漢光武改民曹主繕修功作鹽池園苑之事魏置左民尚書亦領其職晉宋以來有起部尚書而不常置每營宗廟宮室則權置之事畢則省周有冬官大司空卿掌五材九範之法其屬有工部中大夫二人承以其事分屬都官左民二尚書北齊起部亦掌工造屬祠部尚書後司之事掌百工籍而理其禁令至隋乃有工部尚書統工部屯田二曹蓋因後周工部之名兼前代起部之職唐龍朔二年改工部尚書為司平太常伯咸亨元年復舊武太后改工部為冬官神龍初復舊總判二部屯田虞部水部事

侍郎一人隋煬帝改置工部侍郎唐因之龍朔二年改司平少常伯咸亨元年復舊他時曹名或改而官不易掌與造工匠諸公廨屋宇五行并紙筆墨等事

郎中一人晉尚書有起部曹歷代皆有其尚書中隋初為工部侍郎煬帝除侍字又改為起部郎唐武德二年改為工部郎中龍朔二年改為司平大夫咸亨元年復舊其後曹名改而官不易所掌與侍郎同

員外郎一人隋文帝置工部員外郎煬帝改為起部承務郎唐武德三年復為工部員外郎其後曹改而官不易

屯田郎中一人漢成帝置尚書郎四人其一人主戶口墾田蓋尚書屯田郎之始也至魏尚書有農部郎又其職也晉始有屯田郎中及太康中謂之田曹後復為屯田江左及宋齊則左民郎中兼知屯田事梁陳則曰侍郎後魏北齊並為屯田郎隋初為屯田侍郎兼掌儀式之事煬帝除侍字唐武德三年加中字龍朔二年改為司田大夫咸亨元年復舊掌屯田官田諸司公廨官人職分賜田及

宮園宅等

員外郎一人改置與戶部員外郎同

虞部郎中一人虞部蓋古虞人之遺職至魏尚書有虞曹郎中晉因之梁陳曰侍郎後魏北齊虞曹掌地圖山川近遠園囿田獵雜味等並屬虞部尚書後周有虞部下大夫一人掌山澤草木鳥獸而蕃阜之又有小虞部並屬大司馬隋初爲虞部侍郎屬工部煬帝除侍字唐武德中加中字龍朔二年改司虞大夫咸亨元年復舊天寶十一年又加虞部爲司虞至德初復舊掌京城街巷種植山澤苑囿草木薪炭供須田獵等事

員外郎一人隋初置與戶部員外郎同唐龍朔以後曹名改而官不易也

水部郎中一人周禮夏官有司險掌設國之五溝五塗而達其道路蓋其職也魏尚書有水部郎歷代或置或否後魏北齊有水部屬都官尚書亦掌舟船津梁之事後周有司水大夫隋初爲水部侍郎屬工部煬帝除侍字唐武德三年加中字龍朔二年改爲司川大夫咸亨元年復舊天寶中改水部爲司水至德初復舊掌川瀆津濟船艫浮橋渠堰漁捕運漕水碾磑等事

員外郎一人後周小司水上士隋改置與戶部員外郎同唐龍朔二年以後曹名改而官不易

職官略第四 通志卷第五十四

御史臺第六

御史之名周官有之蓋掌贊書而授法令非今任也戰國時亦有御史秦趙澠池之會各命書其事又淳于髡謂齊王曰御史在前則皆記事之職也至秦漢爲糾察之任秦以御史監郡漢初叔孫通新定禮儀以御史執法舉不如儀者輒引而去是也所居漢謂之御史府亦謂之御史大夫寺漢御史大夫寺在大司馬門內無塾其門署用梓版不雘色題曰御史大夫寺亦謂之憲臺成帝時御史府吏舍百餘區井水皆竭又其府中列柏樹常有野烏數千棲宿其上晨去暮來號曰朝夕烏烏去不來者數月長老異之後果廢御史大夫爲大司空是其徵也後漢以來謂之御史臺亦謂之蘭臺寺顏師古曰官曹通名爲寺應劭官儀曰廷尉案責上御史臺又謝靈運晉書曰漢尚書爲中臺御史爲憲臺謁者爲外臺是謂三臺後漢蔡邕時以侍御史轉治書御史遷尚書三日之間周遷三臺梁及後魏北齊或謂之南臺東魏時高澄用崔暹爲御史中尉宋遊道爲尚書左丞謂之曰卿一人處南臺一人處北省當使天下肅然後魏

之制有公事百官朝會名簿自尙書令僕以下悉送南臺後魏臨洮王舉哀兼
上尚書左僕射元順不肯送名又不送簿中尉舉彈之順奏曰尚書百揆之本令僕納言之責不宜下隸中尉送名御史詔許之後元子
思爲御史中尉朔朝臺移尚書索應朝名帳尚書郎裴獻伯移生云按蔡氏漢儀御史中丞逢臺郎於複道中尉下避執版郎中車上舉
手禮之以此而言明非敵體子思奏曰臣按漢書御史中丞爲獨坐又按魏書曰崔琰爲中丞百寮震恐則中丞不揖省郎亦已久矣憲
臺不屬都坐亦非今日又按孝文帝職令朝會失時則御史彈之若不送名到否何驗獻伯等亂常變紀請付法詔曰國異政不可據以
古事檢孝文帝舊格以聞尋從子思奏後周曰司憲屬秋官府隋及唐皆曰御史臺龍
朔二年改爲憲臺咸亨元年復舊門北闢主陰殺也按北齊楊楞伽鄴都故事云御
史臺在宮闕西南其門北開取冬殺之義斯事久矣今東都臺門所以不北向者蓋欲變古之制或建造者不習故事耳唐龍朔中改司
經局爲桂坊置司直爲東宮之憲府亦開北門以象御史臺其例明矣或云隋初置長安城造御史臺時有兵部尚書李員通檢校御史
大夫欲於尚書省近故開北門此說非也故御史爲風霜之任彈糾不法百僚震恐官之
雄峻莫之比焉舊制但聞風彈事提綱而已舊例御史臺不受訴訟有通辭狀者立於臺門
候御史御史往門外收採如可彈者略其姓名皆云風聞訪知唐承徽中崔義玄爲大夫始定受事御史人知一日劾狀題告人姓名或
訴訟之事其鞫案禁繫則委之大理貞觀末御史中丞李乾祐以囚自大

理來往滋其姦僞又按事入法多爲大理所反乃奏於臺中置東西二獄以自繫劾開元中大夫崔隱甫復奏罷之其後罕有聞風彈舉之事多受辭訟推覆理盡然後彈之將有彈奏則先牒監門禁止勿許其入按宋書云二臺劾奏符光祿加禁止不得入殿省是其先例光祿主殿門武太后時改御史臺爲肅政臺凡置左右肅政二臺別置大夫中丞各一人侍御史殿中監察各二十人又置肅政臺使六人尋罷之左以察朝廷右以澄郡縣時議以右多名流左多寒畯其遷登南省者右殆倍焉以其不陵朝貴故也二臺迭相糾正而左加畏憚龍朔以後去肅政之名但爲左右御史臺初置兩臺每年春秋發使春曰風俗秋曰廉察令地官尚書韋方質爲條例刪定爲四十八條以察州縣載初以後奉勅乃巡不每年出使也睿宗卽位詔二臺並察京師資位既等競爲彈糾百僚被察殆不堪命太極元年以尚書省悉隸左臺月餘右臺復請分綰尚書西行事左臺大夫竇懷貞乃表請依貞觀故事遂廢右臺而本御史臺官

復舊廢臺之官並隸焉大夫一人中丞二人侍御史四人殿中侍御史六人監察御史十人主簿一人內供奉裏行者各如正員之半太宗朝始有裏行之名高宗時方置內供奉及裏行官皆非正官也開元初又置御史裏使殿中裏使監察裏使等官並無定員義與裏行同穆思泰元光謙呂太一翟章並為裏使尋省建中三年九月御史臺請置推官一人常與本臺御史同推覆奉勅依其臺憲故事官資輕重則杜易簡韓琬注記詳焉杜易簡撰御史雜法四卷韓琬撰御史臺記十二卷

御史大夫 中丞 侍御史 殿中侍御史 監察侍御史 主簿

御史大夫秦官侍御史之率故稱大夫漢因之位上卿銀印青綬掌副丞相故事選郡守相高第為御史大夫任職者為丞相成帝綏和元年更名大司空成帝欲修辟雍通三公官故改御史大夫為大司空金印紫綬秩比丞相哀帝建平二年朱博奏請罷大司空以御史大夫為百僚帥帝從之遂復為御史大夫皆宰相之任元壽二年復為大司空凡為御史大夫而丞相次也其心冀幸丞相物故或乃陰私相毀害欲代之故史記謂鄭弘為大夫守之數年不得匡衡居之未滿歲而丞相死即代之後漢初廢御史大夫至建安十三年罷三公官始復置之以郗慮居焉不領中丞置長史一人魏黃初二年又改御史大夫為司空末年復有大夫而吳有左右焉晉書曰魏以司空何曾為晉國丞相以王沈為御史大夫吳孫休以丁密孟宗為左右御史大夫是也晉初省之此皆為三公非今御史大夫也今御史大夫即漢以來御史中丞是也後代或置大夫皆中丞之互名非漢舊大夫之任唯劉聰僭號置御史大夫亞於三公頗似漢

制也

臣謹按漢舊儀拜御史大夫爲丞相左右前後將軍贊五官中郎將授印拜御史大夫二千石贊左右郎將授印

中丞初漢御史大夫有兩丞一曰御史丞一曰中丞亦謂中丞爲御史中執法漢高帝詔徵賢良御史大夫下相國相國下諸侯王御史中執法晉灼曰中執法中丞也中丞在殿中蘭臺有石室以藏秘書圖讖之屬以其在殿中故曰中丞外督部刺史內領侍御史十五員受公卿奏事舉劾按章蓋居殿中察舉非法也及御史大夫轉爲大司空而中丞出外爲御史臺率郎隋唐御史大夫任也周官小宰之職掌建邦之宮刑以治王宮之政令凡宮之糺禁注曰若今御史中丞初御史大夫更名大司空置長史而中丞官職如故武帝時以中丞督司隸司隸督丞相丞相督司直司直督刺史刺史督二千石下至墨綬哀帝元壽二年御史中丞更名御史長史後漢光武復改爲中丞兩梁冠銅印青綬與尚書令司隸校尉朝會皆專席而坐京師號爲獨坐言其尊也凡中丞以下至侍御治書並文官屬少府魏初改中丞爲宮正舉鮑勛爲之百僚嚴憚後復爲中丞晉亦因漢以中丞爲臺主與司隸分督百僚自皇太子以下無所不糺初不得糺尚書後亦糺之從傅咸之奏也中丞專糺行馬內司隸專糺行馬外雖制如是然亦更奏衆官實無其限宋中丞一人每月二十五日繞行宮垣白壁漢志執金吾每月一日繞行宮城疑是省金吾此事併中丞也銅印墨綬進賢兩梁冠佩水蒼玉介幘絳朝服孝武帝孝建二年制中丞與尚書令分道雖丞郎下朝相值亦得斷之餘內外衆官皆受停駐齊中丞職無不察專道而行騶輻禁呵加以聲色武

將相逢輒致僨犯若有鹵簿至相毆擊梁國初建又置御史大夫天監元年復曰中丞中丞一人掌督司百僚皇太子其在宮門行馬內違法者皆糺彈之雖在行馬外而監司不糺亦得奏之專道而行逢尚書丞郎亦得停駐其尚書令僕御史中丞各給威儀十人自齊梁皆謂中丞爲南司江淹爲中丞齊明帝謂曰今君爲南司足以震肅百僚也陳因梁制江左中丞雖亦一時髦彥然膏粱名士猶不樂王氏分枝居烏衣者爲官微減僧虔爲此官乃曰此是烏衣諸郎坐處我亦可試爲耳後魏爲御史中尉督司百僚其出入千步清道與皇太子分路王公百辟咸使遜避其餘百僚下馬弛車止路傍其違緩者以棒棒之其後洛陽令得與分道自東魏徙鄴無復此制北齊高道穆爲御史中丞武成帝姊壽陽公主犯清路呵之不止道穆令卒棒破其車主泣訴於帝帝不責道穆謂曰家姊行路相犯極以爲愧後周有司憲中大夫二人掌司寇之法辨國之五禁隋以國諱改中丞爲大夫唐因隋亦曰大夫龍朔二年改爲大司憲咸亨初復舊武太后改置左右肅政臺御史大夫各一人太極初復舊掌肅清風俗彈劾內外總判臺事故事侍御史以下與大夫抗禮光宅元年九月韋思謙除左肅政大夫遂坐受拜其後大夫又與之抗禮至開元十八年有勑申明隔品致敬其禮由之不改至二十四年六月李適之爲大夫又坐受拜後復與抗禮至後不改御史中丞舊治書侍御史也初漢宣帝元鳳中感路溫舒尚德緩刑之言季秋後請讞時帝幸宣室齋居而決事令侍御史二人治書治書御史起於此也後因別置冠法冠有印綬與符節郎共平廷尉奏事罪當輕重後漢亦二人銅印青綬選明法律者爲之蔡質漢儀曰選御史高第者補之凡天下諸讞疑事掌以法律當其是非自桓帝之後無所平理苟充其位而已魏置治書執法掌奏劾而治書侍御史掌律令二官俱置晉置四人泰始四年又置黄沙獄治書侍御史一人秩與中丞同掌詔獄

及廷尉不當者皆理之後并江南遂省黃沙治書侍御史及太康中又省治書侍御史二員魏晉以來治書侍御史分掌侍御史所掌諸曹若尚書二丞宋代掌舉劾齊梁並同皆統侍御史自宋齊以來此官不重自郎官轉治書者謂之南奔梁天監初始重其選車前依尚書二丞給三騶執盛印青囊舊事糾彈官印綬在前故也後魏掌糾禁內朝會失時服章違錯饗宴會見悉所監之北齊亦有焉後周有司憲上士二人亦其任也隋又爲治書侍御史臺中簿領悉以主之唐永徽初高宗即位以國諱故改治書侍御史爲御史中丞龍朔二年改爲司憲大夫咸亨元年復爲中丞二人亦時有內供奉職副大夫通判臺事開元二十一年三月置京畿都採訪處置使以中丞爲之

臣謹按漢中丞故二千石爲之或選侍御史高第執憲中司出爲二千石又按宋文帝元嘉十二年有司奏御史中丞劉式之議每至出行未知制與何官分道舊科法唯稱中丞專道傳詔荷詔信喚衆官應詔者得行制令無分別他官之文皇太子不宜與衆同例中丞應與分道揚州刺史丹陽尹建康令並是京輦土地之主或檢校非違或赴救水火事應神速不宜稽駐並合分道又尋六門則爲行馬之內且禁衛非違並由二衞及領軍既非郡縣界則

京尹建康令卽不合依門外也又按後魏元志爲洛陽令與中尉
李彪爭路俱入見彪曰御史中尉辟乘華羽蓋駐論道劍鼓安有
洛陽令與臣抗衡志曰臣神州縣主普天之下誰非編民豈有俯
同衆官趨避中尉孝文遂令分路
侍御史於周爲柱下史老聃嘗爲之以其在殿柱之間故曰柱下史秦時張蒼爲御史主柱下方書又云蒼爲柱下御史明習天
下圖書計史籍一名柱後史冠曰法冠一名柱後惠文以鐵爲柱言其審固不撓也法冠者秦始皇滅楚以其君冠賜御史亦名獬豸冠
獬豸獸一角以觸邪故執法者冠之亦爲侍御史漢因之凡十五員其舉郡國孝廉第四科云有能按章覆問文中御史惠帝三年相國
奏遣御史以九條監三府不法事每三歲一更當十一月奏事三月還其後又置監御史漢官儀曰侍御史出督州郡盜賊運漕軍糧武
帝時侍御史又有繡衣直指者出討姦猾理大獄訟觀覽風俗專行誅賞而不常置沈約云繡衣御史光武省順帝復置魏罷之後漢亦
有侍御史員察舉非法受公卿羣吏奏事有違失舉劾之凡郊廟之祠及大朝會大封拜則一人監威儀有違失則劾奏以公府掾屬高
第補之或故牧守議郎郎中爲之唯德所在初上稱守滿歲拜眞出劇爲刺史二千石平遷補縣令見中丞執板揖順帝復絕他選專用
宰士凡二漢侍御史所掌有五曹一曰令曹掌律令二曰印曹掌刻印三曰供曹掌齋祀四曰尉馬曹掌廐馬五曰乘曹掌車駕豹尾之
內便爲禁省魏置八人所掌凡八部有治書曹課第曹其餘則闕當大會殿中御史簪白筆側階而坐晉侍御史九人頗用郡守爲之品

同治書而所掌有十三曹曰吏曹課第曹直事曹印曹中都督曹外都督曹媒曹符節曹水曹中壘曹營軍曹法曹算曹及江左初省課第曹置庫曹掌廄牧牛馬市租後分庫曹置內左庫外右庫二曹宋代多併諸曹凡十人焉自漢以來皆朝服法冠齊亦置十人梁陳皆九人居曹糺察不法後魏御史八人其權甚重必以對策高第者補之侍御史與殿中侍御史晝則外臺受事夜則番直內臺御史舊式不隨臺主簡代延昌中王顯有寵於宣武爲御史中尉始請革選此後踵其事每一中尉則更簡代御史北齊有八人亦重其選後周有司憲中士則其任也隋侍御史八人自開皇前猶踵後魏革選自開皇之後始自吏部選用不由臺主仍依舊入直禁中大業中始罷御史直宿臺內文簿皆治書主之侍御史但侍從糺察而已由是資位少減唐自貞觀初以法治天下尤重憲官故御史復爲雄要其將除拜皆吏部與臺長官宰相議定然後依選例補奏其內詔別拜者不在其限麟德以來用人尤重選授之命不由銓管及李義府掌大選寵任既重始得補之自義府之後無出於吏部者舊御史遣長官於塗皆免帽降乘長官戢轡辭而止焉乾封中王本立爲侍御史意氣頗高塗逢長官端揖而已自是諸人或降而立或一足至地或側鞍弛鐙輕重無常開元以來但舉鞭聳揖而已侍御史凡四員內供奉二員掌糺察內外受制出使分判臺事又直分朝堂與給事中中書舍人同受表理冤訟迭知一日謂之三司受事其事有大者則詔下尚書刑部御史臺大理寺同按之亦謂此爲三司推事後漢永安中侍御史寒朗共三府按楚獄亦此三司之例也武太后時刑獄滋章凡二臺御史多苛刻無恩以誅暴爲事猜阻傾奪更相陵暴此其爲弊也神龍以來稍革之其後名流慎選侔於貞觀永徽矣侍御史之職有四曰推掌推鞫曰彈掌彈舉曰公廨知公廨事曰雜事臺事悉判之凡殿中監察以下職事及進名改轉臺內之事悉主之號爲臺

端他人稱之曰端公其知雜事者謂之雜端最為雄劇食坐之南設橫榻謂之南牀殿中監察不得坐亦謂之凝牀言處其上者皆驕傲自得使人如凝故謂之凝牀

殿中侍御史魏蘭臺遣侍御史居殿中察非法即殿中侍御史之始也晉置四人江左多置二人梁有四人掌殿內禁衛內事後魏北齊皆有之隋初改曰殿內侍御史置十二人至煬帝省唐置六員內供奉三員初掌駕出於鹵簿內糾察非違餘同侍御史唯不判事咸亨以前遷轉及職事與侍御史相亞自開元初以來權歸侍御史而遷轉猶同兼知庫藏出納及宮門內事凡兩京城內則分知左右巡各察知所巡之內有不法事諸州諸衛兵禁隸焉彈舉違失號為副端閤門之外百僚班序有離立失列言囂而不肅者則糾罰之其正冬大會則戴元冠乘馬加飾大夫中丞加金勒珂珮具服上殿供奉左右或闕則吏部以他官攝之其郊祀巡幸大備鹵簿出入由旌門者監其隊伍初武太后時有殿中裏行及員外殿中御史官或有起家為之而即真者神龍以來無監察則有裏行

監察侍御史秦以御史監理諸郡謂之監察史漢罷其名至晉孝武太元中始置檢校御史以吳混之為之掌行馬外事宋志云古司隸知行馬外事晉過江罷司隸官故置檢校御史專掌行馬外事宋齊以來無聞後魏太和末亦置此官宿直外臺不得入宿內省北齊檢校御史十二人後周司憲旅下士八人蓋亦其職隋開皇二年改檢校御史為監察御史凡十二人煬帝增置十六員掌出使檢校唐監察御史十員裏行五員掌內外糾察幷監祭祀及監諸軍出使等罪人當笞於朝者亦監之分為左右巡糾察違失以承天朱雀街為界每月一代將晦即巡刑部大理東西徒坊金吾及縣獄若蒐狩則監圍察斷絕失禽者量宜劾奏開元初革以殿中掌左右

巡監察或權掌之非本任也職務繁雜百司畏懼其選拜多自京畿縣尉又有監察御史裏行者太宗置自馬周始焉始馬周以布衣有詔令於監察御史裏行遂以爲名後高宗時王立本自忻州定襄縣尉爲之凡裏行皆受俸於本官武太后時復有員外監察試監察或有起家爲之而即眞者又有臺使八人俸亦於本官請餘並同監察時人呼爲六相吏部式其試監察神龍以來無復員外及試但有裏行凡諸內供奉及裏行其員數各居正官之半唯俸祿有差職事與正同

臣謹按隋末亦遣御史監軍唐垂拱二年十一月鳳閣侍郎韋方質奏言舊制有御史監軍武太后曰將出師君授之以斧鉞閫外之事皆使裁之比來御史監軍乃有控制軍中大小之事皆須承稟非所以委專征也又按萬歲通天元年五月監察御史紀履忠劾奏御史中丞來俊臣五罪長安四年二月監察御史蕭至忠彈宰相蘇味道贓汚貶官御史大夫李承嘉嘗召諸御史責之曰近日彈事不咨大夫禮乎衆不敢對至忠進曰故事臺中無長官御史人君耳目比肩事主得各自彈事不相關白若先白大夫而許彈事如彈大夫不知白誰也承嘉默然憚其剛正又按景龍三年

監察御史崔琬彈奏宰相宗楚客紀處訥等驕恣跋扈請收劾之
舊制大臣有被御史彈者皆俯僂趨出待罪朝堂今楚客等瞋目
作色稱以忠鯁被誣中宗令琬與楚客約爲兄弟時人竊號爲和
事天子

主簿漢有御史主簿張忠爲御史大夫以孫寶爲主簿是也魏晉以來無聞至隋大業三年御史臺始置主簿二人兼置錄事一人唐置主簿一員掌印及受事發辰句檢稽失兼知官及黃卷其俸祿與殿中御史同唐武德末杜淹爲大夫以吏部主事林懷信爲之貞觀中自張弘濟爲此官之後遂爲美職

諸卿第七上

總論諸卿少府附

夏制九卿記曰夏后氏官百天子有三公九卿也亦有六卿商周皆然商亦九卿伊尹曰三公調陰陽九卿通寒暑周之九卿卽少師少傅少保冢宰司徒宗伯司馬司寇司空漢以太常光祿勳衞尉太僕廷尉大鴻臚宗正司農少府謂之九寺太卿後漢九卿分屬三司太常光祿勳衞尉三卿並太尉所部太僕廷尉大鴻臚三卿並司徒所部宗正大司農少府三

卿並司空所部多進爲三公各有署曹掾史隨事爲員九卿有疾使者臨問加賜錢布尚書令陳忠以常欲褒崇大臣故奏建此禮魏九卿名數與漢皆同晉以太常等九卿卽漢九卿兼將作大匠太后三卿大長秋皆爲列卿各置丞功曹主簿五官等員太康四年增九卿禮秩元帝以賀循爲太常而散騎常侍如故循以九卿舊不加官唯拜太常而已宋齊及梁初皆因舊宋卿尹皆銀章青綬進賢兩梁冠佩水蒼玉衞尉則武冠晉服制以九卿皆文冠乃進賢兩梁冠非舊也梁武帝天監七年以太常卿加置宗正卿以大司農爲司農卿三卿是爲春卿加置太府卿以少府爲少府卿加置太僕卿三卿是爲夏卿以衞尉爲衞尉卿廷尉爲廷尉卿將作大匠爲大匠卿三卿是爲秋卿以光祿勳爲光祿卿以大鴻臚爲鴻臚卿都水使者爲大舟卿三卿是爲冬卿凡十二卿皆置丞及功曹主簿後魏又以太常光祿勳衞尉謂之三卿太僕廷尉大鴻臚宗正大司農少府爲六卿各有少卿太和十五年初置少卿官掌同大卿北齊以太常光祿衞尉宗正太僕大理鴻臚司農大府爲九寺晉荀勖曰九寺可併於尚書後魏亦有三府九寺則九卿稱寺久矣然通

其名不連官號其官
寺連稱自北齊始也置卿少卿丞各一人各有功曹五官主簿錄事等員隋九寺與北齊同自昔三代以上分置六卿比周百事至秦及
漢雖事不師古猶制度未繁後漢有三公九
卿而尚書之任又益重矣魏晉以降職制日增後周依周禮置六官
而年代短促人情相習已久不能革其視聽故隋氏復廢六官多依
北齊之制官職重設庶務煩滯加六尚書似周之六卿又更別立寺
監則戶部與太府分地官司徒職事禮部與太常分春官宗伯職事
刑部與大理分秋官司寇職事工部與將作分冬官司
空職事自餘百司之任多類於斯欲求理要實在簡省煬帝降光祿以下八寺卿階品於太常而少卿各置二人始開皇中諸司寺唯典
掌受納至煬帝署令為
判首取二卿同判丞
唯知檢局令闕丞判唐九寺與北齊同卿各一人少卿各二人丞以下有差龍朔二年改九寺之名凡卿皆加正若太常卿為奉常
正卿他皆如此後各復舊

太常卿丞　主簿　博士　太祝　奉禮郎　協律郎　兩
京郊社　太樂　鼓吹　太醫　太卜　廩犧　汾
祠　太
公廟

太常卿秦曰奉常漢初曰太常顏師古曰太常者王之旌也畫日月
焉王者有大事則建以行禮官主奉持之故曰奉常後改為
太尊大之義也惠帝更名奉常景帝六年更名太常後漢秩與漢同
每祭畢前奏其禮儀及行事贊天子每選試博士奏其能否大射養

老大喪皆奏其儀每月前晦察行陵廟助祭則平冕七旒漢舊常以列侯忠謹孝慎者居之後漢不必侯也舊制陵縣悉屬歲舉孝廉後漢則否建安中爲奉常魏黄初元年改爲太常魏晉改銀章青綬進賢兩梁冠絳朝服佩水蒼玉宋齊皆有之舊用列曹尚書多遷選曹尚書領護梁視金紫光祿大夫陳因之後魏爲上卿兼置小卿官周禮有小宗伯中大夫二人卿其任也北齊曰太常寺置卿及少卿丞各一人掌陵廟羣祀禮樂儀制天文術數衣冠之屬後周建六官置大宗伯卿一人是爲春官隋曰太常與北齊同煬帝加置少卿二人唐因之龍朔二年改太常爲奉常咸亨元年復舊光宅元年改太常爲司禮神龍初復舊卿一人掌禮儀祭祀總判寺事少卿二人通判領丞一人主簿二人博士四人太祝三人奉禮郎協律郎各二人齋郎五百五十二人其餘小吏各有差郊社太公廟太樂鼓吹太醫太卜廩犧等署各有令具郊社及太公廟兩京皆有之

丞秦置一人漢多以博士議郎爲之後漢凡諸丞皆掌行禮及祭祀小事總署曹事舉廟中非法皆銅印墨綬進賢兩梁冠歷代皆有梁舊用員外郎遷尚書郎天監七年改視尚書郎陳因之後魏北齊亦有之隋有二人唐因之分判寺事餘寺丞職並同

主簿漢有之漢鹵簿之制太常駕四馬主簿前車八乘魏晉亦有焉梁天監七年十二卿各置主簿一人惟太常主簿視二衛主簿陳因之北齊有功曹五官主簿二人唐二人掌付事句稽省署抄目監印給紙筆等事餘寺主簿並同職

博士魏官也魏文帝初置晉因之掌引導乘輿王公以下應追謚者則博士議定之端委佩玉朝之大典必於詢度歷代皆有隋有四人唐因之甚爲清選資位與補闕同掌撰五禮儀注導引乘輿贊相祭祀定誄謚及守祧廟開閉祏室及祥瑞之事

太祝商官與太宰等官爲六太周官太祝下大夫二人上士四人掌六祝之辭以祈福祥秦漢有太祝令丞後漢太祝令一人六百石丞二人晉宋齊梁陳後魏北齊皆因之後周依周官至隋置太祝署太祝令丞煬帝罷署太祝八人唐初有七人後增爲九人開元二十三年減置三人掌讀祝文出納神主

奉禮郎漢大鴻臚有治禮郎三十七人晉博士有治禮郎四人屬大行令後魏有治禮郎四人北齊有奉禮郎三十人屬鴻臚寺之司儀署後周有治禮中士下士各一人隋有奉禮郎一十六人屬太常寺煬帝減置六人唐武德初有治禮郎四人掌設版位執儀行事至永徽二年以犯廟諱改爲奉禮郎開元二十三年減二員

協律郎漢曰協律都尉李延年爲之武帝以延年善新聲故爲此官後漢亦有之魏以杜夔爲之魏武平荊州得夔以知音識舊樂故使爲此官晉改爲協律校尉後魏有協律郎又有協律中郎北齊及隋協律郎皆二人唐因之掌舉麾節樂調和律呂監試樂人典樂

兩京郊社令周官有典祀掌以時祭祀秦漢有太祝令丞屬奉常景帝改爲祠祀武帝更曰廟祀後漢祠祀屬少府魏晉有太祝令丞宋曰明堂令丞掌祀五帝之事齊有太祝及明堂二令梁有明堂太社二令並屬太常北齊太廟令兼領郊祀崇虛二丞郊祀掌五郊崇虛掌五嶽四瀆後周有司郊上士中士司社中士下士隋太常寺置郊社令丞各一人唐因之掌郊社明堂祠祀祈禱及茅土衣冠等事

太樂令周官有大司樂掌成均之法亦謂之樂尹以樂舞教國子左傳楚鍾建爲樂尹卽大司樂也秦漢奉常屬官有太樂令及丞又少府屬官幷有樂府令丞後漢永平三年改太樂爲太予樂令掌伎樂人凡國祭饗掌諸奏樂魏復曰太樂令丞晉亦有之齊銅印墨綬進賢一梁冠絳朝服梁陳因之後魏置太樂博士北齊曰太樂令丞後周有大司樂掌成均之法後改爲樂部有上士中士隋有太樂令丞各一人唐因之掌習音樂樂人簿籍

臣謹按盧植禮注云太樂令如古大胥漢太樂律卑者之子不得舞宗廟之酎除吏二千石到六百石及關內侯到五大夫子取適子高五尺以上年十二到三十顏色和順身體循理者以爲舞人

鼓吹令周禮有鼓人掌六鼓四金之音後漢有承華令典黃門鼓吹屬少府晉置鼓吹令丞屬太常元帝省太樂幷鼓吹哀帝復省鼓吹而存太樂梁有鼓吹令丞又有清商署北齊鼓吹令丞及清商部竝屬太常隋有鼓吹清商二令丞至煬帝罷清商署唐鼓吹署令丞各一人所掌頗與太樂同

太醫令周官有醫師上士下士掌醫之政令秦兩漢有太醫令丞主醫藥屬少府後漢又有藥丞有醫工長魏因之晉銅印墨綬進賢一梁冠絳朝服而屬宗正過江省宗正而屬門下省宋齊隸侍中梁陳因之後魏有太醫博士助教北齊又曰太醫令丞後周太醫下大夫隋有太醫署令二人唐因之主醫藥凡領醫針灸按摩咒禁各有博士

臣謹按唐武德中關中多骨蒸病得之必死遞相傳染許胤宗每療皆愈或謂曰何不著書以貽將來答曰醫乃意也在人思慮有脈候幽微苦其難別意之所解口莫能宣求之名手唯是別脈然後識病病之於藥有正相當者唯須單用一味直攻彼病立即可愈今人不能別脈莫識病源以情意度多用藥味譬之於獵不知兎處多發人馬空廣遮圍或冀一兎偶然逢也如此療病不亦疏乎既不可言故無著述

太卜令 商官太卜爲六太周官太卜掌三兆之法秦漢有太卜令後
漢并于太史自後無聞後魏有卜博士北齊有太卜局丞後
周有太卜大夫小卜上士龜占中
士隋曰太卜令丞一人唐因之

廩犧令 周禮有牧人掌牧六牲以供祭祀秦漢內史左馮翊廩犧令
丞並掌犧牲鴈鶩後屬大司農後漢河南尹屬官有廩犧丞
魏晉宋齊梁陳後魏北齊隋皆有之
唐令丞各一人掌犧牲粢盛之事

汾祠及齊太公廟 並有令丞各一人唐開元
中置掌享祀灑掃之事

光祿卿丞 主簿 太官署 珍
羞署 良醞署 掌醢署

光祿卿秦有郎中令以主郎內諸官故曰郎中令掌宮殿掖門戶漢因之至武帝太初元年更名光祿勳胡廣曰勳猶閽也主宮殿門故也王莽改光祿勳爲司中後漢曰光祿勳所掌同典三署郎更直執戟宿衞門戶考其德行而進退之郊祀之事掌三獻光祿勳居禁中有獄在殿門外謂之光祿外部兩漢自光祿太中中散諫議等大夫及謁者僕射羽林郎郎中侍郎五官虎賁左右等中郎將奉車駙馬二都尉車戶騎三將並屬光祿勳建安末復改光祿勳爲郎中令魏黃初元年復爲光祿勳東晉哀帝興甯二年省光祿勳併司徒孝武甯康元年復置自魏晉以後無復三署郎而光祿不復居禁中唯外官朝會則以名到焉二臺奏劾則符光祿加禁止亦如之謂禁入殿省也其宮殿門戶至宋文猶屬焉梁除勳字謂之光祿卿舊視列曹尚書天監中視中庶子職與漢同後魏又置少卿北齊曰光祿寺置卿少卿兼掌諸膳食帳幕隋文帝開皇三年廢光祿寺入司農十二年復置初有卿及少卿各一人煬帝加置二少卿唐龍朔二年改光祿寺爲司宰寺咸亨初復舊光宅元年爲司膳神龍初復舊卿一人掌祭獻行事少卿二人領太官珍羞良醞掌醢等四署署各有令丞

臣謹按漢東京三署郎有德應四科者歲舉茂才二人四行二人及三署郎罷省光祿勳猶依舊舉四行衣冠子弟以充之又按張湛拜光祿勳光武臨朝或有惰容湛輒陳諫其失嘗乘白馬上後見湛輒曰白馬生且復諫矣又杜林爲光祿勳內供奉宿衞外總

三署周密謹慎選舉稱平郎有好學者輒見誘進朝夕滿堂士以此高而慕附又荀爽爲光祿勳視事三日冊拜司空

丞漢二人多以博士議郎爲之後漢一人魏晉因之銅印黃綬梁陳視員外郎後魏北齊並有之隋有二人唐置二人

主簿漢置晉宋齊梁陳並有之北齊曰功曹五官主簿隋二人唐因之

太官令丞於周官爲膳夫庖人外饔中士下士蓋其任也秦爲太官令丞屬少府兩漢因之桓帝延熹元年使太官令得補二千石魏亦屬少府晉屬光祿勳宋齊屬侍中梁門下省領太官陳因之後魏分太官爲尚食中尚食知御膳隸門下省而太官掌百官之饌屬光祿卿北齊因之後周有典庖中士內膳中士隋如北齊唐因之各一人

珍羞令丞於周官有籩人掌四籩之實後漢少府屬官有甘丞主膳具晉太官令有餳官果官自後無聞北齊鐈藏令屬光祿寺後周有鐈藏中士下士隋如北齊唐因之長安中改爲珍羞神龍初復舊開元初又改之有令丞各一人

良醞令丞於周官有酒正中士下士掌酒之政令後漢湯官丞主酒及餅餌屬少府晉有酒丞一人齊食官局有酒吏梁曰酒庫丞北齊有清漳令丞主酒後周如古周之制隋曰良醞令丞各一人唐因之

掌醢令丞於周官有醢人掌四豆之實自後無聞至齊諸公府有醸食典庫二人後周有掌醢中士下士隋曰掌醢令丞各一人唐因之

衛尉卿 丞 主簿 武庫署 武器署 守宮署 公車司馬 左右都候

衛尉卿秦官有衛尉掌門衛屯兵漢因之漢舊儀曰衛尉寺在宮內胡廣云主宮闕之內衛士於周垣下爲區廬者若今之仗宿屋景帝初更名中大夫令後元年復爲衛尉又有長樂建章甘泉衛尉皆掌其宮其職略同而不常置後漢有衛尉卿一人職與漢同晉銀章青綬五時朝服武冠佩水蒼玉掌諸治江左省衛尉宋孝武復置南齊掌宮城管鑰以警夜梁衛尉卿位視侍中職與漢同卿每月丞每旬行宮徼糾察不法陳因之後魏亦有之北齊爲衛尉寺有卿及少卿各一人隋文帝開皇三年廢衛尉寺入太常及尚書省十三年復置掌軍器儀仗帳幕之事而以監門衛掌宮門屯兵唐因之龍朔二年改衛尉爲司衛咸亨初復舊光宅二年又改爲司衛神龍初復舊卿一人少卿一人領武庫武器守宮三署署各有令

丞秦漢多以博士議郎爲之後漢一人魏晉並同宋孝武增置一人梁亦有之後魏北齊並有隋因之唐置二人

主簿一人漢衛尉駕四馬主簿前車以乘晉有衛尉主簿二人宋齊梁陳因之北齊隋亦有二人唐因之

武庫令丞於周官司甲司弓矢等下大夫司戈盾等中士下士蓋其任也兩漢曰武庫令屬執金吾後漢又有考工令丞屬太僕主造兵器成則付武庫令魏晉因之晉後屬衛尉宋齊武庫令丞屬尚書庫部梁陳屬衛尉卿北齊亦有後周如周官隋如北齊唐因之各一人掌藏天下之兵仗器械

武器令丞隋行臺尚書省有武器監令唐永徽中始置各一人掌祭祀及朝會巡幸及公卿拜命與其婚葬鹵簿之事

守宮令漢有守宮令丞掌御紙筆墨及諸財用幷封泥之事屬少府晉及北齊屬光祿勳北齊守宮令掌張設之事梁陳屬大匠卿隋屬衛尉寺唐置令一人掌諸鋪設帳幕氈褥牀薦几席之事

臣謹按唐廣德二年二月赦文京兆府諸司諸使幕士丁匠總八萬四千五百人數內宜月支二千九百四十四人仍令河東關內諸州府據戶口分配不得偏出京兆府餘八萬一千一百十四人並停

公車司馬令秦屬衛尉漢因之掌殿司馬門夜徼宮中天下上章四方貢獻及闕下凡所徵詣公車者皆總領之後漢有丞一人丞選曉諱掌知非法尉主闕門兵禁戒非常晉江左以來直日公車令宋以後屬侍中隋有公車署置令丞唐無

臣謹按漢張釋之爲公車令時景帝爲太子與梁王共車入朝不下司馬門釋之遂劾其不敬文帝免冠謝太后太后詔赦之然後得入

左右都候後漢名一人主劍戟士徼循宮及天子有所收考屬衛尉後無

宗正卿 丞 主簿 諸陵署 崇玄署 太廟署

宗正卿 周官小宗伯掌三族之別以辨其親疏秦置宗正掌親屬漢因之更以敘九族平帝元始四年更名宗伯五年又於郡國置宗師以糾皇室親疏世氏致教訓焉選有德義者爲之有冤失職者宗師得因郵亭上書宗伯請以聞常以正月賜宗伯帛十疋王莽併宗伯於秩宗後漢曰宗正卿一人掌序錄王國嫡庶之次及諸皇室親屬遠近郡國歲因計上皇族名籍若有犯法當髡以上先上諸宗正宗正以聞乃報決胡廣曰宗正又歲一理諸王世譜差敘秩第兩漢皆以皇族爲之不以他族故楚元王子郢客劉辟彊劉德等迭爲此官又後漢劉軫梁孝王之裔皆宗正卒官遂世掌焉魏小然晉兼以庶姓故山公啓事曰羊祜忠篤寬厚然不長理劇宗正卿郵不審可轉作否咸寧三年又置宗師以扶風王亮爲之使皇室戚屬奉率忠義所有施行必令詰之東晉省屬太常宋齊不置宗正梁天監七年復置之視列曹尚書主皇室外戚之屬以皇族爲之陳因之後魏有宗正卿少卿北齊亦然後周有宗師中大夫屬大冢宰隋如北齊之制唐龍朔二年改爲司宗咸亨元年復舊光宅元年改爲司屬神龍初復舊卿一人少卿二人掌皇族外戚簿籍及邑司名帳領崇玄署及諸陵太廟開元二十五年制宗正等寺官屬皆以皇族爲之

丞 漢亦用皇族後漢一人歷代皆有之至隋有二人唐因之

主簿 梁置陳北齊隋皆有唐因之置一人

崇玄署令 一人後魏天興二年置仙人博士掌煮煉百藥北齊置昭玄等寺掌諸佛教有大統一人都維那三人兼置功曹主簿等員以管諸州縣沙門之法後居置司寂上士中士掌法門之政又置司寂中士下士掌道門之政隋初置崇玄署令丞至煬帝改郡縣

佛寺爲道場置道場監一人改觀爲玄壇監一人唐復置崇玄署初又每寺觀各置監一人屬鴻臚貞觀中省開元中以崇玄署隸宗正寺掌觀及道士女冠簿籍齋醮之事

諸陵漢有諸陵園寢官屬太常元帝永光元年分諸陵邑屬三輔故史記曰司馬相如爲孝文園令後漢每陵園令各一人掌按行埽除丞及校長各一人校長主兵戎盜賊晉宋皆曰令而梁初則爲監後亦改爲令梁以下皆有之唐每陵令丞各一人初屬太常開元二十五年並屬宗正寺

臣謹按漢長陵令秩二千石爲高祖陵也故尊其秩

太廟令漢有諸廟寢園令長丞宋志曰漢西京曰長東京曰令晉有太廟令宋太廟令領齋郎一十四人齊梁以下皆有舊屬太常唐開元二十五年二月勅宗廟所奉尊敬之極因以名署情所未安宜令禮官詳擇所宜奏聞至五月太常少卿韋縚奏曰謹詳經典兼尋令式宗廟享薦皆主奉常別置署司事非稽古其太廟署請廢省本司專奉其事許之二十五年勅宗正設官實司屬籍而陵寢崇敬宗廟惟嚴割隸太常殊乖本系奉先之旨深所未安自今已後諸廟署並隸宗正寺也

臣謹按後魏有太常齋郎漢書曰田千秋爲高廟寢郎

太僕卿 丞 主簿 乘黃署 典廄署 典牧署 車府署 諸牧署

太僕卿周官有太僕下大夫掌正王之服位出入王之大命如今太僕之職一云周穆王置太僕正以伯冏爲之掌輿馬秦因之

在周官則校人掌馬巾車掌車及置太僕兼其事也漢初夏侯嬰嘗爲之高祖爲沛公時嬰爲太僕至文帝時猶居其職領五監六廐皆有令王莽改太僕爲太御後漢太僕與漢同亦掌車馬天子每出奏駕上鹵簿用大駕則執馭是時約省惟置一廐魏因之晉初有之銀章青綬五時朝服進賢兩梁冠佩水蒼玉領典牧乘黃驊騮龍馬等廐令自元帝過江之後或置或省太僕既省故驊騮廐爲門下之職晉宋以來不常置郊祀則權置太僕執轡事畢則省齊亦然梁太僕卿位視黃門侍郎統南牧左右牧龍廐內外廐陳因之後魏兼置少卿北齊太僕寺統驊騮左右龍廐左右駝牛羊司乘黃車府典牧牛羊等署卿及少卿各一人後周如古周隋如北齊煬帝加置少卿一人唐龍朔二年改太僕爲司馭咸亨初復舊光宅元年改爲司僕神龍初復舊卿一人掌馭五輅少卿本一員景雲元年加一員領乘黃典廐典牧車府等四署署各有令天下監牧置八使五十六監

臣謹按漢武帝承文景蓄積海內繁富廐馬有四十萬匹時匈奴數寇邊遣衛青霍去病發十萬騎并負私從馬凡十四萬匹窮追大破匈奴漢馬死者十餘萬匹匈奴雖病遠去而漢亦馬少無以復往又按後魏太武帝平統萬赫連昌定隴右羌沮渠等河西水草善乃以爲牧地六畜滋息馬三百餘萬匹馲駝將半之牛則無數孝文帝還洛陽之後復以河陽爲牧場常置戎馬十萬匹以擬

京師軍警之備每歲自河西徙牧於并州漸南欲其習水土無死傷也而河西之牧滋甚又按唐貞觀初僅有牧牝三千匹從赤岸澤徙之隴右十五年始令太僕卿張萬歲幹羣牧至麟德四十年間馬至七十萬六千匹置八使領六監初置四十八監跨蘭渭秦原四州之地猶爲隘陝更增八監布於河曲其時天下以一縑易一馬儀鳳三年少卿李思文檢校隴右諸牧監方稱使爾後或戎狄外侵牧圉乖散洎乎垂拱潛耗太半開元初牧馬二十四萬匹十三年加至四十五萬匹初有牛三萬五千頭是年亦五萬頭初有羊十一萬二千口是年亦二十萬六口盛於垂拱

丞 秦漢有兩人後漢一人魏晉因之東晉或省或置梁有丞陳因之後魏北齊丞一人隋三人唐因之掌判寺事凡捕獸醫業優長者進以爲博士

主簿 梁置一人北齊亦一人隋二人唐因之

乘黃令 後漢太僕有未央廐令魏改爲乘黃廐乘黃古之神馬因以爲名晉以下因之宋屬太常銅印墨綬進賢一梁冠絳朝服

歷代皆有丞掌乘輿唐令
丞各一人掌乘輿車輅

典廐令周官有牧人圉師趣馬掌十二閑之馬漢西京太僕有龍馬長東京有未央廐令掌乘輿及宮中之馬魏爲驊騮廐晉有驊騮龍馬二廐自宋以後分驊騮廐屬門下梁太僕有龍廐及內外等廐陳因之北齊有驊騮左右龍等署後周有左右廐各上士一人隋如北齊唐改龍廐爲典廐署令二人
丞四人掌在廐繫飼馬牛及雜畜事

典牧監周官牧師下士四人掌牧馬而頒之秦漢邊郡置六牧師令魏晉以下因之隋有典牧牛羊等監各置令丞唐有乘黃等四監令丞各四人掌外
牧及造酥酪脯腊之事

車府令秦以趙高爲之歷代皆有漢魏屬太僕宋齊以後屬尚書駕部北齊以下又屬太僕唐置令丞各五人掌王公以下車輅

諸牧監漢太僕有牧師諸苑三十六所在北邊西邊以郎爲苑監官魏置牧官都尉晉因之自後無聞北齊有左右牝牡駝牛羊等署令後周曰典牝典牡上士中士又有典駝典羊典牛中士隋曰典牧署牛羊署令丞唐初因之分曰牧監置監副監丞主簿

大理卿正　丞　主簿　獄丞
司直　評事　監

大理卿舜攝帝位皋繇作士正五刑孔安國曰士理也成周則秋官之任也韓詩外傳曰晉文公使李離爲大理過聽殺人自拘於廷遂伏劍死君子曰忠與仁故後世爲之李官秦爲廷尉漢因之掌刑辟景帝以中元六年更名大理武帝建元四年復爲廷尉哀帝元壽二年復爲大理後漢廷尉卿凡郡國讞疑皆處當以報多以世家爲之而郭氏尤盛郭躬爲廷尉家世掌法務在寬平躬乃條諸重

文可從輕者四十一事奏之事皆施行著于令建安中復爲大理黃初元年改爲廷尉鍾繇爲廷尉聽君父亡歿臣子得爲理謗士及爲侯其妻不復改嫁繇所制也歷代皆爲廷尉梁國初建曰大理天監元年復改爲廷尉舊用黃門後視秘書監有正監平三人元會廷尉三官與建康三官皆法冠玄衣朝服以監東西中華門手執方木長三尺一寸謂之執方天監元年詔建康獄依廷尉三官置正監平華選士流視給事中以尚書郎出爲之冠服與廷尉三官同陳因之後魏亦曰廷尉北齊曰大理寺置卿少卿各一人後周有刑部中大夫掌五刑之法附萬民之罪屬大司寇隋初與北齊同至煬帝加置少卿二人唐龍朔二年改大理爲詳刑咸亨元年復舊光宅元年改爲司刑神龍元年復舊卿一人掌鞫獄定刑名決諸疑讞少卿二人正二人丞六人主簿二人錄事二人獄丞四人司直六人評事十二人

臣謹按隋文帝時議置六卿將除大理盧思道奏曰省有駕部寺留太僕省有刑部寺除大理斯則重畜產而賤刑名也

正秦置廷尉正漢因之後漢一人魏謂正監平爲廷尉三官晉廷尉三官通視南臺持書舊尚書郎下遷梁制服獬豸冠介幘皁衣銅印墨綬歷代皆有隋開皇三年增爲四員煬帝增爲六員唐二人通判寺事龍朔二年改爲詳刑大夫咸亨初復舊

臣謹按魏司馬芝爲大理正有盜官練置都廁上者吏疑女工收以付獄芝曰賊物先得而後訊其辭若不勝掠或至誣服誣服之情不可以折獄且簡而易從大人之化也不失有罪庸世之理耳

魏武從之

丞自晉武咸寧中曹志上表請廷尉置丞宋齊梁並因之後魏亦然北齊曰大理丞一人隋初二人至煬帝改爲句檢官增爲十六人分判獄事唐又曰丞置六人

臣謹按唐杜正倫徐有功並爲司刑丞與來俊臣侯思止同制獄人稱之曰遇徐杜必生遇來侯必死

主簿自魏晉宋齊梁陳皆有唐置二人

獄丞晉有左右丞各一人宋齊因之梁陳置二人後魏齊亦然隋有獄掾八人唐曰丞有四人

司直後魏永安二年置司直十人御史中尉高穆所請也視五品隸廷尉位在正監上不書曹事唯覆理御史檢劾事北齊隋因之隋初置十人煬帝置十六人唐置六人掌承制出使推覆若寺有疑獄則參議之

評事漢宣帝地節三年初於廷尉置左右平員四人宣帝詔曰今遣廷史與郡鞫獄任輕祿薄其爲置正平員四人其務平之涿郡太守鄭昌上言曰聖王立法明刑者非以爲治救衰亂之起也今明主躬垂明聽不置廷平獄將自正若開後嗣不若刪定律令律令壹定愚民知所避就姦吏無所弄法今不正其本而置廷平以理其末世衰聽怠則廷平將搖權而爲亂首也後漢光武省右平唯有左平一人掌平決詔獄冠法冠魏晉以來無左右而直謂之廷尉評後魏北齊及隋廷尉評各一人開皇三年罷至煬帝乃置評事四十八人

掌與司直同其後官廢唐貞觀二十二年褚遂良議重法官復奏置評事十員掌出使推覆後加二人爲十二員

監秦置廷尉監漢有左右監郎吉爲廷尉監光武省右監唯有左監一人魏晉以來無左右而直云廷尉監隋開皇三年罷大理監

諸卿第七中

鴻臚卿　丞　主簿　典客署　司儀署

鴻臚卿周官大行人掌大賓客之禮秦官有典客掌諸侯及歸義蠻夷史記曰韓信亡楚歸漢爲連敖徐廣注云連敖典客漢改爲鴻臚應劭曰郊廟行禮贊導九賓鴻聲也臚傳也所以傳聲贊導故曰鴻臚景帝二年令諸侯王薨列侯初封及之國大鴻臚奏諡誄策列侯薨及諸侯太傅初除之官大行奏諡誄策周禮有大行人小行人主諡官故以名之建中六年改大鴻臚爲大行令武帝太初元年更名大鴻臚又更名其屬官行人爲大行令其屬官又有郡邸長丞主諸郡之邸在京師者至後漢省但令郎治郡邸秦時又有典屬國官掌蠻夷降者漢因之成帝河平元年省之併大鴻臚後漢大鴻臚卿一人諸王入朝當郊迎典其禮儀及郡國上計餘職與漢同凡皇子拜王贊授印綬及拜諸侯諸侯嗣子及四方夷狄封者臺下鴻臚召拜之王薨則使使弔之及拜王嗣魏及晉初皆有之自東晉至于宋齊有事則權置兼官畢則省梁除大字但曰鴻臚卿位視尚書左丞常導護贊拜後魏曰大鴻臚北齊曰鴻臚寺有卿少卿各一人亦掌蕃客朝及吉凶弔祭後周司寇有蕃部中大夫掌諸侯朝覲之敘有賓部中大夫掌大賓客之儀隋文帝開皇三年廢鴻臚寺入太常十二年復置領典客司儀崇玄三署至煬帝置少卿二人唐龍朔二年改鴻臚爲同文咸亨初復舊光宅初改爲司賓神龍初復舊卿

一人掌賓客凶儀之事及冊諸蕃少卿本一員景雲二年加一員領典客司儀二署署各有令

丞秦曰典客丞漢爲鴻臚丞魏晉亦然王敦爲鴻臚卿謂阮修曰卿常無食鴻臚差有祿能作否脩遂爲丞梁陳後魏北齊皆有之後周曰賓部上士隋如北齊唐因之有二人

主簿一人

典客周官有掌客上士中士秦官有典客漢改爲鴻臚鴻臚屬官有大行令丞本名行人武帝改爲大行令丞魏改大行令爲客館令晉改爲典客宋分置南北客館令齊梁陳皆有客館令丞後魏初曰典客監太和中置主客令北齊有典客署後周置東南西北四掌客上士下士隋初又曰典客署置令丞煬帝改爲典蕃署唐爲典客署置令丞各一人掌二王後蕃客辭見宴接送迎及在國夷狄

司儀周官有司儀上士中士漢大鴻臚有治禮郎自後無聞後魏置司儀官北齊置令丞後周置上士等員隋如北齊唐因之置令丞各一人掌凶事儀式及喪葬之事

司農卿 丞 主簿 上林署 太倉署 鉤盾署 導官署
苑總監 諸倉監 司竹監 溫泉湯監 諸屯
監 騪粟都尉 均輸令 幹官
長 籍田令 典農中郎將等官

司農卿少皞氏以九鳸爲九農正舜攝帝位命棄爲后稷周則爲太府下大夫秦爲治粟內史掌穀貨漢景帝更名大農令武帝太初更名大司農掌九穀六畜之供膳羞者凡郡國諸倉農監都水六十五官皆屬焉王莽改曰羲和後更爲納言後漢大司農掌諸

錢穀金帛郡國四時上月日見錢穀簿其逋未畢各具別之邊郡諸官請調度者皆爲給報損多益寡取相給足初郡國鹽官鐵官並屬司農中興皆屬郡縣建安中爲大農魏黃初元年又改爲司農晉初因之渡江哀帝末省司農并都水孝武復置宋齊皆有之梁司農卿位視散騎常侍主農功倉廩陳因之後魏曰大司農北齊曰司農寺有卿少卿各一人掌倉市薪米園池果實後周有司農上士一人掌三農九穀稼穡之政令屬大司徒隋初與北齊同煬帝置少卿二人穎川太守趙元淑入朝會司農不時納諸郡租穀元淑奏之煬帝曰如卿意者幾時當了元淑曰不過十日即日拜元淑爲司農卿納天下租如言而畢唐龍朔二年改司農爲司稼咸亨初復舊卿一人少卿二人掌東耕供進耒耜及邦國倉儲之事領上林太倉鉤盾導官四署署各有令丞

丞秦曰治粟內史丞有二人漢爲大司農丞二人或謂之中丞耿壽昌爲大司農中丞奏設常平倉給北邊省轉漕又桑弘羊爲大司農中丞管諸計會事平帝又置大司農部丞十三人人部一州勸農桑後漢司農丞一人部丞一人部丞主帑藏魏晉因之銅印黃綬宋齊以來墨綬進賢一梁冠介幘皁衣後魏北齊皆有司農丞隋置五人唐六人

主簿晉太康中置自後無聞梁陳又有北齊亦然唐因之

上林署漢水衡都尉之職後漢曰上林苑令丞主苑中禽獸魏晉因之江左無聞宋初復置隸尚書殿中曹齊因之梁陳屬司農北齊及隋亦然唐因之有令二人丞四人掌諸苑囿池沼種植蔬果藏冰之事

太倉署周官有廩人下大夫上士秦官有太倉令丞漢因之屬大司農後漢令主受郡國轉漕穀其滎陽敖倉官中興皆屬河南

尹歷代並有之北齊亦然後周曰司倉下大夫隋有令三人丞六人唐有令三人丞二人掌倉廩出納

鉤盾署漢鉤盾令宦者典諸近園苑游觀之事屬少府後漢亦有之晉大鴻臚屬官有鉤盾令自後無聞北齊如晉制隋如北齊令三人丞十二人唐因之令二人丞四人掌薪炭鵝鴨藪澤之物天寶五載九月侍御史楊釗充木炭使自後相循或以京尹或以戸部侍郎爲之

導官署導擇也周有舂人秦漢有令丞屬少府漢東京令丞主舂御米及作乾糒屬大司農歷代皆有唐置令二人丞四人掌舂碾米麴油燭之事

苑總監自隋而置東西南北各有監及副監唐因之兼有丞主簿等官以掌苑內宮館園池之事

諸倉監後漢河南尹屬官有滎陽敖倉長丞梁司農有左中右三部倉丞陳因之隋諸倉各有監官唐因之掌倉廩出納

司竹監漢有司竹長丞魏晉河南淇園竹各置官守之後魏有司竹都尉隋曰司竹監唐因之有監副監丞掌植養園竹之事

温泉湯監令唐置掌湯院守修整器物以備供奉

諸屯監隋置諸屯監及副監畿內者隸司農自外者隸諸州唐因之置監及丞掌營種屯田功課畜產等事

騪粟都尉騪音搜索也漢武帝軍官不常置又有治粟都尉以桑弘羊爲之

均輸令漢有之後漢省

斡官長漢有之如淳曰斡音管主均輸之事所謂斡鹽鐵而榷酒酤也晉灼曰此竹箭之官長均輸自有令顏師古曰如說近是初屬少府中屬主爵後屬大司農

籍田令掌耕國廟社稷之田於周爲甸師漢文帝初立籍田置令漢東京及魏並不置晉武泰始十年復置江左省宋文帝元嘉中又置

典農中郎將

典農都尉

典農校尉並曹公置晉武帝泰始二年罷農官爲郡縣後復有之隋煬帝罷典農官

勸農謁者梁武天監九年置視殿中御史省毇粟以下盡屬司農今並無

太府卿丞　主簿　諸市署　平準署　左右藏署　常平署

太府卿周官有太府下大夫掌貢賦之貳受其貨賄之入頒其貨賄于受藏之府歷代不置然其職在司農少府至梁天監七年置太府卿位視宗正掌金帛府帑及關津市肆陳因之後魏太和中改少府爲太府卿兼有少卿掌財物庫藏北齊曰太府寺亦有卿少卿各一人又兼掌造器物後周有太府中大夫掌貢賦貨賄以供國用屬大冢宰隋初與北齊同所掌左右藏及尚方司染甄官等署煬帝置少卿二人又分太府寺置少府監管尚方織染等而太府但管京都市及平準左右藏等唐龍朔二年改太府爲外府咸亨元年復

舊光宅元年改爲司府神龍元年復舊卿一人少卿二人領兩京諸市平準左右藏常平等九署署各有令丞

丞周官爲太府上士之任自後無聞梁太府丞一人陳因之後魏北齊各一人後周曰太府上士隋又曰府丞唐因之有四人

主簿周官太府下士之任自後無聞梁置一人陳因之後魏亦然隋置四人唐因之減一人

諸市署周官有司市下大夫漢京兆尹屬官有長安市長丞後漢則河南尹屬官有雒陽市長丞魏晉因之東晉則丹陽尹管之宋齊因之梁始隸太府陳因之後魏有京邑市令北齊則司州牧領東西市令丞後周司市下大夫隋初京市令丞屬司農煬帝改隸太府唐因之每市令一人丞二人

平準署周官有賈人中士下士主平定物價秦置平準令漢因之掌知物價及主練染作彩色趙廣漢州舉茂才爲平準令後漢平準令丞隸大司農熹平四年改平準爲中準使宦者爲之列於內署自是諸署悉以閹人爲令丞魏少府屬官有平準令宋唯掌染順帝即位以帝諱準故曰染署齊又曰平準屬少府梁陳則曰平水令丞北齊平準屬司農後周曰平準中士下士隋初如北齊煬帝改隸太府唐因之令二人丞四人掌官市易

左右藏署周官有職幣上士中士主貨幣之入又外府中士主泉藏之職也至秦漢則分在司農少府後漢少府屬官有中藏府令丞魏因之晉有左右藏令屬少府晉江東置御史掌庫曹後分庫曹曰外左庫內左庫至宋省外左庫而內左庫直曰左庫齊梁陳曰右藏北齊曰左右藏令屬太府寺後周曰外府上士中士隋如北齊唐因之

置左藏令三人掌庫藏錢物布帛雜綵右藏令二人掌銅鐵毛角玩弄之物金玉珠寶香畫綵色諸方貢獻雜物

常平署漢宣帝時耿壽昌請於邊郡皆築倉穀賤時增價而糴貴時減價而糶名曰常平倉常平之名起於此也後漢明帝置常滿倉晉又曰常平倉自後無聞梁亦曰常平倉而不糴糶陳因之後魏太和中雖不名曰常平亦各令官司糴貯儉則出糶隋曰常平唐武德中置常平監官以均天下之價市肆騰踊則減價而出田穡豐羨則增糴而收觸類長之常平令一人掌倉糧管鑰出納糴糶凡天下倉廩和糴者爲常平倉正租爲正倉他子爲義倉

臣謹按唐天寶八載通計天下倉糧屯收幷和糴等見數凡一億九千六百六萬三千二百二十石

秘書監丞 秘書郎 校書郎 正字 著作郎 太史令丞

秘書監周官太史掌建邦之六典又有外史掌四方之志三皇五帝之書漢氏圖籍所在有石渠石室延閣廣內貯之於外府又有御史中丞居殿中掌蘭臺秘書及麒麟天祿二閣藏之於內禁後漢圖書在東觀延熹二年始置秘書監一人掌典圖書古今文字考合同異屬太常以其掌圖書秘記故曰秘書後省魏武帝又置秘書令典尚書奏事即中書令之任也文帝黃初初乃置中書令典尚書奏事而秘書改令爲監掌藝文圖籍之事初屬少府自王肅爲監乃不屬焉其蘭臺亦藏書籍而御史掌之魏薛夏云蘭臺爲外臺秘書爲內閣晉武帝以秘書幷入中書省其秘書著作之局不廢惠帝永平中復別置秘書監幷統著作局掌三閣圖書自是秘書之府始居

於外其監銅印墨綬進賢兩梁冠絳朝服佩水蒼玉宋與晉同梁曰秘書省陳因之後魏亦有之後周秘書監亦領著作監掌國史隋秘書省領著作太史二曹煬帝增置少監一人後又改監少監並爲令唐武德初復改爲監龍朔二年改秘書省爲蘭臺改監爲太史少監爲侍郎咸亨初復舊天授初改秘書省爲麟閣神龍初復舊掌經籍圖書監國史領著作太史二局太極元年增秘書少監爲二員通判省事其後國史太史分爲別曹而秘書省但主書寫校勘而已雖非要劇然好學君子亦求爲之

臣謹按初御史中丞掌蘭臺秘書圖籍之事至魏晉其制猶存故歷代營都邑置府寺必以秘書省及御史臺爲鄰

丞魏武帝置秘書令及丞一人典尚書奏事後文帝黃初中欲以何禎爲秘書丞而秘書先自有丞乃以禎爲秘書右丞其後遂有左右二丞劉放爲左丞孫資爲右丞後省晉復置秘書丞銅印墨綬進賢一梁冠絳朝服稽紹司馬虎傅暢王謐等並爲此官宋爲黃綬餘與晉同齊梁尤重齊王儉爲秘書丞上表求校墳籍依七略撰七志四十卷先獻之梁劉孝綽除秘書丞武帝曰第一官當與第一人又張率吳郡人遷秘書丞武帝曰秘書丞天下清官東南冑緒未有爲者今以相處爲卿定名稱也陳隋印綬與齊同歷代皆有後周柳蚪爲秘書丞時秘書雖領著作不參史事因蚪爲丞始令監掌焉唐龍朔二年改爲蘭臺大夫咸亨初復舊掌府事檢稽省署抄目

秘書郎後漢馬融爲秘書郎詣東觀典校書及魏武建國又置秘書郎嘗以劉邵爲之出乘鹿車王肅表曰臣以爲秘書職於三臺爲近密中書郎在尚書丞郎上秘書丞郎宜次尚書郎下不然則宜次侍御史下秘書丞郎俱四百石遷宜比尚書郎出亦宜爲郡此

陛下崇儒術之盛者也尚書郎侍御史皆乘犢車而秘書丞郎獨乘鹿車不得朝服又恐非陛下轉臺郎爲秘書丞郎之本意也晉秘書郎掌中外三閣經書校閱脫誤進賢一梁冠絳朝服亦謂之郎中武帝分秘書圖籍列爲甲乙丙丁四部使秘書郎中四人各掌其一左太沖爲三都賦自以所見不博求爲秘書郎中鄭默爲秘書郎刪省舊文除其浮穢中書令虞松曰而今而後朱紫別矣宋齊秘書郎皆四員尤爲美職皆爲甲族起家之選待次入補其居職例十日便遷宋王敬弘子恢之召爲秘書郎敬弘求爲奉朝請與恢之書曰秘書自有限故有競朝請無限故無競吾欲使汝處無競之地文帝許之梁張纘爲秘書郎固求不遷欲徧觀閣內圖籍自齊梁之末多以貴游子弟爲之無其才實當時諺曰上車不落則著作體中何如則秘書歷代皆有北齊又謂之郎中隋除中字亦四員唐亦四員分掌四部經籍圖書分判校寫功程事龍朔中改爲蘭臺郎咸亨初復舊開元二十八年減一員

秘書校書郎漢之蘭臺及後漢東觀皆藏書之室亦著述之所文學光祿大夫劉向於天祿閣校經傳諸子詩賦步兵校尉任宏校兵書太史令尹咸校數術太醫監李柱國校方伎後於蘭臺置令史十八人秩百石屬御史中丞又選他官入東觀皆令典校秘書或撰述傳記後漢明帝以班固爲蘭臺令史撰光武本紀及諸傳記又曰傅毅爲蘭臺令史與班固賈逵共典校書蓋有校書之任而未爲官也故以郎居其任則謂之校書郎楊終竇章皆以郎爲之以郎中居其任則謂之校書郎中蔡邕馬融皆以郎中爲之當時重其職故學者稱東觀爲老氏藏室道家蓬萊山焉晉宋以下無聞至後魏秘書省始置校書郎北齊亦有校書郎後周有校書郎下士十二人屬春官之外史隋校書郎十二人煬帝初減二人尋更增爲四十人唐置八人

掌讎校典籍爲文士起家之良選其弘文崇文館著作司經局並有校書之官皆爲美職而祕書省爲最

祕書正字 後漢桓帝初置祕書監掌圖書古今文字考合同異歷代無聞齊集書省有正書蓋正字之任也北齊祕書省有正字隋置四人唐因之掌刊正文字其官資輕重與校書郎同貞元八年割校書四員正字兩員屬集賢殿

著作郎 漢東京圖書悉在東觀故使名儒碩學入直東觀撰述國史謂之著作東觀皆以他官領焉蓋有著作之任而未爲官員也蘭臺令史班固傅毅洛陽令陳崇長陵令尹敏司隸校尉孟冀及楊彪等並著作東觀魏明帝太和中始置著作郎隸中書省專掌國史時衛覬以侍中尚書典著作晉元康二年詔曰著作舊屬中書令祕書既典文籍宜改中書著作爲祕書著作於是改隸祕書後別自置省謂之著作省而猶隸祕書著作郎一人謂之大著作專掌史任李充爲大著作于時典籍混亂充刪除煩重分作四部祕閣以爲永制又荀勗以中書監孫盛以祕書監並領著作孫綽以散騎常侍及陳壽並爲大著作進賢兩梁冠介幘絳朝服王隱待詔著作阜衣介幘月朔詣於著作省宋齊與晉同梁制一梁冠而無印綬此並大著作也魏氏又置佐著作郎亦屬中書晉佐著作郎八人進賢一梁冠絳朝服祕書監自調補之鄒湛謂祕書監和嶠曰閣纂可佐著作嶠曰此職閑重勢貴多爭不暇求才按此則大著作亦監自調晉制佐著作郎始到職必撰名臣傳一人宋初以國朝始建未有合撰者其制遂廢矣宋齊以來遂遷佐於下謂之著作佐郎亦掌國史集注起居梁初周捨裴子野皆以他官領其職冠制與大著作同陳氏爲令僕子起家之選後魏有著作郎佐郎北齊著作郎佐郎各二人後周有著作上士一人中士四人掌綴國錄屬春官之外史隋以祕書省爲著作曹著作郎二人佐郎八人煬帝加佐郎爲十二人唐爲著作

局置著作郎二人佐郎四人開元二十六年減佐郎二員亦屬祕書省自宋已後國史悉屬祕書龍朔二年改著作郎爲司文郎中佐郎爲司文郎咸亨初復舊初著作郎掌修國史及製碑頌之屬分判局事佐郎貳之徒有撰史之名而實無其任其任盡在史館矣其屬官有校書郎二人後魏著作省置校書郎北齊著作亦置校書郎二人隋亦司掌校讎書籍若本局無書兼校本省典籍正字二人唐減一人掌同

校書

太史局令

昔少皞氏以鳥名官其鳳鳥氏爲歷正至顓帝氏命南正重以司天北正黎以司地唐虞之際羲氏和氏紹重黎之後世序天地夏有太史終古者當桀之暴知其將亡乃執其圖法而奔于商商太史高摯見紂之亂載其圖法出奔于周周官太史掌建邦之六典正歲年以序事頒告朔于邦國魯昭公二年晉韓宣子聘魯觀書於太史氏見易象與魯春秋曰周禮盡在魯矣又有馮相氏視天文之次保章氏掌天文之變當周宣王時太史官失其守而爲司馬氏司馬氏世典周史惠襄之間有子穨叔帶之亂故司馬氏適晉晉中軍隨會奔秦而司馬氏入梁秦爲太史令胡母敬之爲之漢武置太史以司馬談爲之位在丞相上天下計書先上太史副上丞相談卒子遷嗣之遷死後宣帝以其官爲令行太史文書而已後漢太史令掌天時星歷凡歲將終奏新年歷凡國祭祀喪娶之事掌奏良日及時節禁忌國有瑞應災異則掌記之秦漢以來太史之任蓋併周之太史馮相保章三職自漢晉宋齊並屬太常銅印墨綬進賢一梁冠絳朝服江左高營以侍郎陳卓以義熙守吳道欣以殿中侍御史皆兼領太史梁陳並同晉氏後魏北齊並如晉宋後周之制春官府置太史中大夫一人掌歷家之法隋曰太史曹令丞各置二人而屬祕書省煬帝又改曹爲監有令唐初改監爲局置令龍朔二年

又改太史局爲秘書閣改令爲郎中丞爲秘書閣郎咸亨初復舊初
屬秘書省久視元年改爲渾天監不隸麟臺改令爲監置一人其年
又改爲渾儀監長安二年復爲太史局又隸麟臺其監復爲太史局
令置二人景龍二年復改局爲監而令名不易不隸秘書開元二年
復改令爲監改一員爲少監十四年復爲太史局置令二人復隸秘
書後又改局爲監乾元元年又改其局爲司天臺掌天文歷數風雲
氣色有異則密封以奏其小吏有司歷
保章正靈臺郎挈壺正等官各有差

丞二人司馬彪續漢志云太史有丞一人魏以下歷代皆同隋置二
丞人煬帝減一人唐初不置丞久視初改爲渾儀監始置丞二人煬
帝減一人長安二年又省景龍二年復置凡天下測影之
處分至表準其詳可載故參考星度階驗晷影各有典常

臣謹按唐開元中測影使者大相元太云交州望極纔出地三十餘度以八月自海中南望老人星殊高老人星下衆星粲然其明大者甚衆圖所不載莫辨其名大率云南極二十度以上其星皆見乃自古渾天家以爲常沒地中伏而不見之所也

殿中監丞 尚食 尚藥 尚衣 尚舍
尚乘 尚輦 奉御 直長

殿中監魏始置焉晉宋並同齊有內殿中監外殿中監各八人梁陳
因之其資品極下後魏亦有殿中監北齊有殿中局置監四
人屬門下省掌駕前奉引隋改爲殿內局置監二人大業三年分門
下太僕二司取殿內監名以爲殿內省有少監監丞各一人掌諸供

奉領尚食尚藥尚衣尚舍尚乘尚輦等六局每局各置奉御二人以
總之置直長以貳之屬門下省唐改爲殿中省加置少監二人丞亦
二人其官局職任一如隋制爲一司不屬門下龍朔二年改殿中省
爲中御府改監爲中御大監少監改丞爲中御大夫咸亨初復舊
臣謹按漢儀注曰省中有五尚卽尚食尚冠尚衣尚帳尚席或云
秦置六尚謂尚冠尚衣尚席尚沐尚食尚書若今殿中之任也
丞隋置一人唐加一人
尚食局奉御始秦置六尚有尚食焉如淳曰掌天子之物曰尚後漢以後并其職於太官湯官北齊門下省又有尚食局置
典御二人後周有內膳上士中士凡進食先嘗之隋分屬殿內改典
御爲奉御有二人唐因之龍朔二年改爲奉膳大夫咸亨初復舊直
長隋置六人唐因之減置五人
尚藥局奉御自梁陳以後皆太醫兼其職北齊門下省有典御二人隋如北齊之制後改爲奉御而屬殿內唐因之龍朔二
年改爲奉醫大夫咸亨初復舊直長隋置四人唐因之
尚衣局奉御周官有司服中士掌王之服辯其名物戰國有尚衣尚冠之職秦漢有御府令丞掌供御服而屬少府後漢又
掌宮者典官婢作中衣服魏因之晉屬光祿勳江東省宋大明中改
尚方曰左右御府各置令丞一人後廢帝初省御府置中署隸右尚
方其後又置初宋氏用二品勳位明帝改用二品准南臺御史掌金
銀綵帛凡諸造作以供奉及妃主六宮梁陳其職隸在尚方後魏有

掌服郎北齊門下省統主衣局都統子統各二人後周有司服上士
二人中士二人隋分屬殿內省其後又改爲尚衣局置奉御二人唐
因之龍朔二年改爲奉冕大夫咸亨元
年復舊直長隋置八人唐因之減二人

尚舍局奉御周禮有掌舍掌行所解止之處帷幕幄帟之事漢少府
屬官有守宮令丞掌宮殿陳設魏殿中監掌帳設監護
之事晉宋以下其職並在殿中監隋煬帝置殿內局爲尚
舍局置奉御二人唐因之龍朔二年改爲奉扆大夫咸亨元年復舊
直長隋置八人唐
因之而減二人

尚乘局奉御自秦漢以來其職皆在太僕北齊太僕驊騮署有奉乘
十人管十二閑馬隋煬帝取之置尚乘局奉御二人唐
因之增置奉御四人龍朔二年改爲奉駕大夫咸亨元年復舊尚乘
奉御掌六閑馬一曰飛黃閑二曰吉良閑三曰龍媒閑四曰騊駼閑
五曰駃騠閑六曰天苑閑開元中減二人先是別置
廄使因隸焉猶屬殿中直長隋置十四人唐減四人

尚輦局奉御周官小司徒中大夫掌六畜車輦又宗伯巾車下大夫
掌王后之五輅輦車組輓有翣羽蓋漢魏晉並太僕屬
官車府令掌之東晉省太僕遂隸尚書駕部宋齊梁陳車府乘黃令
丞掌之後魏北齊則乘黃車府令兼掌之後周則司車輅士之隋又
乘黃車府令丞掌之煬帝置殿內省尚輦局奉御二人唐因之龍
朔二年改爲奉輦大夫咸亨元年復舊直長四人隋置唐因之

臣謹按古謂人牽爲輦春秋宋萬以乘車輦其母秦始皇乃去其
輪而輿之漢代遂爲人君之乘後漢有乘輿六輦魏晉小出則乘

之及過江而亡孝武太元年中謝安率意而作及破苻堅得之形制無差大小如一時人嗟其默識宋武破慕容超獲金鉦輦古之輦輿大率以六尺爲度齊武帝造大小二輦輿雕飾甚工下梱轅軛悉金花銀獸梁大輦中方八尺左右開四望金鸞棲軛隋有六輦大禮皆乘之

諸卿第七下

內侍省 內侍 內常侍 內給事 內謁者監 內寺伯
掖庭局 宮闈局 奚官局 內僕局 內府局

內侍 天文有宦者四星在帝座之西周官有內小臣閽人寺人詩有巷伯寺人春秋皆謂之寺人戰國時趙有宦者令繆賢秦少府屬官有中書謁者令丞又有將作衛尉少府各一人並皇后卿也又云詹事掌皇后太子家屬官有中長秋私府宦官皆屬焉漢景帝中元六年改將作爲大長秋或用中人或用士人成帝加置太僕一人掌太后輿馬通謂之皇太后卿皆隨太后宮爲官號在正卿上無太后則闕又有長信詹事掌皇太后宮景帝六年更名長信少府平帝元年更名長樂少府帝祖母稱長信宮帝母稱長樂宮故有長信少府長樂少府職如長秋位在長秋上及職吏皆宦者也後漢常職掌奉中宮命凡給賜族親及當謁見者關通之中宮出則從屬官有丞中宮僕謁者私府署令初秦又置中常侍官參用士人皆銀璫左貂給事殿省漢制置侍中中常侍各一人省尚書事黃門侍郎一人傳

發書奏皆用姓族後漢中常侍贊導內事顧問應對永平中始定員數中常侍四人漢舊儀曰秩千石得出入臥內舉法禁中小黃門十人自明帝以後員數稍增改以金璫右貂兼領卿署之職自和熹太后以女主稱制不接公卿乃以閹人為常侍小黃門通命兩宮自此已來悉用閹人不調他士自安迄桓權任尤重手握王爵口含天憲桓帝既與宦官謀誅梁冀乃封宦者五人同日為侯皆食邑故世號五侯焉及袁紹大誅宦者之後永巷掖庭復用士人閤闈出入莫有禁切侍中侍郎門部騶宰中外雜錯醜聲彰聞魏改漢制三卿在九卿下晉復舊在同號卿上有后則置無后則闕齊鬱林王立文安太后即尊號以宮名置宣德衛尉少府太僕梁有弘訓太后亦置屬官陳亦有太后三卿後魏大長秋掌顧問應對自文明馮后閹官用事大者令僕小者卿守時有宦者趙黑為選曹尚書北齊有中侍中省置中侍中二人中常侍四人掌出入門閤又有長秋寺置卿中尹各一人掌諸宮閤領掖庭等令並用宦者後周有司內上士小司內中士巷伯中士等官隋曰內侍省領內侍內常侍等官內侍即舊長秋也內常侍即舊中常侍也煬帝改內侍省為長秋監令一人少一人丞二人並用士人餘用宦者領掖庭宮闈奚官三署亦參用士人唐武德初改為內侍省皆用宦者龍朔二年改為內侍監咸亨元年復舊光宅元年改為司宮臺神龍元年復舊有內侍四人掌知宮內供奉中宮駕出夾引總判局事舊二人開元中加二人七年三月勑內侍五品以上許養一子仍以同姓者初養日不得過十歲

內常侍六人通判省事屬官有內給事八人內謁者監六人內寺伯二人寺人六人領掖庭宮闈奚官內僕內府等五局

臣謹按後漢和帝幼沖竇憲以外家專政鉤盾令鄭衆等專謀禁

中收憲印綬竭忠盡瘁一心王室每策勳班賞辭多受少由是常與議事中官用權自衆始也又按唐神龍元年以後始以中使出監諸軍兵馬寶應元年五月勅諸道州所承上命須憑正勅可施行不得便信中使宣勅卽遵行

內給事周禮內小臣之職掌王后之命后出入前驅後漢少府有給事黃門掌侍左右止在內宮關通中外及中宮已下衆事自魏晉至于梁陳無其職後魏有中給事中後改爲中給事北齊中侍中省有中給事中四人煬帝改爲內承直唐復爲內給事置八人

內謁者後漢大長秋屬官有中宮謁者三人主報中章後魏北齊有中謁者僕射隋內侍省有內謁者監六人內謁者十二人唐因之

內寺伯周禮寺人掌王之內人及女宮之戒令隋內侍省有內寺伯二人唐因之

掖庭局令秦置永巷漢武更名掖庭置令掌宮人簿帳公桑養蠶及女工等事後漢掖庭令掌後宮貴人采女又有永巷令典宦婢皆宦者並屬少府唐置二人

宮闈局令二人隋置令掌宮內門閤之禁及出納神主并內給使名帳糧廩事唐因之

奚官局令二人周禮酒人漿人邊人醢人醯人鹽人冪人女祝司服守祧並閹宦所職皆有奚奴或曰奚官女也齊梁陳隋有奚

官令掌宮人疾病醫藥罪罰喪葬等事唐置二人

內僕局令二人後漢有中宮僕令掌車與雜畜及導等事唐置二人

內府局令二人漢少府屬官有內者局令隋曰內者唐與內府置令二人掌內庫出納帳設澡沐之事

少府監 丞 主簿 中尚 左尚 右尚 織染 掌冶等五署 暴室等三丞

少府監少府秦官漢因之是爲九卿掌山海池澤之稅以給供養應劭曰山澤之稅名曰禁錢以給私養故稱少府顏師古曰大司農供軍國之用少府以養天子也天子曰少府諸侯曰私府後漢少府卿一人掌中服御之諸物衣服寶貨珍膳之屬朝賀則給璧凡中書謁者尚書令僕侍中常侍黃門御史中丞以下皆屬焉晉制銀章青綬五時朝服進賢兩梁冠絳朝服佩水蒼玉哀帝末省幷丹陽尹孝武復置宋少府領左右尚方御府東冶南冶平準等令丞齊又加領左右銀鍛署梁少府爲夏卿位視尚書左右丞陳因之後魏少府謂之六卿蓋以少府宗正太僕廷尉司農鴻臚爲六卿至孝文太和中易制官品遂改少府爲太府北齊無少府其尚方等署皆隸太府至隋煬帝大業五年又分太府爲少府監置監及少監復領尚方織染等署後又改監少監並爲令唐武德初置軍器監廢少府監貞觀元年五月分太府中尚方織染坊掌冶坊置少府監龍朔二年改爲內府監咸亨元年復舊光宅元年改爲尚方監神龍元年復舊監一人總判少監二人通判領中尚右尚左尚織染掌冶等五署開元十年五月於北都置軍器監至二十六年五月又廢

臣謹按後漢東平王蒼爲驃騎正月朔朝蒼當入賀故事少府給

璧時陰就爲少府貴傲不奉法漏將盡而求璧不得蒼掾朱暉遙見少府主簿持璧乃往紿曰試請觀之既得而馳奉之就復以他璧朝

丞 漢有六人後漢省五而有一丞歷代皆一人山公啓事曰中郎衛昱往爲少府丞甚有損益唐置四人

主簿 晉置二人歷代一人唐有二人

中尚署 周官爲王府秦置尚方令漢因之後漢掌上手工作御刀劍玩好器物及寶玉作器宦者蔡倫爲尚方令監作祕劍及諸器械莫不精工堅密爲後代法兩漢又有考工令主作兵器其職稍同按考工令作兵器兵器成則付執金吾入武庫及主織綵諸雜工初屬少府中屬主爵光武時屬太僕漢末分尚方爲中左右三尚方魏晉因之自過江唯置一尚方哀帝以隷丹陽尹宋武帝踐阼以相府作部配臺謂之左尚方而本署謂之右尚方並掌造軍器令丞各一人隷門下孝武大明中改右尚方曰御府御府二漢已有之典官婢作褻衣服補浣之事魏晉猶置其職江左乃省焉後廢帝初省御府置中署隷右尚方則漢之考工令如宋之尚方令尚方令如宋中署矣齊左右尚方令各一人梁有中左右尚方北齊亦三尚方隷太府隋煬帝分隷少府唐省方字有中左右三尚署令丞各一人中尚署供內營造雜作左尚掌車輦織扇膠漆畫鏤等作右尚掌皮毛膠墨雜作席薦等事開元以後別置中尚使以監

織染署 令一人周禮天官典絲掌綏文織絲組焉染人掌染絲帛秦置平準令韋昭釋名曰平準令主染色染有常平之法故准

而則之漢因之及主物價練染初少府屬官有東織西織成帝省東織更名西織爲織室北齊中尚方領涇州雍州絲局定州細綾局丞後周有司織下大夫隋有司織司染二署煬帝合織染爲一令掌織紝組綬錦綾冠幘幷染色等唐因之有令丞

掌冶署 秦漢郡國有鐵官諸郡國出鐵者則置鐵官長丞晉冶令掌工徒鼓鑄隸衛尉東晉省衛尉始隸少府宋有東冶南冶各置令丞而屬少府齊因之江南諸郡縣有鐵者或置冶令或置冶丞多是吳所置梁陳有東西冶北齊詔冶屬太府後周有冶工鐵工中士隋有掌冶令丞唐於京師置冶署有令丞各一人掌造鑄金銀銅鐵塗飾琉璃玉作等事

暴室丞 後漢暴室丞宦者也主中婦人疾病者就此室治之其皇后貴人有罪亦就此室屬少府其後無之

海丞 漢平帝置少府海丞一人掌海稅後無

果丞 與海丞同置掌諸果實後無

將作監丞 主簿 左右校 左校 右校 甄官 中校 東園主章令

將作監 少皞氏以五雉爲五工正以利器用唐虞共工周官之冬官蓋其職也秦有將作大匠後漢少府掌治宮室漢景帝中元六年更名將作大匠後漢位次河南尹中元二年省以謁者領之章帝建初元年復置初以任隗爲之掌修作宗廟路寢宮室陵園木土之功幷植桐梓之類列于道側李固遷大匠常推賢貢士孔融以將作大匠遷少府魏晉因之江左至宋齊皆有事則置無事則省梁改爲大匠卿陳因之後魏亦有之北齊有將作寺其官曰大匠有功曹主簿長史司馬等官屬後周有匠師中大夫掌城郭宮室之制及諸

器物度量又有司木中大夫掌木工之政令隋與北齊同至開皇二十年改寺爲監大匠爲大監初加置副監煬帝改大監少監爲大匠少匠十三年又改爲大令少令唐復皆爲匠龍朔二年改將作爲繕工監咸亨元年復舊光宅元年改爲營繕監神龍元年復舊大匠一人總判少匠二人通判天寶中改大匠爲大監少匠爲少監領左校右校甄官中校四署

丞漢有二人後漢一人魏晉因之東晉以後有事則置無事則省梁又置一人陳因之後魏有之北齊四人後周曰匠師中士隋二人唐四人

主簿晉置自後與丞同隋二人唐因之

左右校署秦及漢初有左右前後中五校令後唯置左右校令後漢因之掌左右工徒度尚自右校令擢拜荊州刺史魏併左校右校於材官晉左右校屬少府宋以後並有左校令丞北齊亦有之隋左右校令丞屬將作唐因之

左校署令丞二人掌營繕木作採材等事

右校署令丞二人掌營土作瓦泥並燒石灰圊溷等事

甄官署令丞二人後漢有前後中甄官令屬將作晉有甄官署掌塼瓦之事宋齊北齊隋悉有之唐因之掌營塼石瓷瓦

中校署秦漢有之後無唐置令丞各一人掌舟車雜兵仗廄牧

東園主章令漢有之武帝更名木工如淳曰章謂木材也後世無此官

國子監祭酒 司業 丞 主簿 國子 太學 廣文 四門 律學 書學 算學博士助教等

國子祭酒孫卿在齊爲三老稱祭酒胡廣曰凡官名祭酒皆一位之元長古者賓得主人饌則老者一人舉酒以祭地故以祭酒爲稱漢之侍中魏之散騎常侍功高者並爲祭酒用其義也公府有祭酒亦因其名漢吳王濞年老不朝爲劉氏祭酒則祭酒之名久矣王莽以安車駟馬迎夏侯勝爲講學祭酒勝推而不授又漢置博士至東京凡十四人而聰明有威重者一人爲祭酒謂之博士祭酒蓋本曰僕射中興轉爲祭酒魏因之晉武帝咸寧四年初立國子學置國子祭酒一人永嘉中又置儒林祭酒以杜夷爲之國子者周之舊名周官有師氏之職卽國子祭酒也晉介幘皁朝服進賢兩梁冠佩水蒼玉舊視侍中列曹尚書劉毅嵇紹並爲此官又袁瓌爲國子祭酒時屬經喪亂禮教陵遲瓌上疏求立學徒故國學之興自瓌始也又裴頠爲祭酒奏立太學起講堂築門刻石寫五經焉宋不置學則助教唯置一人而祭酒博士不常置也明帝太始六年以國學廢初置總明觀祭酒一人有玄儒文史四科科置學士各十人齊高帝建元四年有司奏置國學祭酒准諸曹尚書博士准中書郎助教准南臺御史選經學爲先若其人難備給事中以選明經者以本位領其後國諱廢學永明三年立學尚書令王儉領祭酒學旣建乃省總明觀八年國子博士何胤單爲祭酒疑所服陸澄等皆不能據遂以玄服臨試月餘日博議定乃服朱衣齊梁號爲國師梁王承爲國子祭酒承祖儉父暕並居此職三代爲國師前代未有當時以爲榮暕音簡陳因之後魏亦曰國子祭酒其初定中原先立太學置五經博士北齊國子寺有祭酒一人隋開皇十三年國子寺罷隸太常凡國學諸官自漢以下並屬太常至隋始革之又改寺爲學仁壽元年罷國子學唯立太學一所省國子祭酒博士置太學博士總知學事煬

帝即位改國子學爲國子監依舊置祭酒唐因之龍朔元年東都亦置龍朔二年改爲司成館又改祭酒爲大司成咸亨初復舊光宅元年改國子監爲成均監神龍元年復舊領國子學學生三百人太學學生五百人四門學學生五百人後七百人律學學生五十人書學學生三十人算學學生三十人置祭酒一人掌監學之政皇太子受業則執經講說皆以儒學重者爲之天寶九載置廣文館領學生爲進士業者置博士助教各一人品秩與太學同

臣謹按漢昭帝增博士弟子員滿百人宣帝末增倍之元帝時詔能通一經者皆復數年郡國置五經百石卒史成帝末增弟子員三千人平帝時王莽增元士之子得受業如弟子以爲員歲課甲科四十人爲郎中乙二十人爲太子舍人丙四十人補文學掌故後漢安帝薄於藝文博士倚席不講學舍頹弊鞠爲園蔬牧兒蕘叟至於薪刈順帝感翟酺之言乃更修黌宇凡所構二百四十房千八百五十室增甲乙之科員各十人除郡國耆儒皆補郎舍人又按唐神龍之後六學生徒二千二百一十人每學各置博士以總學事及有助教等員天寶九年又於國子監置廣文館領學生

爲進士業者置博士助教各一人品秩與太學同

國子司業隋煬帝大業三年於國子監初置司業一人禮曰樂正司業父師司成因以爲名唐置二人副貳祭酒通判監事龍朔二年改爲少司成咸亨初復舊凡祭酒司業皆儒重之官非其人不居

丞隋置三人唐一人

主簿北齊置隋一人唐因之

國子博士班固云按六國時往往有博士掌通古今又曰博士秦官漢因之漢博士多至四十人兩梁冠漢儀云文帝博士七十餘人爲待詔博士朝服玄端章甫冠武帝建元五年初置五經博士宣帝稍增員十二人博士選有三科高第爲尚書次爲刺史其不通政事以久次補諸侯太傅于時孔光爲博士數使錄冤獄行風俗後漢博士凡十四人易施孟梁邱京氏尚書歐陽大小夏侯詩齊魯毛韓禮大小戴春秋公羊嚴顏各一博士初欲立左氏傳博士范升以爲左氏淺末不宜立陳元聞之乃詣闕上疏爭之卒立左氏學各掌以五經教子弟國有疑事掌承問對舊時從議郎爲博士其通叡異藝入平尚書出部刺史諸侯守相久次轉諫議大夫中興高第爲侍中小郡都都尉博士限年五十安帝以博士多非其人詔命三公將軍中二千石舉博士各一人務得經明行高卓爾茂異是時羣僚承風凡所旌貢綽有餘裕後旋復故遂用陵遲初平帝元始四年改博士爲博士師後漢兼而存之並擇儒者桓榮魯恭戴憑等並爲博士魏及西晉朝博士置十九人武帝咸寧四年初立國子學置國子博士一人皆取履行精淳通明典義若散騎常侍中書侍郎太子中

庶子以上乃得召試元帝時荀崧上疏曰昔咸寧太康永嘉之中侍中常侍黃門通洽古今行爲世表者領國子博士宋齊諸博士皆皁朝服進賢兩梁冠佩水蒼玉梁國學有博士二人天監四年置五經博士各一人魏晉宋齊並不置五經博士至北齊始置焉舊國子學生限以貴賤武帝欲招來後進五館生皆引寒門儁才不限人數陳因之後魏北齊並有之隋仁壽元年省國子博士大業三年復置一人唐增置二人龍朔二年改爲司成宣業咸亨初復舊諸州府亦有經學博士一人

臣謹按後魏崔逸爲國子博士每公事逸常被詔獨進博士特命自逸始也

助教 晉咸寧四年初立國子學助教十五人以教生徒江左及宋並十人宋制易尚書毛詩禮記周禮儀禮左傳公羊穀梁各爲一經論語孝經爲一經合十經助教分掌宋齊並同梁國子助教舊視南臺御史品服與博士同陳因之後魏亦有北齊置十人隋置四人唐國子學助教三人諸府州縣各有助教員府州二人縣一人學生各有差

太學博士 晉江左增置國子博士十六人謂之太學博士品服同國子博士梁置太學博士八人陳因之後魏亦然北齊國子寺有太學博士十人後周置太學博士下大夫六人隋初置太學博士五人仁壽元年罷國子唯立太學置博士五人大業三年減置二人唐因之

助教 後魏始置北齊亦有之置二十人後周曰太學助教上士隋又曰太學助教五人大業三年減三人唐因之

廣文館博士一人助教一人並以文士爲之唐天寶九載置

四門博士後魏書劉芳表云太和二十年立四門博士於四門置學按禮記曰天子設四學鄭玄注同兩郊之虞庠也今以其遼遠故置於四門請移與太學同處從之北齊二十人隋五人唐三人

助教北齊國子寺有二十人隋初則五人唐因之

直講四人唐初置無員數長安四年始定爲四員

大成二十人唐置取貢舉及第人聰明者試書日誦得一千言并日試策所習業等十條通七然後補充仍散官祿俸賜會同直官例給武太后長安中省而有直講定爲四員

律學博士晉置屬廷尉梁曰胄子律博士屬廷尉陳亦有律博士後魏北齊並有之隋大理寺官屬有律博士八人唐因之而置一人移屬國學掌教文武八品以下及庶人之子爲生者以律令爲專業格式法例兼習之助教一人而從九品上

書學博士唐置三人掌教文武八品已下及庶人之子爲生者以石經說文字林爲專業餘字書兼習之又置典學二人

算學博士二人典學二人掌教文武八品已下及庶人之子爲生者二分其經以爲之業習九章海島孫子五曹張邱建夏侯陽周髀等及綴術緝古之術其記遺三等數亦兼習之

軍器監丞　主簿　甲坊署　弩坊署

軍器監後周武帝四年初置軍器監唐武德初因之貞觀元年罷軍器大監置少監後省之以其地隸少府監爲甲弩坊開元初復以其地置軍器使至三年以使爲監更置少監一員丞二員主簿一員錄事一員及弩坊等署十一年悉罷之復隸少府爲甲弩坊十六年移其名於北都置軍器監亦嘗以太原尹兼領天寶六載復於舊所置軍器監監一人領甲坊弩坊兩署

丞主簿各一人唐置

甲坊署令丞隋少府有甲鎧署唐改焉

弩坊署令丞隋有弓弩署唐改焉

都水監 使者 丞 主簿
舟檝署 河渠署

都水使者虞舜命益作虞以掌山澤周官有林衡川衡二官掌林麓川澤之禁漢武帝元鼎二年初置水衡都尉掌上林苑其屬有上林均輸御羞禁圃檝櫂鍾官技巧六廄辨銅九官令丞又衡官水司空都水農倉及甘泉上林都水七官長丞皆屬焉蓋主上林離宮燕休之處後漢光武省之并其職於少府每立秋貙劉之日輒暫置水衡都尉貙劉將祭大獵也事訖省初秦漢又有都水長丞主陂池灌溉保守河渠自太常少府及三輔等皆有其官漢武帝以都水官多乃置左右使者以領之至漢哀帝省使者官至東京凡都水皆罷之併置河隄謁者漢之水衡都尉本主上林苑魏世主天下水軍舟船器械晉武帝省水衡置都水臺有使者一人掌舟航及運部而河隄爲都水官屬元康中復有水衡都尉時陳慎戴熊俱以都水使者領水衡都尉懷帝永嘉六年胡賊入洛陽都水使者奚濬先出

督運得免江左省河隄宋都水使者銅印墨綬進賢兩梁冠與御史中丞同孝武帝初省都水臺罷都水使者置水衡令孝建元年復置齊有都水臺使者一人梁初與齊同天監七年改都水使者爲大舟卿位視中書郎列卿之最末者主舟航河隄陳因之後魏初皆有水衡都尉及河隄謁者都水使者官至永平二年都水臺依舊置二使者北齊亦置二使者隋開皇三年廢都水臺入司農十三年復置仁壽元年改臺爲監更名使者亦爲監煬帝又改爲使者尋又爲監加置少監又改監及少監並爲令領兵檝河渠二署唐武德八年置都水臺後復爲都水監置令隸將作貞觀中復爲都水監置使者龍朔二年改都水使者爲司津監丞咸亨元年復舊光宅元年改都水監爲水衡置都尉神龍元年復爲都水監置使者二人分總其事不屬將作領舟檝河渠二監

丞漢有水衡丞五人亦有都水丞後漢晉初都水使者有參軍二人蓋亦丞之職任宋因之梁大舟卿有丞陳因之後魏北齊又曰參軍隋曰都水丞唐二人

主簿晉水衡都尉有之爲左右前後中五水衡令悉皆有之梁大舟卿亦有之至隋又置唐因之

舟檝署漢主爵中尉屬官有都船令丞水衡都尉有檝櫂令丞晉曰船曹吏齊曰官船典軍後周曰舟中士隋爲舟檝令丞唐因之令丞各一人

河渠署隋煬帝置令丞各一人唐因之

職官略第四

西元二〇一六年六月一日重製一版

通志略 冊二（宋鄭樵撰）

平裝四冊基本定價參仟參佰元正
（郵運匯費另加）

發行人 張敏君
發行處 中華書局
臺北市內湖區舊宗路二段一八一巷八號五樓（5FL., No. 8, Lane 181, JIOU-TZUNG Rd., Sec 2, NEI HU, TAIPEI, 11494, TAIWAN）
客服電話：886-2-87978396
公司傳真：886-2-87978909
匯款帳戶：華南商業銀行西湖分行
179100026931
印　刷：維中科技有限公司
海瑞印刷品有限公司

No. N1033-2

國家圖書館出版品預行編目(CIP)資料

通志略 / (宋)鄭樵撰. -- 重製一版. -- 臺北市 :
中華書局, 2020.04
冊 ;　公分
ISBN 978-986-5512-09-5(全套 : 平裝)

1. 中國政治制度 2. 歷史

573.1　　　109003720